CATALOGUE

DE LA

BIBLIOTHÈQUE

DE LA

VILLE DE LORIENT

LORIENT

IMPRIMERIE ALEXANDRE CATHRINE

93, RUE DU PORT, 93

—

1896

CATALOGUE

DE LA

BIBLIOTHÈQUE

DE LA

VILLE DE LORIENT

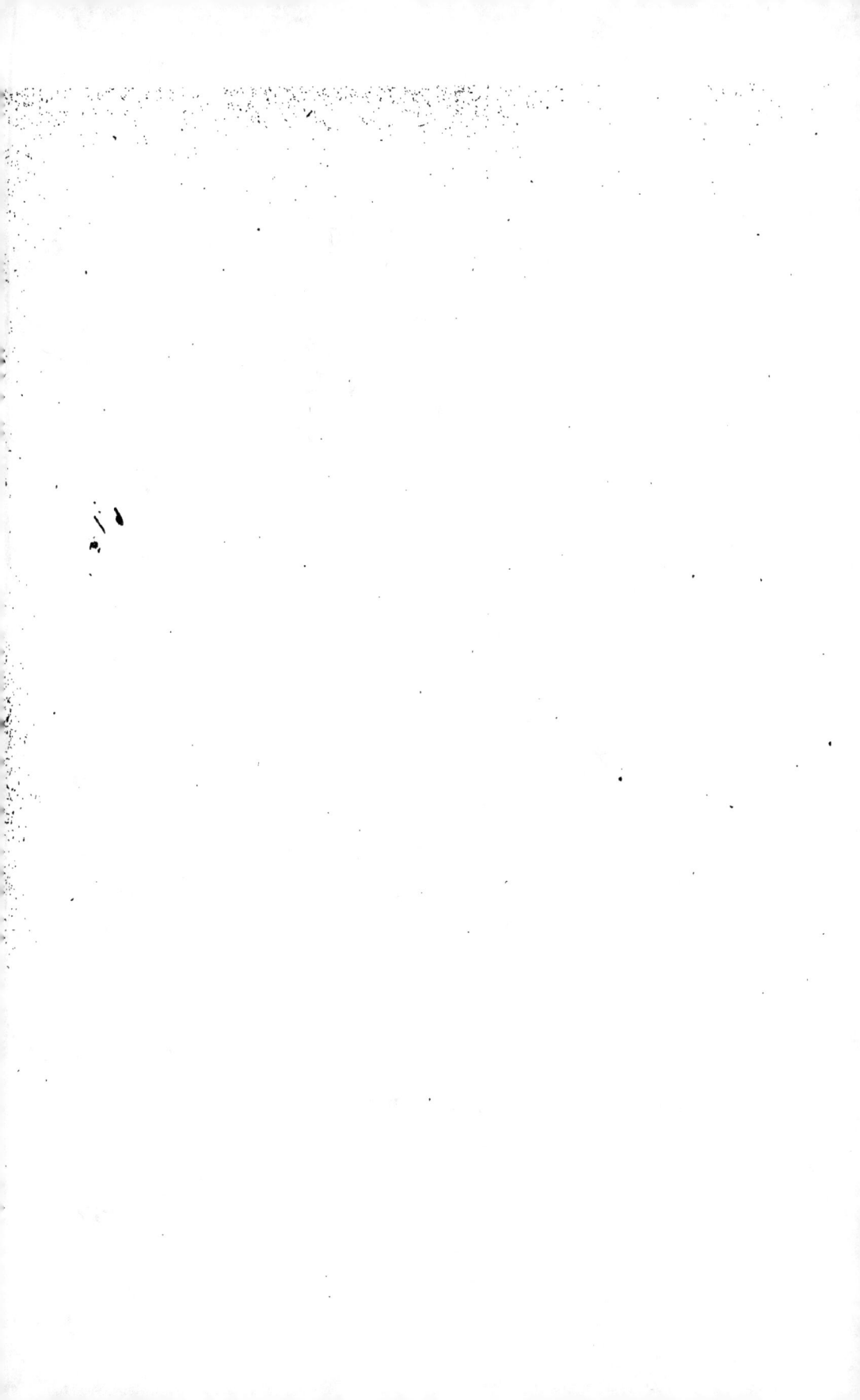

CATALOGUE

DE LA

BIBLIOTHÈQUE

DE LA

VILLE DE LORIENT

LORIENT
IMPRIMERIE ALEXANDRE CATHRINE
93, RUE DU PORT, 93

—

1896

A

Monsieur Edouard BRONI, (✳ O.)

Maire de la Ville de Lorient.

A

MM. les Conseillers Municipaux

A M. le 1ᵉʳ adjoint L'Helgoualc'h ✳✿
Délégué aux Beaux-Arts,
Chargé de la Bibliothèque.

Monsieur l'Adjoint,

J'ai l'honneur de vous remettre le Catalogue imprimé de la Bibliothèque de la Ville de Lorient, en vous priant de vouloir bien être mon interprète pour le présenter à Monsieur le Maire et à Messieurs les Conseillers Municipaux.

Depuis longtemps, comme Président du Comité d'achat et de surveillance de la Bibliothèque, vous désiriez voir paraître cette publication et vous avez tout fait pour en provoquer l'impression ; aussi votre heureuse initiative a-t-elle rencontré auprès de M. le Maire et de son Conseil l'appui qu'elle méritait : Vos démarches se traduisent maintenant par un résultat acquis.

Du jour où j'ai été nommé Conservateur de la Bibliothèque vous savez comment j'ai compris ma tâche et combien le Catalogue a été l'objet constant de mes préoccupations et de mes soins.

Dans ces labeurs de plusieurs mois, je dois avouer que Votre haute et bienveillante sympathie, ainsi que l'estime de Messieurs les Membres du Comité m'ont été d'un précieux encouragement.

Puisse donc ce travail confirmer des garanties que Monsieur l'Inspecteur général des Bibliothèques s'est plu déjà à constater et répondre dignement à des appréciations élogieuses que vous avez tenu à faire consigner au Procès-Verbal de la dernière Séance du Comité.

J'ai la conviction, Monsieur l'Adjoint, qu'à Lorient on aime les Lettres, les Sciences et les Arts ; le devoir m'impose de seconder ces louables tendances, et voilà pourquoi vous pouvez compter sur mon concours le plus dévoué.

Grâce au Catalogue imprimé, la Bibliothèque n'a donc qu'à suivre son essor ; désormais les Lecteurs seront plus à même de travailler sur ce fonds de 12000 volumes environ, dont le nombre va s'accroître successivement, sous les féconds auspices du véritable intérêt qui entoure la Bibliothèque et soutient nos espérances.

En terminant, vous me permettrez, Monsieur l'Adjoint, d'adresser mes remerciements à Monsieur Charles Cathrine, Prote-Directeur de l'Imprimerie, qui a su mener à bien une besogne longue, délicate et parfois difficile.

Veuillez agréez. Monsieur l'Adjoint, l'assurance de mes sentiments les plus respectueux.

Le Conservateur de la Bibliothèque,
Paul COLAS.

Lorient, le 30 Juillet 1896.

TABLE DES DIVISIONS

PRÉLIMINAIRES

III. MÉLANGES

THÉOLOGIE

ET

Histoire des Religions

I. CHRISTIANISME & ÉGLISES RÉFORMÉES

II. MÉLANGES & DIVERS

JURISPRUDENCE

I. INTRODUCTION

II. DROIT ANCIEN

III. DROIT MODERNE (depuis 1789)

SCIENCES & ARTS

5° *CLASSE*

SCIENCES NATURELLES

I. — HISTOIRE NATURELLE

II. — SCIENCES AGRICOLES

6° *CLASSE*

SCIENCES MÉDICALES

7⁰ CLASSE

SCIENCES ET ARTS MILITAIRES

8⁰ CLASSE

SCIENCES ET ARTS DE LA MARINE

Marine de Guerre et Marine Marchande

Manuscrit de Bisson

APPENDICE AUX SCIENCES MILITAIRES & DE LA MARINE

HISTOIRE MILITAIRE PROPREMENT DITE

9° CLASSE

SCIENCES INDUSTRIELLES

BEAUX-ARTS

BELLES-LETTRES

I. LINGUISTIQUE

II. LITTÉRATURE

III : EPISTOLAIRES

SCIENCES GÉOGRAPHIQUES

I. GÉOGRAPHIE & COSMOGRAPHIE

II. ATLAS CARTES & PLANS

III. VOYAGES, ETUDES, NOTES, SOUVENIRS & AVENTURES

IV. ETHNOGRAPHIE

SCIENCES HISTORIQUES

I. HISTOIRE UNIVERSELLE
II. HISTOIRE ANCIENNE

III. MOYEN-AGE
IV. HISTOIRE DE L'EUROPE

V. HISTOIRE DE FRANCE

VI. HISTOIRE ÉTRANGÈRE

VI. MÉMOIRES & SOUVENIRS

VIII. GÉNÉALOGIE

IX. BIOGRAPHIE (ancienne et moderne)

X. INSTITUTIONS, MŒURS, USAGES

XI. ARCHÉOLOGIE

SUPPLÉMENT AU CATALOGUE

RÉPERTOIRES

FIN DE LA TABLE DE DIVISIONS

PRÉLIMINAIRES

BIBLIOGRAPHIES

———✦———

1. — BIBLIOTECHNIE

———✦———

Recueil des Lois, Décrets, Ordonnances concernant les Bibliothèques publiques par Ulysse ROBERT.
    Paris. CHAMPION 1883. 1 vol. in-8° rel.   **2347**

Annuaire des Bibliothèques et des Archives, publié sous les auspices du Ministère de l'Instruction publique. Années 1886 à 1895.
    Paris. HACHETTE 10 vol. in-12 br.   **1677**

Bulletin des Bibliothèques et des Archives, publié sous les auspices du Ministère de l'Instruction publique. Années 1884 à 1889.
    Paris. CHAMPION. 6 vol. in-8° rel.   **2214**

Rapport de M. Léopold Delisle sur la Bibliothèque Nationale en 1876.
    Paris. P. DUPONT 1877. 1 Br. in-8°.   **2369**

Trois Types de Bibliothèques populaires, Exposition de 1889. Nᵒˢ 1, 2, 3.
Paris. IMPRIMERIE NATIONALE 1889. 3 Br. in-8°.
1099

Instructions élémentaires et techniques pour la mise et le maintien en ordre des Livres d'une Bibliothèque, par M. Léopold DELISLE.
Lille. DANEL. 1890. 1 Br. in-8°
1104

Du Rôle des Bibliothèques et des Extensions qu'elles pourraient prendre.
Paris. A. PICARD 1890 — 1 Br. in-8°
1100

Plan d'une Bibliothèque Universelle. Etudes des Livres, par Aimé MARTIN.
Paris. DESREZ 1837 — 1 vol. in-8° br.
2954

Notice sur les Dépôts Littéraires et la Révolution Bibliographique du dernier siècle. Annuaire des Sociétés de France, par J.-B. LABICHE.
Paris 1880 — 5 vol. in-8° br.
1914

Mélanges de Paléographie et de Bibliographie, par L. DELISLE.
Paris. CHAMPION 1880 — 1 vol. in-8° rel.
787

Paléographie Française ou Méthode de Lecture des Manuscrits Français du XIIIᵉ au XVIIᵉ Siècle inclusivement, par RENAUD.
Paris 1860 — 1 Br. in-4° 90 p.
2595

Rapport à M. le Ministre de l'Instruction publique **sur l'inventaire des Livres imprimés de la Bibliothèque Nationale** et les moyens d'en effectuer l'impression, par M. Georges PICOT.
Paris. IMPRIMERIE NATIONALE 1894 — 1 Br. in-4°
3649

Le Service des Archives Départementales, Conférences faites aux élèves de l'Ecole des Chartes, par M. Gustave DESJARDINS.
> Paris. BOURLOTON 1890 — 1 vol. in-8° br.   **3064**

Commission de la Propriété Littéraire et Artistique, Rapports à l'Empereur, Décrets, Collection de procès-verbaux.
> Paris. F. DIDOT 1863 — 1 vol. in-4° br.   **1899**

Les Manuscrits du Comte d'Ashburnham, Rapport au Ministre de l'Instruction publique, par M. Léopold DELISLE.
> Paris. IMPRIMERIE NATIONALE 1883 — 1 vol. in-4° br.   **2998**

Le Livre, par Henri BOUCHOT.
> Paris. QUANTIN — 1 vol. in-8° br.   **3370**

Histoire du Livre depuis ses origines jusqu'à nos jours, par E. EGGER.
> Paris. HETZEL. — 1 vol. rel.   **292**

Manuel pratique du Bibliothécaire, Bibliothèques publiques, Bibliothèques universitaires, Bibliothèques privées, par Albert MAIRE.
> Paris. Alphonse PICARD et Fils — 1 vol. in-8° rel. toile   **3882**

Rapport sur les Bâtiments de la Bibliothèque Nationale, par Barthélémy SAINT-HILAIRE.
> Paris. IMPRIMERIE NATIONALE 1879 — 1 Br. in-4°   **1122**

2. — BIBLIOGRAPHIE GÉNÉRALE

Répertoire des Travaux Historiques, contenant l'Analyse des Publications faites en France et à l'Étranger, sur l'Histoire, les Monuments et la Langue de la France.
> Paris. IMPRIMERIE NATIONALE 1883 — 6 vol. in-8° rel. **829**

Bibliographie des Travaux Historiques et Archéologiques, publié par les Sociétés Savantes de la France, dressée par Robert DE LASTEYRIE et Eugène LEFÉVRE-PONTALIS.
> Paris. IMPRIMERIE NATIONALE — 1 vol. in-4° rel. en 2 tomes. **830**

Bibliographie instructive ou Traité de la Connaissance des Livres rares et singuliers, contenant un catalogue raisonné de la plus grande partie de ces livres précieux, qui ont paru successivement dans la République des Lettres, depuis l'invention de l'Imprimerie jusqu'à nos jours, par Guillaume DE BURE
> Paris 1763 — 7 vol. in-8° rel. v. tr. r. **786**

Bibliographie Générale des Gaules, par Ch. RUELLE.
1re Partie. — Catalogue Méthodique.
2e Partie. — Catalogue Alphabétique.
Paris. FIRMIN-DIDOT 1882 — 2 vol. in-8° br.

1222

Comité des Travaux historiques et scientifiques, bibliographie des Sociétés savantes de France, par Eug.
LEFÈVRE-PONTALIS.
Paris. IMPRIMERIE NATIONALE 1889. — 1 vol. in-4°
br. **2596**

Bibliographie parisienne. Tableaux de mœurs (1600-1880),
par PAUL LACOMBE, parisien.
Paris. BOUSQUETTE 1887. — 1 vol. gr. in-8° br.

3631

**Nouveau Dictionnaire des Ouvrages anonymes et pseudo-
nymes,** accompagné de notes historiques et critiques, par MANNE.
Lyon. SCHEWRING 1862. — 1 vol. in-8° rel. **1975**

**Dictionnaire bibliographique des Ouvrages relatifs à
l'Empire Chinois,** par CORDIER.
Paris. LEROUX 1878. — 2 vol. gr. in-8° rel. et
supplément. **1999**

3. — CATALOGUES-INVENTAIRES

Catalogues-Inventaires de Bibliothèques publiques

Bibliothèque du Dépôt de la Guerre, Catalogues, Tomes 5, 6, 7 et 8 supp.
>Paris. IMPRIMERIE NATIONALE 1887. — 4 vol. gr. in-8° br.   **2368**

Musée Pédagogique et Bibliothèque Centrale de l'Enseignement Primaire, Catalogue des Ouvrages et Documents, par BONET-MAURY.
>Paris. IMPRIMERIE NATIONALE 1886. — 3 vol. gr. in-8° br.   **110**

Catalogue Général des Manuscrits des Bibliothèques Publiques des Départements, publié sous les auspices du Ministère de l'Instruction publique.
>Paris. IMPRIMERIE NATIONALE 1849. — 7 vol. in-4° cart.   **98**

Catalogue descriptif et raisonné des Manuscrits de la Bibliothèque de Valenciennes, par MANGEART.
Paris. ECHENER 1860. — 1 vol. in-8° r.   102

Catalogue Général des Manuscrits des Bibliothèques de France, Bibliothèque Mazarine.
Paris. PLON-NOURRIT 1885. — 4 vol. in-8° br. 104

Catalogue des Manuscrits conservés dans les Dépôts d'Archives Départementales, Communales et Hospitalières.
Paris. PLON-NOURRIT 1886. — 1 vol. in-8° br. 114

Catalogue Général des Manuscrits des Bibliothèques Publiques des Départements.
Paris. PLON-NOURRIT. — 25 vol. in-8° br.   2715
(Le tome XXVI manque à la collection)

Catalogue Général des Manuscrits des Bibliothèques Publiques de France, T. XVIII et XXI.
Paris. PLON-NOURRIT. — 2 v. in-8° br.   2715

Inventaire des Manuscrits de la Bibliothèque Nationale.
Paris. CHAMPION 1884. — 2 vol. in-8° br.   2716

Catalogue Général des Manuscrits des Bibliothèques Publiques, Bibliothèque de l'Arsenal, publié sous les auspices du Ministère de l'Instruction publique.
Paris. IMPRIMERIE NATIONALE. — 9 vol. gr. in-8° br.   2714

Catalogue Alphabétique des Ouvrages mis à la disposition des Lecteurs dans la Salle de Travail de la Bibliothèque Nationale, Département des Imprimés.
Paris. CHAMPION 1879. — 1 vol. in-8° rel. Plan de la Salle,   2339

Inventaire Sommaire et Tableaux Méthodiques des Fonds conservés aux Archives Nationales.
Paris. IMPRIMERIE NATIONALE 1871-1875. — 2 v. in-4°   **2380**

Catalogue des Manuscrits Néerlandais de la Bibliothèque Nationale, par Huet GÉRION.
Paris. 1886. — 1 Br. in-8°   **2707**

Catalogue de la Collection léguée à la Bibliothèque Nationale, par M. le Baron Ch. DAVILLIER.
1 Br. in-8°.   **2708**

Catalogue des Monnaies Grecques de la Bibliothèque Nationale, par Ernest BABELON. — Les Rois de Syrie, d'Arménie. — Les Perses Achéménides. — Chypre et Phénicie.
Paris. ROLLIN 1890. — 2. gr. in-8° Br.   **3806**

Catalogue des Monnaies Gauloises de la Bibliothèque Nationale, par MURET.
Paris. PLON-NOURRIT 1889. — 1 vol. in-4° br.
2758

Catalogue des Manuscrits conservés aux Archives Nationales.
Paris. PLON 1892. — 1 vol. in-8° br.   **3443**

Catalogue des Manuscrits de la Bibliothèque Ste-Geneviève,
Paris. PLON 1893. — 1 vol. in-8° br.   **3444**

Catalogue des Manuscrits Français de la Bibliothèque Nationale, par TASCHEREAU.
Paris. F. DIDOT 1868-1895. — 4 vol. in-4° br. **3931**

Catalogue Méthodique de la Bibliothèque Communale de la Ville d'Amiens.
Amiens. YVERT 1878. — 7 vol. in-8° Rel.   **2338**

Bibliothèque du Conservatoire National de Musique et de Déclamation. Catalogue bibliographique orné de huit gravures ; par J.-B. WECKERLIN.
Paris. F. DIDOT 1885. — 1 vol. in-8° Br. **2961**

Catalogue analytique de la Bibliothèque de la Ville de Calais, par M. REBOUL, archiviste.
Calais. GONTIER 1888. — 2 vol. in-8° rel. **2232**

Catalogue de la Bibliothèque de la Ville de Pau, histoire locale, par SOULICE.
Pau. VÉRONÈSE 1886. 1 vol. in-8° rel. **109**

Inventaire analytique des Archives communales d'Amboise 1421-1789, par l'abbé CHEVALIER.
Tours. GEORGET 1874.— 1 vol. gr. in-8° rel. **103**

Catalogue méthodique de la Bibliothèque communale de la Ville de Brest, par M. FLEURY. Théologie et jurisprudence.
Brest. GADREAU 1877.— 1 vol. in-8° rel. **2335**

Catalogue de la Bibliothèque communale de Brest. Belles-Lettres, etc. par MM. MARION et LOYER.
Brest. *de diverses Imprimeries.* — 5 vol. in 8° rel. **2628**

Catalogue méthodique de la Bibliothèque communale de la Ville de Corbeil, par A. DUFOUR.
Corbeil. CRÉTÉ 1889. — 1 vol. in-8° br. **3814**

Catalogue abrégé de la Bibliothèque Sainte-Geneviève, par POIRÉE et LAMOUROUX.
Paris. F. DIDOT, s. d. — 11 fasc. in-8° br. **3842**

Catalogue de la Bibliothèque de la Ville du Mans, par M. GUÉRIN, bibliothécaire.
Le Mans. DROUIN 1879-1895. — 9 vol. in-8° br.
et 3 fascicules, **3895**

Catalogue de la Bibliothèque de la Ville de Poitiers, par
M. A.-F. Lièvre.
   Poitiers. A. Masson 1895. — 1 vol. in-8° br. 3907

Catalogue des Ouvrages légués à la Bibliothèque commu-
nale de Lille, par M. le marquis de Godefroy de
Ménilglaise.
   Lille. Danel 1893. — 3 vol. in-8° br.   3650

Catalogue des procès-verbaux des Conseils généraux de
1790 à l'An II, conservés aux Archives nationales et
dans les Archives départementales.
   Paris. Imprimerie nationale 1891. — 1 vol, in-8°
   br.   3231

Catalogues de Bibliothèques particulières, de Ventes et de Librairies

Catalogue des Livres rares et précieux et des Manuscrits
composant la Bibliothèque de feu H. Huilard
   Paris. 1876. — 1 vol. in- 8° br. 2336

Catalogue des Livres rares et précieux et des Manuscrits
composant la Bibliothèque de M. le Chevalier de B***.
   Paris. 1866 - 1 vol. in-8°. br. 2337

Catalogues de Libraires et Journaux bibliographiques,
   (Les publications présentant un réel intérêt sont seules
   conservées.) 2599

ENCYCLOPÉDIES - DICTIONNAIRES

ET

RÉPERTOIRES

———◆———

1. — ENCYCLOPÉDIES GÉNÉRALES

Théologie, Jurisprudence, Belles-Lettres, Sciences et Arts, Histoire et Géographie

————————

Œuvres diverses de Pierre BAYLE.
> A la Haye, par la Cie des LIBRAIRES 1737 — 4 vol.
> in-f° rel. tr. r.   **1957**

Encyclopédie ou Dictionnaire raisonné des Arts et des Métiers, par une Société de Gens de Lettres, sous la Direction de MM. DIDEROT et D'ALEMBERT.
> Paris. BRIASSON 1751. 21 vol. in-f° de texte, 12 v. de planches, 2 v. de tab. rel. v. m. tr. r.   **1938**

Le même Ouvrage. — 33 v. in-f° rel. v. m. tr. r. **1938** *bis*

Dictionnaire des Sciences et des Arts, par LUNIER.
    Paris. GIDE 1805. 3 vol. in-8° rel.   **1985**

Dictionnaire Universel des Sciences, Morale, Économique, Diplomatique, ou Bibliothèque de l'Homme d'État et du Citoyen.
    Londres. LIBRAIRIES ASSOCIÉES 1777. 30 v. in-4°
    rel. v. m.   **1937**

Le grand Vocabulaire Français, contenant l'explication de chaque mot dans les diverses acceptions grammaticales, les lois de l'orthographe, la géographie, etc.
    Paris. PANCKOUCKE 1767-1774. 30 vol. in-4° rel.
    v. m.   **1939**

Dictionnaire de la Conversation et de la Lecture ; Inventaire raisonné des notions générales et les plus indispensables à tous, par une Société des Gens de Lettres, sous la direction de M. DUCKETT.
    Paris. FIRMIN-DIDOT 1861. 16 vol. gr. in-8° rel.
       1940

Grand Dictionnaire Universel du XIXe siècle. — Français historique, géographique, mythologique bibliographique, littéraire, scientifique, etc,, etc. ; sous la direction de PIERRE LAROUSSE.
    Paris. 1866. — 15 vol. in-4°. rel. et 2 vol. supp.
    rel.   **1941**

Même Ouvrage. — 15 vol. in-4° rel. 1 vol. supp.   **1958**

Dictionnaire Général de Biographie et d'Histoire, de Mythologie, de Géographie ancienne et moderne, par DEZOBRY et BACHELET.
    Paris. Ch. DELAGRAVE. 1873. — 2 vol. in-4" rel.
       1945

Le grand Dictionnaire Historique ou le mélange curieux de l'Histoire sacrée et profane, qui contient en abrégé l'histoire fabuleuse des Dieux ; les Vies et les actions remarquables des Patriarches, des Juges, etc. ; la description des Empires, Royaumes, Républiques, etc., etc., par LOUIS MORÉRI.

    Paris. LIBRAIRIES ASSOCIÉES. 1759. — 10 vol. in-f° rel. v. m.   **1952**

Dictionnaire historique et critique ; par PIERRE BAYLE ; 3e édition ; revue corrigée et augmentée par l'Auteur.

    Rotterdam-Bohm. 1720. — 4 vol. in-f° relié v. m.   **1955**

Même Ouvrage — 5e édition, revue, corrigée et augmentée de remarques critiques, avec la vie de l'Auteur ; par M. DES MAIZEAUX.

    Amsterdam. COMPAGNIE DES LIBRAIRIES, 1734. — 4 vol. in-f° rel. v. m.   **1956**

Les Siècles païens ou Dictionnaire Mythologique, Héroïque, Politique, Littéraire et Géographique de l'Antiquité païenne depuis l'origine du Monde jusqu'à la fin du siècle d'Auguste ; par l'abbé SABATIER.

    Paris. MOUTARD. 1784. — 9 vol. in-12 rel. v.   **1988**

La Grande Encyclopédie ; Inventaire raisonné des Sciences; des Lettres et des Arts ; par une Société de Savants et de Gens de Lettres, sous la direction de MM. BERTHELOT, DERENBOURG, DREYFUS, GUY, etc. Ouvrage accompagné de nombreuses gravures, plus de deux cents cartes hors texte.

    Paris. LAMIRAULT et Cie. — 21 vol. in-4° rel. dem. ch.   **3086**

      Ouvrage en cours de publication

2. — ENCYCLOPÉDIES SPÉCIALES

Théologie

Dictionnaire abrégé de la Bible, pour la connaissance des tableaux historiques, tirés de la Bible même et de FLAVIEN JOSEPHE.
Paris. DESAINT 1777. 1 vol. in-12 rel. v. tr. r. **1766**

Dictionnaire du Droit canonique et de pratique bénéficiale, conférée avec les maximes et la jurisprudence de France, par DURAND DE MAILLANE.
Paris. DUPLAIN 1776. — 5 v. in-4° rel v. m. tr. r.
1791

La Bibliothèque canonique, contenant par ordre alphabétique, toutes les matières ecclésiastiques et bénéficiales, qui ont été traitées par Mᵉ L. BOUCHEL, avocat au Parlement.
Paris. DENYS THIERRY 1689. — 2 vol. gr. in-4° rel. v. m. **1778**

Recueil de Jurisprudence canonique et bénéficiale, par ordre alphabétique avec les Pragmatiques, Concordats, Bulles et Indults des Papes, par GUY DU ROUSSEAUD DE LACOMBE.

> Paris. DESAINT 1771. — 1 vol. gr. in-4₀ rel. v. m.
> tr. r. **1781**

Philosophie

Dictionnaire philosophique portatif.

> Paris. MOREAU 1762. — 1 v. in-18 rel. **1805**

Jurisprudence

Dictionnaire de Législation usuelle contenant les notions du Droit civil et commercial, criminel et administratif, par M. CHABROL-CHAMÉANE.

> Paris. AU BUREAU 1835. — 2 vol. in-4° rel. **1264**

Jurisprudence générale, Répertoire méthodique et alphabétique de Législation, de Doctrine et de Jurisprudence, en matière de Droit civil, commercial, criminel, administratif, de droit des gens et de droit public, par M. D. DALLOZ aîné, et de M. A. DALLOZ, son frère.

> Paris. 1846 à 1870. — 49 vol. in-4° rel. **1256**
> *Les tomes 12 et 44 (1ʳᵉ partie) manquent*

Le nouveau Ferrière ou Dictionnaire de Droit et de Pratique civil, commercial, criminel et judiciaire, par DAGAR.

> Paris. GARNERY 1804. — 3 vol. in-4° rel. v. m.
> **1334**

Jurisprudence générale, Recueil périodique et critique
de Jurisprudence, de Législation et de Doctrine, en
matière civile, commerciale, criminelle, administrative et de droit public, de 1845 à 1891, divisé en
quatre parties, par M. DALLOZ, aîné, et par M. A.
DALLOZ, son frère, continué sous la direction de
MM. ED. DALLOZ fils et CH. VERGÉ.
> Paris. 1845 à 1896. — *(4 vol. de tables)*   **1256** *bis*

**Supplément au Répertoire méthodique et alphabétique de
Législation, de Doctrine et de Jurisprudence,** de
MM. DALLOZ.
> Paris. 1888 à 1896.   **1345**

**Jurisprudence du XIXᵉ Siècle ou Table générale alphabé-
tique et chronologique du Recueil général des Lois et
Arrêts 1791-1850,** par DEVILLENEUVE et GILBERT.
> Paris. 1851-1853. — 4 vol. in-4° rel.   **1339**

Répertoire du Droit administratif, par LÉON BÉQUET,
avec le concours de M. PAUL DUPRÉ.
> Paris. PAUL DUPONT 1882 à 1895.
> *Tomes I à XIII*   **1340**

Encyclopédie générale du XIXᵉ Siècle. Manuel du Citoyen
Français. Guide infaillible pour les Affaires civiles
et commerciales, par une Société, sous la direction
de M. FERNAND.
> Paris. Chez le Directeur 1870. — 1 vol. gr. in-8
> rel. t. ch.   **942**

**Extrait alphabétique de tous les Décrets de l'Assemblée
Nationale,** Pouvoir constituant, servant de table
générale.
> Paris. IMPRIMERIE NATIONALE 1789. — 2 vol.
> in-8 rel.   **1293**

Collection complète des Lois promulguées sur les Décrets de l'Assemblée Nationale depuis le 3 Novembre 1789.
    Paris. IMPRIMERIE NATIONALE.   **1293**

Bulletin des Lois de 1795 à 1804. Bulletin des Lois de 1804 à 1831.
    Paris. IMPRIMERIE NATIONALE.   **1293** *bis*.

Collection complète des Lois, Décrets, Ordonnances, Règlements et Avis du Conseil d'Etat, publiée sur les éditions officielles du Louvre, de l'Imprimerie Nationale, par BAUDOIN, et du Bulletin des Lois de 1788 à 1824, par DUVERGIER.
    Paris. GUYOT et SCRIBE 1824.   **1258**

Les numéros 1293-1293 bis et 1258 forment des collections incomplètes comprenant 134 vol. rel. ou br.

Recueil général des Lois et des Arrêts, en matière civile, criminelle, commerciale et de Droit public 1820-1829, par SIREY et DEVILLENEUVE.
    Paris. — 11 vol. in-4° rel.   **1325**

Manuel théorique et pratique, formulaire général et complet du Notariat, par EDOUARD CLERC.
    Paris. COSSE et DELAMOTTE 1845. — 2 vol. in-8° rel.
                              1265

Répertoire de la Jurisprudence du Notariat, par une réunion de Magistrats, sous la direction de M. ROLLAND DE VILLARGUES.
    Paris. 1840 à 1845. — 9 vol. in-8° rel.   **1266**

Dictionnaire général d'administration, par BLANCHE et YMBERT.
    Paris. PAUL DUPONT 1884. — 2 vol. gr. in-8° br.
                              1346

Dictionnaire de procédure civile et commerciale, contenant la jurisprudence, l'opinion des Auteurs, les
usages du Palais, le timbre, etc., par BIOCHE.
Paris. VIDECOQ 1839. — 6 vol. in-8° rel.   **1263**

**Répertoire universel et raisonné de Jurisprudence civile
et criminelle, canonique et bénéficiale**, par M. GUYOT.
Paris. PANCKOUCKE 1776 à 1783.— 64 vol. in-8° rel.
1295

Nouvelle Encyclopédie du Droit français, contenant
toutes les lois avec explications et formules, par
SOULAGES.
Paris. FAYARD 1880. — 2 vol. gr. in-8° rel.   **1282**

Sciences Economiques

Dictionnaire Universel d'Education et d'Enseignement, par
CAMPAGNE.
Paris. A GHIO 1873. — 1 vol. in-4° Rel. Fig.   **1947**

Dictionnaire de Pédagogie et d'Instruction Primaire,
publié sous la direction de M. BUISSON.
Paris. HACHETTE 1878. — 4 v. in-4° Rel. v. m.
(Incomplet).   **2346**

Petit Glossaire, traduction de quelques mots financiers,
par BOUCHER DE PERTHES.
Paris. TREUTTEL 1835. — 2 vol. in 8° Rel. **1987**

Dictionnaire Encyclopédique. — France, Histoire et
description de tous les peuples, par Ph. LE BAS.
Paris. F. DIDOT 1847. — 12 vol. in-8° Rel.   **1001**

Dictionnaire Géographique Universel, contenant la description de tous les lieux du Globe, par une Société de Géographes.

Paris. J. KILIAN 1823 à 1830. — 13 v. in-8° r.

1190

Nouveau Dictionnaire complet des Communes de France, de l'Algérie et des autres colonies Françaises, par GINDRE DE NANCY.

Paris. GARNIER FRÈRES. — 1 vol. gr. in-8° Rel.

1967

Dictionnaire Géographique portatif, ou Description des Royaumes, Provinces, Villes, Evêchés, Duchés, Comtés, Marquisats, Villes impériales, Forteresses et autres lieux considérables des 4 parties du monde.

Traduit de l'Anglais sur la 13ᵐᵉ édition de Laurent ESCHARD, avec additions, corrections considérables, par VOSGIEN.

Paris. Chez les Libraires associés, 1784. — 1. V. pᵗ in-8° Rel. v. m.

1193

Même Ouvrage, traduit de l'Anglais sur la 15ᵉ édition de Laurent ESCHARD, par le même auteur et mêmes éditeurs. Edition 1786.

1 v. in-8° Rel.

1193 *bis*.

Dictionnaire Géographique portatif des 4 parties du monde. Traduit de l'Anglais sur la dernière édition de Laurent ESCHARD, par le même. Nouvelle Edition revue, rectifiée par J. Fr. Bastien.

Paris. DETERVILLE 1795, An IV de la République. 1 v. in-8° Rel.

1193 *ter*.

Dictionnaire topographique abrégé de la Terre Sainte, par DE SAULCY.

PARIS. VIEWEG 1877. — 1 v. in-8° Rel.

1244

Dictionnaire topographique du Département du Calvados,
par HIPPEAU.
Paris. IMPRIMERIE NATIONALE 1883. — 1 v. in-4°
Rel. 1203

Dictionnaire topographique du département de la Vienne,
par RÉDET.
Paris. IMPRIMERIE NATIONALE 1881. — 1 v. in-4°
Rel. 1204

— **Id.** — **Département des Hautes-Alpes,** par ROMAN.
Paris. IMPRIMERIE NATIONALE 1883. — 1 v. in-4°
Rel. 1205

— **Id.** — **Département du Morbihan,** par ROSENZWEIG.
Paris. IMPRIMERIE NATIONALE 1870. — 1 v. in-4°
Rel. 1206

— **Id.** — **Département de la Drôme,** par BRUN-DURAND.
Paris. IMPRIMERIE NATIONALE 1891. — 1 v. in-4°
br. 3229

— **Id.** — **Département de la Marne,** par LONGNON.
Paris. IMPRIMERIE NATIONALE 1891. — 1 v. in-4°
br. 3230

Dictionnaire géographique, historique et littéraire de la Perse et des contrées adjacentes, par BARBIER de MEYNARD.
Paris. IMPRIMERIE IMPÉRIALE 1861. — 1 v. in-4°
Rel. 1983

Histoire

Nouveau Dictionnaire Historique ou Histoire abrégée de tous les Hommes qui se sont fait un nom, par le Génie, le Talent, les Vertus, les Erreurs, etc., depuis le commencement du Monde, jusqu'à nos jours, par une Société de Gens de Lettres.
> Paris. LE ROY, 1779 — 6 vol. in-8° rel. et 2 vol. supplément.   **1986**

Dictionnaire des Contemporains, contenant toutes les personnes notables de la France et des pays étrangers, par VAPEREAU. 5e Édition 1880.
> Paris. HACHETTE — 1 v. in-8° rel.   **1946**

Même Ouvrage. — 6e Édition 1893.
> Paris. HACHETTE — 1 vol. in-8° rel.   **3589**

Dictionnaire Biographique, contenant la liste des principaux personnages de tous les pays, publié par MM. FIRMIN-DIDOT Frères.
> Paris. FIRMIN-DIDOT 1858 — 1 vol. in-8° rel. **2030**

Almanach des Noms, contenant l'explication de 2.800 noms, par Lorédan LARCHEY.
> Paris. STRAUSS 1881 — 1 Br. 78 p.   **2601**

Dictionnaire de la Révolution Française, Institutions, Hommes et Faits, par BOURSIN et CHALLAMEL.
> Paris. JOUVET ET Cie 1893 — 1 vol. gr. in-8° rel.
>   **3588**

Recherches sur l'Origine et la Signification des noms de lieux, France, Corse et Algérie, par E. PEIFFER, chef d'escadron d'artillerie,
Nice. Eug. GAUTHIER 1894 — 1 vol. in-8° br. **3843**

Chimie

Dictionnaire de Chimie, contenant la théorie et la pratique de cette science, par MARQUER.
Paris. BARROIS 1778 — 2 vol. gr. in-4° rel. v. m.
1982

Sciences Militaires

Dictionnaire Militaire, Topographique, Géographique, Stratégique, Historique et Biographique de la Guerre d'Indépendance en Italie, par MONGRUEL.
Paris. Chez l'Editeur. — S. d. 1. v. in-12 br. **1415**

Dictionnaire de Marine à Voile et à Vapeur, par BONNEFOUX et PARIS.
Paris. BERTRAND. — S. d. 2 v. gr. in-8° r. **1981**

Sciences Naturelles

Histoire naturelle dédiée au citoyen Lacépède, par BUFFON.
> Paris. DIDOT aîné, An VII (1799). — 68 vol. in-12 Br. *(En très mauvais état et Incomplet).*   **1061**

Dictionnaire Populaire illustré d'Histoire Naturelle, par PIZZETTA.
> Paris. HENNUYER 1890. — 1 v. in-4° rel. fig.   **2808**

Encyclopédie d'Histoire Naturelle où Traité complet de cette Science d'après les travaux des Naturalistes les plus éminents de tous les pays et de toutes les époques, par le Docteur CHENU.
> Paris. MARESCQ et Cⁱᵉ 1865. — 22 v. in-4° r. pl. et gr.   **1051**

Dictionnaire raisonné Universel d'Histoire Naturelle, contenant l'Histoire des Animaux et des Minéraux et celle des Corps célestes, des Météores et des autres principaux Phénomènes de la nature, par Valmont DE BOMARE.
> Paris. Chez BRUNET 1775. — 9 v. in-8° rel. v. m.
> **1057**

Sciences médicales

Dictionnaire des Sciences Médicales, par une Société de Médecins et de Chirurgiens.
> Paris. PANCKOUCKE. 1812. — 60 vol. in-8° rel, **1821**

Journal de Médecine et de Chirurgie pratiques, à l'usage
des Médecins praticiens 1833 à 1863.
> Paris. LAHURE et Cⁱᵉ. — 37 vol. in-8° rel.   **1822**

**Dictionnaire usuel de Chirurgie et de Médecine vété-
rinaires** ; par M. BEUGNOT.
> Paris. LABÉ. 1859 — 2 vol. in-8° rel.   **1827**

**Dictionnaire de Médecine et des Sciences accessoires à la
Médecine,** avec l'étymologie de chaque terme ; par
NYSTEN.
> Paris. BROSSON. 1814. — 1 vol. in-8° rel.   **1854**

Encyclopédie de la Santé. — Cours d'hygiène populaire ;
par le Dʳ MASSÉ.
> Paris. ANIÉRÉ. 1864. — 2 vol. in-18 rel.   **1862**

Dictionnaire portatif de Santé, par M. L*** et DE B***.
> Paris. VINCENT. 1768. — 2 vol. in-12 rel.   **1864**

Sciences agricoles

**Dictionnaire raisonné d'Agriculture et d'Economie du
Bétail,** suivant les principes élémentaires, des
sciences naturelles appliquées, par RICHARD, du
Cantal.
> Paris. HACHETTE. 1884. — 2 vol. in-8° br.   **2822**

**Nouveau Cours complet d'Agriculture, théorique et
pratique, ou Dictionnaire raisonné et universel
d'Agriculture ;** par les Membres de la Section de
l'Institut de France ; ouvrage orné de figures en
taille douce.
> Paris. DETERVILLE. 1809. — 13 vol. in-8° rel. cart.
>   **2287**

Dictionnaire portatif des Eaux et Forêts ; par MASSÉ.
Paris. VINCENT. 1766. — 1 vol. in-8° rel. v. *(usé).*

3111

Sciences industrielles et Commerciales

Dictionnaire universel théorique et pratique du Commerce
et de la Navigation.
Paris. GUILLAUMIN 1359. 2 vol. gr. in-8° rel. **2259**

Dictionnaire des Altérations et Falsifications des Substances Alimentaires, Médicamenteuses et Commerciales, par CHEVALIER.
Paris. ASSELIN 1875 — 1 vol. gr. in-8° rel. t. ang.
Fig.   **1168**

Le Parfait Négociant ou instruction générale pour ce qui
regarde le Commerce des Marchandises de France
et des pays étrangers, Banque, Change et rechange
Faillites, Banqueroutes, Manière de tenir les livres,
etc., etc., par le sieur Jacques SAVARY DES BRUS-
LONS.
Paris. chez les Frères ESTIENNE 1777 — 2 vol.
in-4° rel. v. m.   **2337**

Dictionnaire Universel du Commerce, contenant tout ce
qui concerne le commerce qui se fait sur les quatre
parties du monde, par terre, par mer, de proche en
proche et par des voyages de long cours, tant en
gros qu'en détail ; Ouvrage posthume de Jacques
SAVARY DES BRUSLONS.
Paris. Vᵉ ESTIENNE 1748 — 3 vol. in-f° rel. v. m.

2338

Dictionnaire des Plantes alimentaires, ou les arts du Boulanger, du Pâtissier, du Vermicelier, du Confiseur, etc., etc.
Paris, SAMSON 1803. — 2 vol. in-8° br. *(Usés.)* 2296

Beaux-Arts

Dictionnaire de l'Architecture civile, militaire et navale, antique, ancienne et moderne de tous les Arts et Métiers qui en dépendent, par ROLAND DE VIRLOYS.
Paris. LIBRAIRIES ASSOCIÉS 1770. — 3 vol. in-4° rel. fig. . 1111

Dictionnaire raisonné d'Architecture et des Sciences et Arts qui s'y rattachent, Ouvrage orné de nombreuses gravures, par E. BOSC.
Paris. F. DIDOT 1883. — 4 vol. gr. in-8° rel. 1118

Encyclopédie de l'Architecture et de la Construction, sous la direction de M. PLANAT. Cet ouvrage est orné de nombreuses gravures et de planches hors texte.
Paris. DUJARDIN 1888 à 1893 — 12 vol. in-4° br. et table 1121

Dictionnaire archéologique de la Gaule, époque celtique, publié par la Commission instituée au Ministère de l'Instruction publique et des Beaux-Arts.
Paris. IMPRIMERIE NATIONALE 1868-1890.— 2 Tom. gr. in-4° *(Cinq fasc.)* 1230

Dictionnaire des Artistes, 2° vol. 1 vol. in-18 rel.
(Il manque le 1er vol. et le titre du 2°).
1470

Dictionnaire de l'Archéologie et des Antiquités chez les divers Peuples, par E. Bosc. Ouvrage illustré de 450 grav.
Paris. F. Didot 1881. — 1 vol. in-8° rel. 2674

Dictionnaire des Arts décoratifs, à l'usage des Artisans, des Amateurs, des Artistes et des Ecoles, par Paul Rouaix. Ouvrage illustré de 541 grav.
Paris. Librairie illustrée s. d. — 1 vol. in-4° rel. perc. v. 2639

Dictionnaire de l'Ameublement et de la Décoration, depuis le XIIIᵉ siècle jusqu'à nos jours, par Henry Havard. Ouvrage illustré de 256 planches hors texte, et de plus de 2,500 gravures dans le texte.
Paris. Maison Quantin — S. d. 4 vol. in-4° cart. ornem. 2631

Nouveau Dictionnaire biographique et critique des Architectes Français, par M. Ch. Bauchal.
Paris. A. Daly 1887. — 1 vol. gr. in-8° br.
2943

Lexique des Termes d'Art, par J. Adeline.
Paris. Quantin. — 1 vol. in-8° br. 3362

Petite Encyclopédie musicale, Traité de Musique, Histoire générale de la Musique, par Bisson et de Lajarte.
Paris. Hennuyer 1884. — 2 vol. in-8° br. 3053

Dictionnaire de Musique de J.-J. Rousseau.
Londres 1776. — 1 vol. in-4° rel. v. f. 354

La Pêche et les Poissons, nouveau Dictionnaire des Pêches, par de la Blanchère.
Paris. Delagrave 1868. — 1 vol. gr. in-8° rel.
2477

Divers

Répertoire annuaire général des Collectionneurs de la France et de l'Etranger, par RENART.
Paris. LÉVY 1893. — 1 vol. in-8° br. 3883

The International Scientists' Directory, Containing the names, addresses, special departements of study, etc., in America, Europe, Asia, Africa, and Oceanica, compiled by Samuel, E. CASSINO.
Boston. CASSINO 1882. — 1 vol. in-8° rel. 1977

3. DICTIONNAIRES PROPREMENT DITS

———

Langues Européennes
anciennes & modernes

Thesaurus græcæ linguæ ab HENRICO STEPHANO con-
structus, etc., etc.

> Parisiis, excudebat Ambrosius FIRMIN-DIDOT,
> 1831-1833. 2 vol. in-4° rel. et 1 fasc. br. **1953**

**Thesaurus poeticus linguæ latinæ, ou Dictionnaire proso-
dique et poétique de la Langue latine,** par QUICHERAT.

> Paris. HACHETTE 1843. — 1 vol. in-8° rel. **1971**

Nouveau Dictionnaire de Versification et de Poésie latine,
précédé d'un traité de versification latine et de
quelques notions sur la versification française, par
M. DE WAILLY ALFRED.

> Paris. GUYOT et SCRIBE 1836. — 1 vol. in-8° rel.
> toile. **1970**

Nouveau Dictionnaire Français-Allemand et Allemand-Français, à l'usage des deux nations, par Kœnig.
 Strasbourg. Kœnig 1810-1812. — 2 vol. in-4° rel.
 carton fort.   **1964**

Dictionnaire Français-Italien et Italien-Français, contenant les mots admis par l'Académie Française, par Ronna.
 Paris. Hingray s. d. — 1 vol. in-16 rel.   **1979**

Dictionnaire Français-Espagnol et Espagnol-Français, à l'usage des deux nations, par Martinez Lopez.
 Paris. Hingray 1841. — 1 vol. in-8° rel.   **1972**

Dictionnaire Français et Celto-Breton, par Troude.
 Brest. Lefournier 1842. 1 vol. in-8° rel.   **1984**

Le Catholicon de Jehan Lagadeuc, Dictionnaire breton, français et latin, publié par Le Men.
 Lorient. Corfmat, s. d. — 1 v. in-8° rel. **2017**

Lexicon Frisicum. — A-Feer. Composuit Justus Halbertsma, Hiddonis filius. Post auctoris mortem edidit et indices adiecit Tiallingius Halbertsma, Justi filius.
 Hagae comitis, apud Martinum. Nijhoff. 1896. — 1 vol. in-8° br.   **2592**

Dictionnaire complet illustré, de Vᵉ Larousse. 2,000 fig. 35 tableaux. 750 portraits. 24 cartes.
 Paris. Vᵉ Larousse. 1890. — 1 vol. in-12 rel. **2928**

Nouveau Dictionnaire Universel de la Langue Française, rédigé d'après les travaux et les mémoires des Membres des cinq classes de l'Institut ; par M. Poitevin.
 Paris. Reinwald. 1856. — 2 vol. in-4° rel. bas.
              1942

Dictionnaire Classique Universel, Français, Historique, Biographique, Mythologique, Géographique et Etymologique ; par Th. BÉNARD.

Paris. BELIN. 1882. — 1 vol. in-18 rel.   **1010**

Dictionnaire de la Langue Française, contenant tous les mots qui se trouvent dans le Dictionnaire de l'Académie française, la Grammaire, la signification des mots, l'Histoire, l'Etymologie, etc., etc. ; par E. LITTRÉ

Paris. HACHETTE 1863. — 4 vol. in-4° rel. 1 vol. supp.   **1943**

Nouveau Dictionnaire critique de langue Française ou examen raisonné et projet d'amélioration de la 6ᵉ édition du Dictionnaire de l'Académie ; par M. LE GOARANT,

Paris. Vᵉ BERGER-LEVRAULT. 1858. — 1 vol. gr. in-8° rel.   **1944**

Dictionnaire de l'Académie Française ; par les Académiciens.

Paris. Vᵉ BERNARD-BRUNET. 1762. — 2 vol. in-f° rel. v. m.   **1950**

Changements orthographiques introduits dans le Dictionnaire de l'Académie (édition de 1877). Publié par la Société des Correcteurs des imprimeries de Paris.

Paris. BOYER. 1879. — 1 Br. in-8°   **2224**

Dictionnaire classique de la Langue Française, avec des exemples tirés des meilleurs Auteurs Français, et des notes puisées dans les manuscrits de RIVAROL.

Paris BAUDOIN frères 1829.— 1 vol. gr. in-8° **1948**

4

Dictionnaire Universel de la Langue Française, avec le latin et les étymologies ; par P. BOISTE.
> Paris.VERDIÈRE. 1823. -- 1 vol. obl. rel. v.   **1949**

Nouveau Dictionnaire des Synonymes français, par SARDOU.
> Paris. DELAGRAVE 1866. — 1 vol. in-18 rel.   **991**

Dictionnaire Universel français-latin, vulgairement appelé Dictionnaire de Trévoux, dédié à S. A. Monseigneur le Prince Souverain DE DOMBES.
> Paris. Veuve FOUCAULT 1732. — 5 vol. in-f° rel. v.
> **1951**

Même ouvrage,
> Paris. Veuve DELAUNE 1743. — 6 vol. in-f° rel. v.
> **1951**

Supplément au même ouvrage,
> Paris. LIBRAIRES ASSOCIÉS 1752 — 1 vol. in-f°
> rel. v.   **1951**

Dictionnaire de rimes, dans un nouvel ordre, où se trouvent les mots et le genre des mots, par RICHELET.
> Paris. Veuve DELAULNE 1731. — 1 vol. in-8° rel.
> v. m.   **1989**

Glossaire du centre de la France, par le Comte JAUBERT.
> Paris. CHAIX et Cⁱᵉ 1864. — 1 vol. in-8° rel. et
> 1 vol. supp.   **1965**

Dictionnaire du Patois du Bas-Limousin (Corrèze) et plus particulièrement des environs de Tulle, par VIALLE.
> Tulle. DRAPEAU, s. d. -- 1 vol. in-4° rel.   **1966**

Langues Asiatiques

Dictionnaire Arabe-Français, contenant toutes les racines de la langue arabe, leurs dérivés, tant dans l'idiome vulgaire que dans l'idiome littéral, ainsi que les dialectes d'Alger et du Maroc, par BIBERS-TEIN.

Paris. MAISONNEUVE 1860. — 2 vol. gr. in-8° rel.

1968

Dictionnaire Français-Malais et Malais-Français, par l'Abbé FAVRE.

Vienne (Autriche). 1875. — 2 vol. in-8° rel. **1969**

Même ouvrage, Français-Malais, par l'Abbé FAVRE.

Vienne (Autriche) 1880. — 2 vol. in-8° rel. **1969**

Dictionnaire Arménien-Français et Français-Arménien, par CALFA.

Paris. HACHETTE 1861. — 1 vol. in-16 rel. **1978**

Cours graduel et complet de Chinois parlé et écrit, phrases de la langue parlée tirées de l'ARTE CHINA du P. GONÇALVÈS.

Paris. MAISONNEUVE 1880. — 1 vol. in-8° rel.

2000

Méthode pour déchiffrer et transcrire les Noms sanscrits qui se rencontrent dans les Livres chinois. — Répertoire de 1100 caractères chinois, par JULIEN.

Paris. IMPRIMERIE IMPÉRIALE 1861. — 1 vol. in-8° rel. **2010**

Vocabulaire Français-Annamite et Annamite-Français, par AUBERT, lieutenant de vaisseau.
  Bangkok. 1861. — 1 vol. in-8° rel.   **2712**

Vocabulaire Cambodgien-Français, par AYMONIER, administrateur des Affaires indigènes.
  Saïgon. Collège des Stagiaires 1874. — 1 vol. in-4° lithographié.   **2029**

Langues Africaines

Dictionnaire Français-Pongoué, par les Missionnaires au Gabon.
  Paris. MAISONNEUVE 1877 — 1 vol. in-8° rel. **1976**

Dictionnaire Pongoué-Français, précédé des principes de la langue Pongouée, par les Missionnaires au Gabon.
  Paris. MAISONNEUVE 1881 — 1 vol. in-8° rel. **1976**

Langues Américaines

Dictionnaire de la Langue Nahuatl ou Mexicain, rédigé d'après les documents imprimés et manuscrits les plus authentiques, précédé d'une introduction par Rémi SIMÉON.
  Paris. IMPRIMERIE NATIONALE 1885 — 1 vol. gr. in-4° br.   **2975**

Dictionnaire de la Langue Déné-Dindjié, Dialectes monta-
gnais ou chippewayan, Peaux de lièvre et loucheux,
par le R. P. PETITOT.
Paris. LEROUX 1876 — 1 vol. in-4° rel. **1954**

Vocabulaire Français-Esquimau, par le R. P. PETITOT.
Paris. LEROUX 1876 — 1 vol. in-4° br. **1990**

Langues Océaniennes

Dictionnaire Samoa - Français - Anglais et Français-
Samoa-Anglais, précédé d'une Grammaire de la
langue Samoa, par le P. VIOLETTE.
Paris. MAISONNEUVE 1879 — 1 vol. in-8° rel. **1973**

Dictionnaire Futunien-Français, avec notes grammaticales, par le P. GRÉZEL.
Paris. MAISONNEUVE 1878 — 1 vol. in-8° rel. **1974**

MÉLANGES

1. — SOCIÉTÉS SAVANTES

Annuaire de l'Institut des Provinces, des Sociétés savantes et des Congrès scientifiques 1871.
Paris. HACHETTE 1873. — 1 vol. in-8° rel. **2128**

Archives des Missions scientifiques et littéraires, Choix de Rapports et Instructions, publié sous les auspices du Ministère de l'Instruction publique, 1864 à 1889.
Paris. IMPRIMERIE IMPÉRIALE ET NATIONALE. — 21 vol. in-8° rel. et 1 vol. tabl. **832**

Revue des Travaux scientifiques, publiée sous la direction du Comité des Travaux historiques et scientifiques
Paris. IMPRIMERIE NATIONALE, 1881 à 1894. — 14 vol. in-8° rel, **827**

Bulletin du Comité des Travaux historiques et scientifiques, Section d'Archéologie, Section d'Histoire et de Philologie, Section des Sciences économiques et sociales, Section de Géographie historique et descriptive.

Paris. E. LEROUX 1882 à 1894. — 16 vol. in-8° rel.

828

Nouvelles Archives des Missions scientifiques et littéraires, Choix de Rapports et Instructions, Ouvrage publié sous les auspices du Ministère de l'Instruction publique.

Paris. LEROUX 1891-1895. — 6 vol. in-8° br.   3294

2. — JOURNAUX ET REVUES

Journaux divers

Le Nouveau Mercure de France, année 1711.
Paris. Michel BRUNET. — 1 vol. in-12.   **1722**

Mercure de France, 1737 à 1756.
Paris — 47 vol. in-12 *(très mauvais état et incomplet)*
1722

Journal Encyclopédique, années 1764 à 1791.
Paris. BOUILLON. — 116 vol. in-12 br. *(très mauvais
état et Incomplet).*   **1723**

Journal Historique sur les matières du temps, contenant
aussi quelques remarques nouvelles de littérature
et autres remarques curieuses, par le Sr J.-C. *(Jordan
Clément)*
Paris. Veuve GANEAU 1704-1766. 11 Br. *(très usées).*
1724

Table Alphabétique du Moniteur depuis 1787 jusqu'à 1799
Paris. Veuve AGASSE 1799 — 2 vol. in-fo rel. **1926**

Table du Moniteur Universel 1799 à 1814.
Paris. Veuve AGASSE — 2 vol. in-fo rel.   **1927**

Tables du Moniteur Universel, 1821-1822-23-24-25-26-1839-
1848 et 1850.

Paris. Veuve AGASSE et au MONITEUR, 6 v. in-f°
rel. 1928

Gazette Nationale ou le **Moniteur Universel**,
146 vol. in-f°. 38 vol. gr. in-f°. 1934

Le Moniteur Universel ou Gazette Nationale, directeur-
gérant M. Paul DALLOZ. Années 1870 à 1878.
Paris. Typographie A. POUGIN, quai Voltaire.
1935

Journal Officiel de l'Empire Français, à partir du 1er
Janvier 1869 jusqu'au 4 septembre 1870. 1936

Journal Officiel de la République Française à partir du
5 septembre 1870 jusqu'à 1896. 1936 *bis*

L'Homme, journal de la Démocratie universelle, du 30
Novembre 1853 au 28 Décembre 1855.
Londres 1853-1855 — 1 vol. in-f° rel. 1889

Le journal **Le Charivari**, année 1845.
Paris. 1845. 2 vol. in-4° rel. 1888

Journaux de la Bretagne et de la Localité

Le Courrier de Bretagne, journal des intérêts généraux
de l'arrondissement de Lorient ; a paru de 1869 à
1887 ; cesse de paraître à cette époque pour cause
d'incendie.
Lorient — 27 vol. in-f° rel. 1884

Le Nouvelliste du Morbihan, journal d'informations
départementales, du 2 janvier 1887 au 31 décembre
1895. *(1896 en cours).*
> Lorient. CATHRINE — 9 vol. in-f° rel.   **1880**

Le Journal du Morbihan qui avant 1872 s'appelait
l'Abeille de Lorient, change de titre et prend celui de
Morbihannais. Années 1856 à 1892. Cesse de paraître
à Lorient et est transféré à Vannes. Reparaît de
nouveau à Lorient en 1895.

L'Abeille de Lorient, Années 1866 à 1872   **1882**
Journal du Morbihan, Années 1872 à 1883   **1883**

L'Avenir du Morbihan, journal de Vannes, organe républicain des intérêts régionaux.
> Vannes. Années 1879 à 1892.   **1884**

Le Phare de Bretagne, journal républicain de la région
de l'Ouest. Années 1879-80 jusqu'à 1895. *1896 en cours*
> Lorient. COLLIGNON, ORIOL, LE POULLAIN — 10 v.
> **1885**

L'Avenir de la Bretagne, organe républicain des intérêts
régionaux. 1886 à 1896.
> Lorient. BAUMAL — 10 vol. in-f° rel.   **1886**

Le Progrès du Morbihan,
Le Petit Lorientais,
Le Bonhomme Breton,
L'Union Agricole,

> *La plupart de ces journaux ont cessé de paraître et les
> collections sont très incomplètes ou non reliées.*   **2562**

L'Indépendant de la Bretagne, journal local paraissant
deux fois par semaine. Années 1890-1891-1892. A
cessé de paraître.
> Lorient. BOYER — 3 vol. in-f° rel,   **3432**

Le Télégramme et le Lorientais,
Lorient. DE LA MORINIÈRE — 1 vol. in-f° rel. **3652**

Revues diverses

Le journal des scavans, avec le catalogue des livres dont il y est parlé et une table des matières, fondé en 1661.

M. Denis du Sallo seigneur de la Coudraye, conseiller au Parlement de Paris, est le premier instituteur du Journal des Scavans Le sieur de Hédouville était un de ses domestiques. Ceux qui voudront s'instruire de l'établissement et des progrès de cet ouvrage trouveront de quoi satisfaire leur curiosité dans l'extrait que M. l'abbé RAGUET a donné de l'Europe scavante en 1718 : Journal XXIV, page 365.

Paris. Pierre DE WITTE 1723. — 75 vol. in-4° de 1668 à 1753. — 10 vol. de Tables **818**

Le Journal des savants (nouvelle édition)
Paris. IMPRIMERIE NATIONALE — Années 1877 à 1895. **818** *bis*

L'Année scientifique et industrielle, ou exposé annuel des travaux scientifiques, des inventions et des principales applications de la science à l'industrie et aux arts, qui ont attiré l'attention publique en France et à l'Etranger, par Louis FIGUIER, 1856 à 1895.

Paris. HACHETTE et Cie. **843**

L'Intermédiaire des chercheurs et curieux, Questions et Réponses. Communications diverses à l'usage de tous.

Paris. 1864 à 1866. — 2 vol. in-4° rel.   **841**

L'Année Historique, revue annuelle des questions et des évènements politiques de la France, de l'Europe et des principaux Etats de l'Europe, par Jules ZELLER.

Paris. HACHETTE 1860-61-62. — in 18 rel.   **846**

Revue Européenne. Lettres, sciences, arts, voyages, politique. Cette revue a duré du 1ᵉʳ février 1859 au 1ᵉʳ décembre 1861.

Paris. PANCKOUCKE. 17 vol. in-8° rel.   **1962**

Revue Contemporaine mensuelle. Année 1858, 5 vol. 1865, 4 vol. 1866, 6 vol. 1867, 6 vol.

Paris. Bureaux de la Revue. — 21 vol. in-8° rel.   **1963**

Le Correspondant, recueil périodique. Religion, philosophie, politique, sciences, littérature, etc. de 1869 à 1882.

Paris. Bureaux de la Revue. — 37 vol. in-8° rel.   **2930**

Bulletin de la Société d'Encouragement pour l'Industrie nationale, de l'An XI à l'année 1823.

Paris. Mme HUZARD. — 22 vol. in-4° rel. pl. et gr.   **819**

Revue des Cours littéraires de la France et de l'Etranger, Collège de France, Sorbonne, Ecole des Beaux-Arts. Bibliothèque Impériale. Directeurs : Eug. YUNG et Em. ALGLAVE.

Paris. GERMER BAILLIÈRE 1871-1872. 3 vol. in-4° rel.   **823**

Revue politique et littéraire. Revue des Cours littéraires. Paris. GERMER BAILLIÈRE 1871-1872. — 2 vol. in-4° rel. **824**

Revue des Deux Mondes, directeur M. C. BULOZ. (Notre collection ne commence qu'en 1849).

Fondée en 1829 par MM. de SÉGUR, DUPEYRON et MAUROY, la Revue des deux Mondes cessa au bout de l'année et donna deux volumes. En 1831, elle reparut sous la direction de M. C. BULOZ, c'est de cette époque que date réellement son existence. Années 1849 à 1896, et 3 vol. de Tabl.

Paris. Rue de l'Université. — 269 vol. in-8" rel. **817**

La Nouvelle Revue, sous la direction de Madame ADAM. 1888 à 1895.

Paris. Bureaux de la Revue — 44 vol. in-8° rel. **2763**

Revue d'Ethnographie, publiée sous la direction de M. le docteur HAMY, conservateur du musée d'Ethnographie. (*Cette revue a cessé de paraître et a fusionné à dater du 1ᵉʳ janvier 1890 avec la revue d'Anthropologie*).

Paris. E. LEROUX 1882 à 1887 — 8 vol. in-8° rel. **825**

Revue d'Anthropologie, publiée sous la direction commune de MM. CARTAILLAC, HAMY et TOPINARD.

Paris. MASSON 1890 à 1895 — 6 vol. gr. in-8° rel. **2856**

Revue Celtique, publiée avec le concours des principaux savants des Îles Britanniques et du Continent, et dirigée par H. GAIDOZ.

Paris et Londres. FRANCK et TRÜBNER UND Cº. 1875 à 1895 — 16 vol. in-8° rel. (*le 4° tome est incomplet*) **831**

Bulletin de la Société de Géographie de Paris, année 1875
(*Incomplète*).
    Paris. DELAGRAVE — 9 Br.   **837**

Revue Britannique, Revue Internationale, par J. DRA-
PIER.
    Paris. 1881 — 1 vol. in-8° rel.   **852**

Bulletin de la Société de l'Histoire de France,
    1ʳᵉ Partie. — Revue de l'Histoire et des Antiquités
    nationales.
    2ᵉ Partie. — Documents historiques originaux.
    Paris. RENOUARD 1834-1835 — 2 vol. in-8° rel
          839

Le Lycée Armoricain, revue des Sciences physiques et
    naturelles, de Littérature, des Beaux-Arts et de
    Philosophie.
    Nantes. MELINET-MALASSIS 1823 à 1829 — 14 vol.
    in-4° rel.   **840**

L'Année Littéraire et Dramatique, revue annuelle des
    principales productions de la Littérature française
    et des traductions des œuvres les plus importantes
    des Littératures étrangères, par VAPEREAU.
    Paris. HACHETTE 1858-1860 à 1865 — 7 vol. in-18
    rel.   **847**

L'Année Politique, avec un Index raisonné, un tableau
    chronologique et synchronique des notes, des
    documents et des pièces justificatives, par André
    DANIEL. Années 1874-1875-1876 à 1894.
    Paris. CHARPENTIER — 21 vol. in-18 rel.   **848**

L'Année Littéraire, par Paul GINISTY, 1886 à 1891
    Paris. CHARPENTIER — 6 vol. in-18 rel.   **850**

La Nature, revue des sciences et de leurs applications aux Arts et à l'Industrie ; journal hebdomadaire illustré, de 1873 à 1896, TISSANDIER Gaston, rédacteur en chef.

Paris. MASSON 822

Supplément à La Nature, Boîtes aux Lettres, Bulletins météorologiques.

Paris. MASSON 3712

Le Tour du Monde, nouveau journal des voyages, publié sous la direction de M. E. CHARTON, et illustré par nos plus célèbres artistes. Années 1860 à 1896.

Paris. HACHETTE 936

Le Tour du Monde, nouvelles géographiques, supplément au Tour du Monde, par SCHRADER et JACOTTET. Années 1891 à 1895.

Paris. HACHETTE 1891 — 5 vol. in-4° rel. 3224

Revue Bleue. Revue Politique et Littéraire, Fondateur : M. Eugène YUNG. Années 1888 à 1896.

Paris. Bureaux des Revues — 16 vol. in-4° rel.

2473

Revue Rose. Revue Scientifique. Directeur M. Charles RICHET. Années 1891 à 1896.

Paris. Bureau des Revues 3076

Le Magasin pittoresque, publié depuis sa fondation sous la direction de M. Edouard CHARTON ; collection complète commencée en 1833.

Paris 1833 à 1896 2772

L'Année littéraire, par le Docteur FRÉRON, de plusieurs Académies et des Arcades de Rome.

Amsterdam. LAMBERT 1758 1761-1762. — 16 Br. (*très usées*). 1725

Revue politique et parlementaire, Questions politiques, sociales et législatives, M. FOURNIER, directeur.
   Paris. COLIN et Cie. Années 1894-1896.   **3884**

Annales de Géographie, publiées sous la direction de MM. P. VIDAL DE LA BLACHE et Marcel DUBOIS.
   Paris. A. COLIN et Cie — 1892 à 1896.

3376

La Révolution Française, Revue d'histoire moderne et contemporaine, publiée sous la direction de M. AULARD.
   · Paris. 1892-1896.   **3433**

Revues de la Bretagne et de la Localité

Revue Illustrée de Bretagne et d'Anjou, publiée sous la direction de M. Léon SÉCHÉ. Cette Revue est remplacée par la « Revue des Provinces de l'Ouest », directeur M. Léon SÉCHÉ.
   Paris. Boulevard de Port-Royal 1886 à 1890. — 10 vol. in-4° rel.   **954**

L'Hermine, Revue littéraire et artistique de Bretagne. Années 1890-91-92-93-94-95-96.
   Rennes. CAILLIÈRE. — 10 vol. in-8° rel. et fasc.

Bulletin et Mémoires de la Société archéologique du département d'Ille-et-Vilaine 1881 à 1892.
   Rennes. Ch. CATEL. -- 7 vol. in-8° br.   **1249**

Le Biniou, Revue littéraire et artistique illustrée 1893-1894.
   Lorient. CATHRINE. — 2 vol. in-4° rel.   **3651**

'Ouest Artistique et Littéraire, Bretagne, Poitou, Maine,
Anjou 1890-91, 1891-92, 1893-94.
>Sceaux. CHARAIRE. -- 2 vol. in-4º rel.   3886

}ulletin de la Société Archéologique du Morbihan 1857-
1859.
>Vannes. GALLES. – 2 vol. in-8ᵉ br.   820

}ulletin de la Société Polymathique du Morbihan. Années
1864-1878-1879-80-81-82-83-84-85-86-87-88-89-90 à 94.
>Vannes. GALLES. — 16 vol. in-8º rel.   821

}ulletin de la Société Bretonne de Géographie, fondée à
Lorient en 1882. Années 1883-84-85-86-87-88-89-90-
91-92 à 96.
>Lorient. CHAMAILLARD.   837

Annales de Bretagne, publiées par la Faculté des Lettres
de Rennes. Années 1886 à 1895.
>Rennes. PLIHON. — 10 vol. in-8º rel.

3. — ALMANACHS-ANNUAIRES

Almanach Royal, présenté à Sa Majesté pour la première fois en 1699, par Laurent d'HOURY, Ayeul de l'éditeur. Années 1784-1786-1788-1789.
> Paris. D'HOURY — 4 vol. in-8° rel. v. m.   **1691**

Almanach National de France, An XII de la République, présenté au Premier Consul par TESTU.
> Paris. TESTU — 1 vol. in-8° rel.   **1692**

Almanach Impérial pour l'an XIII, pour 1806-7-8-9-10-11-12-1813, par TESTU.
> Paris. TESTU — 10 vol. gr. in-8° rel.   **1679**

Almanach Impérial. Années 1857 et 1863.
> Paris. GUYOT et SCRIBE — 2 vol. in-8° rel.   **1694**

Almanach du Commerce de Paris, des Départements de l'Empire Français et des principales Villes du monde, par J. DE LA TYNNA, continué et mis en ordre par Séb. BOTTIN. Années 1808-1811-1812-1813-1827 et 1828.
> Paris — 6 vol. in-8° rel.   **1693**

Almanach Royal pour les années 1817 à 1837 et 1839, par TESTU.
Paris. GUYOT — 17 vol. in-8° rel. **1680**

Annuaire de l'Economie politique et de la Statistique pour 1854.
Paris. GARNIER — 1 vol. in-18 br. **1695**

Annuaires pour les années 1857-1859-1865 et 1866, publié par le Bureau des Longitudes.
Paris. MALLET — 4 vol. in-18 en 2 cart. br. **1695**

Almanach Littéraire ou **Etrennes d'Apollon** pour 1806.
Paris. — 1 vol. in-12 br. **1684**

Annuaire du Cosmos, année 1865.
Paris. TRAMBLAY. — 1 vol. in-12 br. **1685**

Annuaire Mathieu (de la Drôme), Indicateur du temps pour l'année 1867.
Paris. PLON. — 1 vol. in-12 br. **1688**

Annuaire de l'Enseignement élémentaire en France et dans les Pays de Langue Française, par M. JOST, année 1886.
Paris. A. COLIN. — 1 vol. in-12 br. **1689**

Annuaire de la Jeunesse pour 1890, par H. VUIBERT.
Paris. NONY et Cie. — 1 vol. in-18. **3033**

Annuaire de Brest et du Finistère pour 1848.
Brest. — 1 vol. in-16 br. **1676**

L'Année Agricole, Almanach illustré 1860-61-62, par HEUZÉ.
Paris. HACHETTE. — 3 vol. br. **2316**

Annuaire entomologique pour 1879, par A. FAUVEL.
Paris. BUQUET. — 1 vol. in-12 br. **1690**

Annuaire Musical et Orphéonique de France 1876, 2ᵉ année, 1877-1878, 3ᵉ et 4ᵉ années, par Emile COYON.
       Paris. Alph. LEDENT. — 2 vol. in-12 br.   **2965**

Province et localité

Etrennes Lorientaises pour 1812.
       Lorient. LECOAT — 1 vol. in-18 rel.   **1683**

Annuaire de Lorient, 50.000 adresses. Années 1890-1891-1896.
       Lorient. CATHRINE — 3 vol. in-18 br.   **1682**

EXPOSITIONS UNIVERSELLES

Congrès méridional. 1ʳᵉ session 1834. Historique, rapports, Toulouse, Martegoute, 1834.— 1 vol. in-8° rel.
1022

Rapport du jury sur les produits de l'Industrie Française en 1834 par le baron Charles DUPIN.
Paris. IMPRIMERIE ROYALE 1836. — 3 vol. in-8° rel.
2246

Exposition Universelle de 1851. Travaux de la Commission Française sur l'Industrie des nations.
Paris. IMPRIMERIE IMPÉRIALE 1858. —12 vol. in-8 br.
1030

Rapports du jury mixte international sur l'Exposition universelle de 1855, sous la direction du Prince Napoléon.
Paris. IMPRIMERIE NATIONALE 1856. — 3 vol. in-8° br,
1021

Exposition des produits de l'Industrie Française en 1839.
Paris. BOUCHARD 1859. — 3 vol. in-8° Br.   **1031**

Exposition des produits de toutes les nations en 1855.
Catalogue officiel publié par ordre de la Commission
Impériale.
Paris. PANIS. — 2 vol. in-8° br.   **1024**

Même ouvrage.   **1026**

Exposition de 1855. — Explication des ouvrages de
peinture, sculpture, gravure, lithographie et architecture, des artistes vivants, étrangers et Français
exposés au Palais des Beaux-Arts.
Paris. 1855. — 1 vol. in-12 br.   **1027**

**Rapport de la Commission Impériale sur la section Fran-
çaise** de l'Exposition Universelle de 1862.
Paris. CLAYE 1864. — 1 vol. gr. in-8° br.   **1020**

Catalogue des objets composant le contingent de la
Commission de la République Mexicaine.   **1102**

L'Algérie à l'Exposition Universelle de Londres 1862.
Alger. BOUYER 1862. — 1 vol. in-18 br.   **1555**

**La Espana y la Inglaterra Agricolas en la Expocision
Industrial 1862.**
Zaragoza. PEIZO 1863. — 1 Br. in-8°   **2505**

Catalogue Officiel de la grande Exposition des Produits
de l'Industrie de toutes les Nations 1851. Section
anglaise.
Londres. SPICER Frères. — 1 vol. in-8° br.   **1032**

Exposition Universelle de 1867 à Paris. Rapports du jury
international.
Paris. Paul DUPONT 1868. — 13 vol in-8° br.
1025

Catalogue analytique des Documents, Mémoires et Rapports exposés hors classe dans le dixième groupe à l'Exposition universelle de 1867.
Paris. DENTU 1867. — 1 vol. in-8° rel. **1023**

Exposition Universelle de 1878 à Paris. France. Notices sur les Modèles, Cartes et Dessins, relatifs aux travaux des Ponts-et-Chaussées, réunis par les soins du Ministère des Travaux publics.
Paris. IMPRIMERIE NATIONALE 1878. — 1 vol. in-8° rel. **1024**

Exposition Universelle de Paris 1878, Section Française, Classe XVI, Géographie, Cosmographie, Statistique.
Paris. DELALAIN 1878. — 1 vol. p. in-4" br. **1028**

Exposition Universelle de Vienne en 1873. L'Empire du Brésil à l'Exposition.
Rio de Janeiro 1873. — 1 vol. in-8° rel. **2136**

Catalogue général de l'Exposition du Ministère de l'Intérieur. (Exposition universelle de 1878).
Paris. IMPRIMERIE NATIONALE 1878. — 1 vol. in-8° br. **1029**

L'Exposition Universelle de Paris 1878, journal hebdomadaire.
Paris. Rue du Croissant. — 1 vol. in-4° rel. **2362**

Bulletin officiel de l'Exposition universelle de 1889. Journal hebdomadaire.
Paris. 1889. — 1 vol. in-4° et 1 vol. in f° rel. **2367**

L'Exposition de Paris 1889, publiée avec la collaboration d'écrivains spéciaux. Edition enrichie de vues, de scènes, de reproductions d'objets d'art, de machines, de dessins en gravures par les meilleurs artistes.
Paris, rue du Croissant. — 1er et 2e vol. in-4° réunis et rel. et 3e et 4e vol. réunis. **2762**

Exposition Universelle 1889. Guide technique et pittoresque, illustrations, cartes et plans.

    Paris. Nouvelle Revue. — 1 vol. in-12 rel. T. Ang.
                                 2929

Les Beaux-Arts, l'Education et l'Enseignement à l'Exposition universelle de 1889, par Alfred PICARD.

    Paris. IMPRIMERIE IMPÉRIALE 1891. — 1 vol. in-8°
    br.   **3407**

Exposition universelle internationale de 1889. Rapport général par M. Alfred PICARD.

    Paris. IMPRIMERIE NATIONALE 1891-1892. — 10
    vol. gr. in-4° br.   **3574**

Exposition universelle internationale de 1889. Rapports du jury international, sous la direction de M. Alfred PICARD.

    Paris. IMPRIMERIE NATIONALE 1891-1892. — 16 vol.
    gr. in-4° br.   **3575**

Exposition universelle internationale de 1889. Groupe de l'Economie sociale, par M. Alfred Picard.

    Paris. IMPRIMERIE NATIONALE 1891-1892. — 2 vol.
    gr. in-4° br.   **3576**

Le Palais des Machines. Exposition universelle de 1889 par HÉNARD.

    Paris. MAY et MOTTEROZ 1891. — 1 vol. in-4°
    rel.   **3845**

THÉOLOGIE

ET

HISTOIRE DES RELIGIONS

POUR LES

Ouvrages de Référence Générale

VOIR LES

PRÉLIMINAIRES du CATALOGUE

(Page 1 à 57)

I

CHRISTIANISME

ET

ÉGLISES RÉFORMÉES

>—=—<

1. — ÉCRITURE SAINTE ET EXEGÈSE

—•—

Le Livre des Psaumes, ancienne traduction française,
publiée pour la première fois d'après les manuscrits
de Cambridge et de Paris, par Francisque MICHEL.
Paris. IMPRIMERIE NATIONALE 1876. — 1 vol. in-4°
rel.   96

Novum Testamentum Domini nostri Jesu-Christi, vulgatæ
editionis, justa exemplar Vaticanum Anni 1592.
Vesuntione, excudebat Outhenin Chalandre filius.
Via magna 1829. — 1 vol. in-16 rel.   1767

La Sainte Bible, en latin et en français, avec des Notes littérales, critiques et historiques, des préfaces et dissertations, tirées du Commentaire de Dom Augustin Calmet.
Toulouse. Sens. 1779. — 17 vol. in-8º rel. v. tr. r.
1789

Ar Bibl santel en pehini ema. Ar gonvenans koz hag an hini nevez Troet en Brezonnek (iez Treger), par Le Coat, pasteur de Trémel.
En Guez : Bretagne, Brest, Genève, Lond. — 1 vol. in-8º br. **3084**

Le Livre de Job, traduit de l'Hébreu, Etude sur l'àge et le caractère du Poème, par Ernest Renan.
Paris. Calmann-Lévy 1883. — 1 vol. in-8º br.
3346

Le Cantique des Cantiques, traduit de l'Hébreu, avec une étude sur le plan, l'àge et le caractère du Poème, par Ernest Renan.
Paris. Calmann-Lévy 1891. — 1 vol. in-8º br.
3347

La Bible, par le Comte de Gasparin.
Paris. Calmann-Lévy 1879. — 2 vol. in 18 rel.
1718

Les Erreurs scientifiques de la Bible, par Ferrière.
Paris. F. Alcan 1891. — 1 vol. in-18 rel. **3105**

L'Ecclésiaste, traduit de l'Hébreu, avec une étude sur l'àge et le caractère du Poème, par Ernest Renan.
Paris. Calman-Lévy 1890. — 1 vol. in-8º br.
3348

Genèse selon la Science, par Paul de Jouvencel.
Paris. Garnier 1862. — 2 vol. in-18 rel. **773**

Nouvelles Etudes morales et religieuses sur la Sainte
Bible, par l'abbé LE GUILLOU.
Paris. SAGNIER 1850. — 1 vol. in-18 rel.   985

Les Apôtres, par RENAN.
Paris. CALMANN-LÉVY 1883. — 1 vol. in-8° rel.
2875

Saint Paul, par RENAN.
Paris. CALMAN-LÉVY 1888. — 1 vol. in-8° rel.
2876

Le Livre de l' « Internelle Consolacion », première
version française de l'Imitation de Jésus-Christ,
par d'HÉRICAULT et Ch. MOLAND.
Paris. JANNET 1856. — 1 vol. in-8° rel.   3721

2. — DOGME, MORALE, MYSTICISME, POLÉMIQUE

Choix de Monuments primitifs de l'Église chrétienne, avec notice littéraire, par J.-A.-C. BUCHON.
Paris. DESREZ 1835. — 1 vol. in-8° rel.   **127**

Choix d'Ouvrages mystiques, avec notices littéraires, par BUCHON.
Paris. DESREZ 1835. — 1 vol. in-8° rel.   **127**

Traité de l'Eglise de Jésus-Christ, dans lequel on examine quelle est la nature de cette Société sainte, quels sont les caractères dont elle est revêtue, et quels sont les privilèges dont elle jouit.
Paris. GUÉRIN 1743. — 6 vol. in-12 rel. v.   **1740**

Traité historique et dogmatique de la Vraie Religion, avec la réfutation des erreurs qui lui ont été opposées dans les différents siècles, par l'abbé BERGIER.
Paris. MOUTARD 1780. — 12 vol. in-12 rel. v. m. tr. r.   **1741**

Traité historique, dogmatique et théologique de la grâce.
Utrech. 1746. — 4 vol. in-12 rel. v. m. tr. r.   **1748**

Du Renversement des Libertez de l'Eglise Gallicane, dans l'affaire de la Constitution Unigenitus.
1717. — 2 vol. in-12 rel. v. m.   **1759**

Exposition populaire de la vraie Religion chrétienne, à l'usage de toutes les communions chrétiennes, par BLANCHET.
Saint-Amand (Cher). Librairie DU PORTE 1842. —
1 vol. in-12 rel.   **1713**

De antiquis liturgiis et de disciplina arcani tractatus historico. Dogmaticus ad commonstrandam perpetuam Ecclesiæ catholicæ fidem de sanctissimo Eucharistiæ mysterio, par LIENHART.
Argentorati. LEVRAULT 1829. — 1 vol. in-8° rel.   **1737**

La vérité de la religion chrétienne, prouvée à un déiste.
Paris. HUMBLOT 1771. — 1 vol. in-12 rel. v. m.   **1746**

Les droits de la vraie Religion, soutenus contre les maximes de la nouvelle philosophie, par l'Abbé FLORIS.
Paris. BERTON 1774. — 1 vol. in-12 rel. (*le 1er vol. manque*).   **1747**

Apologie des jugemens rendus en France, contre le schisme par les tribunaux séculiers.
1753. — 4 vol. in-12 rel.   **1749**

Règles de la bienséance civile et chrétienne, Bourg St-Andéol. CHAPUIS 1721. — 1 vol. in-12 br.   **2174**

Miroir du Clergé, nouvelle édition corrigée et augmentée des principaux devoirs d'un prêtre, en
  forme d'examen.
    Paris. GAUTHIER 1829. — 1 vol. in-8° rel.   **1736**

Les douze mois de l'année, sanctifiés par l'Oraison ; par
  CIRIER.
    Paris. LEFORT 1865. — 3 vol. in-18 br.   **1714**

Génie du Christianisme, par le vicomte DE CHATEAU-
  BRIAND.
    Paris. — FURNE 1835. — 3 vol. in-8° rel. Fig.   **339**

3. — CONCILES
ET DROIT CANONIQUE

Concilia Novissima Galliæ, A tempore Concilii Tridentini celebrata in editionibus regia parisiensi et Coloniensibus omissa. Quæ nunc in unum prodeunt, additis eorum actis quampluribus ex MMSC. cod. opera et studio, Ludovici Odespun.

> Parisiis, apud Dionisium Bechet 1646 — 1 vol. in-f° rel. v. m. **1779**
> Ex libris Joannis Baptistæ Eliæ Camus de Pontcarré de Viermes Magistri Supplicationum.

Corpus Juris Canonici, per regulas naturali ordine digestas, usuque temperatas, ex eodem jure, et conciliis, patribus, atque aliunde desumptas, expositi, par GIBERT.

> Coloniæ Allobrogum, sumptibus BOUSQUET et SOCIORUM 1735 — Tres Tomos in-f° rel. v. tr. r. **1774**

6

Synodikon sive pandectæ canonum SS. Apostolorum et conciliorum ab ecclesia Græca receptorum ; nec non canonicarum SS. Patrum Epistolarum : Una cum scholiis antiquorum singulis eorum annexis,et scriptis aliis huc spectantibus, etc. — Guilielmus Beveregius, Ecclesiæ Anglicanæ Presbyter.

Oxonii. E Theatro Sheldoniano sumptibus Guilielmi Wells et Roberti Scott. Bibliop.

Lond. 1672 — 2 vol. in-f° rel. v. m.   1780

Capitularia Regum Francorum. Additæ sunt Marculfi Monachi et aliorum Formulæ veteres, et Notæ doctissimorum Virorum. Stephanus Baluzius, Tutelensis, in unum collegit ad vetustissimos Codices munuscriptos emendavit, notis illustravit, magnam partem primum edidit anno M. DC.LXXVII.

Parisiis. Francisci Augustini QUILLAU 1780 — 2 vol. in-f° rel. v. m.   1775

Histoire du Concile de Trente, écrite en Italien par FRA PAOLO SERPI et traduite de nouveau en Français, par LE COURAYER

Amsterdam. WESTEIN 1751 — 3 vol. in-4° rel. v. m. tr. r.   1787

Histoire du Droit canonique, Chronologie des Papes, des Conciles et des Hérésies qu'ils ont condamnées, par DURAND *(Co-Seigneur de Maillane.)*

Lyon. BRUYSET 1770 — 2 vol. in-12 rel. v. m.   1750

Institutes du Droit canonique, traduites en Français, précédées de l'histoire du Droit canon ; par DURAND. *(Co-Seigneur de Maillane.)*

Lyon. BRUYSET 1770. — 9 vol. in-12 rel. v. m.   1751

Maximes du Droit canonique de France, enrichies de
plusieurs observations tirées des Conciles, des
Pères de l'histoire ecclésiastique, des Libertez de
l'Eglise gallicane, etc., par DU BOIS, avocat.
Paris. GUIGNARD 1693. — 2 vol. in-12 rel. v. m.
1752

Traité de l'usage et pratique de la Cour de Rome, pour
l'expédition des signatures et provisions des bénéfices de France, par PÉRARD CASTEL.
Paris. BRUNET 1717. — 2 vol. in-12 rel. v.   1753

**Traité des portions congrues des curez et vicaires per-
pétuels,** avec plusieurs questions sur les offrandes,
pensions, incompatibilité des bénéfices et autres,
par DU PERRAY.
Paris. DU MESNIL 1739. — 2 vol. in-12 rel.
v. tr. r.   1754

Questions sur le Concordat fait entre Léon X et François Ier
décidées par les Conciles, ordonnances, etc., par
DU PERRAY.
Paris. PAULIN DU MESNIL 1739. — 2 vol. in-12 rel.
v. m.   1755

**Traité de l'autorité ecclésiastique et de la puissance tem-
porelle,** conformément à la déclaration du clergé
de France, en 1682, l'édit de Louis XIV même année,
par DUPIN.
Paris. DESAINT 1768. — 3 vol. in-12 rel. v. tr. r.
1758

Principes sur les droits et obligations des gradués, par
DE JOUY.
Paris. KNAPEN 1760. — 1 vol. in-12 rel. v. tr. r.
1765

Traité de l'expectative des gradués, par PIALES.
  Paris. DESAINT 1757. — 6 vol. in-12 rel. v. tr. r.
  1764

Traité des matières bénéficiales, dans lequel on examine
  tout ce qui a rapport aux bénéfices et aux bénéficiers, suivant les saints décrets ; par M*** avocat.
  Paris. HOCHEREAU 1721. — 1 vol. in-4° rel. v. tr. r.
  1783

Traité de l'étude des Conciles et de leurs collections,
  divisées en trois parties, avec un catalogue des
  auteurs qui ont traité.
  Paris. AMAULRY 1724. — 1 vol. in-4° rel. v. tr. r.
  1785

Traité de l'Indult du Parlement de Paris, ou du droit que
  le Chancelier de France, les Présidents, Maires des
  requestes, Conseillers et autres officiers du Parlement, ont sur les prélatures séculières et régulières du Royaume, par COCHET DE S. VALIER.
  Paris. DIDOT et GIFFARD 1747. — 3 vol. in-4° rel.
  tr. r.   1790

Les Lois ecclésiastiques de France dans leur ordre naturel,
  et une analyse des livres du droit canonique,
  conférés avec les usages de l'Eglise gallicane, par
  Louis de HÉRICOURT.
  Paris. LIBRAIRES ASSOCIÉS 1771. — 1 vol. gr.
  in-4° rel v. tr. r.   1773

Les définitions du droit canon, contenant un recueil
  fort exact de toutes les matières bénéficiales suivant les maximes du Palais ; par F. C. D. M. (Feu
  Ch. du MOULIN).
  Paris. DE SERCY 1700. — 1 vol. gr. in-4° rel. v. m.
  1776

Traité de la juridiction ecclésiastique contentieuse, ou théorie et pratique des officialités, par un docteur en Sorbonne.
Paris. DESPREZ 1769 — 2 vol. in-4° rel. v. tr. r.
1768

Traitez des Droits et Libertez de l'Eglise gallicane.
1731. — 3 vol. gr. in-4° rel. v. tr. r.
Ex libris. LALLEMENT DE BETZ.
1777

Traité des bénéfices ecclésiastiques, dans lequel on concilie la discipline de l'Eglise, avec les usages du royaume de France ; par GOHARD.
Paris. BOUDET 1765. — 5 vol. in-4° rel. v. tr. r.
1782

Recueil des principales Décisions sur les dîmes, les portions congrues, les droits et charges des Curés primitifs, par DRAPIER.
Paris. ARMAND 1741. — 2 vol. in-12 rel. v. m.
2082

Traité des provisions de Cour de Rome, à titre de prévention pour servir de suite aux Traités des collations et provisions des Bénéfices, par M. PIALES, avocat au Parlement.
Paris. BRIASSON 1756. — 2 vol. in-12 rel. v. m.
2084

Traité des Droits du Roi sur les Bénéfices de ses Etats, par M***.
1752. — 1 vol. in-4° rel. v. m.
2103

Traité singulier des Régales ou des Droits du Roi, sur les Bénéfices ecclésiastiques, par Me PINSSON, avocat au Parlement.
Paris. DOZALLIER 1688. — 2 vol. in-4° rel. v. m.
2102

Traité des Prescriptions de l'aliénation des Biens d'Eglise et des Dimes, suivant les droits civil et canon, la Jurisprudence du Royaume, par DUNOT DE CHARNAGE.
Paris. BRIASSON 1753. — 1 vol. in-4° rel. v. m.
2090

Conférence des Ordonnances, Edits, Déclarations, Lettres-Patentes et Arrêts de Règlement sur les matières ecclésiastiques, par DE JOUY.
Paris. DURAND 1753. — 1 vol. in-4° rel. v. m.
2104

Traité de l'origine de la Régale et des causes de son établissement, par M. Gaspard AUDOUL.
Paris. COLLOMBAT 1708. — 1 vol. in-4° re . v. m.
1331

Traité des Droits honorifiques et utiles des Patrons et Curés primitifs, de leurs charges et de celles des Décimateurs, par DUPERRAY.
Paris. Paulus DU MESNIL 1733. — 1 vol. in-12 rel. v. m.
2080

Traité sur le partage des Fruits des Bénéfices, entre les Bénéficiers et leurs prédécesseurs ou leurs héritiers, par DUPERRAY.
Paris. DAMIEN-BEUGNIE 1722. — 1 vol. in-12 rel.
2081

Praxis Beneficiorum D. Petri Rebuffi Montispessulani iurium Doct. ac comitis, iurisque Pontificii ordinarii prof. Paris. et ibidem in supremo Senatu Causarum Patroni.
Lugduni. Apud Haeredes Gulielmi ROVILII 1620 — 1 vol. in-4° rel. v. m.
1734

Questions de Droit de Jurisprudence et d'Usage des Provinces, de Droit écrit du ressort du Parlement de Paris, par MALLEBAYE DE LA MOTHE.

Paris. TROUILÉ 1782 — 1 vol. in-8° rel. v. m. **1280**

Mémoire sur le Patronage et sur les Droits vulgairement nommés honorifiques des Patrons et des Hauts Justiciers.

Paris. HÉRISSANT 1768 — 1 vol. in-8° rel. v. tr. r.
1763

Paraphrase du commentaire de M. Charles du Moulin sur les règles de la chancellerie romaine, reçues dans le Royaume de France, par M. Pérard CASTEL.

Paris. Chez SERCY 1685 — 1 vol. in-f° rel. v. m. f. d. s. l. p. *(Ecu doré — Bibliothec Bignon).*   **2051**

II

MÉLANGES & DIVERS

Ouvrages historiques,
philosophiques, scientifiques, parénétiques
& hagiographiques.
Morale & Critique religieuses.

Histoire Universelle des Religions. Théogonies, symboles,
mystères, dogmes, livres sacrés. Origine des cultes
depuis l'origine du Monde jusqu'à nos jours, par
une Société d'Hommes de Lettres et de Savants,
sous la direction de J.-A. BUCHON.
Paris. Administration de Librairie 1845. — 5 vol.
in-8° rel. **977**

Œuvres de l'abbé Fleury, Discours sur l'Histoire ecclésiastique.
Paris. DESREZ 1837. — 1 vol. in-8° rel. **127**

Histoire de l'Eglise, depuis la mort du grand Constantin
en 337, jusqu'à la décadence de l'Empire d'Occident
en 423, par BÉRAULT-BERCASTEL.

> Paris. GAUTHIER Frères 1829. — 1 vol. in-8° rel.
> (*Manque 1er volume*).   **1735**

Abrégé de l'Histoire ecclésiastique, par FORMEY.

> Amsterdam. SHNEIDER 1763. — 2 vol. in-12 rel.
> v. m.   **1756**

Histoire ecclésiastique, par FLEURY, PRIEUR D'AR-
GENTEUIL.

> Avignon. LIBRAIRIES ASSOCIÉES 1777. — 25 vol.
> in-4° rel. v. m. tr. r.   **1793**

Histoire du nouveau et de l'ancien Testament, et des Juifs,
pour servir d'introduction à l'Histoire ecclésiastique de M. l'abbé Fleury, par le R. P. DOM CALMET

> Paris. MARTIN 1737. — 4 vol. in-4° rel. v. tr. r.
>   **1788**

Comptes-Rendus des Constitutions des Jésuites, par DE
CARADEUX DE LA CHARLOTAIS.

> Paris. LANGLOIS 1826. — 1 vol. in-8° rel. br. **3495**

Des Jésuites, par MICHELET.

> Paris. CALMANN-LÉVY 1880. — 1 vol. in-18 rel.
>   **3262**

La Morale des Jésuites, par Paul BERT, député.

> Paris. CHARPENTIER 1880. — 1 vol. in-18 rel.
>   **3177**

**Système de la nature ou des loix du monde physique et
du monde moral**, par MIRABAUD, l'un des 40 de
l'Académie.

> Londres 1781. — 2 vol. in-12 rel.   **1738**

Tableaux des évènements les plus intéressans de l'histoire de l'Eglise, depuis la première assemblée des Apôtres, le jour de la Pentecôte, jusqu'à la fin du XVIII° siècle inclusivement.
  Paris. NYON 1782. — 2 vol. in-12 rel.   **1739**

Etudes d'histoire religieuse, par E. RENAN.
  Paris. Michel LÉVY 1864. — 1 vol. in-18 rel.
                 1744

Index Général, avec une carte de l'extension du christianisme vers l'an 180, par E. RENAN.
  Paris. CALMANN-LÉVY 1890. — 1 vol. in-8° rel.
                 2881

Le Livre de la fin du monde, par MOELO, prêtre d'Arzano.
  Quimper. BLOT fils, août 1847. — 1 Br. in-8° **586**

Le peuple et les savants du XIX° siècle, en matière de religion, par DE M***
  Paris. VATON 1845. — 1 vol. in-18 rel.   **794**

Traité de l'existence et des attributs de Dieu, par FÉNELON.
  Paris. HACHETTE 1862. — 1 vol. in-18 rel. chag.
                 568

Le socialisme chrétien, les origines, la tradition, les hérésies, les théolégiens ; par H. JOLY.
  Paris. HACHETTE 1892. — 1 vol. in-16 br. **3311**

De antiqua Ecclesiæ disciplina dissertationes historicæ, par DU PIN.
  Parisiis. ARNOLDUM SENEUSE 1686. — 1 vol. in-4°
  rel. v. m.   **1784**

Politique tirée des propres paroles de l'Ecriture sainte des variations des Églises protestantes, par BOSSUET
  Paris. HACHETTE, — 2 vol. in-18 rel. **570**

Bossuet historien du protestantisme, par RÉBELLIAU.
  Paris. HACHETTE 1892. — 1 vol. in-8° br.   3825

De la connaissance de Dieu et de Soi-même, Discours sur l'Histoire universelle, par BOSSUET.
  Paris. HACHETTE ET Cie 1863 — 1 vol. in-18 rel.
                                            2148

Histoire de la mission du P. Martin de Nantes, chez les Cariris, tribu sauvage du Brésil 1671-1688. Réimpression exécutée par les soins du R. P. APOLLINAIRE de Valence.
  Rennes. ARCHIVES DE L'ORDRE DES CAPUCINS.
  1888. — 1 vol. in-8° br.   1719

Histoire du peuple d'Israël, par E. RENAN.
  Paris. CALMANN-LÉVY 1887-1889. — 5 vol. in-8°
  rel.   2620

Même ouvrage. — 2 vol. 1er et 2°   2655

Notes sommaires sur les Indults accordés au Roy, ou à d'autres, à sa recommandation, par les derniers papes, ALEXANDRE VII et CLÉMENT IX.
  Paris. DE SERCY 1680. — 1 vol. rel. v. m.
  (*Il manque le 1er vol.*)   1451

Essais sur l'histoire des religions, traduit de l'Anglais par HARRIS.
  Paris. DIDIER 1879. — 1 vol. in-18 br.   3032

Etude d'histoire religieuse au XII° et XIII° siècles. — Joachim de FLORE. — Jean de PARME et la doctrine de l'Evangile éternel ; par ROUSSELOT, Xavier.
  Paris. THORIN 1867. — 1 vol. in-8° rel.   1770

L'Instruction religieuse dans l'école, par Paul BERT.
  Conférence. Paris. 1881.   2195

La fin du paganisme, Etude sur les dernières luttes religieuses en Occident, au IVᵉ siècle, par BOISSIER.
Paris. HACHETTE 1891. — 2 vol. in-8° rel.   3024

De l'Eglise gallicane, dans son rapport avec le souverain Pontife.
Paris. RUSAND 1853. — 1 vol. in-8° rel.   1177

Mémoires pour servir à l'histoire ecclésiastique des six premiers siècles, justifiez par les citations des auteurs originaux, par LENAIN DE TILLEMONT.
Paris. ROBUSTEL 1701. — 15 vol. in-4° rel. v. m.
(*I: manque le Tone VIII.*)   1769

Ce qu'il faut à la France, par ROSSEEUW SAINT-HILAIRE.
Paris. DENTU 1861 — 1 Br. in-8°   2344

Les Conflits de la Science et de la Religion, par DRAPER.
Paris. Félix ALCAN 1888 — 1 vol. in-8° rel.   3095

Paroles de Dieu, Réflexions sur quelques textes sacrés, par E. HELLO.
Paris. V. PALMÉ 1877 — 1 vol. in-12 rel.   1721

Physionomie de Saints, par E. HELLO.
Paris. V. PALMÉ 1875. — 1 vol. in-12 rel.   1726

Philosophie et Athéisme, par E. HELLO.
Paris. POUSSIELGUE 1873. — 1 vol. in-12 rel.   1727

Le Livre des Visions et Instructions de la bienheureuse Angèle de Foligno, par E. HELLO.
Paris. POUSSIELGUE 1873. -- 1 vol. in-12 rel.   1730

Le Jour du Seigneur, par E. HELLO.
Paris. V. PALMÉ 1872. — 1 Br. in-8°.   1732

Le Race sémitique, par Th. VIBERT.
Paris. GHIO 1883. — 1 vol. in-8° br.   3789

De la **Création**, Essai sur l'origine et la progression des
êtres, par Boucher de Perthes.
Paris. Treuttel 1841. — 5 vol. in-12 rel.   294

Défense de l'Eglise contre les erreurs historiques de
MM. Guizot, Aug. et Am. Thierry, Michelet, etc. etc.
Paris Giraud 1864. — 4 vol. in-8° rel.   **1716**

La **Rochelle protestante**, Recherches politiques et
religieuses, 1126 à 1792, par Callot.
La Rochelle. 1863. — 1 vol. in-8° rel.   737

Les **Odeurs ultramontaines**, par l'auteur du Maudit, de
la Religieuse, du Jésuite, du Moine. (L'abbé Morin).
Paris. Librairie nationale 1863. — 1 vol. in-8°
rel.   738

Essai sur l'Esprit et l'Influence de la réforme de Luther,
par Villers.
Paris. Herniche 1804. — 1 vol. in-8° br.   2140

Histoire de la Vie, des Ouvrages et des Doctrines de
Luther, par Audin.
Paris. Bray 1864. — 1 vol. in-16 rel.   647

Méditations sur la Religion chrétienne, par Guizot.
Paris. Didier et Cie 1862. — 1 vol. in-8° rel.   2580

Méditations sur l'état actuel de la Religion chrétienne,
par Guizot.
Paris. Didier et Cie 1862. — 1 vol. in-8° rel.   2581

L'Eglise et la Société chrétienne, par Guizot.
Paris. Didier et Cie 1862. — 1 vol. in-8° rel.   2582

L'Eglise Chrétienne, par Ernest Renan.
Paris. Calmann-Lévy 1890. — 1 vol. in-8° rel.
2879

Méditations et Etudes morales, par Guizot.
Paris. Didier et C^i^e 1862. — 1 vol. in-8° rel. 2583

Les Evangiles et la Seconde Génération chrétienne, par
Ernest Renan.
Paris. Calmann-Lévy 1890. — 1 vol. in-8° rel.
2877

Nouvelles Etudes d'Histoires religieuses, par Ernest
Renan.
Paris. Calmann-Lévy 1884. — 1 vol. in-8° br.
3345

Les Conflits de la Science et de la Religion, par Draper
J.-W.
Paris. Germer-Baillière 1888. — 1 vol. in-8° rel.
t. a. 3406

Du Surnaturel, par M. le Comte Agénor de Gasparin.
Paris. — C. Lévy 1892. — 2 vol. in-18 br. 3557

Conférences ecclésiastiques de Paris, sur le mariage, sur
l'usure et la restitution, établies et imprimées par
ordre de S. E. Mgr. le Cardinal de Noailles.
Paris. Etienne 1773. — 9 vol. in-12 rel. v. m.
1742

Conférences ecclésiastique du Diocèse d'Angers, sur les
cas réservés, tenues dans les années 1732 et 1733,
rédigées par M. Babin.
Angers. P^ro^. Dubé 1771. — 16 vol. in-12 rel. v. m.
1743

Exposition de la doctrine de l'Eglise catholique, sur les
matières de controverse, oraisons funèbres, pané-
gyriques, sermons.
Paris. Hachette et Cie 1863. — 2 vol. in-18 rel.
570

Les martyrs ou le triomphe de la religion chrétienne, par CHATEAUBRIAND.

    Paris. FURNE 1836. — 2 vol. in 8° rel. fig.   **340**

Précis pour la ville de Strasbourg, contre le séminaire protestant de strasbourg, par ***

    Strasbourg. HUDER 1855. — 1 Br. in-8°   **2351**

Discussion de la pétition relative aux associations religieuses du département du Nord. (Sénat, séance du 13 juillet 1861.)

    Paris. IMPRIMERIE IMPÉRIALE 1861. — 1 Br. in-8°
                                             860

Recueil de pièces concernant les affaires présentes du Clergé de France, avec des remarques particulières, par ***

    Londres. 1750. — 2 vol. in-12 rel. v. m. Ex Libris.
                                             1757

Concordance des Saints Pères de l'Eglise, Grecs et latins, par M. Bernard MARÉCHAL. (Le R. P. DOM.)

    Paris. EMERY et VINCENT 1739. — 2 vol. in-4° rel.
    v. m. tr. r.   **1786**

Conférences d'Angleterre, Rome et le christianisme, Marc-Aurèle, par E. RENAN.

    Paris. CALMANN-LÉVY 1880. — 1 vol. in-18 rel.
                                             1745

Œuvres de Saint-Jérôme, publiées par M. Benoit MATOUGUES.

    Paris. DESREZ 1838. — 1 vol. in-8° rel.   **127**

Vie de Jésus, par RENAN.

    Paris. CALMANN-LÉVY 1873. — 1 vol. in-8° rel.
                                         2874

La Vie de Notre Seigneur Jésus-Christ, par Louis VEUILLOT.

    Paris. Regis BUFFET 1864. — 1 vol. in-8° rel.

           1772

L'Antechrist, par RENAN.

    Paris. Michel LÉVY 1873. — 1 vol. in-8° rel. **2878**

Jésus-Christ, par le P. DIDON.

    Paris. PLON-NOURRIT 1891. — 1 vol. in-8 rel. **3217**

Vies des Saints, Edition mise à la portée de tous les fidèles et augmentée de la vie des Saints et bienheureux nouveaux, par l'abbé Paul GUÉRIN.

    Montauban. BERTUOT 1864. — 4 vol. in-18 rel.

           1771

Sermons de M. l'abbé Poulle, prédicateur du Roi, abbé commandataire de Notre-Dame de Nogent.

    Paris. MÉRIGOT 1781. — 1 vol. in-12 rel. (*Le 2ᵉ vol. manque*).   **1760**

Sermons du P. Bourdaloue, pour le Carême.

    Lyon. BRUYSET-PONTHUS 1758.—3 vol. in-12 rel.

           1761

Les Femmes de l'Evangile, Homélies prêchées à Paris, par le R. P. VENTURA DE RAULICA.

    Paris, Aug. VATOU 1865. — 2 vol. in-8° rel. **1715**

Sermons et Entretiens sur divers Sujets, par FÉNELON.

    Paris. HACHETTE et Cⁱᵉ 1862. — 1 vol. in-18. rel. ch.   **568**

La République et le Concordat de 1801, par Georges RAUX

    Paris. LIBRAIRIES-IMPRIMERIES RÉUNIES — 1 vol. in-12 br.   **3961**

III

RELIGIONS DIVERSES

ET

MYTHOLOGIE

Le Livre sacré et les Mythes de l'Antiquité américaine,
avec les Livres héroïques et historiques des Quiches
par l'abbé BRASSEUR DE BOURBOURG.
Paris. DURAND 1861. — 1 vol. in-4o rel. 1 planche.
944

Lettres à Emilie sur la Mythologie, par DEMOUSTIER.
Paris. RENOUARD 1801. — 4 vol. en 2 tomes in-12
rel. fig. **2173**

Jupiter. Recherches sur ce Dieu, sur son culte et les
monuments qui le représentent. Ouvrage précédé
d'un essai sur l'esprit de la Religion grecque.
Paris. — IMPRIMERIE ROYALE 1833. — 2 vol. in-8o
rel. fig. **739**

Némésis et la Jalousie des Dieux, par FOURNIER.
Paris. DURAND 1863. — 1 vol. in-8° rel.   **742**

Des Divinités génératrices ou du Culte du Phallus chez
les Anciens et les Modernes. Des Cultes du Dieu de
Lampsaque, de Pan, de Vénus, etc. Origines, motifs,
conformités, progrès, altérations et abus de ces
Cultes chez les différents Peuples de la terre, par
D*** J.-A. (Dulaure) 1ʳᵉ édition.
Paris. DENTU 1805. — 1 vol. in-8° rel.   **1041**

IV

OPINIONS SINGULIÈRES

————✦————

La nouvelle Jérusalem, revue religieuse et scientifique.
  Paris. HARTEL. 1843-44-47. 4 vol. in-8° br.   **1697**

Lettres à un homme du monde qui voudrait croire, par
  LE BOYS DES GUAYS.
    St-Amand. PORTE 1852. — 2 vol. in-18 br.   **1712**

Arcanes célestes de l'écriture sainte ou paroles du
  Seigneur dévoilées, ainsi que les merveilles qui ont
  été vues dans le monde des esprits et dans le ciel
  des anges ; par SWEDENBORG. Traduction de LE
  BOYS DES GUAYS.
    Ouvrage publié de 1749 à 1756. — 16 vol. in-8" rel.
      St-Amand (Cher) chez PORTE 1841.   **1698**

L'Apocalypse dans son sens spirituel, d'après l'Apocalypse révélée et l'Apocalypse expliquée ; par
  SWEDENBORG.
    St-Amand (Cher) PORTE 1841. — 1 vol. in-8" rel.
                                               1699

L'Apocalypse expliquée selon le sens spirituel, où sont
révélés les Arcanes qui y sont prédits, etc. ; par
SWEDENBORG.

> St-Amand (Cher) PORTE 1841. — 2 vol. in-8° rel.
>
> **1700**

Doctrine de la nouvelle Jérusalem sur le Seigneur, par
SWEDENBORG.

> Paris. HARTEL 1844. — 1 vol. in-8° rel.   **1701**

Exposition sommaire du sens interne des livres pro-
phétiques de l'ancien Testament et des psaumes de
David ; traduite du latin par LE BOYS DES GUAYS,
sur l'édition de Robert HINDMARCH.

> Saint-Amand. PORTE 1845. — 1 vol. in-8° rel.
>
> **1702**

La Sagesse Angélique sur la divine providence, par
SWEDENBORG.

> Saint-Amand. PORTE 1854. — 1 vol. in-18 rel.
>
> **1703**

**La Sagesse Angélique sur le divin amour et sur la divine
sagesse**, par SWEDENBORG.

> Saint-Amand. PORTE 1851. — 1 vol. in-18 rel.
>
> **1704**

Les délices de la Sagesse sur l'Amour conjugal ; à la suite
sont placées les voluptés de la folie sur l'Amour
scortatoire, par SWEDENBORG.

> Saint-Amand. PORTE 1855 — 2 vol. in-18 rel.
>
> **1705**

De la Nouvelle Jérusalem et de sa Doctrine céleste, d'après
ce qui a été entendu du ciel, par SWEDENBORG.

> Saint-Amand. PORTE 1854 — 1 vol. in-18 rel.
>
> **1706**

La **vraie Religion chrétienne,** contenant toute la Théologie de la nouvelle Eglise prédite par le Seigneur. Daniel VII 13 14 et dans l'Apocalypse XXI 12, par SWEDENBORG.

    Saint-Amand. Porte 1852 — 3 vol. in-18 rel.

        1707

Du Ciel et de ses Merveilles et de l'Enfer, d'après ce qui a été vu et entendu, par SWEDENBORG.

    Saint-Amand. PORTE 1850 — 1 vol. in-18 rel.

        1708

Des Terres, dans notre monde solaire qui sont appelées planètes, et des terres dans le ciel astral, de leurs habitants, de leurs esprits et leurs anges, d'après ce qui a été entendu et vu, par SWEDENBORG.

    Saint-Amand. PORTE 1851 — 1 vol. in-12 rel.

        1709

Du Jugement dernier et de la Babylone détruite, par SWEDENBORG.

    Saint-Amand. PORTE 1851 — 1 vol. in-12 rel.

        1710

1. — **Doctrine de la Nouvelle Jérusalem,**
2. — **Doctrine de Vie** pour la Nouvelle Jérusalem,
3. — **Doctrine de la Nouvelle Jérusalem sur Dieu Triun,**
4. — **Doctrine de la Nouvelle Jérusalem sur la Charité,**
5. — **Doctrine de la Charité,**
6. — **Des Biens de la Charité** ou Bonnes Œuvres,
7. — **De la toute Présence et de la toute Science de Dieu,**
8. — **De la Parole et de sa Sainteté,**
    par SWEDENBORG, traduction de LE BOYS DES GUAYS.

    Saint-Amand. PORTE 1840 — 8 vol. in-12 rel.

        1711

JURISPRUDENCE

POUR LES

Ouvrages de Référence Générale

VOIR LES

PRÉLIMINAIRES du CATALOGUE

(Page 1 à 57)

I

INTRODUCTION

—❋—

1° – PHILOSOPHIE, HISTOIRE

ET

GÉNÉRALITÉS

—•—

Li Livres de Jostice et de Plet, publié pour la première fois d'après le manuscrit unique de la Bibliothèque nationale.

    Paris. F. Didot 1850. — 1 vol. in-4° cart.   **119**

De l'esprit des Lois, par M. de Montesquieu.

    Amsterdam et Leipzig. Merkus 1777. — 6 vol. in-12 rel. v.   **577**

De l'esprit des Lois, par M. DE MONTESQUIEU, avec les notes de l'auteur.

　　Paris. F. DIDOT 1860. — 1 vol. in-18 rel.　　**790**

Essai sur l'Histoire générale des tribunaux des Peuples tant anciens que modernes, par DES ESSARTS.

　　Paris. DURAND 1778. — 7 vol. in-8º rel. v. m.
　　　　　　　　　　　　　　　　　　　　　1296

Le Droit public de l'Europe, fondé sur les traités, par M. l'abbé MABLY.

　　Genève. Cⁱᵉ DES LIBRAIRES 1768. — 2 vol. in-12 rel.　　**2112**

Le Droit de Succession légitime à Athènes, par CAILLEMER.

　　Paris. E. THORIN 1879. — 1 vol. in-8º rel.　　**1271**

Mécanisme des grands pouvoirs de l'Etat, suivi des textes réglementaires et législatifs pour servir à éclairer le vote des Lois, et de Sénatus-Consultes, par VALETTE.

　　Paris. CHAIX 1857. — 1 vol. in-8º rel.　　**744**

Collection des Chefs-d'Œuvres de l'Eloquence judiciaire en France, Barreau ancien et moderne, par CLAIR et CLAPIER.

　　Paris. PANCKOUCKE 1823. — 16 vol. in-8º rel. **3712**

Les époques de l'Eloquence judiciaire en France, par MUNIER-JOLAIN.

　　Paris. PERRIN et Cⁱᵉ 1887. — 1 vol. in-18 rel. **1590**

L'Esprit des Ordonnances et des principaux Edits et Déclarations de Louis XV, en matière civile, criminelle et bénéficiale, par M. SALLÉ, avocat au Parlement.

　　Paris. Veuve SAVOYE 1771. — 1 vol. in-4º rel. v. m.　　**1332**

Observations et Maximes sur les Matières criminelles, par
BRUNEAU.

> Paris. CAVELIER 1716. — 1 vol. in-4° rel. v. m.
>
> 2061

Anciennes Lois des Français, conservées dans les
coutumes Anglaises, recueillies par Littleton, avec
des observations historiques et critiques, par
HOUARD.

> Rouen. LE BOUCHER-LE-JEUNE 1779. — 2 vol.
> in-4° rel. v. m.   1335

Recueil ou Collection de Titres, édits, déclarations,
arrêts, règlements et autres pièces, concernant la
Compagnie des Indes Orientales, établie au mois
d'août 1664, par DERNIS.

> Paris. BOUDET 1755. — 4 vol. in-4° rel. v. m.
>
> 1337

Histoire de la Jurisprudence Romaine, contenant son
origine et ses progrès depuis la fondation de Rome,
jusqu'à présent, par TERRASSON.

> Paris. DAVID père 1750. — 1 vol. in-f° rel. v. m.
>
> 2050

Recherches sur la Législation Cambodgienne, par
LECLÈRE.

> Paris. A. CHALLAMEL 1890. — 1 vol. in-8° rel.
>
> 3636

Journal des Audiences de la Cour de Cassation ou Recueil
des Arrêts de cette Cour en matière civile et mixte,
par SIREY.

> Paris. PORTHMANN 1791 à 1812. — 19 vol. in-4°
> rel. v. m.   1324

2⁰ — PLAIDOYERS ET DISCOURS

Plaidoyers politiques et judiciaires de Jules Favre, publiés par Mᵐᵉ Jules FAVRE, née VELTEN.
Paris. PLON et Cⁱᵉ 1882. — 2 vol. gr. in-8⁰ rel. P. de J. FAVRE.   **66**

Les Plaidoyers politiques de Démosthène, traduits en français, avec arguments et notes, par Rodolphe DARESTE.
Paris. PLON et Cⁱᵉ 1879. — 2 vol. in-18 rel.   **68**

Biens de la famille d'Orléans, question de compétence, plaidoiries de MM. PAILLET et BERRYER.
Paris. — NOBLET 1852. — 1 Br. in-8⁰.   **2353**

Barreau Anglais ou Choix de plaidoyers des Avocats anglais, par CLAIR et CLAPIER.
Paris. PANCKOUCKE 1824. — 3 vol. in-8⁰ rel. **3714**

Affaire Sardou, par P. VIBERT.
Paris. A. GHIO 1880. — 1 vol. in-16 br.   **3798**

Lesurques, sa justification, par JEANDEL, avocat.
Paris. DENTU 1864. — 1 vol. in-8⁰ br.   **2165**

Amendement Lesurques, Notice.
 Paris. POUPART-DAVYL 1864. — 1 Br.   859

Plaidoirie de Mᵉ Jules Favre, pour M. Armand—Tribunal
 civil de Grenoble (audience du 19 janvier 1865).
 Paris. LAINÉ. — 1 Br. in-4°.   585

Affaire Panama. — Tribunal de la Seine, première chambre.
 Paris. SCHMIDT 1893. — 1 Br. in-4°. 3782

Œuvres de M. le chancelier d'Aguesseau, discours,
 plaidoyers, réquisitoires, etc.
 Paris. LIBRAIRES ASSOCIÉS 1774. — 12 vol. in-4°
 rel. v. m.   1326

II

DROIT ANCIEN

— · —

1° DROIT ROMAIN ET DROIT FRANÇAIS

JUSQU'EN 1789

Lois, Ordonnances, Edits, Actes & Arrêts.
Traités & Commentaires.
Administration, Police & Domaine, etc.

Pandectæ Justinianeæ in novum ordinem digestæ, cum
legibus codicis, et novellis, quæ Jus Pandectarum
confirmant, explicant, aut abrogant.
Lugduni. Sumptibus BERNUSET ET SOCIORUM 1782
— 3 vol. in-f° rel. v. m.   **2046**

Les Institutes de l'Empereur Justinien, conférées avec
le droit français, par noble François de Boutaric.
Toulouse Gaspard HÉNAULT 1754. — 1 vol. in-4°
rel. v. m.   **2093**

Ant. Perezi J. C. S. C. et R. Majestatis consiliarii, in Academia Lovaniensi legum antecessoris, prælectiones in duodecim libros Codicis Justiniani Imp.

> Antuerpiæ-Apud. J.-B. VERDUSSEN 1720. — 1 vol. in-4° rel. v. m. **2062**

Abrégé de la Jurisprudence romaine, divisé en sept parties, à l'imitation des Pandectes de Justinian, par M. C. COLOMBET.

> Paris. Veuve Gervais ALLIOT 1655. — 1 vol. in-4° rel. v. m. **2066**

La Jurisprudence du Digeste, conférée avec les Ordonnances royaux, les Coutumes de France, et les Décisions des Cours souveraines, par M. Claude DE FERRIÈRE.

> Paris. Jean COCHART 1677. — 2 vol. in-4° rel. v. m. **2097**

La Grande Conférence des Ordonnance et Édits Royaux, jusques à l'année MDCLIX. Distribuée en XII livres, à l'imitation et selon l'ordre et disposition du Code de l'Empereur Justinian, par M. P. GUÉNOIS.

> imprimé à Lyon, se vend à Paris chez Th. JOLLY 1660 — 3 vol. in-f° rel. v. m. **2045**

Gulielmi Budaei consiliarii Regii libellorumque magistri in Prætorio, Forensia.

> Forensium Verborum et loquendi generum quæ sunt à Gulielmo Budæo proprio commentario descripta, Gallica de foro Parisiensi sumpta interpretatio.

> Lutetia excudebat Roberto Stephano typographo Regio Conradus Badius 1545-1548. — 2 vol. dans un rel. v. m. (*Armoiries Abbatiales s. l. p.*) **1733**

Principes du Droit civil romain, par Olivier D. ès-D.

> Paris. MÉRIGOT 1776 — 2 vol. in-12 rel. v. m. **2116**

Œuvres de M. d'Espeisses, où toutes les plus importantes matières de droit romain sont méthodiquement expliquées et accomodées au droit français, par Mᵉ GUY DU ROUSSEAUD DE LA COMBE.
Lyon, chez les Frères BRUYSET 1750 — 3 vol. in-fᵒ rel. v. m. **2044**

Traité des Obligations selon les règles, tant du for de la conscience, que du for extérieur par POTHIER.
Paris. DEBURE 1750 — 2 vol. in-8ᵒ rel, v. m. **2077**

Même Ouvrage, édition 1768.
2 vol. in-8ᵒ rel. v m, **2077**

Collection de décisions nouvelles et des notions relatives à la Jurisprudence actuelle.
Paris. Veuve DESAINT 1771 — 4 vol. in-4ᵒ rel. v. m. **2056·**

Traité des matières criminelles, suivant l'ordonnance du mois d'Août 1670, et les édits, déclarations du Roi,arrêts et règlements intervenus jusqu'à présent par GUY DU ROUSSEAUD DE LA COMBE.
Paris. LEGRAS 1741 — 1 vol. in-4ᵒ rel. v. m. **2057**

Même Ouvrage, 3ᵉ et 5ᵉ édition 1744-1757.
2 vol. in-4ᵒ rel. v. m. **2057**

Traité général des droits d'aides, par LEFEBVRE DE LA BELLARDE.
Paris. PRAULT 1770 — 1 vol. in-4ᵒ rel. v. m. **2059**

Collection de décisions nouvelles et de notions relatives à la Jurisprudence actuelle, par Mᵉ DENISART.
Paris. Veuve DESAINT 1775 — 4 vol. in-4ᵒ rel. v. m. **2096**

Maximes du droit public français,tirées des capitulaires, des ordonnances du Royaume.

> Amsterdam. REY 1775 — 2 vol. dans un in-4° rel.
> v. m.   **2089**

Principes du droit de la Nature et des Gens, par BURLA-MAQUI.

> Yverdin 1766 — 2 vol. in-8° rel. v. m.   **2109**

Traité de la Majorité de nos Rois et des Régences du Royaume, par du TILLET.

> Rouen. FERRAND 1722 — 2 vol. in-8° rel. v. m.
>   **1464**

La Jurisprudence du Code de Justinian, conférée avec les Ordonnances Royaux, les coutumes de France, et les décisions des cours souveraines, par M. Claude de FERRIÈRE.

> Paris. Jean COCHART 1684 -- 2 vol. in-4° rel. v.
> m.   **2098**

La Jurisprudence des Nouvelles de Justinien, conférée avec les Ordonnances Royaux, les coutumes de France, et les décisions des cours souveraines,par M. Claude de FERRIÈRE.

> Paris. Jean COCHART 1688 — 2 vol. in-4° rel. v.
> m.   **2099**

Les Lois civiles dans leur ordre naturel. Le Droit public et Legum delectus, par M. DOMAT.

> Paris. Estienne DAVID 1745 — 2 vol. en 1 in-f° r.
> v. m. orn. 1ʳᵉ page — Avec priv. de S. M.   **2049**

Même Ouvrage. — Veuve SAVOYE 1777.   **2049**

Même Ouvrage. — DELALAIN 1777.   **2049**

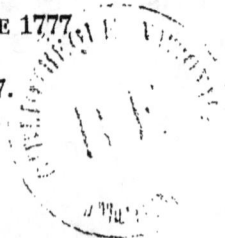

> 8

Institutes au droit criminel ou principes généraux sur ces matières, suivant le droit civil, canonique et la jurisprudence du Royaume, avec un traité particulier des crimes, par Muyart DE VOUGLANS.

Paris. LE BRETON. 1757 — 1 vol. in-4° rel. v. m.

2060

Commentaire de l'Ordonnance de Louis XV, sur les substitutions du mois d'août 1747, par Mᵉ FURGOLE, avocat.

Paris. HÉRISSANT fils 1767. — 1 vol. in-4° rel. v. m.

2016

L'usement du Domaine congéable de l'Evêché et Comté de Cornouaille, commenté par Mᵉ Julien FURIC, avocat.

Rennes. J. VATAR 1664. — 1 vol. in-8° rel. v. m.

2067

Traité des Injures dans l'ordre judiciaire, par DAREAU.

Paris. PRAULT 1775. — 1 vol. in-12 rel.   **2114**

Recueil des Edits, Déclarations, Arrêts et Règlements, concernant les qualités nécessaires pour être pourvu d'offices de Judicature.

Paris. SAUGRAIN 1712. — 1 vol. in-4° rel. v. m.

2094

Conférences et Ordonnances de Louis XIV, Roy de France et de Navarre, avec les anciennes ordonnances du Royaume, le droit écrit et les arrests, par BORNIER

Paris.Chez les associez choisis par ordre de S.M.

1755. — 2 vol. in-4° rel. v. m.   **1333**

De Advocato libri quatuor. Authore Martino Husson, in senatu Parisiensi Advocato.

Parisiis. GUIGNARD 1666. — 1 vol. in-4° rel. v. m.

2065

Annotationes Gulielmi Budaei parisiensis secretarii, Regii in quatuor et viginti pandectarum libros, ad Ioannem Deganaium Cancellarium Franciæ.
> Anno 1532. Mense Augusto, impr. par BADIUS. — 1. vol. in-4° rel. Bois et v. Gauf. 2 tom. dans un. **1732**

Les très humbles Remontrances du Parlement, présentées au Roy.
> 1751. — 7 vol. in-12 rel. v. m. **1468**

Collection des Décrets de la Convention Nationale.
> Paris. LOUVRE 1793. — 3 vol. in-4°. **2054**

Traité des Fiefs, par Me Claude POCQUET DE LIVONIÈRE.
> Paris. COIGNARD 1729. — 1 vol. in-4° rel. v. m. **2058**

Traité de la Police, où l'on trouvera l'histoire de son établissement.
> Paris. Michel BRUNET 1722. — 4 vol. in-f° rel. v. m. **2088**

Traité de la Police, même ouvrage que ci-dessus, par M. DELAMARE.
> Paris. Michel BRUNET 1722. 4 vol. in-f° rel. v. m. **2088**

Mémorial des Corps administratifs, municipaux, judiciaires et militaires, ou Journal de la Constitution, par une Société de Jurisconsultes patriotes.
> Paris. Firmin DIDOT 1790. — 1 vol. in-4° rel. v. m. **1297**

Commentaire sur l'Edit du mois de Mai 1768, ou traité des Portions congrues.
> Paris. Veuve DESAINT 1776. — 2 vol. in-12 rel. v. m. **2083**

Traité du Contrat de Vente, Traité du Contrat de Louage, Traité du Contrat de Constitution de rente, par l'auteur du traité des obligations.
Paris. DEBURE 1772 à 1778. — 5 vol. in-12 rel.
2078

Commentaire sur l'Ordonnance des Eaux et Forêts, du mois d'août 1669.
Lyon. BARRETT 1782. — 1 vol. in-16 rel.   2069

Recueil alphabétique des Droits de Traites uniformes, de ceux d'entrée et de sortie des cinq grosses fermes de Douane, de Lyon, de Valence.
Avignon. 1786. — 4 vol. in-8° rel.   2108

Coutumes Générales & Provinciales

Observations notables sur les règles et principes du Droit coutumier, touchant les matières les plus importantes des droits du seigneur, par BRUNEL.
Saint-Omer. FERTEL 1724. — 1 vol. in-4° rel. v. m.
1336

Nouveau coutumier général ou Corps des coutumes générales et particulières de France et des Provinces connues sous le nom des Gaules, par M. BOURDOT DE RICHEBOURG, avocat au Parlement.
Paris. ROBUSTEL 1724. — 4 vol. in-f° rel. v. m.
2047

Traités de M. Duplessis, Avocat au Parlement, sur la coutume de Paris.
Paris. BABUTY fils 1754. — 1 vol. in-f° rel. v. m.
2048

Somme Rural, ou le grand Coutumier général de pratique civil et canon, composé par M. BOUTEILLER, conseiller au Parlement.

> Paris. MACÉ 1612.— 1 vol. in-4º rel. v. m. (Lettres ornementées). **2064**

Coutumes générales d'Artois, avec des notes, par M. MAILLART, avocat.

> Paris. ROUY 1739. — 1 vol. in-fº rel. v. m.   **2086**

Coutumes générales et locales du pays et Duché du Bourbonnais, par Messire AUROUX DES POMMIERS, prêtre docteur en théologie.

> Riom. DÉGOUTTE 1770. — 1 vol. in-fº rel. v. m. **2087**

Bibliothèque des Coutumes, contenant la Préface d'un nouveau Coutumier général, une liste historique des Coutumiers généraux, par MM^{es} BERROYER et DE LAURIÈRE, avec des notes manuscrites sur les marges.

> Paris. GOSSELIN 1699. — 1 vol. in 4º rel. v. m. **2107**

Nouveau Commentaire sur la coutume de la Prévôté et Vicomté de Paris, par Mº Claude DE FERRIÈRE.

> Lyon. Grabit 1779. — 2 vol. in-12 rel. v. m. **2085**

Coutumes générales du Païs et Duché de Bretagne, et usemens locaux de la même province, avec les procès-verbaux des deux réformations.—Les notes de M. Pierre HÉVIN, Doïen des Avocats du parlement; par M. Poullain DE BELAIR.

> Rennes. Guillaume VATAR 1745. — 3 vol. in-4º rel. v. m. **1327**

Même Ouvrage, et même édition. **1327**

Coutumes de Bretagne et usances particulières de quelques villes et territoires de la même Province, par M***

    Nantes. VERGER 1725. — 1 vol. in-4° rel. v. m.
                                         1328

Coutumes de Bretagne, avec les commentaires et observations, par Maître Michel SAUVAGEAU, célèbre Avocat au parlement de Bretagne.

    Rennes. Guillaume VATAR 1737. — 4 vol. in-4°
    rel. v m.   **1329**

Journal des audiences et Arrests du Parlement de Bretagne rendus sur les questions les plus importantes du Droit civil, de coutumes, de matières criminelles ; par M. Poullain DU PARC.

    (Les tomes de cet ouvrage sont en double et triple exemplaires.)
    Rennes.VATAR 1738-1777. — 12 vol. in-4° rel. v.
    m.   **1338**

Recueil d'Arrests rendus au Parlement de Bretagne, sur plusieurs questions célèbres ; par M⁰ feu DEVOLANT, ancien avocat.

    Rennes. DEVAUX 1721. — 2 vol. dans un in-4°
    rel. v. m.   **2091**

Arrests du Parlement de Bretagne, pris des mémoires et plaidoyers de feu M⁰ SEBAST-FRAIN ; 3° et dernière édition. revue et corrigée, par M. Pierre HÉVIN.

    Paris. Pᵉ GARNIER 1684. — 2 vol. dans 1 in-4°
    rel. parchemin.   **2092**

La coutume et jurisprudence coutumière de Bretagne.

    Rennes. Gᵐᵉ VATAR 1759.— 1 vol. in-12 rel. v. m.
                                          2111

Arrests, règlemens et ordonnances Royaux du Parlement de Bretagne, avec les usances locales, des divers endroits de la province, par Messire Noël du Fail, DE LA HÉRISSAYE.

> Rennes. Jean VATAR 1654. —1 vol. in-4° rel. v. m.
> **2095**

Procédures faites en Bretagne et devant la Cour des Pairs, en 1770.

> 1770. — 2 vol. in-12 rel. v. m.   **2119**

Principes du droit français, suivant les maximes de Bretagne, par M. Poullain DU PARC.

> Rennes. François VATAR 1767. — 12 vol. in-12
> rel. v. m.   **2110**

Même ouvrage, et même édition   **2110**

III

DROIT MODERNE

(depuis 1789)

---+---

1° — DROIT FRANÇAIS

Lois & Décrets, Codes, Procédure civile
et criminelle
Traités & Commentaires

Code civil des Français, Édition originale et seule
officielle.
    Paris. IMP. DE LA R. An XII. — 1 vol. in-8° rel.
                                          1291

Code civil annoté, Code de procédure annoté, Code
d'instruction criminelle annoté, Code pénal annoté,
par SIREY.
    Paris. 1817-18-19. — 4 vol. in-4° rel.   **2055**

Code d'Instruction criminelle.
> Paris. F. DIDOT 1810. — 1 vol. in-8° rel.   **1279**

Code civil des Français, suivi de l'exposé des motifs sur chaque loi, présenté par les Orateurs du Gouvernement.
> Paris. F. DIDOT 1804. — 6 vol. in-16 rel.   **1322**
> *(Cet ouvrage se compose de 7 vol. Il manque le 4°.)*

Code civil des Français, Edition stéréotype faite au moyen de matrices mobiles, en cuivre, procédé d'HERHAN.
> Paris. GARNERY 1804. — 1 vol. in-18 br.   **2118**

Esprit du Code Napoléon, tiré de la discussion ou conférence historique, analytique et raisonnée du projet du Code civil, par le baron LOCRÉ.
> Paris. IMPRIMERIE IMPÉRIALE 1805. — 6 vol. in-8° rel.   **1290**

Esprit du Code de Commerce ou Commentaire puisé dans les procès-verbaux du Conseil d'Etat, par le baron LOCRÉ.
> Paris. CLAMENT frères 1807. — 10 vol. in-8° rel.
> **1309**

Code civil contenant la série des lois qui le composent, avec leurs motifs, suivi d'une table raisonnée des matières.
> Paris. GARNERY 1803. — 4 vol. in-8° rel.   **1292**

Code civil contenant la série des lois qui le composent avec leurs motifs, etc.
> Angers. Mame. — 5 vol. in-8° rel.   **1278**

Code civil contenant la série des lois qui le composent, avec leurs motifs.
> Paris. GARNERY 1804. — 4 vol. in-8° br.   **2070**

Esprit du Code de Procédure civile, ou Conférence du
   Code de procédure, par le baron LOCRÉ.
   Paris. DIDOT l'aîné 1816. — 5 vol. in-8° rel.   **1289**

Les Cinq Codes du Royaume, Bulletin des Lois.
   Paris. 1816. — 1 vol. in-8° rel.   **1294**

Code Napoléon, Commentaire usuel indiquant sous
   chaque article les solutions théoriques et pratiques
   de la Jurisprudence, par CAMPENON.
   Paris. PLON et Cie 1865. — 1 vol. in-18 br.   **2117**

Institution du Droit Français, publiée par MM. Edouard
   LA BOULAYE et Rodolphe DARESTE.
   Paris. DURAND 1858. — 1 vol. in-8° br.
   (*Manque le 1er vol.*)   **2071**

**Recueil des Lois constitutionnelles et électorales de la
   République Française,** par POUDRA et PIERRE.
   Paris. QUANTIN 1881. — 1 vol. in-12 br.   **2853**

Code pénal annoté et expliqué d'après la Jurisprudence
   et la Doctrine, par Ed. DALLOZ et VERGÉ.
   Paris. 1881. — 1 vol. in-4° br.   **1344**

Corps Législatif, Constitution, Senatus-Consultes, Lois
   et Décrets.
   Paris. Corps législatif 1862. — 1 vol. in-12 br.
                                                    2199

Corps Législatif, Constitution de l'Empire, Lois et
   Décrets.
   Paris. Corps législatif 1863. — 1 vol. in-12 br.
                                                    2200

Théorie du code pénal, par CHAUVEAU et Faustin HÉLIE.
   Paris. LEGRAND 1843. — 6 vol. in-8° rel.   **1283**

Répétitions écrites sur le premier examen du code Napoléon, par MOURLON, mis au courant par DE-MANGEAT.

    Paris. MARESQ aîné 1773. — 3 vol. gr. in-8° rel.

                                         1257

Théorie pratique du Code de procédure civile et du Code Civil, en ce qui concerne l'instruction, par CHARBONNIER.

    Paris. GIDE 1807. — 2 vol. in-8° rel.   1287

Cours de droit civil français, traduit de l'Allemand par ZACHARLE.

    Strasbourg. — LAGIER 1839. — 5 vol. in-8° rel.

                                         1319

Cours de droit naturel, professé à la faculté des lettres de Paris, par JOUFFROY.

    Paris. HACHETTE 1866. — 2 vol. in-8° rel.   1321

Commentaire sur la loi des successions, formant le titre du premier livre du livre 3° du Code Civil, par M. CHABOT.

    Paris. COTILLON 1839. — 2 vol. in-8° rel.   1269

Traité du domaine public, où de la destination des biens considérés principalement par rapport au domaine public, par Victor PROUDHON.

    Dijon. LAGIER 1843. — 5 vol. in-8° rel.   1286

Le droit civil français suivant l'ordre du Code, ouvrage dans lequel on a taché de réunir la théorie à la pratique. Tome XV°, table alphabétique et analytique conçue et rédigée sous la direction de l'Auteur par M. Martin JOUAUST.

    Paris. J. RENOUARD. 1830-1834. — 15 vol. in-8° rel.   1260

Le droit civil français suivant l'ordre du Code, ouvrage dans lequel on a taché de réunir la théorie à la pratique, par J. B. DUVERGIER.
Paris. J. RENOUARD 1835. — 6 vol. in-8° rel.   1259

Le droit civil expliqué suivant l'ordre des articles du code, depuis et y compris le titre de la vente, par TROP-LONG.
Paris. HINGRAY 1837-1847. — 19 vol. in-8° rel.
1261

Le droit civil expliqué suivant l'ordre des articles du code depuis et y compris le titre de la vente, du contrat de société civile et commerciale.
Paris. HINGRAY 1843. — 2 vol. in-8° rel.   1262

Cours du Code civil. Ouvrage divisé en 2 parties, par DELVINCOURT.
Paris. DELESTRE BOULAGE 1824. — 3 vol. in-4° rel.
v. m.   1281

Essai sur l'application de la loi du 15 juillet 1889, sur le recrutement de l'armée, par le Cte SIMON.
Paris et Limoges. 1893. — 1 vol. in-8° rel.   3635

Les lois de la procédure civile, par CARRÉ.
Paris. BÉCHET 1829. — 3 vol. in-4° cart.   2052

Analyse raisonnée et conférence des opinions des commentateurs et des arrêts des Cours sur le Code de procédure civile.
Rennes. COUSIN-DANELLE 1811. — 2 vol. in-4° rel.
2053

Traité des servitudes ou services fonciers, par M. PARDESSUS.
Paris. THOREL 1838. — 2 vol. in-8° rel.   1273

Résumé et conférence des commentataires du Code civil, sur les successions, donations et testaments, par VAZEILLE.

Clermont-Tonnerre 1837. — 3 vol. in-8° rel.

1274

Droit commercial & Maritime

Code de Commerce.

Paris. 1808. — 1 vol. in-8° rel. **1307**

Code de Commerce, précédé des rapports fait au Corps législatif par les Orateurs du Conseil d'Etat, MM. REGNAUD DE SAINT-JEAN D'ANGÉLY, BÉGOUEN, etc.

Paris. BUISSON 1807. — 1 vol. in-8° rel. **1310**

Etudes de Jurisprudence commerciale, ouvrage posthume de A. GAUTHIER, avec une notice sur la vie de ce jurisconsulte, par M. DUPIN aîné.

Paris. PISSIN 1829. — 1 vol. in-8° rel. **1306**

Des Sociétés commerciales, Commentaire du Titre III, Livre 1er du Code de Commerce, par M. DELANGLE, Avocat général.

Paris. JOUBERT 1843. — 2 vol. in-8° br. **2251**

Les Codes annotés, Code de Commerce, par DALLOZ fils et VERGÉ.

Paris. 1884 — 1 vol. in-4° rel. **1341**

Code de Justice maritime, comprenant le Code de Justice
militaire pour l'armée de mer, par GAUTIER.
Paris. PISSIN 1829. — 1 vol. in-8° rel.   1305

Les Institutes du Droit consulaire, ou les Eléments de la
Jurisprudence des marchands, par TOUBEAU, ancien
prévôt des Marchands.
Paris. GOSSELIN 1700. — 1 vol. in-4° rel. v. m.
2063

Traité des Assurances et des Contrats à la Grosse. par
M. EMERIGON..
Marseille. J. MOSSY, à la Canebière 1783.— 2 vol.
in-4° rel. v. m.   2100

Dissertation contenant l'historique des deux premières
éditions d'un projet de loi sur la répression de
l'indiscipline dans la Marine marchande, par MAREC.
Paris. IMPRIMERIE ROYALE 1840. — 1 vol. in-8°
rel.   1304

**Manuel réglementaire et pratique de la Navigation
intérieure**, ou Traité raisonné des Lois, Ordonnances,
Arrêtés et Coutumes, qui régissent la Navigation
intérieure de la France, par LALOU, Henri.
Paris. COSSE et MARCHAL 1858. — 1 vol. in-8° rel.
1490

Décret, Loi disciplinaire et pénale, pour la marine
marchande, du 24 mars 1852, par DARCHE.
Paris. IMPRIMERIE IMPÉRIALE 1758. — 1 vol. gr.
in-8° rel.   1510

Droit administratif

Codes annotés, Codes des Lois administratives, par DALLOZ et VERGÉ.
>   Paris. 1889. — 1 vol. in-4° br.   **1347**

Code des Droits de Timbre, d'Enregistrement, de Greffe et d'Hypothèque.
>   Paris. CLAMENT 1810. — 1 vol. in-8° rel.   **2068**

Code de l'Enregistrement, du Timbre, des Droits d'Hypothèque, des droits de Greffe et de l'impôt sur le revenu des valeurs mobilières, par MM. DALLOZ et VERGÉ.
>   Paris. 1884. — 1 vol. in-4° br.   **1342**

Cours de Droit administratif appliqué aux travaux publics, par COTELLE.
>   Paris. CARILIAN-GŒURY 1838. — 3 vol. in-8° rel.
>   **1318**

Même ouvrage.   **1318**

Cours d'Administration et de Droit administratif, professé à la Faculté de Droit de Paris, par MACAREL.
>   Paris. PLON frères, 1852-56-57. — 4 vol. in-8° rel.
>   **1317**

Code des Douanes de la République Française.
>   Strasbourg. LEVRAULT 1802. — 1 vol. in-8° rel.
>   **1308**

Mémorial du Contentieux des Droits réunis et des Octrois, Années 1807-1808-1809.
>   Paris. STONE. — 3 vol. in-8° rel.   **1277**

Traité général de Droit administratif appliqué, ou exposé de la Doctrine et de la Jurisprudence concernant l'exercice de l'autorité du Chef de l'Etat, des Ministres, des Préfets, etc., par DUFOUR.
     Paris. DELAMOTTE 1868. — 8 vol. in-8° rel.   1316

Traité des Contributions directes en France, par GERVAISE.
     Paris. LEBLANC 1822. — 2 vol. in-8° br.   2139

Mélanges et Divers

Code des Ponts et Chaussées et des Mines, par M. RAVINET, sous-chef.
     Paris. CARILIAN-GŒURY 1829 à 1836. — 6 vol. in-8° rel.   1320

Notions élémentaires sur le Régime hypothécaire, par M. HUA, homme de loi.
     Paris. RONDONNEAU an VII. — 1 vol. in-12 rel.
     2113

Commentaire sur le Code de Justice militaire, par PRADIER FODÉRÉ.
     Paris. DUMAINE 1873. — 1 vol. in-8° rel. t.   1303

Traité de la législation et de la pratique des Cours d'Eau, par DAVIEL.
     Paris. HINGRAY 1845. — 3 vol. in-8° rel.   1275

Traité de la compétence des Juges de Paix, par CURASSON.
     Dijon. Victor LAGIER 1839. — 3 vol. in-8° rel.
     1268

Nouveau Traité du Bornage, Ouvrage traitant des actions en matière de Bornage, etc., par M. J.-L. JAY.
Paris. Aug. DURAND 1859. — 1 vol. in-8° rel. **1267**

Recueil méthodique et raisonné des Lois et Règlements sur la Voierie, les Alignements et la Police des Constructions, par DAVENNE.
Paris. Mme HUZARD 1824. — 1 vol. in-8° rel. **1270**

Lois des Bâtiments ou le nouveau Desgodets, contenant la théorie et la pratique : 1° des servitudes ; 2° des réparations ; 3° des formes à suivre par les Juges de Paix, les Tribunaux, etc., par LEPAGE.
Paris. YONNET 1840. — 2 vol. in-8° rel. **1272**

Nouveau Traité de la Procédure civile, contenant une instruction sur la manière de procéder devant les Justices de Paix, les Tribunaux civils, de Commerce et les Cours d'Appel, par COMMAILLE.
Paris. LENORMANT 1806. — 3 vol. in-8° rel. **1288**

Compte général de l'Administration de la Justice criminelle en France. Années 1850-51-52-56-57-58-59-64.
Paris. IMPRIMERIE IMPÉRIALE. — 8 vol. in-4° br. **2074**

Jurisprudence des codes criminels et des lois sur la répression des crimes et des délits commis par la voie de la presse, et par tous autres moyens de publication, par BOURGUIGNON.
Paris. Ant. BAVOUX 1825. — 3 vol. in-8° rel. **1284**

Traité du voisinage, considéré dans l'ordre judiciaire et administratif, et dans ses rapports avec le code civil, par FOURNEL.
Paris. GARNERY. An XII. — 1 vol. in-12 rel. **2115**

Traité du droit de retour légal et conventionnel, suivant le code civil, par le chevalier MARET.
Paris. EMERI 1816. — 1 vol. in-12 rel.   2079

Omnipotence du Jury et attributions de la Magistrature dans les Cours d'Assises, par COURRENT
Paris. LEFÉVRE 1829. — 1 vol. in-8° rel.   1276

Dictionnaire des Arrêts modernes, ou répertoire analytique, sommaire et critique de la nouvelle jurisprudence française, civile et commerciale, par LOISEAU, avocat à la Cour de Cassation.
Paris. 1809. — 2 vol. in-8° rel   1285

IV

DROIT ÉTRANGER

**Code pénal de l'Empire d'Autriche. Code criminel de
l'Empire du Brésil** ; par Victor FOUCHER.
  Paris. IMPRIMERIE ROYALE. 1834. — 2 vol. in-8 rel.
                                                    1323

**Collection des lois civiles et criminelles des états mo-
dernes,** par V. FOUCHER. Empire de Russie. Royaume d'Espagne. Royaume de Hollande. Canton
de Genève.
  Rennes. BLIN 1838. — 5 vol. in-8° br.   **2072**

**Collection des lois civiles et criminelles des Etats mo-
dernes,** par V. FOUCHER. Royaume de Sardaigne.
Empire d'Autriche. Royaume des deux Siciles.
  Rennes. BLIN 1836. — 4 vol. in-8° br.   **2073**

Traités sur les coutumes Anglo-Normandes, publiés en
Angleterre depuis le XI° siècle, jusqu'au XIV° siècle,
par M. HOUARD, avocat.
  Rouen. LE BOUCHER. 1776. — 4 vol. in-4° rel. v. m.
                                                    2105

**Les chartes coloniales et les constitutions des Etats-Unis
de l'Amérique du Nord,** par GOURD.

Paris. IMPRIMERIE NATIONALE 1885. — 2 vol. in-8°
rel.   3071

SCIENCES & ARTS

POUR LES

Ouvrages de Référence Générale

VOIR LES

PRÉLIMINAIRES du CATALOGUE

(Page 1 à 57)

PREMIÈRE CLASSE

—

SCIENCES PHILOSOPHIQUES

—

1º GÉNÉRALITÉS

HISTOIRE & CRITIQUES

—|—

La **Philosophie des Grecs,** considérée dans son développement historique, par ZELLER et BOUTROUX, traduit de l'Allemand.

    Paris. HACHETTE 1884. — 3 vol. in-8º rel.   2813

Essai sur la Philosophie des Sciences, par AMPÈRE.

    Paris. BACHELIER 1834. — 2 vol. in-8º rel.   1798

Histoire de la Philosophie, Les Problèmes et les Ecoles, par JANET.
    PARIS. DELAGRAVE 1887. — 1 vol. in-8° br.   **2653**

Histoire de la Philosophie moderne dans ses rapports avec le développement des sciences de la Nature, par PAPILLON.
    Paris. HACHETTE 1876. — 2 vol. in-8° br.   **3947**

L'Evolution des Mondes et des Sociétés, par C. DREYFUS.
    Paris. F. ALCAN 1888. — 1 vol. in-8° rel. t. angl.
    2666

Philosophie du XVIII° Siècle, par J.-F. DE LA HARPE.
    Paris. DUPONT 1826. — 2 vol. in-8° rel.   **571**

L'idéalisme en Angleterre au XVIII° Siècle, par G. LYON.
    Paris. F. ALCAN 188?. − 1 vol. in-8° rel.   **2657**

Le Pessimisme au XIX° Siècle, par CARO.
    Paris. HACHETTE 1889. — 1 vol. in-18 rel. tr. d.
    2939

Les Lois de la Nature expliquées par le docteur Richard Cumberland, depuis évêque de Peterboroug, où l'on recherche et l'on établit par la nature des choses, la forme de ces loix, leurs principaux chefs, etc., traduit du latin, par M. BARBEYRAC.
    Leyde. HAAK 1757. — 1 vol. in-4° rel. v. tr. r. fig.
    1795

Essai philosophique concernant l'entendement humain, où l'on montre quelle est l'étendue de nos connaissances certaines, par M. LOCKE ; traduit de l'Anglais par M. COSTE.
    Amsterdam. Aux dépens de la Cie 1774 — 3 vol. in-12° rel. v. m.   **4803**

Institutiones philosophicæ ad usum prœlectionum, auctore FOURNIER.
>Lutetiæ Parisionum. JULIEN 1854. — 1 vol. in-8°
>rel. **1817**

Pythagore et la Philosophie Pythagoricienne, contenant les fragments de Philolaüs et d'Archytas, traduits pour la première fois en français par CHAIGNET.
>Paris. DIDIER et Cⁱᵉ 1873. — 2 vol. in-8° rel. v. m.
>**1806**

Œuvres philosophiques de Bacon, par M. BOUILLET.
>Paris. HACHETTE 1834. — 1 vol. in-8° rel. (*Il manque le 1ᵉʳ vol.*)
>**1811**

Œuvres philosophiques de Descartes, publiées sur les textes originaux, par M. GARNIER.
>Paris. HACHETTE 1834. — 1 vol. in-8° rel. (*Il manque le 1ᵉʳ vol.*)
>**1812**

Œuvres de Plutarque, traduites du Grec par Jacques AMYOT.
>Paris. François BASTIEN 1784. — 18 vol. in-8° rel. v. tr. r. **669**

Œuvres complètes de Cicéron, avec la traduction en français publiées sous la direction de M. NISARD.
>Paris. GARNIER Frères 1850. — 5 vol. gr. in-8° rel.
>**3654**

L'Etat ou la République de Platon, traduction de GROU. **Les Lois de Platon,** traduction de GROU.
>Paris, CHARPENTIER 1855. — 2 vol. dans un in-18 rel. **3720**

Œuvres philosophiques de Descartes, publiées d'après les textes originaux, par Aimé MARTIN.
>Paris, DESREZ 1838. — 1 vol. in-8° rel. **127**

Œuvres complètes de Sénèque le Philosophe.
Paris. GARNIER 1851. — 1 vol. gr. in-8° rel.   3660

Œuvres philosophiques, morales et politiques de François
Bacon, baron de Verulam, vicomte de Saint-Alban,
lord chancelier d'Angleterre, avec une notice
biographique, par J. A. BUCHON.
Paris. DESREZ 1836. — 1 vol. in-8° rel.   127

Œuvres philosophiques, morales et politiques de François
Bacon, lord chancelier d'Angleterre.
Paris. DESREZ 1838. — 1 vol. in-8° rel.   128

Œuvres complètes de Blaise Pascal.
Paris. HACHETTE 1864. — 3 vol. in-8° rel.   573

Philosophies de la nature. — Bacon. — Boyle. — Toland.
— Buffon ; par NOURRISSON.
Paris. PERRIN et Cie 1887. — 1 vol. in-16 br.
3415

**Les Philosophes Français contemporains et leurs systèmes
religieux,** par POITOU.
Paris. CHARPENTIER 1884. — 1 vol. in-16 rel.
3496

Cours d'Esthétique, par F. JOUFFROY.
Paris. HACHETTE 1883. — 1 vol. in-16 br.   3545

Considérations sur les divers systèmes de psychologie,
par GILARDIN.
Paris. DURAND 1883. — 1 vol. in-8° rel.   2757

La Logique de l'hypothèse, par NAVILLE.
Paris. GERMER-BAILLIÈRE 1880. - 1 vol. in-8° rel.
1797

De l'esprit géométrique. De l'art de persuader. De l'autorité en matière de philosophie, par PASCAL.

> Paris. HACHETTE 1871. — 1 Br. in-8°   **1815**

Rapports du physique et du moral de l'homme, par CABANIS.

> Paris. CRAPARD 1802. — 1 vol. in-8° rel. (*le 1er vol. manque.*)   **1813**

Code de la Nature, par MORELLY. Réimpression complète augmentée des fragments importants de la Basiliade, par VILLEGARDELLE

> Paris. MASGANA 1841. — 1 vol. in-18 rel.   **796**

Essais sur la philosophie des Indous. traduit de l'Anglais par PAUTHIER et COLEBROOKE.

> Paris. DIDOT 1883 — 1 Br.   **1810**

Philosophie et philosophes, par CARO.

> Paris. HACHETTE 1888. — 1 vol. in-16 rel.   **2612**

Après la mort. Exposé de la philosophie des esprits, ses bases scientifiques et expérimentales, par DENIS.

> Paris. 1892. — 1 vol. in-18 br.   **3290**

Théorie de la sensibilité. Le plaisir et la peine, par DUMONT.

> Paris. GERMER-BAILLIÈRE 1877. — 1 vol. in-8° rel. t. angl.   **1005**

Etudes philosophiques sur Catherine de Médicis, par DE BALZAC.

> Paris. Michel LÉVY. 1867. — 1 vol. in-12 br.
>
>   **3186**

Le monde comme volonté et représentation, par SCHOPENHAUER, traduit en français par BURDEAU.

> Paris. F. ALCAN 1888-1889. — 3 vol. in-8° br.
>
>   **2654**

Œuvres complètes de M. Helvétius. 1ᵉʳ vol. de l'Esprit.
2ᵉ vol. de l'Homme, de ses facultés intellectuelles
et de son éducation.
> Londres. 1780. — 2 vol. in-4° rel. v. m. Prʲ.   352

La Transmigration des Ames et l'Evolution indéfinie de
la Vie, au sein de l'Univers, par GIRARD.
> Paris. PERRIN et Cⁱᵉ s. d. — 1 vol. in-18 rel.   1880

L'Esprit et le Corps considérés au point de vue de leurs
relations, suivis d'Etudes sur les erreurs généralement répandues au sujet de l'Esprit, par A. BAIN.
> Paris. G. BAILLIÈRE 1880. — 1 vol. in-8° rel. perc.
> Gfr.   2670

La Philosophie de Goëthe, par E. CARO.
> Paris. HACHETTE 1880. — 1 vol. in-16 rel.   3750

L'Idée de Dieu et ses Nouveaux Critiques, par E. CARO.
> Paris. HACHETTE 1889. — 1 vol. in-16 rel.   3752

Le Matérialisme et la Science, par E. CARO.
> Paris. HACHETTE 1891. — 1 vol. in-16 rel.   3753

M. Littré et le Positivisme, par E. CARO.
> Paris. HACHETTE 1894. — 1 vol. in-16 rel.   3754

Les Philosophes Classiques du XIXᵉ siècle en France,
par TAINE.
> Paris. HACHETTE 1888. — 1 vol. in-18 br.   3755

Le Droit Divin de la Démocratie, Etude philosophique par
P. VIBERT.
> Paris. A. GHIO 1881. — 1 vol. in-8° br.   3787

Darwin et ses Précurseurs Français, par DE QUATRE-
FAGES.
> Paris, F. ALCAN 1892. — 1 vol. in-8° br.   3830

2°. — MORALE ET MORALISTES

Manuel de Philosophie Morale, par BAUTAIN, Vicaire général.
Paris. HACHETTE 1866. — 1 vol. p. in-8° rel. **1799**

Problèmes de Morale Sociale, par E. CARO.
Paris. HACHETE 1887. — 1 vol. in-16 rel. **3751**

Essais de Morale, contenant divers traités sur différents sujets, par NICOLE.
Paris. DESPREZ 1733. — 4 vol. in-12 rel. v. m.
(Il manque le Tome 1er) **1804**

La Morale Universelle, par ESCHENAUER.
Paris. SANDOZ 1874. — 1 vol. in-8° rel. **1808**

Introduction à la Science Sociale. Les bases de la Morale évolutioniste, par Herbert SPENCER.
Paris. GERMER-BAILLIÈRE 1880. — 2 vol. in-8° rel. t. ang. **1007**

De la Morale de Plutarque, par Octave GRÉARD.
Paris. HACHETTE 1892. — 1 vol. in-18 br. **3762**

La Morale de Spinoza. Examen de ses principes et de
l'influence qu'elle a exercé dans les temps modernes,
par WORMS.
> Paris. HACHETTE 1892. — 1 vol. in-18 rel.   **3222**

Essais de Morale, de Science et d'Esthétique, par Herbert
SPENCER.
> Paris. F. ALCAN 1889.— 1 vol. in-8° rel. t. angl.
> **3092**

Etudes Morales sur le Temps présent, par E. CARO.
> Paris. HACHETTE et Cᵉ 1889. — 1 vol. in-18 rel.
> **2935**

Nouvelles Etudes Morales sur le Temps présent, par E.
CARO.
> Paris. HACHETTE et Cᵉ 1889. — 1 vol. in-18 rel.
> **2933**

Essais de Morale et de Critique, par E. RENAN.
> Paris. Michel LÉVY 1868. — 1 vol. in-8° rel.   **3089**

Lettres sur la Morale à Mgr l'Évêque d'Orléans, par M. DE
BLIGNIÈRES.
> Paris. HAVARD 1863 — 1 Br. in-8°   **858**

Essais de Montaigne, avec les notes de M. COSTE —
Nouvelle édition.
> Londres. J. NOURIE et VAILLANT 1769 — 10 vol.
> in-12 rel. tr. r.   **167**

Les Caractères ou les Mœurs, par LA BRUYÈRE.
> Paris. DELALAIN 1864 — 1 vol. in-18 rel.   **674**

3⁰ OUVRAGES SPÉCIAUX

MÉLANGES

Systèmes & Divers

Mélanges de Littérature, d'Histoire et de Philosophie, par
D'ALEMBERT.
Amsterdam. CHATELAIN 1770 — 4 vol. in-12 rel.
v. m.   **1802**

Mélanges Philosophiques, par M. DE VOLTAIRE.
Genève 1771.   **361**

Mélanges Philosophiques, par T. JOUFFROY.
Paris. HACHETTE 1886 — 1 vol. in-16 br.   **3549**

Nouveaux **Mélanges Philosophiques,** par T. JOUFFROY.
Paris. HACHETTE 1882 — 1 vol. in-16 br.   **3550**

Principes mathématiques de la Philosophie naturelle, par
Mᵐᵉ la Marquise DE CHASTELET,
Paris. DESAINT 1759. — 2 vol. in-4⁰ rel. v. tr. r.
1794

L'Idée moderne du Droit, par Alfred FOUILLÉE.
Paris. HACHETTE 1883. — 1 vol. in-16 rel.   **1430**

Lettres à Sophie, où les derniers accens de la tendresse maternelle, par FRIEDEL.
Paris. GASC 1828. — 1 vol. in-18 br.   **2226**

Littérature et Philosophie mêlées, par Victor HUGO.
Paris. FURNE et Cie 1841 — 1 vol. in-8° rel.   **308**

Même Ouvrage,
Paris. HETZEL. S. D. 1 vol. in-18 br.   **3286**

Origine des Découvertes attribuées aux Modernes, où l'on démontre que nos plus célèbres Philosophes ont puisé la plupart de leurs connaissances dans les Ouvrages des Anciens, par DUTENS,
Paris. Veuve DUCHESNE 1776 — 2 vol. in-8° rel. v. tr. r.   **704**

Du Sommeil, Philosophie du Sommeil, par CHARMA.
Paris. HACHETTE 1851 — 1 vol. in-8° br.   **1809**

Les Lois de l'Imitation, Étude Sociologique, par TARDE.
Paris. Félix ALCAN 1890 — 1 vol. in-8° rel.   **3498**

I. Newtoni Opuscula Mathematica, Philosophica et Philologica, Collegit partimque latine vertit ac recensuit. Joh CASTILLIONEUS, jurisconsultus.
Lausannæ. Apud BOUSQUET 1744 — 3 vol. in-4° rel. v. m.   **1796**

La Religion naturelle, par J. SIMON.
Paris. HACHETTE 1860. — 1 vol. in-18 rel.   **712**

Même Ouvrage. HACHETTE 1866   **712**

Le Devoir, par Jules SIMON.
Paris. HACHETTE 1863. — 1 vol. in-18 rel.   **713**

La Liberté de Conscience, par J. SIMON.
Paris. HACHETTE 1872. — 1 vol. in-18 rel. **714**

Même Ouvrage.
Paris. HACHETTE 1859. — 1 vol. in-18 rel. **714**

La Liberté civile, par J. SIMON.
Paris. HACHETTE 1871. — 1 vol. in-18 rel. **715**

Même Ouvrage.
Paris. HACHETTE 1859. — 1 vol. in-18 rel. **715**

Drames philosophiques, par E. RENAN.
Paris. CALMANN-LÉVY 1888. — 1 vol. in-8° rel.
2499

Questions contemporaines, par E. RENAN.
Paris. Michel LÉVY 1868. — 1 vol. in-8° rel. **2618**

Dialogues et Fragments philosophiques, par E. RENAN.
Paris. CALMANN-LÉVY 1885. — 1 vol. in-8° rel.
2619

L'Avenir de la Science, par E. RENAN.
Paris. CALMANN-LÉVY 1890. — 1 vol. in-8° rel.
2882

De l'Intelligence, par H. TAINE.
Paris. HACHETTE et Cⁱᵉ 1892. — 2 vol. in-16. **3436**

Réformateurs et publicistes de l'Europe, XVIIIᵉ Siècle, par FRANCK.
Paris. C. LÉVY 1893. — 1 vol. in-8°. **3736**

L'Homme, par E. HELLO, précédé d'une introduction par Henri LASSERRE.
Paris. V. PALMÉ 1872. — 1 vol. in-8° rel. **741**

Même Ouvrage **741**

10

Les Plateaux de la Balance, par E. HELLO.
Paris. V. PALMÉ 1880. — 1 vol. in-12 rel. 1720

Philosophie et Athéisme, par E. HELLO.
Paris POUSSIELGUE 1888. — 1 vol. in-12 1727

Contes Extraordinaires, par E. HELLO.
Paris. V. PALMÉ 1879. — 1 vol. in-12 rel. 1728

Œuvres choisies de Jeanne Chézard de Matel, par E. HELLO.
Paris. V. PALMÉ 1870. — 1 vol. in-12 rel. 1729

Rusbrock l'Admirable, par E. HELLO.
Paris. POUSSIELGUE 1869. — 1 vol. in-12 rel. 1730 *bis.*

Le Siècle. Les Hommes et les Idées, par E. HELLO.
Paris. PERRIN et Cⁱᵉ 1896. — 1 vol. in-12 3964

De l'Amour, par STENDHAL, seule édition complète.
Paris. Michel LÉVY 1853. — 1 vol. in-18 rel. 720

De l'Ame, par Cassiodore, Traduction française, par DE ROUVILLE.
Paris. ROUQUETTE 1874. — 1 v. in-16 br. 1816

Le nouvel Eraste ou l'Ami du Peuple, par VITAL.
Charolles. DAMELET 1859 — 1 vol. in-18 rel. 750

Histoire du Ciel, où l'on recherche l'origine de l'Idolâtrie et les méprises de la Philosophie, par PLUCHE.
Paris. ETIENNE 1778 — 1 vol. in-12 rel. 1801
(*Le 1ᵉʳ volume manque.*)

Les Maladies de la Mémoire, par RIBOT.
Paris. F. ALCAN 1891 — 1 vol. in-18 br. 3269

Le Dernier Mot de la Philosophie, par DANGUIN.
Paris. DOIN 1879 — 1 Br. in-8° 1807

L'Art au point de vue Sociologique, par GUYAU.
    Paris. F. ALCAN 1890 — 1 vol. in-8° rel.   **3199**

L'Irréligion de l'Avenir, Étude Sociologique, par GUYAU
    Paris. F. ALCAN 1893 — 1 vol. in-8" br.   **3866**

Essai sur le Génie dans l'Art, par Gabriel SÉAILLES.
    Paris. GERMER-BAILLIÈRE 1883. — 1 vol. in-8° **3054**

Jours d'exil, par CŒURDEROY.
    Londres. THOMAS 1854. — 1 vol. in-8" rel.   **984**

Le vrai livre du peuple, par DECENCIÈRE.
    Châteauroux. NURET 1853. — 1 vol. in-12 rel. **2357**

Le véritable régénérateur scientifique et moral, par BABIN
    Paris. UNSINGER 1884. 1 vol. in-18 rel.   **2361**

Le sens de la vie, par ROD.
    Paris. PERRIN et Cie 1889. — 1 vol. in-8° br.
                                                   3056

Le Salon de Madame Helvétius, Cabanis et les idéologues,
    par GUILLOIS.
    Paris. C. LÉVY 1894. — 1 vol. in-18 br.   **3926**

L'Amitié antique d'après les mœurs populaires et les
    théories des Philosophes, par DUGAS.
    Paris. F. ALCAN 1894. — 1 vol. in-8" br.   **3852**

Mes Mémoires, histoire de ma vie et de mes idées, par
    STUART-MILL.

    Paris. F. ALCAN 1889. — 1 vol. in-8° rel.   **3094**

SECONDE CLASSE

—

SCIENCES SOCIALES

——+——

I

INSTRUCTION PUBLIQUE

————

Education — Pédagogie — Enseignement
Ouvrages et Documents divers

La Loi sur l'Organisation de l'Enseignement primaire,
recueil de documents parlementaires, relatifs à la
discussion de cette loi, à la Chambre des Députés.
Paris. Ch. DELAGRAVE 1884. — 1 vol. in-8° rel. **981**

Recueils de Lois et Règlements sur l'Enseignement supérieur, comprenant les décisions de la Jurisprudence et les avis des Conseils de l'Instruction publique et du Conseil d'Etat, par A. DE BEAUCHAMP.
Paris. DELALAIN 1880-1885. — 4 vol. gr. in-8° 2512

L'Enseignement supérieur en France 1788-1889, par L. LIARD. (*Tome 1er*).
Paris. A. COLIN 1888. — 2 vol. in-8° rel. **2467**

La Réforme de l'Enseignement secondaire, par J. SIMON.
Paris. HACHETTE 1894. — 1 vol. in-8° br. **3746**

L'Ecole. par Jules SIMON.
Paris. HACHETTE 1886. — 1 vol. in-18 rel **799**

Education et Instruction, par Oct. GRÉARD.
Enseignement primaire. — 1 vol. **2687**
Enseignement secondaire. — 2 vol. **2688**
Enseignement supérieur. — 1 vol. **2689**
Paris. HACHETTE 1887. — 4 vol in-16 rel.

L'Education des Femmes par les Femmes, Etudes et Portraits, par Oct. GRÉARD.
Paris. HACHETTE 1887. — 1 vol in-16 rel. **2686**

Etudes sur l'Enseignement et l'Education, par Gabriel COMPAYRÉ.
Paris. HACHETTE 1891. — 1 vol. in-16 br. **3034**

Plan d'Education ou Projet d'un Collège nouveau, par l'Abbé NICOLLE.
Paris. GOSSELIN 1834. — 1 vol. in-8° rel. **2038**

L'Enseignement au point de vue National. par Alfred FOUILLÉE.
Paris. HACHETTE 1891. — 1 vol. in-16 br. **3030**

De l'Utilité de l'Instruction pour le Peuple, par A. PER
DONNET.
    Paris. HACHETTE 1867. — 1 p. v. in 12 br.   **2204**

L'Obligation légale de l'Enseignement, par Eug. RENDU.
    Paris. HACHETTE 1872. — 1 br. in-8° 72 p. rel. **980**

L'Instruction Populaire et le Suffrage Universel, par
DELAUNAY.
L'Enseignement Professionnel et son Education, par DE-
LAUNAY.
Le Suffrage Universel et l'Instruction Primaire, par DE-
LAUNAY.
    Paris. 1864. — 3 Br. in-8°.   **1917**

L'Education de nos Fils, par le Dr Jules ROCHARD.
    Paris. HACHETTE 1890. — 1 vol. in-16 br.   **2903**

L'Education de nos Filles, par le Dr Jules ROCHARD.
    Paris. HACHETTE 1892. — 1 vol. in-16 br.   **3270**

Le Vrai dans l'Education, par Mme Edgar QUINET.
    Paris. C. LÉVY 1891. — 1 vol. in-18 br.   **3925**

La Science de l'Education, par A. BAIN.
    Paris. GERMER-BAILLIÈRE 1880. — 1 vol. in-8° rel.
    t. ang.   **1008**

La Suggestion, son Rôle dans l'Éducation, par Félix
THOMAS.
    Paris. F. ALCAN 1895 — 1 vol. in-18 br.   **3856**

L'Art de la Lecture, par Ernest LEGOUVÉ, de l'Académie
française, nouvelle édition à l'usage de l'Enseignement secondaire.
    Paris. HETZEL et Cie. — 1 vol. in-12 rel.   **989**

Cours d'Etude pour l'Instruction du Prince de Parme, aujourd'hui S. A. R. L'Infant D. Ferdinand, Duc de Parme, Plaisance, Guastalle, etc., par l'Abbé Con-DILLAC.

    Londres. LIBRAIRES FRANÇAIS 1776. — 16 vol. in-8º rel.   734

      1er Vol. — Grammaire.
      2º Vol. — De l'Art d'écrire.
      3º Vol. — De l'Art de raisonner.
      4º Vol. — De l'Art de penser.
      5º à 10º Vol. — Histoire ancienne.
      11º à 15º Vol. — Histoire moderne.
      16º Vol. — De l'Etude de l'Histoire.

Quelques Pensées sur l'Éducation Morale, par le Baron DE LENVAL,
    Paris. PLON-NOURRIT 1886 — 1 vol. in-8º br. 3398

Essai sur l'Education de la Noblesse, 2º Pᵖ par le chevalier de ***
    Paris. DURAND 1748. — 1 vol. in-12 rel.   **1447**

Annales de la Faculté de Bordeaux, 1881-1882.
    Bordeaux. DUTHU. — 2 vol. in-8º rel.   **834**

Enquêtes relatives à l'Enseignement supérieur, ordonnées par le Ministère de l'Instruction publique et des Beaux-Arts.
    Paris. IMPRIMERIE NATIONALE 1883-1891 — 13 vol. gr. in-8º rel.

    1er Vol. — Doctorat ès-sciences médicales. Baccalauréat ès-sciences restreint. Ecoles de plein exercice. Cours libres. Discipline dans les Facultés et les écoles. Documents. Sciences et Lettres. Observatoires de province.

2ᵉ *Vol.* — Faculté des sciences. Sciences et lettres. Etat des études. Licence ès-lettres. Laboratoires maritimes. Observatoires astronomiques de province. Enseignement supérieur en France.

3ᵉ *Vol.* — Universités. Observatoires astronomiques de province.

4ᵉ *Vol.* et 5ᵉ. — Baccalauréat. Facultés. Lycées et collèges. Etat ou études dans les facultés des sciences et des lettres.

6ᵉ *Vol.* — Observatoires astronomiques de province. Etat numérique des grades.

7ᵉ *Vol.* — Organisation des Facultés et écoles d'enseignement supérieur. Extrait du décret du 28 décembre 1885.

8ᵉ *Vol.* — Fonctionnement du laboratoire de Concarneau. Licence et doctorat en droit. Rapports des Conseils généraux des Facultés. 1886-1887.

9ᵉ *Vol.* — Médecine et Pharmacie.

10ᵉ *Vol.* — Rapports des Conseils généraux des Facultés 1888-1889. Médecine et Pharmacie. Projets de lois. Concours d'agrégation dans les facultés de droit.

11ᵉ *Vol.* — Rapport sur les observatoires astronomiques de province. Projet d'organisation des études de la Licence en Droit.

12ᵉ *Vol.* — Rapports des Conseils généraux des facultés pour 1889-1890. Régime de l'agrégation dans les facultés de médecine. Réorganisation du Baccalauréat en vue des études médicales.

13ᵉ *Vol.* — Médecine et Pharmacie. Projets de lois.

Mémoires et Documents scolaires. Monographies péda-
gogiques publiés par le musée pédagogique.

> Paris. IMPRIMERIE NATIONALE 1889. 60 fasc. in-8°
>
> **3113 à 3169**

L'Instruction publique chez les Grecs depuis la prise de
Constantinople par les Turcs, jusqu'à nos jours,
avec statistique et 4 cartes figuratives. L'année
scolaire 1878-1879 par G. CHASSIOTIS.

> Paris. E. LEROUX 1881. — 1 vol. gr. in-8° br.
>
> **2756**

De l'enseignement supérieur en Angleterre et en Ecosse,
par DEMOGEOT et MONTUCCI.

> Paris. IMPRIMERIE IMPÉRIALE 1870. — 1 vol. gr.
> in-8° rel. **692**

L'Education en Angleterre, collèges et universités, par
M. Pierre DE COUBERTIN.

> Paris. HACHETTE 1890. — 1 vol. in-16 br. **2894**

L'Education en Angleterre, collèges et universités, par
M. Pierre DE COUBERTIN.

> Paris. HACHETTE 1888. — 1 vol. in-18 rel. **1588**

Même Ouvrage (Tome 1er) **2661**

L'Education Anglaise en France, par M. Pierre DE COU-
BERTIN.

> Paris. HACHETTE 1889. — 1 vol. in-16 br. **2895**

Entretiens de village, par TIMON (M. DE CORMENIN).

> Paris. PAGNERRE 1846. — 1 vol. in-12 br. **2156**

Conseils à la Jeunesse, tirés de l'histoire ancienne et
moderne.

> Paris. BELIN-LE-PRIEUR 1835. — 1 vol. in-8° rel.
> grav. **2149**

Universités Transatlantiques, par P. DE COUBERTIN.
Paris. HACHETTE et Cie 1889. — 1 vol. in-16 rel.
2893

Conférences sur les Devoirs des Hommes, par SALMON.
Paris. HACHETTE 1869. — 1 vol. gr. in-8' br. 2435

Le Petit Français, par M. Charles BIGOT.
Paris. Eug. WEILL 1883. — 1 vol. in-18 cart. 993

Eloges académiques, par J. BERTRAND.
Paris. HACHETTE et Cie 1890. — 1 vol. in-8º. 3055

**Compte-rendu des Travaux du Cercle parisien de la Ligue
de l'Enseignement.** Années 1875-1876.
Paris. IMPRIMERIE NOUVELLE (Association ouvrière).   **838**

Congrès Littéraire International de Paris 1878, sous la
présidence de Victor Hugo. Comptes-rendus in
extenso et Documents.
Paris. SOCIÉTÉ DES GENS DE LETTRES 1878. —
1 vol. g. in-8º br.   **3408**

Instruction Publique, classes 6, 7, 8 et (6, 7, 8) **Exposition
Universelle de Paris 1889.**
BIENNE-SCHULER 1890. — 1 br. in-8º br.   **853**

Promenade à l'Exposition Scolaire de 1867. Souvenir de
la visite des Instituteurs, par Ch. DEFODON.
Paris. HACHETTE 1868. — 1 vol. gr. pl. vign. 2345

Histoire du Collège de France, depuis son origine jusqu'à
la fin du premier Empire, par A. LEFRANC.
Paris. HACHETTE 1893. — 1 vol. in-8º br.   3823

Nos Adieux à la Vieille Sorbonne, par Oct. GRÉARD.
Paris HACHETTE 1893. — 1 vol. gr. in-8º br. 3914

Discours Académiques, Discours pour la Distribution des
Prix, par Guizot.
Paris. Didier 1853. — 1 vol. in-8° rel.   2584

II

SCIENCES ÉCONOMIQUES

——◆——

POLITIQUE ET ÉCONOMIE POLITIQUE

——⋗≡⋖——

Ouvrages généraux
Etudes historiques, philosophiques,
critiques. Mélanges & Divers.

La Revue politique et parlementaire, questions politiques, sociales et législatives, M. FOURNIER, Directeur.
Paris. COLIN et Cⁱᵉ. Années 1894-1896.   **3884**

L'Economiste Français, journal hebdomadaire, rédacteur en chef, M. Paul LEROY-BEAULIEU.
Paris. IMP. CHAIX. Années 1892 à 1896.   **3297**

Les Constitutions de la France et du système politique de l'Empereur Napoléon, par BEAUVERGER.
Paris. FRANCK 1852. — 1 vol. in-8° rel.   696

Du mouvement politique en France, depuis 1789, jusqu'à nos jours.
Toulon. ROBERT 1869. — 1 Broch. in-8° 88 p.
2350

Manuel d'économie politique, par BAUDRILLART.
Paris. GUILLAUMIN 1878. — 1 vol. in-18 rel.   709

Même Ouvrage.   709

Economie politique où principes de la Science des Richesses, par J. DROZ.
Paris. RENOUARD 1829 — 1 vol. in-8° rel.   725

Institutions Politiques, par le Baron DE BIELFELD.
Leide. LUCHTMANN 1767. — 3 vol. in-8° rel. v. m.
784

Nouvelle doctrine d'Economie politique, par le Docteur Fr. VANLERBERGHE.
Tournai. CASTERMAN 1861. — 1 vol. in-18 br.
2143

L'Ordre naturel et essentiel des Sociétés politiques.
A Londres chez Jean NOURSE 1767. — 1 vol. in-4° rel. v. tr. r.   1462

Du Rôle de l'Etat dans l'ordre économique, par Edmond VILLEY, professeur d'économie politique. (*Prix du Comte Rossi.*)
Paris. GUILLAUMIN 1882. — 1 vol. in-8° br.   2866

Education de la Démocratie, par E. SPULLER.
Paris. F. ALCAN 1892. — 1 vol. in-16 br.   3836

L'Evolution politique et sociale de l'Eglise, par E. SPULLER.
  Paris. F. ALCAN 1893. — 1 vol. in-16 br.   3837

Manuel historique de politique étrangère, par Em.
  BOURGEOIS.
  Paris. BELIN 1893. — 1 vol. in-16.   3869

Histoire de la Question coloniale en France, par L.
  DESCHAMPS.
  Paris. PLON, NOURRIT 1891. -- 1 vol. in-8º br.
                                                     3824

Le droit de la nature et des gens, ou système général
  les plus importants de la morale, de la jurisprudence et de la politique, par le Baron de PUFENDORF,
  traduit du latin par J. BARBEYRAC.
  Basle. E. THOURNEISEN 1771. — 2 vol. in-4º rel
  v. tr. r.   1330

Même Ouvrage.   2101

La Révolution et le Libéralisme. Le banquet du centenaire de 1889. La Révolution et M. Taine. Les
  mécomptes du Libéralisme. La Révolution et la
  séparation de l'Eglise et de l'Etat, etc., par Anatole
  LEROY-BEAULIEU.
  Paris. HACHETTE et Cie 1890. — 1 vol. in-18 br.
                                                     1897

La Démocratie en France au Moyen-Age. Histoire des
  Tendances démocratiques dans les populations
  urbaines au XIVe siècle et au XVe siècle, par F.
  PERRENS. 2e édition.
  Ouvrage couronné par l'Institut. (Académie des
  sciences morales et politiques.)
  Paris. DIDIER 1875. — 2 vol. in-12 br.   2726

L'Europe politique et sociale, par Maurice BLOCK. 18 cartes et 5 diagrammes.
> Paris. HACHETTE 1893. — 1 vol. in-8° br.   3351

La politique Française en Amérique, 1861-1864, par Henry MOREAU.
> Paris. DENTU 1861. — 1 vol. in-8° br.   2189

La Monarchie de 1830, par A. Thiers.
> Paris. MÉMIER 1831. — 1 vol. in-8° br.   2134

Le général Prim jugé par le Sénat, les Cortès et la presse Espagnole dans la question du Mexique.
> Paris. DENTU 1863. — 1 vol. in-8° br.   2132

L'Europe en 1890, par M. Wickersheimer, ancien député.
> Paris. PLON-NOURRIT 1890 — 1 vol. in-12 br.
>   2901

l'Angleterre et l'émigration Française 1794-1801, par LEBON, avec une préface de M. Albert SOREL.
> Paris. PLON et Cie 1882. — 1 vol. in-8° rel.   694

L'An 89 de la République, par Edgar MONTEIL, 2° édition augmentée de la critique de l'an 89.
> Paris. J. BROUILLET an 81. — 1 vol. in-18 br.   724

Le Peuple et la Bourgeoisie, par DESCHANEL.
> Paris. GERMER-BAILLIÈRE 1881. — 1 vol. in-8° rel.   743

Le Centenaire de 1789. Évolution politique, philosophique, artistique et scientifique de l'Europe pendant 100 ans, par G. GUÉROUET.
> Paris. F. ALCAN 1889. — 1 vol. in-18 br.   3315

La France du Centenaire, par Ed. GOUMY.
> Paris. HACHETTE 1889. — 1 vol. in-8° rel.   2625

Le Centenaire de 1789, par le Dr ROBINET.
Paris. CHARAVAY 1889. — 1 vol. in-8° rel.   2812

L'Expansion Coloniale de la France, Etude économique,
politique et géographique sur les Etablissements
français d'outre-mer, par M. J.-L. DE LANESSAN.
Paris, Félix ALCAN 1886. — 1 fort vol. in-8° br. 3093

La Liberté politique, par J. SIMON.
Paris. HACHETTE 1881. — 1 vol. in-18 br.   3764

La France en 1889, par le Comte DE CHAUDORDY.
Paris. PLON. — 1 vol. in-18 rel.   2624

Les Bienfaits de la Révolution française, par GARET.
Paris. MARESQ Aîné 1880. — 1 vol. in-8° rel.   982

La France, l'Europe, leur état présent, Vues sur leur
avenir, par DARBLAY Aîné, ancien député.
Paris. POUPART-DAVYL 1861. — 1 vol. in-8° br.
                                                    2137

La France en Algérie, par Louis VIGNON. 6 cartes dans
le texte.
Paris. HACHETTE 1893. — 1 vol. in-8° br.   3352

La Question d'Alsace, par HEIMWEB.
Paris. HACHETTE 1889. — 1 vol. in-16 br.   3928

La Population Française. histoire de la Population avant
1789, par LEVASSEUR. T. III.
Paris. ROUSSEAU 1892. — 1 vol. in-8° br.   2814

Etudes politiques, historiques et littéraires sur les juifs
d'Espagne, par DOM JOSÉ AMADOR DE LOS RIOS ;
traduites pour la première fois en français, par
M. MAGNABAL.
Paris. Paul DUPONT 1861. — 1 vol. in-8° rel.   693

Mélanges politiques, par M. DE CHATEAUBRIAND.
Paris. GOSSELIN 1836. — 2 vol. in-8° rel. 343

La France, Rome et l'Italie, par M. DE LA GUÉRONNIÈRE.
Paris. E. DENTU 1861. — 1 vol. in-8° br. 2223

L'Egalité, par M. le Comte DE GASPARIN.
Paris. Michel LÉVY 1869. — 1 vol. in-12 rel. 788

Du Régime Constitutionnel, par C.-G. HELLO.
Paris. PISSIN 1830. — 1 v. in-8° rel. 3715

La Politique ou traité sur la stabilité et la tranquillité
des Etats, par M. KERSAHO, recteur de Locoal.
Lorient. CHAMAILLARD 1883. — 1 Br. in-8° 23 p.
1046

Opinion de M. Boucher de Perthes, ou M. Christophe à la
Préfecture de Police.
Paris. TREUTTEL 1832. — 1 vol. in-18 br. 2146

Un grand Peuple qui se relève, par M. le Comte DE
GASPARIN.
Paris. Michel LÉVY 1873. — 1 vol. in-12 rel. 789

Le grand Patriote. La Politique nationale, par Ed.
DESCHAUMES.
Paris. V. HAVARD 1888. — 1 vol. in-18 rel. **1614**

L'Idée Russe, par Vladimir SOLOVIER.
Paris. PERRIN et Cⁱᵉ 1888. — 1 Br. in-8° 46 p. 2507

Un Schisme et l'Honneur, par le Marquis DE LA ROCHE-
JAQUELEIN.
Paris. DENTU 1861. — 1 Br. in-8° 16 p. 1234

La Population Française, histoire de la Population avant
1789, par E. LEVASSEUR.
Paris. ROUSSEAU 1889. — 3 vol. in-8° rel. 2814

Les Juifs et l'Antisémitisme. Israël chez les Nations, par LEROY-BEAULIEU.

Paris. Calmann LÉVY 1893. — 1 vol. in-18 br.

3607

La Nation Canadienne. Étude historique sur les populations françaises du nord de l'Amérique, par GAILLY DE TOURINES.

Paris. PLON-NOURRIT 1884. — 1 vol. in-18 br.

3768

Les Populations Bretonnes, par Yves KANO.

Paris. PLON-NOURRIT 1886. — 1 vol. in-18 rel.

1011

Russes & Slaves, Études politiques et littéraires, par LÉGER, Louis.

Paris. HACHETTE et Cⁱᵉ 1890. — 1 vol. in-16 br.

2909

Quelle sera la Direction de la France, par M. DRUILHET-LAFARGUE.

Bordeaux. Veuve Cadoret 1876. — 1 Br. in-8°.

3292

Un Continent perdu ou l'Esclavage et la Traite en Afrique 1876, par Joseph COOPER. Avec quelques observations sur la manière dont ils se pratiquent en Asie et dans d'autres contrées sous le nom de système contractuel de la main-d'œuvre. Ouvrage traduit de l'Anglais et contenant une préface de M. Ed. LABOULAYE.

Paris. HACHETTE 1876. — 1 vol. gr. in-8° rel.   735

L'An deux mille quatre cent quarante. Rêve s'il en fut jamais, par X***

Londres. 1774. — 1 vol. in-18 rel.

785

Le monde dans deux mille ans, par PELLERIN.
Paris. DENTU 1 vol. in-18 rel. 793

Discours. — Lettres. — Mémoires

Discours parlementaires de M. Thiers, publiés par M.
CALMON.
1ʳᵉ Partie. – 1830 à 1836............... 3 vol. 61
2ᵉ Partie. — 1837 à 1841............... 2 vol. 62
3ᵉ Partie. — 1842-45-46-48-50-64-65 à 1870 7 vol. 63
4ᵉ Partie. — 1871-1872-1877............ 2 vol. 64
Paris. CALMANN-LÉVY 1879 à 1883. — 14 vol. et
1 vol. Table in-8° rel.

Discours parlementaires de Jules Favre, publiés par
Madame Jules FAVRE née VELTEN.
T. 1ᵉʳ de 1848 à 1851.   T. 2. de 1860 à 1865.
T. 3. de 1865 à 1870 (3 sept.)   T. 4. de 1870 à 1878.
Paris. PLON et Cie 1881. — 4 vol. in-8° rel. Port.
65

Discours politiques et Ecrits divers de Ledru-Rollin.
Paris. PLON et Cie 1879. — 2 vol. in-8° rel.
Portrait de LEDRU-ROLLIN. 67

Discours prononcés au Sénat et au Congrès, sur la
question du Mexique, par MM. BERMUDEZ DE CAS-
TRO, CONCHA, MON.
Paris. LAINÉ 1863. — 1 vol. in-8° br. 2190

Histoire parlementaire de France, Recueil complet des
discours prononcés dans les Chambres de 1819 à
1848, par M. GUIZOT.
Paris. Michel LÉVY 1863. — 5 vol. in-8 rel. 2569

Discours et Plaidoyers choisis de Léon Gambetta, avec une notice biographique, édition ornée du médaillon de Gambetta. (deuxième mille) par REINACH Joseph.
Paris. CHARPENTIER et Cie 1883. — 1 vol. in-18 rel. **70**

Quatre années de Présidence de la République. Discours et messages de Louis-Napoléon Bonaparte, depuis son retour en France jusqu'au 2 décembre 1852.
Paris. PLON fr. 1853. — 1 vol. in-8º br. **2222**

Lettres de Rome adressée à S. E. M. Troplong, Président du Sénat, par le Duc DE PERSIGNY.
Paris. DENTU 1865. — 1 Br. in-8º **1047**

Lettre à un membre du Parlement d'Angleterre sur la Constitution de 1852, par M. LATOUR DU MOULIN.
Paris. AMYOT 1861. — 1 vol. in-8º Br. 119 p. **857**

Pétitions sur de graves intérêts à la Chambre des Députés présentées par MM. Benjamin Constant et Dupin Aîné
Paris. DELAFOREST 1828. — 1 Br. in-8º **3293**

Discours de M. le Duc de Broglie, Ministre des Affaires étrangères, dans la discussion du projet de loi sur la presse, séance du 24 août 1835.
Paris. Vº AGASSE. — 1 Br. in-8º **1235**

Discours prononcés à la Chambre des Députés par MM. Rouher, Thuilier, Busson, Baroche, Vuitry, Gal Allard, Léopold Javal, Latour-Dumoulin, de Forcade la Roquette, de Saint-Paul, etc., etc. 1861-1864.
44 Broch. in-8º de 25 à 40 pages. **2285**

Mémoires politiques, par A. DE LAMARTINE.
Paris. 1863. — 4 vol. in-8º rel. **332**

Commission extra-parlementaire du Cadastre. Discours
prononcé par M Alfred Neymarck.
> Paris. Imprimerie Nationale 1892. — 1 Br. in-4°
> **3653**

Mémoire sur la situation politique et intérieure de l'Europe
Traités de 1831-1833-1841 sur le droit de visite, par
le Comte de Girardin.
> Paris. Damyot 1844. — 1 vol. in-8° br.   **2467**

Les prix de vertu fondés par M. de Montyon.
Discours prononcés à l'Académie Française, réunis
et publiés par MM. F. Lock et J. Couly d'Aragon.
> Paris. Garnier fr. 1858. — 2 vol. in-18 rel.   **69**

ÉCONOMIE SOCIALE

Ouvrages généraux & spéciaux.
Etudes historiques, philosophiques,
critiques. Mélanges & Divers

La Revue socialiste, par MALON.
Paris. Années 1893 à 1896.   3536

La Science sociale contemporaine, par Alfred FOUILLÉE.
Paris. HACHETTE 1888. — 1 vol. in-16 rel.   1428

La Propriété sociale et la Démocratie, par Alfred FOUILLÉE.
Paris. HACHETTE 1888. — 1 vol. in-16 rel.   1429

La Propriété, par H. BAUDRILLART.
Paris. HACHETTE 1867. — 1 Br. 52 p.   2206

Lettres sur l'Organisation du Travail, par Michel CHEVALIER.
Paris. CAPELLE 1848. — 1 vol. in-18 rel.   3716

Socialisme et Collectivisme, par D'EICHTHAL.
  Paris. GUILLAUMIN 1892. — 1 vol. in-18 br.   3329

Le Socialisme d'Etat et la Réforme Sociale, par C. JANNET.
  Paris. PLON-NOURRIT 1889. — 1 vol. in-8° rel.
                                                          2611

Les Principes de 1789 et la Science sociale, par Th. FERNEUIL.
  Paris. HACHETTE et Cⁱᵉ 1889. — 1 vol. in-18 rel.
                                                          2730

Etudes sur l'Economie sociale, par MARBEAU.
  Paris. GUILLAUMIN 1874. — 1 vol. in-18 rel.   728

Questions sociales et politiques, par A. DESJARDINS.
  Paris. PLON-NOURRIT 1893. — 1 vol. in-8° br.
                                                          3597

La Cité moderne métaphysique de la Sociologie, par J. IZOULET.
  Paris. F. ALCAN 1894. — 1 vol. in-8° br.   3853

Introduction à la Science sociale, par Herbert SPENCER.
  Paris. GERMER-BAILLIÈRE 1880. — 1 vol in-8° rel.
  t. ang.   1007

La Société Française. Le Paysan, l'Ouvrier, la Bourgeoisie, l'Aristocratie, les Femmes, par MÉZIÈRES.
  Paris. DIDIER 1869. — 1 vol. in-16 rel.   3508

L'Evolution Sociale, par Bernard LAVERGNE.
  Paris. FISCHBACHER 1896. — 1 vol. in-16 br.   3382

La Réforme sociale en France déduite de l'observation comparée des Peuples Européens, par LE PLAY.
  Paris. DENTU 1866. - 2 vol. in-16 rel.   3502

Le Droit au Travail à l'Assemblée Nationale en 1848, par
MM. FAUCHER, WOLOWSKI, BASTIAT.
Paris. GUILLEMIN 1848. — 1 vol. in-8° br.   2431

Les Bourses du Travail, par DE MOLINARI.
Paris. GUILLAUMIN 1893. — 1 vol. in-16 br.   3606

Les Associations ouvrières, de Consommation, de Crédit
et de Production, en Angleterre, en Allemagne et
en France, par Eugène VÉRON.
Paris. HACHETTE 1865. — 1 vol. in-18 rel.   749

Histoire des Classes laborieuses en France, depuis la
conquête de la Gaule par Jules César jusqu'à nos
jours, par DU CELLIER.
Paris DIDIER 1860. — 1 vol. in-8° rel.   240

Les Classes ouvrières en France depuis 1789, par DU
CELLIER.
Paris. DUBUISSON 1857. — 1 Br. in-8° 32 p.   1917

Les Classes Ouvrières en France depuis 1789, par du
CELLIER.
Paris. DUBUISSON 1857 — 1 Br. in-8° 96 p.   1049

Les Institutions ouvrières de Mulhouse et de ses environs,
par VÉRON, Eug.
Paris. HACHETTE 1866. — 1 vol. in-8° rel.   695

Le Capital et le Travail, conférence faite le 26 juillet
1885. dans la salle de l'Elysée-Ménilmontant, aux
ouvriers de l'usine Piat, par M. CHEYSSON.
Paris. CHAIX 1855 — 1 Br. in-8° 31 p.   2355

Les Sociétés coopératives de production, par Jules
DUVAL.
Paris. HACHETTE 1867 — 1 Br. 52 p.   2205

Le Devoir Social, par LEFÉBURE.
Paris. PERRIN 1890 — 1 vol. in-16 br,   2899

Histoire économique de la propriété, des salaires, des
denrées et de tous les prix en général, depuis l'an
1200 jusqu'en l'an 1800, par le vicomte G. D'AVENEL.
Paris. IMPRIMERIE NATIONALE 1894. — 2 vol.in-4°
br.   **3890**

De la division du travail social, par E. DURKHEIM.
Paris. F. ALCAN 1893. — 1 vol. in-8° br.   **3542**

La question ouvrière au XIX° siècle, par Paul LEROY-
BEAULIEU.
Paris. CHARPENTIER 1882. — 1 vol. in-18 rel.
                                                            717

**La question des habitations ouvrières en France et à
l'Etranger**. La situation actuelle, ses dangers, ses
remèdes ; par CHEYSSON.
Paris. MASSON 1886. — 1 Br. in-8° 74 p.   **2352**

**Recueil des délibérations du congrès colonial national,
1889-1890**.
Paris. Annales économiques 1892. — 3 vol. in-8°
br.   **3409**

Le Travail des Femmes au XIX° siècle, par LEROY-
BEAULIEU.
Paris. CHARPENTIER 1873. — 1 vol. in-18 rel.
                                                            718

Projet de Loi sur les Coalitions d'Ouvriers, par WAD-
DINGTON.
Paris. P. DUPONT 1864 — 1 Br. in-8° 34 p.   **1050**

Un Devoir social et les Logements ouvriers, par G. PICOT.
Paris. C. LÉVY 1885 — 1 vol. in-12 br.   **2359**

Annuaire de la Bourse du Travail (Annexe A) 1889.
Paris. Imprimerie du PROLÉTARIAT 1890 — 1 vol.
in-8° br.   **3045**

Un Ouvrier Voyageur : René Caillé, par Jules DUVAL.
Paris. HACHETTE 1867 — 1 Br. 52 p.	**2209**

Vivre en travaillant, — Projets, voies et moyens de réformes sociales par F. VIDAL.
Paris. CAPELLE 1848 — 1 vol. in-8°.rel.	**795**

Destinée Sociale, par CONSIDÉRANT, Capitaine du Génie.
Paris. BUREAU DE LA PHALANGE 1837 — 2 vol.
in-8° rel.	**703**

Enquête sur les conditions de l'Habitation en France. Les Maisons types, par DE FOVILLE.
Paris. E. LEROUX 1894. — 1 vol. in-8 br.	**3776**

Recherches administratives, Statistiques et Morales, sur les enfants trouvés, les enfants naturels et les Orphelins en France, et dans plusieurs autres pays de l'Europe, par l'abbé GAILLARD.
Paris. LECLERC 1837. — 1 vol. in-8° rel.	**1039**

Du Mouvement coopératif international. Etude historique et pratique sur les différentes formes de l'Association, par Eug. PELLETIER.
Paris. DENTU 1867. — 1 vol. in-8 br.	**2254**

Exposition Universelle de 1889, Economie sociale, Groupe de l'Economie sociale, — Rapport par Léon SAY.
Paris. GUILLEMIN 1891. — 1 vol. in-8 rel.	**3213**

Hier et Aujourd'hui, Les Habitants des Campagnes, par Eugène BONNEMÈRE.
Paris. MARTIN 1882. — 1 vol. in-18 rel.	**986**

Les Charges du Paysan avant la Révolution de 1789, par RÉMONDIÈRE.
Paris. GUILLAUMIN 1894. — 1 vol. in-8° br.	**3865**

Les **Cinquante-deux**, le Socialisme et l'Impôt, par Émile
DE GIRARDIN.
> Paris. M. LÉVY 1850. — 1 vol. in-12 br.   **2155**

Deux Mots sur l'Assistance et le Socialisme, par Paul
DUPONT.
> Paris. Paul DUPONT 1850. — 1 Br. in-8° 44 p.
>>> **1048**

L'**Ouvrier**, la Vie de Famille, l'Ouvrier logé chez lui.
Accession à la Propriété, par Ch. BERTHEAU.
> Paris. MARESQ 1889. — 1 vol. in-8° br.   **2818**

L'**Ennemi de la Famille**, l'Histoire, le Socialisme, par le
comte DE GASPARIN.
> Paris. Michel LÉVY 1874. — 1 vol. in-18 rel.   **990**

Histoire de l'Autorité paternelle en France, par BERNARD.
*(Ouvrage couronné par l'Académie des Sciences morales et
politiques.)*
> Montdidier. RADENEZ 1864. — 1 vol. in-8° br.
>>> **2122**

Revue des Institutions de Prévoyance. — Caisse d'Épar-
gne, Nationale et Privées — Sociétés de Secours
Mutuels, Dr M. MAZE, Sénateur.
> Paris. BERGER-LEVRAULT 1887 à 1891 — 5 vol.
> in-8° rel.   **2215**

Rapport adressé au Président de la République, sur la Loi
relative à la protection du premier Age
> Paris. 1886 — 1 vol. in-4° br.   **2349**

De l'**Assistance dans les Campagnes**. — Indigence, Prévoyance, Assistance, par Émile CHEVALLIER.
> Paris. ROUSSEAU 1889 — 1 vol. in-8° br.   **2826**

Traité d'Hygiène Sociale, par le Dr Jules ROCHARD.
> Paris. DELAHAYE 1888 — 1 vol. in-8° br.   **2717**

Notes et Documents sur les Archives des Hospices et sur les résultats comparés de l'Assistance hospitalière à Narbonne et dans une partie de l'Europe, par H. FAURE.
Narbonne. CAILLARD — 6 vol. in-8° br. **3073**

Economie Charitable -- L'Assistance publique au XIX° siècle — Ligue du Bien public contre la Misère, par F. BRETON.
Paris. Chez l'AUTEUR — 1 vol in-8° br. **2256**

Rapport annuel de la Commission permanente de l'Hygiène de l'Enfance, par le D' VILLIERS. — Années 1881-82-85-87-88-89.
Paris. MASSON — 6 Br. in-18. **2354**

La France Provinciale — Vie sociale — Mœurs administratives, par R. MILLET.
Paris. HACHETTE 1888 — 1 vol. in-18 rel. **4580**

Les Sociétés de Secours Mutuels, par BERDALLE DE LA POMMERAYE.
Paris. HACHETTE ET C'° 1869 — 1 Br. 51 p. **2211**

Les Sociétés coopératives de Crédit, par Jules DUVAL.
Paris. HACHETTE 1867 — 1 Br. 52 p. **2240**

Les Mariages dans l'ancienne Société Française, par M. BERTIN Ernest.
Paris. HACHETTE et C'° 1879. — 1 vol. in-8° rel. **450**

Le Mariage et les Mœurs en France, par LEGRAND Louis.
Paris. HACHETTE et C'° 1879. — 1 vol. in-8° rel.
(Ouvrage couronné par l'Académie des Sciences morales et politiques) **257**

La Femme, par MICHELET.
Paris. HACHETTE 1889. — 1 vol. in-12 rel. **3098**

Le Prêtre, la Femme et la Famille, par MICHELET.
Paris. C. LÉVY 1889. — 1 vol. in-12 rel.   3253

La Sorcière, par MICHELET.
Paris. C. LÉVY 1890. — 1 vol. in-12 rel.   3254

L'Étudiant, par MICHELET.
Paris. C. LÉVY 1887. — 1 vol. in-12 rel.   3255

Le Peuple, par MICHELET.
Paris. C. LÉVY 1886. — 1 vol. in-12 rel.   3256

La Femme du XX° siècle, par Jules SIMON et Gustave
SIMON.
Paris. C. LÉVY 1892. — 1 vol. in-12 rel.   3206

L'Ouvrière, par J. SIMON.
Paris. HACHETTE 1871. — 1 vol. in-12 rel.   716

Même Ouvrage.   716

Le Bonheur de vivre, par le Bᵉᵗ sir John LUBBOCK.
Paris. F. ALCAN 1892. — 1 vol. in-18.   3840

Le Visiteur du Pauvre, par DEGERANDO.
Paris. J. RENOUARD 1826. — 1 vol. in-8° rel.   768

Les Femmes dans les Fabriques de Soie, par Jules SIMON.
Paris. HACHETTE 1871. — 1 vol. in-18 rel.   716

L'Amour, par MICHELET.
Paris. C. LÉVY 1889. — 1 vol. in-12 rel.   3254

Le Socialisme Allemand et le Nihilisme Russe, par
BOURDEAU.
Paris. F. ALCAN 1892 — 1 vol. in-16 br.   3552

ÉCONOMIE DOMESTIQUE

RURALE, INDUSTRIELLE, COMMERCIALE

Les populations Agricoles de la France. Normandie et
 Bretagne. (Passé et présent) mœurs, coutumes,
 instruction, population etc. Fermage, métayage,
 ouvriers ruraux, salaires, nourriture, habitation ;
 par H. BAUDRILLART.
 Paris. HACHETTE 1885. — 1 vol. in-8° rel.   699

Les populations agricoles de la France. La Normandie
 (Passé et présent). Enquête faite au nom de l'Aca-
 démie des sciences morales et politiques, par H.
 BAUDRILLART.
 Paris. HACHETTE 1880. — 1 vol. in-8° rel.   700

Annales des Haras et de l'Agriculture, recueil destiné à
 l'étude de l'amélioration des races et de l'économie
 du bétail.
 Paris. 1846. — 1 vol. in-8° br.   2295

Les **Musées commerciaux et l'exposition universelle de 1889**, par P. VIBERT.
> Paris. GUÉRIN 1892. — 1 vol. in-16 br.   **3797**

La **Concurrence étrangère**, musées commerciaux, politique coloniale, vins et alcools, transports, par P. VIBERT.
> Paris. Ch. BAYLE 1887. — 1 vol. in-8° br.   **3784**

1° **La question des Sucres devant le consommateur**, par M. DUREAU.

2° **La question des Sucres**, par M. le Marquis D'HAVRINCOURT.

3° **Question des Sucres**, par les délégués de Valenciennes.

4° **La question des Sucres**, par M. A. CLAPIER
> Paris. 1863-1864. — 4 Br. in-8°   **1924**

Dictionnaire pratique des Assurances terrestres, par E. LECHARTIER.
> Paris. GUILLAUMIN 1884. — 1 vol. in-12 br.   **1943**

La nouvelle maison rustique ou économie générale de tous les biens de campagne, la manière de les entretenir et de les multiplier, par LIGER.
> Paris. BAILLY 1775. — 2 vol. in-4° rel. tr. r.   **2337**

Traités divers d'économie rurale, alimentaire et domestique, par CADET DE VAUX.
> Paris. COLAS 1821. — 1 vol. in-8° rel.   **2304**

Du Cacao et de ses diverses espèces, par FOREST.
> Paris. 1864, — 1 vol. in-18 br.   **2345**

Dictionnaire des Plantes alimentaires, où les arts du boulanger, du pâtissier, du confiseur, du distillateur, du cuisinier, etc.
> Paris. SAMSON An XII. — 2 vol. in-8° br.   **2296**

Le livre de tous les ménages, où l'art de conserver pendant plusieurs années, les substances animales et végétales, par APPERT
Paris. BARROIS 1831. — 1 vol. in-8° br.   **2324**

L'Art de faire le Vin, par LADREY.
Paris. SAVY 1863. — 1 vol in-12 br.   **2326**

Le Liquoriste des Dames, par DUBIEF.
Paris. LACROIX 1861. — 1 vol. in-12 br.   **2327**

De la race Bovine, courte corne améliorée dite race de Durham, par LEFEBVRE SAINTE-MARIE.
Paris. IMPRIMERIE NATIONALE 1849. — 2 vol. in-8° br.   **2290**

Vacherie nationale du Pin, Animaux de la race courte corne améliorée dite race de Durham, dessinés d'après nature par LE COUTEUX.
Paris. — 1 album, texte et dessins.   **2408**

Nouveau Manuel complet du Brasseur, ou l'art de faire toutes sortes de Bières, par RIFFAULT.
Paris. 1853. — 1 vol. in-12 br.   **2328**

Nouveau Manuel complet du Limonadier, du Glacier, du Chocolatier et du Confiseur, par CARDELLI.
Paris. 1851. — 1 vol. in-12 br.   **2329**

Manuel du Zoophile, ou l'art d'élever et de soigner les animaux domestiques, par CELNART.
Paris. RORET 1827. — 1 vol. in-12 br.   **2331**

Journal des Connaissances utiles, indiquant à tous les hommes qui savent lire : leurs Devoirs, leurs Droits, leurs Intérêts.
Bureaux de la Société 1834. — 3 vol. in-8° rel.   **2341**

Herd Book Français, Registre des Animaux de pur sang
de la race bovine. Race de Durham, publié par le
Ministère.
>Paris. IMPRIMERIE IMPÉRIALE 1858. — 2 vol. in-8°
>br.   **2291**

Discussion sur la loi du 20 mai 1838, sur la garantie des
vices rédhibitoires des animaux domestiques.
>Paris. RENOU 1858. — 1 vol. in-8° br.   **2293**

Un mot sur l'Algérie, à propos des blés durs et des
Pàtes alimentaires, par J. BRUNET.
>Marseille. 1863. — 1 Br. in-8° 40 p.   **1563**

Sur l'avantage de substituer des Chemins de Fer d'une
construction améliorée à plusieurs canaux navi-
gables projetés en France, par Joseph BAADER.
>Paris. BACHELIER 1829. — 1 vol. in-8° rel.   **767**

Les Chemins de Fer en 1862 et 1863, par FLACHAT.
>Paris. HACHETTE 1864. — 1 vol. in-8° br.   **2130**

FINANCES

RAPPORTS & ÉTUDES

DIVERS

———✦———

Mœurs financières et contemporaines. Monsieur et
Madame Neuburger, par Ch. M. LAURENT.
    Paris. Chez tous les libraires, 1882. — 1 vol.
    in-18 rel.   729

Law, son système et son époque, par A. COCHUT, 1716-
1729.
    Paris HACHETTE 1883. — 1 vol. in-8° rel.   797

Principes de la Constitution des Banques et de l'Organisation du Crédit, par M. Isaac PÉREIRE.
    Paris. DENTU 1865. — 1 vol. in-4° br.   2239

Aperçus Financiers 1872-1873, par A. NEYMARCK.
    Paris. DENTU 1875. — 1 vol. in-8° br.   2240

Crédit **Foncier de France**. Prêts remboursables par
annuités. Problêmes relatifs aux intérêts composés.
Paris. P. DUPONT 1860. − 1 vol. in-8° br.   **2241**

Caisse de retraites pour la Vieillesse, sous la garantie
de l'Etat. Tarif des Retraites ou Rentes viagères.
Paris. IMPRIMERIE NATIONALE 1851. — 1 vol.
in-8° br.   **2242**

Simple **Exposé de quelques Idées financières & industrielles**
par Fr. BARTHOLONY.
Paris. PLON 1860. − 1 vol. in-8° br.   **2243**

Le **Crédit Foncier de France**, son histoire, ses opérations,
son avenir, par J.-B. JOSSEAU.
Paris. COSSE 1860. — 1 vol. in-8° br.   **2244**

Les **Causes financières de la Révolution Française**. Les
ministères de Turgot et de Necker, par GOMEL.
Paris. GUILLAUMIN 1892. — 1 vol. in 8° br.   **3350**

Les **Causes financières de la Révolution**, par GOMEL. Les
derniers Contrôleurs généraux.
Paris. GUILLAUMIM 1893. — 1 vol. in-8° br.   **3804**

Etude sur les Tarifs de Douanes et sur les Traités de
Commerce par M. AMÉ.
Paris. IMPRIMERIE NATIONALE 1876. — 2 vol. in-8°
rel.   **2247**

Etude économique sur les Tarifs de Douanes, par M. AMÉ.
Paris. GUILLAUMIN 1860. — 1 vol. in-8° rel.   **2248**

L'Economiste Français, partie financière, Directeur, M.
Paul LEROY-BEAULIEU.
Paris. Cité Bergère 1892-1896   **3297**

Des Impositions Municipales, en vue de la suppression des Octrois, par DESPLANQUES.
Paris. SAVINE 1893. — 1 vol. in-16 br.   3627

De l'Abolition des Octrois en France, par H. COURCELLE.
Rouen. LAPIERRE 1867. — 1 vol. in-8° br.   2257

Même Ouvrage.   2257

De l'Abolition des Octrois en France. Lettres de MM. E. PASSY et L. DE LAVERGNE. Réponses de M. H. COURCELLE.
Rouen. LAPIERRE 1867. — 1 Br. 48 p.   2258

De l'Administration des Finances de la France (1784), par M. NECKER.
3 vol. in-8° rel. tr. r.   2075

Recherches et Considérations sur les Finances de la France, depuis 1595 jusqu'en 1721.
A Liège, 1758. — 6 vol. in-12 tr. r.   2076

Manuel du Spéculateur à la Bourse, par P.-J. PROUDHON.
Paris. GARNIER 1857. — 1 vol. in-16 rel.   3506

La Banque de France, dans ses rapports avec le crédit et la circulation.
Paris. GUILLAUMIN 1862 — 1 vol. in-8° br.   2265

1° **Réorganisation des Banques**, Légalité et urgence d'une réforme.
2° **Notes sur l'Administration des Finances**, de 1855 à 1861
3° **Réorganisation du système des Banques** — Banque de France — Banque de Savoie.
4° **La Liberté des Banques d'Émission et le Taux de l'intérêt** par V. BONNET.
Paris. P. DUPONT 1864 — 4 vol. in-8° br.   1923

1° Les Capitaux de Garantie.

2° L'Escompte à sept pour cent. Etude Financière.

3° La Rente Française, son origine, ses développements, ses avantages.

4° Revue pratique du Commerce et de l'Industrie, par MM. Fr. BLANC, E. JONVAUX.
    Paris. DENTU 1864 — 4 Br. in-8° br.   **1923**

1° Nouvelles Considérations sur l'Impôt des Boissons.

2° Nouvel Impôt sur les Valeurs Mobilières. Quelques réflexions.

3° Projets de Timbres-Effets à l'usage des Effets de commerce.

4° Le nouveau et l'ancien Droit de Timbre.

5° D'un nouvel Impôt sur les Valeurs mobilières.

6° Du nouveau Droit de Timbre sur les Actions et Obligations.

7° Observations sur la Loi des Patentes de 1858.

8° Banque de France — Escompte maximum 4 %

9° L'Administration et le Contrôle.
    Paris 1858 à 1865 — 9 Br. in-8°.   **2234**

Crédit Foncier de France, comptes-rendus au nom du Conseil d'Administration par M. L. FREMY — 1862-1863 1864.
    Paris. P. DUPONT. — 3 Br. in-4°.   **1312**

Crédit Agricole — Comptes-rendus au nom du Conseil d'Administration, par M. L. FREMY — 1863-1864.
    Paris — 2 Br. in-4°   **1313**

Société Générale du Crédit mobilier — Rapports présentés par le Conseil d'Administration — 1854-1856-1857-1865.
    Paris. P. DUPONT — 4 Br. in-4°   **1314**

Caisse Générale du Commerce et de l'Industrie — Compte-rendu.

Société Générale du Crédit Industriel et Commercial — Les Chèques.

> Paris. P. DUPONT 1865 — 2 Br. in-4°   1315

Compte-rendus des Opérations de la Caisse d'Epargne de Lorient, Années 1853-1856-1861-1869-1879-1882-1883- 1884-1885-1886-1887-1888-1889-1891-92-93-94-95.

> Lorient. Veuve CHAMAILLARD. — 18 Br. in-4°**2371**

Situation financière des Communes en 1871. Situation en 1877. — 2 vol.   **2280**

Nouvelle Evaluation du Revenu Foncier des Propriétés non bâties de la France, faites par l'Administration des Contributions directes. — 1 vol.   **2349**

Rapport sur les Résultats de l'Evaluation des Propriétés bâties. — 1 vol.   **2282**

Situation des Recettes et Dépenses des Communes en 1885. — 1 vol.   **2281**

> Paris. IMPRIMERIE NATIONALE. — 5 vol. in-4° br.

Les Finances Françaises sous l'Assemblée Nationale et les Chambres républicaines. Les Emprunts et les Impôts de la rançon de 1871, par AMAGAT, député du Cantal.

> Paris. PLON-NOURRIT 1889. — 1 vol. in-8° rel. **2493**

STATISTIQUE

Résultats statistiques du Dénombrement de 1886, pour la
ville de Paris et le département de la Seine.
> Paris. MASSON 1887. — 1 vol. gr. in-8° br.   **1904**

Service de la Statistique municipale. Annuaire statistique
de la ville de Paris. par M. le docteur BERTILLON,
chef des Travaux statistiques. Années 1885-86-87-
88-89-90-91-92.
> Paris. MASSON. — 8 vol. gr. in-8° br.   **1901**

Etat militaire de France pour l'année 1787, par M. DE
ROUSSEL.
> Paris. ONFROY 1787. — 1 vol. in-18 rel.   **1416**

Statistique des Bagnes, Années 1850-52-53-55-65.
> Paris. IMPRIMERIE IMPÉRIALE. — 5 Br. in-18. **1550**

Statistique Agricole de la France. Bétail, Récoltes,
Fumure, etc., etc., par L. GRANDEAU. Années 1887-
1888-1889-1890.
> Paris. HACHETTE 1890. — 2 vol. in-18 rel.   **2486**

Notice statistique sur les progrès et les résultats des bureaux de pesage et de mesurage publics, par Joseph BÉRANGER.
Paris. A. LEBON 1855 — 1 Br. in-8° 64 p.   **2372**

La France actuelle, quelques études d'économie politique et de statistique, par Fernandez RAMON.
Paris. DELAGRAVE 1888 — 1 vol. in-8° rel. t. a.
2494

Dénombrement de la Population, 1891.
Paris. IMPRIMERIE NATIONALE 1892 — 1 vol. in-8° br.   **3411**

Rapport présenté à l'Empereur sur la situation de l'Algérie en 1853, par M. le maréchal VAILLANT.
Paris. IMPRIMERIE IMPÉRIALE 1854. — 1 vol in-8° rel.   **1557**

ADMINISTRATION

—+—

Bulletin des Conseils Municipaux, — Manuel pratique
d'Administration communale et départementale,
sous la direction de M. E. Cosson.
Paris. Marchal. — 6 vol. in-8° br. **1311**

Journal des Municipalités et Assemblées administratives
de tous les départements et districts du Royaume,
par une Société de Gens de Lettres.
Paris. Imprimerie de Monsieur 1790 — 1 vol.
in-4° rel. v. tr. r. **1298**

Journal des Conseillers Municipaux, des Conseillers
d'Arrondissement et de Département, des Maires,
Adjoints, Juges de Paix, etc.
Paris. Bureaux du Journal. Août 1833 — 2 vol.
in-8° rel. **1299**

Nouveau Manuel complet des Maires, Adjoints, Conseils
Municipaux, des Préfets, Conseils de Préfecture,
Conseils Généraux, Commissaires de police, etc.,
etc . par Boyard.
Paris. Roret 1843 — 2 vol. in-8° rel. **1300**

Nouveau Manuel théorique et pratique, des Maires, Adjoints de Maires, et des Conseils Municipaux, des Juges de Paix considérés comme officiers de police judiciaire, etc , par L. RONDONNEAU.
Paris. TOURNEUR 1821 — 1 vol. in-8° rel.   1301

Même Ouvrage, 2° Édition.   1301

Pouvoirs des Maires en matière de salubrité des Habitations, par JOURDAN.
Paris. BERGER-LEVRAULT 1890. — 1 vol. in-12 br.
3108

Lettres sur le Projet d'Organisation municipale, présenté à la Chambre des Députés le 21 février 1821, par J. FIÉVÉE.
Paris. LE NORMANT 1821. — 1 Br. in-8° 58 p. 2376

Avenir de l'Administration des Postes en France et en Espagne. Correspondances intercontinentales, par M. LEROY DE KÉRANIOU, cap° au long cours.
Paris. GUILLAUMIN 1863. — 1 vol. in-8° rel.   2127

APPENDICE

AUX

SCIENCES SOCIALES

——✦——

FRANC-MAÇONNERIE

——◆——

TROISIÈME CLASSE

SCIENCES MATHÉMATIQUES

1° MATHÉMATIQUES PURES

ŒUVRES GÉNÉRALES

Œuvres complètes d'Augustin Cauchy.
   1ʳᵉ *Série.* — Mémoires, notes et articles extraits des recueils de l'Académie des sciences.
   2ᵉ *Série.* — Mémoires extraits des divers recueils, ouvrages classiques, etc.
      Paris. GAUTHIER-VILLARS 1882. — 9 vol. in-4° cart.
                                                        1096

Œuvres de Fermat, publiées par les soins de MM. TAN-NERY et Charles HENRY.
Paris GAUTHIER VILLARS 1891. — 2 vol. in-4° br
4097

ARITHMÉTIQUE

Eléments d'Arithmétique théorique et pratique, par TARNIER.
Paris. HACHETTE 1855. — 1 vol. in-8° rel.   1132

Traité d'Arithmétique, par BURAT.
Paris. BELIN 1889). — 1 vol. in-8° rel.   1162

Leçons élémentaires de mathématiques, par POIRRIER.
Paris. LECOFFRE 1847. — 1 vol. in-8° rel.   1170

Exercices d'Arithmétique, par ANDRÉ.
Paris. GUÉDON 1870. — 1 vol. in-8° rel.   1135

Takitechnie. Baccalauréat ès-sciences à livre ouvert, par Edouard LAGOUT.
Paris. 1879. — 1 vol. in-8° rel. t. angl.   1127

Takitechnie. Mathématiques élémentaires ou des Arts asssimilés par la takymétrie. Sciences de nombres, formes et poids, par Ed. LAGOUT.
Paris. 1879. — 1 vol. in-8° br.   1127

Barême nouveau, le plus étendu, le mieux suivi et le plus complet de tous les Barêmes qui ont paru jusqu'à ce jour, par SERVIÈRES.
Lille. LEFEBVRE 1858.   2341

Le Régulateur universel des Poids et Mesures. Invention nouvelle pour apprendre seul et sans maître à trouver les rapports réciproques du nouveau système, et les poids et mesures de tous les pays, par C. F. MARTIN.

Paris. COURCIER 1809. — 1 vol. in-8° rel. **1129**

Premiers éléments du Calcul infinitésimal à l'usage des jeunes gens qui se destinent à la carrière d'Ingénieur, par SONNET.

Paris. HACHETTE 1869. — 1 vol. in-8° rel. **1125**

Nouveau Manuel du Caboteur, contenant des notions élémentaires d'arithmétique, par deux anciens professeurs.

Paris. ROBIQUET 1869. — 1 vol. in-8° rel. **1137**

Cours de Mathématiques à l'usage des Gardes du Pavillon et de la Marine, par BEZOUT.

Paris. MUSIER Fils 1779. — 6 vol. in-8° r. v. tr. r. Pl. **1130**

Cours de Mathématiques à l'usage des gardes du Pavillon et de la Marine. Traité de Navigation, par BEZOUT.

Paris. Ph. PIERRES 1792. — 3 vol. in-8° br. **1545**

ALGÈBRE

Traité d'Algèbre, par MM. BERTRAND et GARCET. 1er partie : A l'usage des classes de mathématiques élémentaires. 2° partie : A l'usage des classes de mathématiques spéciales.

Paris. HACHETTE 1863. — 2 vol. in-8° rel. **1133**

Leçons d'Algèbre, par Cirodde.
 Paris. Hachette 1860. — 1 vol. in-8° rel.   1126

Leçons d'Algèbre élémentaire, par Vacquant.
 Paris. Delagrave 1889. — 1 vol. in-8° br.   1164

LOGARITHMES

Tables des Logarithmes et Co-Logarithmes des nombres et des lignes trigonométriques, disposées de manière à rendre les parties proportionnelles toujours additives, par V. Caillet.
 Paris. Mallet 1854. — 1 vol. in-8° rel.   1131

Tables de Logarithmes, étendue à sept décimales, par De la Lande.
 Paris. Mallet 1859. — 1 vol. in-12 rel.   1139

GÉOMÉTRIE

Eléments de Géométrie, par Rebière et Bos.
 Paris. Hachette 1888. — 1 vol. in-8° br.   1163

Eléments de Géométrie, par Briot et Vacquant.
 Paris. Hachette 1860. — 1 vol. in-8° rel.   1169

Leçons de Géométrie, suivies de notions élémentaires de géométrie descriptive, par Cirodde.
 Paris. Hachette 1858. — 1 vol. in-8° rel.   1126

Cours élémentaire de Géométrie descriptive, par KIŒS.
Paris. HACHETTE 1867. — 2 vol. in-18 Jésus rel.
1 vol. texte. — 1 vol. pl.   1138

Traité des propriétés projectives des figures. Ouvrage
utile à ceux qui s'occupent des applications de la
géométrie descriptive et d'opérations géométriques
sur le terrain, par PONCELET.
Paris. BACHELIER 1822. — 1 vol. in-4" rel. pl.
1116

Les Eléments des sections coniques démontrés par syn-
thèse, ouvrage dans lequel on a renfermé le petit
traité des sections coniques de M. Delahire, par
M. MONTCARVILLE.
Paris. DESAINT et SAILLANT 1757. — 1 vol. in-8°
rel. v. m.   1128

Exercices de Géométrie. Exercices de Trigonométrie, par
Ph. ANDRÉ.
Paris. H. GUÉDON 1870. — 2 vol. in-8° rel.   1135

Eléments de Trigonométrie rectiligne et sphérique, par
DELISLE et GERONO.
Paris. MALLET 1859. — 1 vol. in-8° rel.   1136

Traité élémentaire de Trigonométrie rectiligne et sphérique, par LACROIX.
Paris. CORMIER 1803. — 1 vol. in-8° rel.   1172

Cours de Trigonométrie élémentaire, par REBIÈRE.
Paris. F. ALCAN 1889. — 1 vol. in-8° br.   1173

Cours de Trigonométrie, par VACQUANT et Macé DE
LÉPINAY.
Paris. MASSON. s. d. — 1 vol. in-8' rel.   3747

2° MATHÉMATIQUES APPLIQUÉES

MÉCANIQUE

Traité de Mécanique du Capitaine Kater et du Docteur
  Lardner, avec 224 fig. gravées sur acier, traduit de
  l'anglais par PEYROT.
  Paris. MANSUT fils 1834. — 1 vol. in-8° rel.   **1074**

Traité de Mécanique, par Edouard COLLIGNON. 1re partie,
  Cinématique ; 2e partie, Statique ; 3e partie, Dynamique ; 4e partie, Dynamique (complément).
  Paris. HACHETTE 1873-1874. — 4 vol. in-8" rel. fig.
  1075

Traité de Cynématique, par J.-B. BELANGER.
  Paris. DUNOD 1864. — 1 vol. in-8° rel. Pl.   **1076**

Résumé des Leçons données à l'Ecole des Ponts et Chaussées
  sur l'application de la Mécanique à l'établissement
  des Constructions et des Machines, par NAVIER.
  Paris. F. DIDOT 1826. — 1 vol. in-8° rel.   **1077**

Description des Machines et Procédés consignés dans
les brevets d'invention, de perfectionnement et
d'importation dont la durée est expirée et ceux dont
la déchéance a été prononcée ; Ouvrage imprimé
par ordre du Ministre du Commerce.
> Paris. Mme Vve BOUCHARD 1851. — 7 vol. in-4°
> br.   **1081**

Introduction à la Mécanique industrielle, par PONCELET.
> Metz. THIEL 1841. — 1 vol. in-8° rel. fig.   **1079**

Des Machines à vapeur. Leçons faites en 1869-1870, à
l'école des Ponts-et-Chaussées, par JACQMIN.
> Paris. GARNIER 1870. — 2 vol. in-8° rel.   **1071**

Cours pratique de Machines à vapeur, professé à l'école
d'application du Génie maritime, par M. DE
FRÉMINVILLE.
> Paris. BERTRAND. — 1 vol. in-8° rel.   **1072**

Atlas du Cours pratique de Machines à vapeur, contenant
90 planches et 8 tableaux numériques.
> Paris. BERTRAND.   **1908**

Histoire des Machines à vapeur, depuis leur origine
jusqu'à nos jours, par M. HACHETTE.
> Paris. CORBY, Mars 1830. — 1 vol. in-8° rel. **1080**

Traité des Machines à vapeur et de leur application, à la
Navigation, aux Mines, aux Manufactures, par
TREDGOLD ; Ouvrage traduit de l'Anglais, par
MELLET.
> Paris. BACHELIER 1828. — 1 vol. in-4° rel.   **1069**

Planches du Mémoire sur les Bateaux à vapeur des
Etats-Unis d'Amérique, par MARESTIER.
> Paris. IMPRIMERIE ROYALE 1824. — 1 Album in-f°
> **2451**

**Mémoire sur les Bateaux à vapeur des Etats-Unis
d'Amérique,** avec un appendice sur diverses Machines
relatives à la Marine, par MARESTIER.
> Paris. Par ordre du Ministre de la Marine 1824.—
> 1 vol. in-4° rel.   1068

Les nouvelles Machines marines. Supplément au traité
des appareils à vapeur de Navigation, mis en
harmonie avec la théorie mécanique de la chaleur,
par LEDIEU.
> Paris. DUNOD 1876. — 3 vol. in-8° rel. (2 *Atlas
> contenant 10 planches et 9 tableaux*).   1070

L'Air comprimé et ses Applications. Production, distribution et conditions d'emploi, par PERNOLET.
> Paris. DUNOD 1876. — 1 vol. in-8° rel. fig.   1073

Leçons sur le mouvement et la résistance des Fluides, la
conduite et la distribution des Eaux. Leçons sur
l'établissement des Machines, par NAVIER.
> Paris. CARILLAN-GŒURY 1838. - 1 vol. in-8° rel.
> fig.   1078

ASTRONOMIE

Traité de Cosmographie.
> Paris. TANDOU. (*Manque le titre*). Pl.   1134

Revue d'Astronomie populaire, de Météorologie et de
Physique du globe, exposant les progrès de la
science pendant l'année, par Camille FLAMMARION.
Années 1882-83-84-85-86-87-88-89-90-91-92-93.
> Paris. GAUTHIER-VILLARS. — 12 vol. in-4° br.
>   2713

Astronomie Populaire, Description générale du Ciel, par Camille FLAMMARION. Ouvrage illustré de 360 fig. Planches, cartes, etc.

> Paris. MARPON et FLAMMARION 1884. — 1 vol. in-4° rel.   **1084**

Les Étoiles et les Curiosités du Ciel. Description complète du Ciel visible à l'œil nu et de tous les objets célestes faciles à observer, par Camille FLAMMARION Supplément de l'Astronomie populaire, illustré de 400 fig., cartes célestes, planches, etc.

> Paris. MARPON et FLAMMARION 1882. — 1 vol. gr. in-8° rel.   **1085**

Astronomie, par M. DE LA LANDE, lecteur royal en mathématiques, 2° édition revue et augmentée.

> Paris. Vve DESAINT 1771. — 4 vol. in-4° rel. v. m. tr. r.   **1082**

Le Ciel, notions d'Astronomie à l'usage des gens du Monde et de la Jeunesse, par Amédée GUILLEMIN. Ouvrage illustré de 11 planches tirées en couleur et de 216 vignettes insérées dans le texte.

> Paris. HACHETTE 1864. — 1 vol. gr. in-8° rel. **1887**

Traité d'Astronomie de sir John Herschel, traduit de l'anglais par PEYROT. Ouvrage illustré de gravures, par GALLÉ.

> Paris. Chez l'Auteur 1836. — 1 vol. in-8° rel. **1088**

Le mouvement des Corps terrestres, considéré dans les Machines et dans les Corps naturels. Le mouvement des Corps célestes ou premiers principes d'Astronomie, par TRABAUD, Maître-ès-Arts.

> · Paris. DURAND 1753. — 3 vol. in-8° rel. v. m tr. r. fig.   **1091**

Abrégé d'Astronomie, par M. DE LA LANDE, lecteur royal
en mathématiques.
>Paris. Vve DESAINT 1774. — 1 vol. in-8° rel. fig.
>>**1089**

Les Terres du Ciel, par Camille FLAMMARION. Ouvrage
illustré de nombreuses gravures. — (Le titre de cet
ouvrage manque).
>Paris. 1 vol. in-8° rel.
>>**1086**

L'Astronomie pratique et les observations en Europe et
en Amérique, depuis le milieu du XVII° siècle
jusqu'à nos jours, par ANDRÉ et RAYET.
>Paris. GAUTHIER-VILLARS 1874. — 5 vol. in-18 rel.
fig.
>>**1092**

La Théorie des Comètes, où l'on traite du progrès de
cette partie de l'Astronomie, avec des tables pour
calculer les mouvements des comètes, du soleil et
des principales étoiles fixes, par LE MONNIER.
>Paris. chez MARTIN 1743. — 1 vol. in-8° rel.
Armoiries sur les plats.
>>**1090**

Annales de l'Observatoire de Paris, par LE VERRIER.
>Paris. MALLET BACHELIER 1855. — 8 vol. in-4° br.
>>**1098**

Notre Planète, par Jules DUVAL.
>Paris. HACHETTE 1873. — 1 vol. in-12 rel.   **710**

QUATRIÈME CLASSE

—

SCIENCES PHYSIQUES ET CHIMIQUES

I

PHYSIQUE

—

1° OUVRAGES GÉNÉRAUX

Œuvres complètes. — Traités. — Cours & Leçons

Œuvres complètes d'Augustin Fresnel, publiées par MM. Henri DE SENARMONT, E. VERDET et Leonor FRESNEL. 1ᵉʳ et 2ᵉ vol. Théorie de la lumière. — 3ᵉ vol. Phares et appareils d'éclairage.
Paris. IMPRIMERIE IMPÉRIALE 1866. — 3 vol. in-4° cart. fig. 1140

Œuvres de M. Franklin, Docteur ès-Loix, traduites de l'Anglais sur la 4º édition par M. BARBEU DUBOURG avec des additions nouvelles et des figures en taille douce.
>   Paris. QUILLAU 1773. — 2 vol. in-4º rel. v. m.
>   **1146**

Œuvres de Fourier publiées par les soins de M. Gustave DARBOUX.
>   T. 1. — Théorie analytique de la chaleur.
>   T. 2. — Mémoires publiés dans divers recueils.
>   Paris. GAUTHIER VILLARS 1890. — 2 vol. in-4º cart.
>   **1185**

Cours de Physique à l'usage des élèves de la classe de mathématiques spéciales, par H. PELLAT.
>   Paris. P. DUPONT 1883-1885. — 4 vol. gr. in-8º
>   Tome 1ᵉʳ — Travail des forces. Energie, mesures absolues. Pesanteur et thermométrie, dilatations, changements d'état.
>   Tome 2º — Cinématique, dynamique, instruments de mesure, optique géométrique.   **1175**

Nouvelles œuvres scientifiques de Emile Delaurier.
>   Paris. LAHURE 1882. — 1 vol. in-16 br.   **1916**

Annales Européennes de physique végétale et d'économie publique, rédigées par la Société d'Auteurs.
>   Paris. 5 Br. in-8º   **1179**

Traité élémentaire de Physique, par E. PÉCLET.
>   Paris. HACHETTE 1847. — 2 vol. in-8º rel. et 1 vol. in-8º pl.   **1144**

Notions générales de Physique et de Météorologie à l'usage de la Jeunesse par POUILLET.
>   Paris. HACHETTE 1860. — 1 vol. in-18 rel. fig.
>   **1151**

Eléments de Physique expérimentale et de Météorologie, par POUILLET, ouvrage autorisé par le Conseil de l'Instruction publique.
> Paris. HACHETTE 1856. — 2 vol. in-8° rel. et 1 vol. in-8° pl.   **1150**

Traité de Physique considéré dans ses rapports avec la chimie et les sciences naturelles.
> Paris. F. DIDOT 1844. — 1 vol. in-8° rel. *(manque le 1ᵉʳ vol.)*   **1154**

Traité élémentaire ou principes de Physique, par BRISSON
> Paris. BOSSANGE MASSON An VIII. — 3 vol in-8° br. fig.   **1177**

Eléments ou principes Physico-Chimiques destinés à servir de suite aux principes de physique à l'usage des écoles centrales, par BRISSON.
> Paris. BOSSANGE An VIII. — 1 vol in-8° br.
>   **1177**

Cours de Physique expérimentale et de Chimie, par JACOTOT.
> Paris. RICHARD An IX. — 2 vol. in-8° br.   **1178**

Traité de Physique élémentaire, par DRION et FERNET.
> Paris. MASSON 1889. — 1 vol. in-8° rel.   **1183**

Leçons de Physique expérimentale, par M. l'abbé NOLLET.
> Paris. DURAND 1775. - 5 vol. in-12 pl. *(Il manque le 2ᵉ vol.)*   **1472**

2° OUVRAGES SPÉCIAUX

Chaleur, Electricité, Météorologie

Traité de la Chaleur considérée dans ses applications, par E. PÉCLET.
Paris. HACHETTE 1843. — 2 vol. in-4° rel. 1 Atlas Pl. **1142**

Traité de la Chaleur considérée dans ses applications, par E. PÉCLET. 4e édition publiée par A. HUDELO.
Paris. MASSON 1878. – 3 vol. in-8° rel. fig. **1143**

Ls Chaleur, mode de mouvement, par John TYNDALL. 2e édition française, traduite de l'anglais, sur la 4e édition, par M. l'abbé MOIGNO.
Paris. GAUTHIER-VILLARS 1874. — 1 vol. in-18 rel. fig. **1145**

Thèse mécanique de la Chaleur, Conséquences philosophiques et métaphysiques de la Thermodynamique, par HIRN.
Paris. GAUTHIER-VILLARS 1868. — 1 vol. gr. in-8° rel, **1148**

Exposé des principes de la Théorie mécanique de la Chaleur
et de ses applications principales par COMBES.
> Paris. Vve BOUCHARD 1863. — 1 vol. in-8° rel.
> **1149**

La Lumière électrique. Son histoire, sa production et
son emploi dans l'éclairage publique ou privée,
par ALGLAVE et BOULARD. Ouvrage orné de 182 fig.
dans le texte et 24 hors texte.
> Paris. F. DIDOT 1882. — 1 vol. in-8° rel.   **1147**

La Télégraphie historique depuis les temps les plus
reculés jusqu'à nos jours, par A. BELLOC. Ouvrage
illustré de 76 gravures.
> Paris. F. DIDOT 1889. — 1 vol. gr. in-8° rel. **2643**

Lettres sur l'Electricité, dans lesquelles on examine
les dernières découvertes qui ont été faites sur
cette matière, par l'abbé NOLLET.
> Paris. Guérin 1753. — 5 vol. in-12 rel. Pl.   **1473**

Leçons élémentaire d'Electricité ou Exposition concise
des principes généraux de l'Electricité et de ses
applications, par SNOW-HARRIS, traduites et
annotées par E. GARNAULT.
> Paris. E. LACROIX. — 1 vol. in-16 rel. fig.   **1159**

Recherches sur l'Electricité, par Gaston PLANTÉ, de
1859 à 1879, avec 89 fig. dans le texte Ouvrage
réimprimé sur le texte de la 1re édition publiée en
février 1879, et comprenant les deux fascicules
supplémentaires publiés par l'Auteur en octobre
1879.
> Paris. Bureaux de la Revue 1883. — 1 vol. in-8°
> rel.   **2824**

L'Electricien, Revue de l'Electricité, par CARRÉ.
> Tours. DESLYS 1892. — 1 vol. in-4° rel.   **3897**

L'Electricité à la portée des gens du Monde, par Paul
VIBERT.
Paris. — MICHELET 1892. — 1 vol. in-8° rel.   3788

L'Eclairage électrique, par le Vicomte DU MONCEL. T. 1.
Générateurs de lumière. T. 2. Appareils de lumière.
Paris. HACHETTE 1883. — 2 vol. in-16 rel. fig.
1158

Théorie mathématiques des Courants électriques, par
GAUGAIN.
Paris. HACHETTE 1860. — 1 vol. in-8° br.   2170

Electricité expérimentale et pratique. Cours professé à
l'école des Officiers torpilleurs, par H. LEBLOND.
Paris. BERGER-LEVRAULT 1889. — 3 vol. in-8°
rel. fig.   1182

Notice sur l'Appareil d'induction électrique de Ruhmkorff,
suivie d'un Mémoire sur les courants induits, par
le vicomte DU MONCEL.
Paris. LACROIX 1859. — 1 vol. in-8° rel.   1157

**Théorie mathématique des Phénomènes Electro-Dyna-
miques**, uniquement déduite de l'expérience, par
A. AMPÈRE.
Paris. HERMANN 1883. — 1 vol. in-8° br.   3440

Traité pratique d'Electricité industrielle, par CADIAT et
DUBOST, avec 264 fig. dans le texte.
Paris. BAUDRY et Cie 1889. — 1 vol. gr. in-8° rel.
3087

La Lettre électrique. Nouveau service télégraphique.
Le Télégraphe électrique rendu populaire, par
E. ARNOUX.
Paris. Arthur BERTRAND 1867. — 1 vol. in-8° rel.
pl.   1181

Le **Téléphone en 1888.** Histoire de la Téléphonie et exploitation des Téléphones en France et à l'Étranger, par Julien BRAULT.
   Paris. MASSON 1888. — 1 vol. in-18 rel. fig. 2702

Les **Phénomènes de l'atmosphère**, Traité illustré de Météréologie pratique, par MOHN, traduction de Lecaudin Lubesse.
   Paris. ROTHSCHILD 1884. — 1 vol. in-8° rel. **1094**

Histoire des Entreprises météorologiques de l'Observatoire impérial de Paris.
   Paris. GAUTHIER-VILLARS 1867. — 1 Br. in-4° **1110**

Bulletin météorologique. Supplément à la Nature. Années 1889-1890.
   Paris. MASSON — 1 vol. gr. in-8° rel.   3172

Connaissance des Temps ou des Mouvements célestes, à l'usage des Astronomes et des Navigateurs, publiée par le bureau des Longitudes. Années 1857-1860-1861.
   Paris. MALLET-BACHELIER. 3 vol. in-8°   **1523**

3° MÉLANGES ET DIVERS

Annales de Physique et de Chimie, par MM. CHEVREUL, DUMAS et PELOUZE.
Paris. 4 Br. in-8°   1180

Rapport sur les Comparaisons qui ont été faites à Paris en 1859 et 1860 de plusieurs kilog. en platine et en laiton avec le kilog. prototype en platine des Archives impériales, par REGNAULT, MORIN et BRIX. Publié par ordre du Gouvernement Prussien.
Berlin. 1861. — 1 Br. in-4°.   1109

Exposé d'un Système de Navigation atmosphérique au moyen du Ballon à enveloppe métallique, par le capitaine RENUCCI. Le Ballon, École d'Aéronautes Français. Domitor (le dompteur de l'Air), par le vicomte DE LA G.
Paris. LIBRAIRIE SCIENTIFIQUE 1852. — 3 Br. in-8°
                                        1925

Eléments usuels des Sciences physiques et naturelles, par BOUANT.
Paris. DELALAIN. — 2 vol. in-16 br.   2228

Principes de l'art de chauffer et d'aérer les Edifices publics, les Maisons d'habitation, les Manufactures, les Hôpitaux, les Serres ; avec des remarques sur la nature de la chaleur et de la lumière, par Tredgol, traduit de l'Anglais par T. Duverne.
Paris. Bachelier 1825. — 1 vol. in-8° rel. pl.

1152

Mémoire sur les divers moyens de se procurer une Base, par la mesure directe, par la vitesse du son, par les observations astronomiques, par Chazallon.
Paris. Imprimerie Royale 1837. — 1 vol. in-8 rel.

1093

Les Eaux d'Alimentation, Epuration, Filtration, Stérilisation, par le docteur Guinochet.
Paris. Baillière 1894. — 1 vol. in-16 rel.   3859

II

CHIMIE

— ♦ —

1° OUVRAGES GÉNÉRAUX

— ♦ —

Eléments de Chimie générale, par VERGUIN. Ouvrage
orné de figures sur bois intercalées dans le texte.
Lyon. SAVY 1845. — 1 vol. in-12 rel.   **1161**

Elémens de Chymie de J. A. Chaptal.
Paris. DETERVILLE An IV (1795 ère anc.) — 3 vol.
in-8° rel.   **1167**

Traité élémentaire de Chimie, par TROOST.
Paris. MASSON 1887. — 1 vol. in-8° rel.   **1184**

Système des connaissances chimiques et de leurs applications aux phénomènes de la nature et de l'art,
par FOURCROY.
Paris. BAUDOUIN An X. (1802). — 8 vol. in-8° br.
(le 1er et le 5e vol. manquent.)   **1176**

Œuvres complètes de Lavoisier, publiées par les soins
de S. E. le Ministre de l'Instruction Publique. —
(le 1er vol. manque). — 2ª vol. Mémoires de chimie et de
physique — 3ᵉ et 4ᵉ vol. Mémoires et rapports sur
divers sujets de chimie et de physique pures. —
5ᵉ vol. Géologie, Minéralogie.
  Paris. 1862-1868. — 4 vol. in-4° cart. fig.   **1141**

Dictionnaire de chimie, contenant la théorie et la pratique de cette science, son application à la physique
à l'histoire naturelle, à la médecine et aux arts
dépendants de la chimie, par M. MACQUER.
  Paris. BARROIS 1778. — 2 vol. gr. in-4° rel. v. tr.
  r.   **1982**

14

2° OUVRAGES SPÉCIAUX

DIVERS

Précis de chimie industrielle à l'usage des écoles préparatoires aux professions industrielles et des fabricants, par PAYEN.
Paris. HACHETTE 1849. — 1 vol. in-8° rel. texte et 1 vol. in-8° pl.   **1156**

Chimie Agricole où l'Agriculture considérée dans ses rapports principaux avec la chimie, par PIERRE.
Paris. 1872. — 2 vol. in-18 rel.   **1160**

Docimasie. Traité d'analyse des substances minérales à l'usage des ingénieurs des mines et des directeurs de mines et d'usines, par RIVOT.
1er Vol. Métalloïdes.
2e Vol. Métaux alcalins.
3e et 4e Vol. Métaux proprement dits.
Paris. DURAND 1866. — 4 vol. gr. in-8° pl.   **1165**

Etudes chimiques sur phosphate de chaux et son emploi en agriculture, par BOBIERRE.
 Paris. 1861. — 1 vol. in-8° rel. pl. 1155

Dictionnaire des altérations et falsifications des substances alimentaires et commerciales avec l'indication des moyens de les reconnaître, par M. A. CHEVALLIER. 4° édition revue, corrigée et augmentée en collaboration avec M. Er. BAUDRIMONT.
 Paris. ASSELIN 1875. — 1 vol. gr. in-8° rel. 1168

Chimie **appliquée aux Arts**, par J. A. CHAPTAL.
 Paris. DETERVILLE 1807. — 4 vol. in-8° rel. pl.
 1166

La **Fermentation,** par SCHÜTZENBERGER.
 Paris. GERMER BAILLIÈRE 1879. — 1 vol. in-8° rel. fig. 1006

La **Révolution chimique. — Lavoisier,** par BERTHELOT.
 Paris. F. ALCAN. 1890. — in-8° rel. 3831

Collection des anciens Alchimistes Grecs, publiée sous les auspices du Ministère de l'Instruction Publique.
 Paris. G. STEINHEIL 1887. — 3 vol. in-4" et 1 vol. table. 1902

CINQUIÈME CLASSE
—

SCIENCES NATURELLES

—+—

I

HISTOIRE NATURELLE

—+—

1° OUVRAGES GÉNÉRAUX

——

Cours élémentaire de l'Histoire Naturelle, rédigé d'après les nouveaux programmes de l'enseignement scientifique des Lycés, par FOCILLON.
Paris. G. MASSON 1868. — 1 vol. in-18 rel. **987**

Histoire Naturelle, générale et particulière, par M. DE
BUFFON, intendant du jardin du Roi.

1er 2e et 3e T. Théorie de la Terre.

4e   —   Histoire générale des Animaux.

5e   —   Histoire naturelle de l'Homme.

6e   —   Epoques de la Nature.

7-8e   —   Histoire des Quadrupèdes.

9 à 16 —   Histoire naturelle des Oiseaux.

A Paris de l'IMPRIMERIE ROYALE 1774. — 16 vol.
rel. v. m.   **1052**

Histoire naturelle de Buffon. réduite à ce qu'elle contient
de plus instructif et de plus intéressant, par P.
BERNARD.

Paris. HACQUART. An VIII. — 8 vol. in-8e rel.
v. m.

*(Cet ouvrage qui doit compter 10 vol. est incomplet. Il manque
le 1er et le 2e vol.)*   **1053**

Etudes progressives d'un naturaliste pendant les années
1834, 1835, faisant suite à ses publications dans les
42 volumes des mémoires et annales du muséum
d'histoire naturelle, par GEOFFROY SAINT-HILAIRE.

Paris. RORET 1835. — 1 vol. in-4e rel. pl.   **1060**

Le Monde avant la création de l'Homme. Origine de la
Terre, Origines de la Vie, Origines de l'Humanité ;
par Camille FLAMMARION. Ouvrage illustré de 400
grav. sur bois, 8 cartes géologiques et 5 aquarelles.

Paris. MARPON et FLAMMARION 1886. — 1 vol.
in-4e rel.   **1083**

Les régions invisibles du globe et des espaces célestes.
Eaux souterraines, tremblements de terre, mé-
téorites ; par A. DAUBRÉE. — Avec 78 fig. dans le
texte.

Paris. F. ALCAN 1888. — 1 vol. in-8e rel. t. ang.
                                              2665

2° RÈGNE ANIMAL

ANTHROPOLOGIE

Systèmes & Philosophie zoologique

—•—

Histoire générale des Races humaines. Introduction à
l'étude des Races humaines, par A. DE QUATREFAGES.
— 1ʳᵒ partie : Questions générales avec 227 grav.
dans le texte, 4 pl. et 2 cart. — 2ᵉ partie : Classification des Races humaines, avec 236 grav. dans le
texte, 2 pl. et 5 cart.
Paris. HENNUYER 1887-1889. — 1 vol. gr. in-8° br.
2644

Les Races sauvages, par Alphonse BERTILLON. Les
Peuples de l'Afrique. Les Peuples de l'Amérique.
Les Peuples de l'Océanie, etc.
Paris. MASSON 1883. — 1 vol. in-8° rel. 115 grav.
2819

La Philosophie zoologique avant Darwin, par PERRIER.
Paris. F. ALCAN 1886. — 1 vol. in 8° rel. t. ang. **3404**

La **Descendance de l'Homme et la Sélection sexuelle,** par Ch. DARWIN, traduction d'Edmond BARBIER, préface par Carl. VOGT.

Paris. REINWALD 1877. — 1 vol. in-8° rel. t. ang.

1875

L'Origine des Espèces au moyen de la Sélection naturelle ou la lutte pour l'existence dans la Nature, par Ch. DARWIN.

Paris. REINWALD 1882. — 1 vol. in-8° rel. t. ang.

1876

L'Expression des Emotions chez l'Homme et les Animaux, Ch. DARWIN, traduit de l'anglais par les docteurs POZZI et BENOIT.

Paris. REINWALD 1877. — 1 vol. in-8° rel. t. ang.

1877

Descendance et Darwinisme, par O. SCHMIDT. Avec fig. dans le texte.

Paris. F. ALCAN 1885. — 1 vol. in-8° rel. t. ang.

2663

Les Singes anthropoïdes et leur organisation, comparée à celle de l'Homme, par R. HARTMANN, avec 63 fig. gravées sur bois.

Paris. F. ALCAN 1886. — 1 vol. in-8° rel. t. ang.

2667

L'Intelligence des Animaux, par ROMANES, précédée d'une préface sur l'Evolution mentale par PERRIER. — T. 1. Les Animaux inférieurs. — T. 2. Les Vertébrés.

Paris. F. ALCAN 1887. — 2 vol. in-8° rel. t. ang.

2668

ZOOLOGIE

Physiologie animale

Eléments de Zoologie, par CLAUS.
Paris. MASSON 1889. — 1 vol. in-8° rel.		3875

Abrégé de l'histoire des Insectes, dédié aux jeunes
personnes, par l'auteur du Cours d'Histoire.
Ouvrage orné de figures en taille douce.
Paris, PANCKOUCKE 1764. — 2 vol. in-12 rel.	1058

Les Animaux de la France, par Victor RENDU.
Paris. HACHETTE 1875. — 1 vol. gr. in-8° rel. grav.
2869

La Locomotion chez les Animaux, ou marche, natation et
vol, par J. BELL PETTIGREW. Ouvrage illustré de
131 grav. sur bois.
Paris. GERMER-BAILLIÈRE 1874. — 1 vol. in-8° rel.
t. ang.		2322

Les Mammifères dans leurs rapports avec leurs Ancêtres
géologiques, par O. SCHMIDT. Avec 51 fig. dans le
texte.
Paris. F ALCAN 1887. — 1 vol. in-8° rel. t. ang.
2664

Les Batrachospermes, Organisation, Fonctions, Développement, Classification, par S. SIRODOT. Ouvrage
accompagné de 50 planches gravées d'après les
dessins de MM. SIRODOT et BEZIER.
Paris. MASSON 1884. — 1 vol. gr. in-4° rel.
2753

Les **Commensaux et les Parasites dans le règne animal,**
par VAN BENEDEN
Paris. GERMER-BAILLIÈRE 1878 —1 vol. in-8° rel.
t. ang. fig.   1003

Les **Perroquets,** leur éducation physique et morale, par
MICHEL.
Paris. AUDOT 1829 — 1 vol. in-12 rel.   1066

Faune **Gallo-Rhénane** ou Species des Insectes qui habi-
tent la France. la Belgique, la Hollande, le Luxembourg, la Prusse Rhénane, le Nassau et le Valais,
avec tableaux synoptiques, par Albert FAUVEL.
Caen. LE BLANC 1868 — 1 vol. in-8° rel.   1062

Faune **entomologique Française,** Description de tous les
papillons qui se trouvent en France, par BERCE, —
Dessins et gravures par DEYROLLE.
Paris. DEYROLLE 1867 à 1878 — 4 vol. in-12 rel.
1063

Faune **élémentaire des Coléoptères de France,** par
FAIRMAIRE.
Paris. DEYROLLE 1870 — 1 vol. in-12 rel.   1064

Faune **Malacologique de l'Ouest de la France.** depuis les
parages de Brest, jusqu'aux frontières d'Espagne,
par M. TASLÉ.
La Rochelle. MARESCHAL 1870 — 1 Br. in-8" 1107

Monographie du Chardonneret, par un Rhétoricien
amateur.
Bagnères-de-Bigorre. DOSSUN 1858 — 1 vol. in-18
rel.   1065

Catalogue des Mollusques observés dans le département
du Morbihan par M. TASLÉ.
Vannes. GALLES 1864 — 1 Br. in-8"   1106

**Recherches sur la production artificielle des Monstruosi-
tés** ou Essais de Teratogénie expérimentale, par C.
DARESTE.
> Paris. REINWALD 1877 — 1 vol. in-8° rel. t. angl.
> gr.   1055

Leçons sur les Sporozoaires, par BALBIANI, recueillies
par le Docteur PELLETAN, avec 52 fig. dans le texte
et 5 pl. hors texte.
> Paris. DOIN 1884 - 1 vol. in-8° rel.   2816

Les Microbes, les Ferments et les Moisissures, par le
Dr TROUESSART. — Avec 107 fig. dans le texte.
> Paris. F. ALCAN 1886 — 1 vol. in-8° rel. t. angl.
>   2671

3° RÈGNE VÉGÉTAL

Physiologie végétale

—————+———

Histoire générale et particulière des Plantes, par BRISSEAU-MIRBET, ouvrage faisant suite aux œuvres de Leclerc de Buffon, et partie du cours complet d'histoire naturelle rédigé par SONNINI.
Paris. DUFART. An X (1806). — 17 vol. in-8° rel.
1056

L'évolution du règne végétal. Les Phanérogames, par SAPORTA et MARION.
Paris. F. ALCAN. 1885. — 2 vol. in-8° rel. t. ang.
3405

Origine des plantes cultivées, par Alp. DE CANDOLLE.
Paris. GERMER-BAILLIÈRE. 1883. — 1 vol. in-8° rel. t. ang.
2323

Illustration de la flore de l'archipel Indien, par MIQUEL.
Amsterdam. VAN DER POST. 1870. — 1 vol. in-4° rel.
1067

La physique des Arbres, où il est traité de l'anatomie des plantes et de l'économie végétale, par DUHAMEL DU MONCEAU. Ouvrage enrichi de figures en taille-douce.
> Paris. GUÉRIN et DELATOUR. 1758. — 1 vol. in-4° en 2 parties, rel. v. m.
>> F. d. s. l. p. doré sur tr. Armoiries royales.
>> **2338**

Les Champignons ; Traité élémententaire et pratique de Mycologie, suivi de la description des epèces utiles, dangereuses, remarquables, par J. MOYEN, 20 chromotyp. et 334 vignettes.
> Paris. ROTHSCHILD. — 1 vol. pt in-4° rel. t. ang.
>> **1108**

Les Champignons, par COOKE et BERKELEY, avec 110 fig. dans le texte.
> Paris. GERMER-BAILLIÈRE: 1882. — 1 vol. in-8° rel. t. ang.
>> **3403**

De la fécondation des Orchidées par les insectes et des bons résultats du croisement, par DARWIN, traduit de l'anglais par L. RÉROLLE.
> Paris. REINWALD. 1870. — 1 vol. in-8° rel. t. ang.
>> **1878**

4° RÈGNE MINÉRAL

Cours de Minéralogie, par FRIEDEL.
Paris. MASSON 1893 — 1 vol. in-8° rel. **3748**

Minéralogie des Gens du Monde ou Notions Générales
sur les Minerais les plus utiles à la Société, par R***
Paris. MOUTARDIER 1836 — 1 vol. in-12 rel. **1214**

Principes généraux du traitement des Minerais métalliques
par RIVOT.
Paris. DUNOD 1871-1873 — 3 vol. gr. in-8° rel. et
Atlas **1213**

Les Métaux dans l'Antiquité, Origines religieuses de la
Métallurgie — De l'Orichalque, histoire du Cuivre et
de ses alliages, par ROSSIGNOL.
Paris. DURAND 1863 — 1 vol. in-8° rel. **1153**

Catalogue raisonné des Minéraux du Morbihan, par le
Comte DE LIMUR.
Vannes. GALLES 1884 — 1 vol. in-8° br. **1105**

5° GÉOLOGIE

Traité de géologie. Phénomènes actuels. Géologie proprement dite, par DE LAPPARENT.
Paris. MASSON 1893. — 2 vol. in-8° br.   3874

Santorin et ses Eruptions, par F. FOUQUÉ, avec 61 planches hors texte.
Paris. MASSON 1879. — 1 vol. in-4° rel.   1201

Description géologique du département de l'Eure, avec un appendice, contenant des notes sur l'orographie, l'hydrologie, la géologie, la botanique de chaque commune, par Antoine PASSY.
Evreux. HÉRISSEY 1874. — 1 vol. in-4° rel.   1202

Description géologique du Morbihan, par MM. LORIEUX et DE FOURCY.
Paris. IMPRIMERIE NATIONALE 1848. — 1 vol. in-8° rel.   1207

Observations géologiques sur les différentes formations qui dans le système des Vosges séparent la formation houillère de celle du Lias, par Elie DE BEAUMONT.
Paris. HUZARD 1828. — 1 vol. in-8° rel. pl.   1208

Rapport sur les progrès de Stratigraphie, par Elie DE
BEAUMONT. Publication faite sous les auspices du
Ministère de l'Instruction Publique.
    Paris. IMPRIMERIE IMPÉRIALE 1869. — 1 vol. in-4°
    rel. cartes.   1209

Les Entrailles de la Terre, par P. GUILLAUME. Nombreuses gravures dans le texte.
    Paris. DEGORCE-CADOT. — 1 vol. in-8° rel.   1012

Les soulèvements et dépressions du sol sur les côtes,
par GIRARD.
    Paris. SAVY 1876. 1 Br. in-8°   1221

II

SCIENCES AGRICOLES

———✦———

1° OUVRAGES GÉNÉRAUX

Le Théâtre d'Agriculture et Mesnage des Champs, dans
lequel est représenté tout ce qui est requis et
nécessaire pour bien dresser, gouverner, enrichir
et embellir la maison rustique, par Olivier DE
SERRES, seigneur de Pradel.
  Paris. Mme HUZARD 1804. — 2 vol. in-4° rel. **2286**

**Nouveau Cours complet d'Agriculture théorique et
pratique,** ou Dictionnaire raisonné et universel
d'Agriculture, contenant la grande et la petite
culture, par les Membres de la Section de l'Institut
de France. Avec des figures en taille douce.
  Paris. DETERVILLE 1809. — 13 vol. in-8° rel. cart.
                                              2287

Essai sur les Moyens d'améliorer l'Agriculture en France, par DE MOROGUES.
Paris. TOURNEUX 1822. — 1 vol. in-8° br.   2297

Catéchisme d'Agriculture ou Bibliothèque des Gens de campagne, par VALADE.
Paris 1773. — 1 vol. in-8° rel.   2307

L'Agriculture Progressive à la portée de tout le monde, par CALEMARD DE LA FAYETTE.
Paris. HACHETTE 1867. — 1 vol. in-12 br.   2313

Cours d'Agriculture pratique. Les assolements et les systèmes de Culture, par G. HEUZÉ.
Paris HACHETTE 1862. — 1 vol. in-8° rel.   2343

Cours d'Agriculture pratique. Les Plantes industrielles, par G. HEUZÉ. Ouvrage orné d'un grand nombre de vignettes.
Paris. HACHETTE 1860. — 2 vol. in-8° rel.   2344

Ecole d'Agriculture.
Paris. ESTIENNE 1759. — 1 vol. in-12 rel.   2347

Entretiens familiers sur l'Agriculture, par LEFÈVRE-BRÉART.
Paris. HACHETTE. — 1 vol. in-18 br.   2308

Questions Agricoles, par POUYER-QUERTIER.
Paris. PANCKOUCKE 1866. — 1 vol. in-8° br.   2314

2° OUVRAGES SPÉCIAUX

La Théorie et la Pratique du Jardinage, où l'on traite à fond des beaux jardins et un traité d'hydraulique, par M***.
>Paris. JOUBERT 1760. — 1 vol. in-4° rel. v. m.
>
>2288

Traité complet de Mécanique agricole.
>Manque le titre. — 1 Br. Texte et Pl.   2301

Traité complet de Mécanique agricole, par GRAND-VOINNET.
>Paris. 1857. — 2 vol. in-12 br.   2311

Machine à air chaud envoyée au Hâvre, rapport par M. COMBES.
>Paris. — 1 Br. in-8°.   2302

Pratique des Défrichements, par DE MENON.
>Paris. MARCHANT 1811. — 1 vol. in-8° br.   2303

Guide des Propriétaires de Biens soumis au Métayer, par DE GASPARIN.
>Paris. DUSACQ. — 1 vol. in-12 br.   2306

Guide des Propriétaires de Biens ruraux affermés, par
M. DE GASPARIN.
> Paris. DUSACQ. — 1 vol. in-16 rel. **2345**

Instructions pratiques sur le Drainage, ouvrage publié
par les soins du Ministère de l'Agriculture.
> Paris. 1855. — 1 vol. in-12 br. pl. **2809**

Instructions pratiques sur le Drainage, réunies par
ordre du Ministre de l'Agriculture.
> Paris. IMPRIMERIE IMPÉRIALE 1855. — 1 vol. in-18
> br. **2334**

Les Matières fertilisantes. Engrais minéraux, végétaux
et animaux, solides, liquides, naturels et artificiels,
par G. HEUZÉ.
> Paris. HACHETTE 1862. — 1 vol. in-8° rel. **2342**

Le Manuel ou le Trésor du Bouvier et des Bergers, par
CERVIER.
> Paris. LOCARD 1821. — 1 vol. in-18 br. **2312**

Instruction pratique sur la Construction, l'emploi et la
conduite des Machines agricoles, par J. GAUDRY.
> Paris. LACROIX 1859. — 1 vol. in-4° rel. **2310**

Les Irrigations, par A. RONNA. — T. 1. Les Eaux
d'irrigation. — T. 2. Les Canaux. — T. 3. Les
Cultures arrosées.
> Paris. F. DIDOT 1888-89-90. — 3 vol. in-8° rel.
> **3412**

Traité des Arbres fruitiers, contenant leur figure, leur
description, leur culture, etc., par M. DUHAMEL DU
MONCEAU.
> Paris. SAILLANT 1768. — 2 vol. in-4° rel. v. m.
> Nombreuses gravures. **2336**

Les Engrais, par MUNTZ et GIRARD. — T. 1. Les Fumiers.
— T. 2. Engrais azotés. — T. 3. Engrais potassiques.
Paris. F. DIDOT 1891. — 3 vol. in-8° rel.   **3413**

Instruction sur la Conduite des Arbres fruitiers. Greffe,
Taille, Restauration, Culture, Récolte et Conservation des Fruits, par M. A. DU BREUIL. Ouvrage
avec 120 fig.
Paris. V. MASSON 1854. — 1 vol. in-8° rel.   **2346**

Traité de la culture du Pommier et de la fabrication du
Cidre, par POWER.
Paris. LECÉNE-OUDIN 1891. — 2 vol. in-8° rel.
grav.   **3820**

Parcs et Jardins. Traité complet de la création des
Parcs et des Jardins, par GRESSENT.
Paris. GOIN 1886. — 1 vol. in-8° rel.   **2489**

Traité des Amendements et des Engrais, par JOIGNEAUX.
Paris. 1848. — 1 vol. in-8° br.   **2318**

Traité des Bois et Forêts, par DELPIERRE. Traité de
culture rurale.
Paris. 1829. — 1 vol. in-12 br.   **2347**

Des résidus industriels dans l'alimentation du bétail, par
CORNEVIN.
Paris. F. DIDOT 1892. — 1 vol. in-8° rel.   **3827**

Le Cheval dans ses rapports avec l'économie rurale et les
industries de transport, par LAVALARD.
Paris. F. DIDOT 1894. — 2 vol. in-8° br.   **3922**

3° LÉGISLATION

La Législation des Céréales. Délibération des Sociétés
d'Agriculture.
> Paris. RAÇON 1859. — 1 vol. in-8° br.   **2299**

L'Agriculture régularisée par l'Etat au point de vue
administratif et judiciaire. Tribunaux agricoles ;
par PENDARIES.
> Toulouse. Imprimerie Troyes 1864. — 1 vol. in-8°
> br.   **2305**

Même ouvrage   **2333**

Législation rurale, par P. GAUWAIN.
> Paris. F. DIDOT 1890. — 1 vol. in-8° rel.   **2891**

4° DIVERS

—•—

Sociétés. — Journaux. — Mémoires. — Colonisation.

Journal d'Agriculture pratique. Moniteur des comices, des propriétaires et des fermiers, fondé en 1837 par Alex. BIXIO. Rédacteur en chef LECOUTEUX, 1868 à 1870.

  Paris. LIBRAIRIE AGRICOLE. — 7 vol. in-8° rel. t.
  2339

Journal de l'Horticulture, de l'Agriculture, de la Ferme et des maisons de Campagne, fondé et dirigé par J. A. BARRAL. Années 1868-1869-1870-1871.

  Paris. V. MASSON. — 14 vol. in-8° rel.   **2340**

Corps d'observations de la Société d'Agriculture, de commerce et des arts, établie par les Etats de Bretagne. Années 1757 et 1758. 1759 et 1760.

  Rennes. VATAR. — 1 vol. in-12 en 2 parties.
  2252

Mémoires de la Société Royale des sciences de l'agriculture
et des arts de Lille.
> Lille. DANEL 1839 à 1842. — 22 vol. in-8" rel.   591

Mémoires de la Société Royale d'émulation d'Abbeville,
sur l'Agriculture et le Jardinage.
> Abbeville. BOULANGER 1833. — 1 vol. in-8" rel. pl.
> 2298

Mémoire sur l'Agriculture de la Flandre Française et sur
l'économie rurale, par CORDIER.
> Paris. F. DIDOT 1823. — 1 atlas in-4º pl.   2335

Rapport au Ministre de l'Agriculture sur les questions
se rattachant à l'Émigration Européenne, par
HEURTIER.
> Paris. IMPRIMERIE IMPÉRIALE 1854. — 1 vol. in-8º
> br.   2292

L'année Agricole. Almanach illustré des comices, des
propriétaires et des fermiers, par G. HEUZÉ. Années
1860, 1861, 1862.
> Paris. HACHETTE. — 3 vol. in-8º br.   2316

Annuaire des Syndicats Agricoles et de l'Agriculture
Française, par HAUTEFEUILLE.
> Paris. Direction et Administration 1891.—un gr.
> in-4º rel. t. ang.   3279

Le bon Jardinier. Almanach pour l'année 1818, par
DE GRACE et MORDANT.
> Paris. AUDET 1818. — 1 vol. in-12 br.   2348

L'Algérie pour les Algériens, par J. VOISIN.
> Paris. M. LÉVY 1861 -- 1 vol. in-8º br.   1558

La Propriété chez les Arabes, par le baron Jérôme
DAVID.
> Bordeaux. GOUNOUILHOU 1862 — 1 Br.   1559

Etat actuel de l'Algérie, publié d'après les documents officiels.
>Paris. Imprimerie Impériale 1864 — 1 Br.   1560

Le Commerce et la Navigation de l'Algérie avant la Conquête Française, par M. DE LA PRIMAUDAIE.
>Paris. LAHURE 1861 — 1 vol. in-8° br.   1561

Annales de la Colonisation Algérienne.
>Paris. 1853 — 2 Br. in-8°   1562

SIXIÈME CLASSE

—

SCIENCES MÉDICALES

1° GÉNÉRALITÉS

Histoire. Philosophie. Systèmes
Études & Commentaires

La **Conservation de l'Énergie**, par Balfour Stewart, suivie d'une étude sur la nature de la force, par M. de Saint-Robert.

Paris. Germer-Baillière 1879 — 1 vol. in-8° rel. t. ang.   **1004**

La Tête humaine. — Etudes illustrées de Phrénologie et de Physiognomonie, appliquées aux personnages célèbres, anciens et modernes, par Ch. ROUVIN.
Paris. J. BOYER — 1 vol. in-8° rel.   1018

Examen des Doctrines médicales et des Systèmes de Nosologie, précédé de propositions renfermant la substance de la médecine physiologique.
Paris. DELAUNAY 1829 — 3 vol. in-8° rel.   1824

Examen des Doctrines médicales et des Systèmes de Nosologie, ouvrage dans lequel se trouve fondu l'examen de la doctrine médicale généralement adoptée.
Paris. MÉQUIGNON-MARVIS 1821 — 2 vol. in-8° rel.

Gerardi Van Swieten Med. Doct. Commentaria in Hermani-Boerhaave Aphorismos de Cognoscendis et Curandis Morbis.
Parisiis. Apud Gulielmum CAVELIER 1741-1773 –
5 vol. in-4° rel v. m.   1828

Histoire de la Société Royale de Médecine, avec les mémoires de Médecine et de physique médicale tirés des registres de cette Société. Années 1777-1778-79-80-81-83.
Paris. Ph. DENYS PIERRE — 4 vol. in-4° rel. v. m.   1829

Histoire des Sciences Médicales, comprenant l'Anatomie, la Physiologie, la Médecine, la Chirurgie et les Doctrines de Pathologie générale, par DAREMBERG.
Paris. BAILLIÈRE 1870 – 2 vol. in-8° rel.   1837

Expériences sur l'Elimination des iodures par l'urine, par le Dr ROUX.
Paris. OLLIER 1890. — 1 Br. in-8°. 59 p.   3881

Gulielmi Ballonii medici Parisiensis celeberrimi Consiliorum medicinalium libri. A Jacobo Thevart, Facultatis Medicæ Paris. Doctore, Auctoris pronepote, scholiis nonnullis illustrati, digesti ac in lucem primum editi. (*Tomus secundus. Tomus tertius*).

Venetiis. Apud ANGELUM JEREMIAM 1735. — 2 vol. in-4° rel. v. m. (*Le tome 1er manque*).   **1830**

Richardi Morton M. D. et Reg. Collegii Med. Lond. Soc. atque consoris *Opera Medica*, quibus præter tractatus varios Prioribus subjunctos, alii rursus ad majorem Illustrationem, etc. (*Tomus secundus*).

Lugduni. Apud PETRUM BRUYSET 1737. — 1 vol. in-4° rel. v. m.   **1831**

Des Aliénés. Considérations : 1° Sur l'état des maisons qui leur sont destinées ; 2° Sur le régime hygiénique et moral ; 3° Sur quelques questions de médecine légale, par FERRUS.

Paris. M° HUZARD 1834. — 1 vol. in-8° rel.   **1846**

Aphorismes de Médecine positive et théorie des ressemblances, montrant tout le corps sur la physionomie, par BORNE-VOLBER.

Lausanne. HOWARD-DELISLE 1877. — 1 vol. in-8° rel.   **1874**

Mémoire sur la conservation de la Force, précédé d'un exposé élémentaire de la transformation des forces naturelles, par HELMHOLTZ, traduit de l'Allemand par L. PÉRARD.

Paris. V. MASSON 1869. — 1 vol. in-8° br.   **2141**

Journaux & Publications

Annales de la Médecine physiologique.
> Paris. Mlle DELAUNAY 1822. — 20 vol. in-8° rel.
> > 1826

Bulletin de la Société médicale d'Emulation.
> 1822-23-24. — 3 vol. in-8° rel. fig.   1856

Bulletin de la Faculté de Médecine de Paris et de la Société établie dans son sein.
> Années 1816-17 1819 et 1820. — 3 vol. in-8° rel.
> > 1857

Journal de Médecine, Chirurgie, Pharmacie, contenant les travaux de la Société médicale d'émulation, par LEROUX, doyen de la Faculté de Médecine de Paris.
> Paris. MIGNERET 1816. — 6 vol. in-8° rel.   1858

Nouveau Journal de Médecine, Chirurgie, Pharmacie, rédigé par MM. BÉCLARD, CHOMEL, CLOQUET, etc., faisant suite au journal de MM. CORVISART, LEROUX et BOYER.
> Paris. MIGNERET 1818 à 1822. — 15 vol. in-8° rel.
> > 1859

Bulletin bibliographique des Sciences physiques, naturelles et médicales.
> Marseille. J. MARTEL 1829. — 1 vol. in-8° rel.
> > 1872

Mémoires de l'Académie royale de Chirurgie.
> Paris. DIDOT le jeune 1781. — 14 vol. in-12 rel.
> *(Le 1er vol. manque).*   1866

Recueil **des Pièces** qui ont concouru pour le prix de
l'Académie royale de Chirurgie.
        Paris. DIDOT le jeune 1778. — 7 vol. in-12 rel.

                                                    1865

Catalogue des Sciences médicales, par TASCHEREAU.
        Paris. F. DIDOT 1857 à 1889. — 3 vol. in-4º br.

                                                    3932

2° OUVRAGES SPÉCIAUX

PHYSIOLOGIE

Physiologie de l'Homme, par ADELON, Dr M. P.
Paris. CAMPÈRE JEUNE 1829). — 3 vol. in-8° rel.

1019

La circulation du sang. Du mouvement du cœur chez
l'homme et les animaux ; par HARVEY.
Paris. MASSON 1879. — 1 vol. in-8' rel.   1832

Traité de Physiologie appliquée à la Pathologie, par
BROUSSAIS.
Paris. DELAUNAY 1822. — 2 vol. in-8" rel.   1855

Elementa Physiologiæ Corporis humani, par HALLER-
ALBERTO.
Lausanne. BOUSQUET 1757. — 8 vol. in-4° rel.
v. m. Prt.   1867

Optique Physiologique, par HELMHOLTZ, traduction de
JAVAL et KLEIN 213 fig. dans le texte. 1 album de
11 pl.
Paris. V. MASSON 1867. — 1 vol. gr. in-8° rel.

1868

Idée d'un cours de Physiologie appliquée à la Pathologie,
par KUHNHOLTZ.
> Montpellier. MARTEL 1829. — 1 vol. in-8° rel.
> 1871

ANATOMIE. — PATHOLOGIE
THÉRAPEUTIQUE

Histoire des Phlegmasies ou inflammations chroniques,
fondées sur de nouvelles observations de clinique
et d'anatomie pathologique, par BROUSSAIS.
> Paris. GABON-CROCHARD 1816. — 2 vol. in-8° rel.
> 1823

Traité des Entozoaires et des maladies vermineuses de
l'homme et des animaux domestiques.
> Paris. BAILLIÈRE et FILS 1860. — 1 vol. in-8° rel.
> fig.   1833

Leçons de Pathologie expérimentale et leçons sur les
propriétés de la moëlle épinière, par Claude BER-
NARD.
> Paris. BAILLIÈRE et FILS 1880. — 1 vol. in-8° rel.
> 1834

Cours de Pathologie expérimentale. Leçons sur l'action
physiologique des substances toxiques et médicamenteuses, par VULPIAN.
> Paris. O. DOIN 1882. — 1 vol. in-8° rel.   1836

Clinique Médicale où choix d'observations recueillies
à l'hôpital de la Charité. (Clinique de M. Lerminier)
par ANDRAL.
> Paris. GABON 1829. — 2 vol. in-8° rel.   1845

Traité de la Vaccine et des éruptions varioleuses ou varioliformes, par BOUSQUET.
Paris. BAILLIÈRE 1833. — 1 vol. in-8° rel.   1847

De la Pustule maligne ou nouvel exposé des phénomènes observés pendant son cours ; suivi du traitement antiphlogistique plus approprié à sa véritable nature et de quelques observations sur les effets du suspensoir, par RÉGNIER.
Paris. MÉQUIGNON 1829. — 1 vol. in-8° rel.   1849

Exposé des symptômes de la maladie vénérienne. Des diverses méthodes de traitement qui lui sont applicables, par LAGNEAU.
Paris. GABON 1815. — 1 vol. in-8° rel.   1850

Traité sur les Gastralgies et les Entéralgies, ou maladies nerveuses de l'estomac et des intestins, par BARRAS.
Paris. BÉCHET Jeune 1820. — 1 vol. in-8° rel.
1851

De la nature et du traitement de la maladie dite Hydro-céphale aigüe ; Meningo-Céphalite des enfants, par CHARPENTIER.
Paris. BAILLIÈRE 1829. — 1 vol. in-8° rel.   1852

Recueil d'Observations médicales, par BÉNECH DE SAINT-CIRQ.
Paris. Chez l'auteur 1829. — 1 vol in-8° rel.   1853

Le Médecin du Bord, à l'usage de MM. les capitaines et officiers de la Marine Marchande, par le Dr LAUNAY.
Paris. Arthur BERTRAND. — 1 vol. in-8° rel.   1861

Des Accidents convulsifs dans la Paralysie générale et progressive, par LAGARDELLE.
Paris. MORGAND 1869. — 1 Br. in-8°.   1873

Choléra-Morbus. Vol d'enfants et inhumations d'indi-
vidus vivants. Hydrologie et Climatologie. Maladies
de la Poitrine. Topographie médicale de Rochefort.
Nouvelle pile médicale.
> Paris et Bordeaux. — 7 Br. in-8°.   **1820**

Le Choléra à Marseile 1834-1835.
> Marseille. MILLE et SENÈS. 1836. — 1 vol. in-8°
> rel.   **1871**

Le Choléra ou le Typhus indien. Prophylaxie et traitement, par PELLARIN, docteur. (Épidémie de 1865).
> Paris. BAILLIÈRE 1866. — 1 Br. in-8°   **2278**

Traité des maladies du cœur. Etiologie et clinique, par
le professeur G. SÉE.
> Paris. LECROSNIER 1889-1893. — 2 vol. in-8° rel.
>   **3822**

OBSTÉTRIQUE
Maladies des Femmes et des Enfants

Traité complet d'accouchements et des maladies des
Femmes et des Enfants, par le docteur GARDIEN.
> Paris. CROCHARD 1816. — 4 vol. in-8° rel.   **1841**

**Gulielmi Ballonii Medici Parisiensis de Virginum et
mulierum morbis** liber studio, cura et diligentia
M. Jacobi Thévart, in lucem primum editus, et
scholiis aliquot locupletatus.
> Venetiis. APUD ANGELUM JEREMIAM 1736. — 1 vol.
> in-4° rel. v. m.   **1830**

16

Des Maladies des Filles, pour servir de suite aux
maladies des Femmes, par CHAMBON DE MONTAUX.
Paris. Rue et hôtel Serpente 1785. — 2 vol. in-12
rel.   1863

La Matière médicale chez les Chinois, par L. SOUBEYRAN.
Paris. MASSON 1874. — 1 vol. in-8° rel.   1869

La Médication par l'Exercice, par le docteur Fernand
LAGRANGE.
Paris. F. ALCAN 1894. — 1 vol. gr. in-8° rel. 3846

De la Ménopause ou de l'âge critique des Femmes. Traité
dans lequel sont exposés la description anatomique
et physiologique de l'Utérus à la Ménopause, par
Ch. DE GARDANNE.
Paris. MÉQUIGNON-MARVIS 1821. — 1 vol. in-8°
rel.   1843

**Traité des Maladies des Enfants nouveau-nés et à la
Mamelle,** fondé sur de nouvelles observations
cliniques et d'anatomie pathologique faites à
l'hôpital des Enfants trouvés de Paris, dans le
service de M. Baron, par M. BILLARD.
Paris. BAILLIÈRE 1833. — 1 vol. in-8° rel.   1844

CHIRURGIE
Médecine opératoire

Mémoires sur la Galvanocaustique termique, par le Dr
AMUSSAT Fils.
Paris. GERMER-BAILLIÈRE et Fils 1870. — 1 vol.
in-8° rel. fig.   1835

De la Maladie opérative, par SABATIER, nouvelle édition faite sous les yeux de M. le baron Dupuytren.
> Paris. BÉCHET jeune 1821. — 3 vol. in-8° rel. (*Le tome 3 manque*). **1842**

Sur la rupture du Cal ou Méthode sûre de rompre les os mal réduits pour ramener le membre à sa rectitude naturelle par ŒSTERLIN, traduit de l'allemand par MAURER.
> Paris. GABON 1828. — 1 vol. in-8° rel. **1848**

Chirurgie de Mᵉ H. de Mondeville, chirurgien de Philippe-le-Bel (1306 à 1320), par NICAISE.
> Paris. ALCAN 1893. — 1 vol. gr. in-8°. **3646**

MÉDECINE LÉGALE

L'Hypnotisme et les Etats analogues au point de vue Médico-légal, par le Dʳ GILLES DE LA TOURETTE.
> Paris. — PLON-NOURRIT 1889. — 1 vol. in-8° rel. **2485**

Le Magnétisme animal. Etude critique et expérimentale sur l'hypnotisme ou sommeil nerveux provoqué chez les sujets sains. Léthargie, Catalepsie, Somnambulisme, Suggestions, etc., par le Dʳ F. BOTTEY.
> Paris. PLON-NOURRIT 1888. — 1 vol. in-16 rel. **1879**

Le Crime et la Folie, par MAUDSLEY.
> Paris. — F. ALCAN 1891. — 1 vol. in-8° rel. **3094**

3° HYGIÈNE

—⁓⁓—

Hygiène générale & spéciale

Climats et Endémies. Esquisses de Climatologie
comparée, par PAULY.
Paris. MASSON. — 1 vol. in-8° rel.   **1838**

Hygiène de l'Algérie, Exposé des moyens de conserver
la santé et de se préserver des maladies dans les
pays chauds, par J. MARIT.
Paris. BAILLIÈRE et Fils 1862. — 1 vol. in-8° rel.
1839

Recherches sur le climat du Sénégal. Etat sanitaire du
Sénégal suivant les saisons, par BORIUS.
Paris. GAUTHIER-VILLARS 1875. — 1 vol. in-8° rel.
1840

Les Lois de la Vie et l'Art de prolonger ses jours, par
RAMBOSSON. (Ouvrage couronné par l'Académie
française 1872).
Paris. F. DIDOT 1872. — 1 vol. in-8° rel.   **701**

De la **Mortalité dans l'Armée**, et des moyens d'écono-
miser la vie humaine, par le D' CHENU.
Paris. HACHETTE 1870. — 1 vol. in-8° rel.   **1860**

Mémoire sur le Bureau de la Santé de Marseille, (1788).
Règlements à l'usage de l'Intendance sanitaire de
Marseille, 1836.
Marseille. — 2 vol. in-8° rel.   **1818**

Rapport sur les Progrès de l'Hygiène navale, par LE ROY
DE MÉRICOURT.
Paris. IMPRIMERIE IMPÉRIALE 1867. — 1 vol. in-4°
br.   **1819**

Rapport adressé à S. E. le Ministre du Commerce sur les
modifications à apporter aux Règlements sanitaires
par DE SÉGUR DUPEYRON.
Paris. IMPRIMERIE ROYALE 1839. — 1 vol. in-8°
br.   **2255**

Etudes d'Hygiène publique, par JOURDAN.
Paris. BERGER-LEVRAULT 1794. — 1 vol. in-8° br.
3749

Hygiène coloniale, par M. HENRY, professeur à Lorient.
Lorient. DE LA MORINIÈRE 1893. — 1 Br. in-8°.
3628

Les **Egouts de Paris**. Etude d'hygiène urbaine, par
GASTINEL.
Paris. JOUVE 189 — 1 vol. in-8° rel.   **3821**

APPENDICE

AUX

SCIENCES PHYSIQUES, CHIMIQUES,
NATURELLES & MÉDICALES

Mélanges & Divers

Rapport historique sur les progrès des sciences naturelles
depuis 1789 et sur leur état actuel, par Cuvier.
    Paris. Imprimerie-Impériale 1810. — 1 vol. in8°
    rel.   1054

**Rapport historique sur les progrès des sciences mathé-
matiques** depuis 1789 et sur leur état actuel, par
Delambre.
    Paris. Imprimerie Impériale 1810. — 1 vol. in-8°
    rel.   1124

Lettres à Sophie, sur la physique, la chimie et l'histoire
naturelle, par Aimé Martin.
    Paris. Nicolle 1818. — 2 vol. in-12 rel. v. m.
                                          1456

Le **Livre de la Nature ou l'Histoire naturelle**, la Physique et la Chimie présentée à l'esprit et au cœur, par COUSIN-DESPRÉAUX.

Paris. DE PERISSE Frères 1844. — 4 vol. in-12 rel.
1009

Les **merveilles de la Science** ou description populaire des inventions modernes, par Louis FIGUIER.

Paris. FURNE-JOUVET 1867. — 3 vol. in-4° rel. nombr. grav. (*le 2e vol. manque*). **940**

Les **Mystères de la Science**. Autrefois ; Devins et thaumaturges dans l'antiquité ; Les épidémies démoniaques ; Les possessions diaboliques ; Les diables de Loudun ; par Louis FIGUIER.

Paris. LIBRAIRIE ILLUSTRÉE. — 1 vol. in-4° rel. nombr. grav. **2469**

Les **Mystères de la Science**. Aujourd'hui ; Les prodiges de Cagliostro ; Le magnétisme animal ; Les magnétiseurs mystiques ; La pile électrique ; par Louis FIGUIER.

Paris. LIBRAIRIE ILLUSTRÉE. — 1 vol. in-4° rel. nombr. grav. **2470**

La **Science dans l'Antiquité**. Les origines de la science et ses premières applications, par Albert DE ROCHAS.

Paris. Masson 1884. — 1 vol. in-8° rel. 117 fig. dont 5 pl. hors texte. **2645**

Le **vol des oiseaux**. Physiologie du mouvement, par E. J. MAREY.

Paris. MASSON 1890. — 1 vol. in-8° rel. t. angl. 164 fig. et 1 pl. dans le texte. **3497**

Etudes sur les inondations. Causes et remèdes, par DUMAS.

Paris. LACROIX. — 1 vol. in-8° rel. **2125**

La machine animale. Locomotion terrestre et aérienne,
par E. J. MAREY, avec 117 fig. dans le texte.
> Paris. GERMER-BAILLIÈRE. — 1 vol. in-8° rel. t.
> angl.   1002

Psycologie des grands calculateurs et joueurs d'échecs,
par BINET.
> Paris. HACHETTE 1894. — 1 vol. in-16 br.   3857

Voyages. — Explorations. — Expéditions
& Missions scientifiques

Archives des Missions scientifiques et littéraires, publiées
sous les auspices du Ministère de l'Instruction
publique et des Cultes.
> Paris. IMPRIMERIE NATIONALE et IMPÉRIALE 1864
> à 1888. — 20 vol. in-8° rel. 1 vol. table.   832

Archives de la Commission scientifique du Mexique.
Ensemble d'études et de recherches propres à faire
connaître à tous les points de vue le Mexique et
les contrées limitrophes. Constitution géologique
et minéralogique. Description des espèces animales
et végétales etc. Ouvrage publié sous les auspices
du Ministère de l'Instruction publique.
> Paris. IMPRIMERIE IMPÉRIALE 1867. — 3 vol. in-8°
> rel.   833

**Voyage Géologique dans les Républiques de Guatemala
et de Salvator,** par MM. DOLFAS et de MONT-SERRAT.
> Paris. IMPRIMERIE IMPÉRIALE 1868. — 1 vol. gr.
> in-4° rel. pl. et fig.   862

Mission scientifique au Mexique et dans l'Amérique centrale, ouvrage publié par ordre du Ministre de l'Instruction publique.

Recherches zoologiques. Géologie. Botanique.

Paris. Imprimerie Nationale 1872-1885. — 7 vol. in-4° rel.   **866**

Expédition scientifique de Morée.

Géologie et Minéralogie, par Puillon de Roblaye.

Zoologie des animaux articulés, par Aug. Brullé.

Les crustacés, par Guérin.

Animaux vertébrés, mammifères, oiseaux, par Geoffroy St-Hilaire.

Botanique, par Fauché.

Paris. Levrault 1833-34. — 6 vol. in-4° rel. 2 albums de planches.   **877**

Voyage autour du Monde, exécuté par ordre du Roi sur la corvette la *Coquille* pendant les années 1822-23-24 et 25, sous le commandement du capitaine de frégate Duperrey.

Zoologie et Botanique.

Paris. Arthur Bertrand 1828. — 5 vol. in-4° rel. 1 atlas de planches botaniques, coloriées par les meilleurs artistes.   **882**

Voyage de la corvette l'Astrolade, exécuté par ordre du Roi, pendant les années 1826-27-28-29.

Zoologie et Botanique.

Paris. Tastu 1830. — 4 vol. gr. in-8° rel.   **890**

Service Sanitaire. Mission en Orient. Rapport adressé à S. E. le Ministre de l'Agriculture et du Commerce, par M. de Ségur-Dupeyron.

Paris. Imprimerie Royale 1846. — 1 vol. in-8° rel.   **2126**

Mission scientifique du Cap Horn 1882, 1883.
  Géologie, par HYADES.
  Botanique, par HARIOT, PETIT, BESCHERELLE.
  Zoologie.
  Anthropologie.
    Paris. GAUTHIERS-VILLARS 1891. – 4 vol. in-4º br.
                                                    935

Exploration scientifique de la Tunisie, par Ch. TISSOT.
  Étude sur les crustacés terrestres et fluviatiles,
    par Eug. SIMON.
  Botanique, par LETOURNEUX et DOUMET ADANSON.
  Mammifères Apélagiques, par F. LATASTE.
  Diptères, par J. BIGOT.
  Échinides Fossiles, par Ph. THOMAS.
  Mollusques Fossiles, par LOCARD.
  Mollusques Fossiles des terrains crétacés, par
    PERON.
  Les Fourmis, par EMERY.
  Énumération des Champignons, par PATOUILLARD.
    Paris. IMPRIMERIE NATIONALE 1885 à 1892. –
    10 vol. in-8º br.   938

Expédition scientifique du Travailleur' et du Talisman'
  pendant les années 1880-81-82-83.
  Poissons, par L. VAILLANT.
  Brachiopodes, par FISCHER et OEHLERT.
    Paris. MASSON 1888 – 2 vol. in-4º br.   2594

SEPTIÈME CLASSE
—

SCIENCES ET ART MILITAIRES

1° GÉNÉRALITÉS

Histoire de l'art militaire, Philosophie
Critique, Mélanges & Divers

**Esprit des Lois de la Tactique et de différentes Institutions
militaires** ou Notes de M. le maréchal de Saxe,
contenant plusieurs nouveaux systèmes sur l'art
de la guerre, commentées par M. DE BONNEVILLE.
A la Haye. Chez Pierre GOSSE 1762. — 2 vol.
dans un in-4° rel. t. r.   1360

Essai général de Tactique, précédé d'un discours sur l'état actuel de la politique et de la science militaire en Europe, avec le plan d'un ouvrage intitulé : « La France politique et militaire ».
Londres. – LIBRAIRES ASSOCIÉS 1772. — 2 vol. in-8 rel. v. m. t. r.   1377

Commentaires sur la retraite des Dix mille de Xénophon, ou nouveau traité de la guerre, à l'usage des jeunes officiers, par LE COINTE, capitaine de cavalerie au régiment de Conty.
Paris. SAILLANT 1776. — 2 vol. in-12 rel. v. m. t. r.   1338

Le Droit de la Guerre et de la Paix, par Hugues GROTIUS, nouvelle traduction par Jean BARBEYRAC, avec les notes de l'auteur même qui n'avaient point encore paru en français, et de nouvelles notes du traducteur.
A Basle. Chez E. TOURNEISEN 1778. — 2 vol. in-4° t. r. Prt.   1362

Publication de la Réunion des Officiers. La section militaire à l'Exposition de Vienne en 1873.
Paris. DEJEY et Cie 1874. — 1 vol. in-8° rel. fig.
1355

L'Armée en France, histoire et organisation depuis les temps anciens jusqu'à nos jours, par DUSSIEUX.
Versailles. L. BERNARD 1884. — 3 vol. in-8° rel.
1379

Institutions militaires ou Traité élémentaire de Tactique, précédé d'un discours sur la théorie de l'Art militaire, par le baron de SINCLAIRE.
Aux deux Ponts. IMPRIMERIE DUCALE 1773. — 3 vol. in-8° rel. v. m.   1378

De l'**Administration militaire en 1863.** Nécessité d'une
Réorganisation.
    Paris. DUMAINE 1863. — 4 Br. in-8°.   **1387**

Travaux de Campagne, Résumé des Conférences faites
à l'école du Génie de Versailles, pour les capitaines
d'Infanterie.
    Paris. DUMAINE 1877. — 1 vol. in-18 cart. pl. **1403**

Les **Militaires blessés et invalides,** leur histoire, leur
situation en France et à l'étranger, par le comte
DE RIENCOURT.
    Paris. DUMAINE 1875. — 2 vol. in-8° rel.   **1372**

Société de Secours aux Blessés militaires.
    Paris. GUYOT 1865. — 1 Br. in-8°.   **1385**

Le **Guidon des Gens de Guerre,** par Michel D'AMBOISE.
    Paris. GALLIOT, DUPRÉ. — 1 Br. in-8°   **1389**

Projet de Traité pour rendre la Paix perpétuelle, entre
les Souverains chrétiens, pour maintenir toujours
le commerce libre entre les Nations.—Pour affermir
beaucoup davantage les maisons souveraines sur
le trône, par l'abbé DE SAINT-PIERRE.
    Utrech. A. SCHOUTEN 1713. — 3 vol. in-8° rel.
    v. m.   **1043**

L'Intendance militaire, par REIFFENBERG.
    Paris. TANERA 1863. — 1 Br.   **1386**

Frontières de France, par le lieut.-colonel HENNEBERT.
    Paris. 1888. — 1 vol. in-16 rel.   **1421**

L'Approvisionnement de Paris en temps de guerre, par
MORILLON. Souvenirs et Prévisions.
    Paris. PERRIN et Cⁱᵉ 1888. — 1 vol. in-16 rel. **1422**

Etat militaire de la France pour l'année 1787, par DE ROUSSEL.
>   Paris. ONFROY 1787. — 1 vol. in-12 br.   1416

Nos grandes Ecoles militaires et civiles, par ROUSSELET. Ouvrage illustré de 169 gravures sur bois, dessinées par FERDINANDUS, JEANNIOT, LE MAÎTRE, etc.
>   Paris. HACHETTE 1888. — 1 vol. gr. in-8° rel. 1960

Situation des Etrangers en France, au point de vue du recrutement, par A. L'ESPRIT.
>   Paris. BERGER-LEVRAULT 1888. — 1 Br. in-8°.
>   2508

Ordonnance du Roi, concernant : 1er vol. Les Invalides pensionnés, soldes, demi-soldes. — 2e vol. Amnistie en faveur des déserteurs. — 3· vol. Exercice des troupes d'infanterie. — 4· vol. Exercices et manœuvres. — 5· vol. Uniforme des officiers.
>   Paris. IMPRIMERIE ROYALE 1769. — 5 vol. in-4°
>   rel. v. m.   1351

Le parfait ingénieur Français ou la fortification offensive et défensive contenant la construction, l'attaque et la défense des places régulières et irrégulières, selon les méthodes de M. de Vauban et des plus habiles auteurs de l'Europe qui ont écrit sur cette science, par l'abbé DEIDIER.
>   Paris. A. JOMBERT 1742. — 1 vol. in-4° rel.   1363

Les batailles d'autrefois. Origine de la tactique française, par HARDY DE PÉRINI, avec une préface de M. Alfred MÉZIÈRES.
>   Paris. PLON-NOURRIT 1888. — 2 vol. gr. in-8° rel.
>   2648

La Guerre, par le colonel HENNEBERT.
>   Paris. HACHETTE 1893. — 1 vol. in-18 br.   3381

Causeries militaires. par le général THOUMAS.
 Paris. PLON-NOURRIT 1890. — 1 vol. in-16 rel.
                                            2920

Album de statistique graphique. Années 1880-1888-1889.
 Paris. IMPRIMERIE NATIONALE. — 3 albums in-4°
 cart.   **3648**

Guide Chaix à l'usage des militaires et marins voyageant
 sur les chemins de fer, ou se rendant en Corse, en
 Algérie, aux colonies, par A. DE BELLEFONDS.
 Paris. CHAIX et Cie 1879. — 1 vol. in-18 rel. **1414**

Recueil de Diplômes Militaires, publié par M. Léon
 RENIER. Cohortes prétoriennes et Cohortes urbaines
 — Flotte de Misène — Flotte de Ravenne — Légions
 I et II Adiutrices — Sardaigne — Bretagne — Dacie
 — Armée de Judée ; etc.
 Paris. IMPRIMERIE NATIONALE 1886 — 1 vol. in-4°
 rel.   **1361**

Journaux & Annuaires

Revue Militaire de l'Etranger, rédigée avec l'aide des
 documents statistiques de l'Etat major général du
 Ministre de la Guerre.
 Paris. 1873 à 1882. — 16 vol. in-8° br.   **1353**

Journal Militaire officiel. Partie règlementaire de 1875
 à 1881. Partie supplémentaire 1875 à 1880.
 Paris. DUMAINE. — 24 vol. in-8° br.   **1356**

Journal des Sciences Militaires. 8e série. 13e 14e 15e vol.
 Paris. DUMAINE 1876. — 3 vol. in-8° br.   **1357**

L'Année Militaire. Revue des armées de terre et de mer. Années 1888 et 1889.

Paris. Rue Brochant. — 3 vol. in-8° rel.   **2591**

Annuaire de l'Armée Française, publié sur les documents communiqués par le Ministère de la Guerre. Années 1821-1873-74-75-76-77-78-1882 à 1892-1893.

Paris. BERGER-LEVRAULT — 19 vol. in-8° rel. **1358**

Annuaire de la Légion d'Honneur pour l'an XIII (1805) le 1er du règne de Napoléon 1er, contenant les lois, décrets impériaux et arrêtés relatifs à l'organisation de la Légion d'honneur, par MM. LAVALLÉE et PERROTTE.

Paris. RONDONNEAU. — 1 vol. in-8° rel.   **1401**

2° OUVRAGES SPÉCIAUX

Stratégie — Tactique — Fortification
Traités — Guides & Manuels — Divers.

Traité des Reconnaissances militaires, ou Reconnaissance
et Description du terrain, au point de vue de la
Tactique, par UNGER.

Paris. DUMAINE 1880. — 1 vol. in-8° br.   1390

Coup d'œil militaire sur la manière d'escorter, d'attaquer
et de défendre les Convois, suivi d'un mot sur le
pillage, par HUGO.

Paris. DUMAINE 1879. — 1 Br. in-8°.   1391

Le Tir réel du Fusil modèle 1874. Historique du feu de
l'infanterie et de son influence sur les formations
tactiques et le sort des Combats, par J. ORTUS.

Paris. DUMAINE 1878-79. — 2 vol. in-8° rel.   1398

17

Construction et Destruction des Chemins de fer en
campagne, par M. WIBROTTE.
Paris. DUMAINE 1874. — 1 Br. in-8°.   1393

Connaissance et Emploi du Terrain. Tir incliné de
l'infanterie, par PAQUIÉ.
Paris. DUMAINE 1878. — 1 vol. in-8° rel.   1397

Feux de Guerre. Confirmation de l'efficacité du tir
incliné, par PAQUIÉ.
Paris. DUMAINE 1879. — 1 vol. in-8° rel.   1397 *bis*

Cours réduit de Tir sous forme de Questionnaire, suivi
d'une progression raisonnée pour l'instruction
préparatoire de tir, par BORREIL.
Paris. DUMAINE. — 1 vol. in-18.   1405

L'Infanterie en Campagne. par le chef de bataillon
DUMONT.
Paris. DUMAINE 1880. — 1 vol. in-18.   1402

Travaux de Campagne de l'Infanterie, d'après le programme ministériel du 23 mars 1878, par HARDY.
Paris. DUMAINE 1878. — 1 vol. in-18 cart. pl. 1404

Du Service en Campagne. Méthode d'instruction pratique
pour les soldats et officiers d'infanterie, par LOUIS,
colonel du 69° de ligne.
Paris. F. DIDOT 1874. — 1 vol. in-18.   1406

Conférences Militaires Belges, La Guerre des Bois, par
MONNIER.
Bruxelles. MUQUARDT 1872. — 1 vol. in-18.   1409

Instruction et Education du Soldat. Service en campagne.
Au Combat en ordre dispersé, etc., etc.
Paris. DUMAINE 1869-1880. — 1 liasse de 9 Br.
in-12.   1417

Le **Combat à pied de la Cavalerie au moyen âge**, par DE LA CHAUVELAYS.
Paris. PLON 1885. — 1 Br. in-8°.   2602

Cours de Fortification passagère, par DUHOUSSET.
Paris. BACHELIER 1841. — 1 Br. in-8°, pl.   1399

Guide Manuel du Chef de Patrouille et de Reconnaissance, à l'usage des officiers, des sous-officiers et des caporaux d'infanterie.
Paris. DUMAINE 1876. — 1 vol. in-18 rel. fig. 1407

Aide Mémoire à l'usage des Officiers d'Artillerie. Bouches à feu, projectiles, affûts, voitures, attirails, armements, poudre, etc., etc.
Paris. DUMAINE 1880. — 2 vol. in-8° rel.   1396

Manuel complet à l'usage des candidats au grade d'officier dans l'armée territoriale et dans la réserve de l'armée active et répondant aux examens du volontariat d'un an, par TURLIN.
Paris. DUMAINE 1874. — 1 vol. in-8° rel.   1380

Cours d'Etudes militaires à l'usage des engagés conditionnels d'un an, par POIROT.
Paris. DUMAINE 1875. — 1 vol. in-8° rel.   1381

Eléments de Photogrammétrie, par le C' LEGRAS.
Paris 1892. — 1 v. in-18 br.   3638

Législation & Administration

Instruction générale sur la Conscription.
Paris. F. DIDOT 1811. — 1 vol. in-8° et 1 atlas rel.
1376

Projet de Loi sur l'Organisation financière de l'Armée.
Mémoire sur un nouveau mode de recrutement et
de remplacement.
2 Br. in-8°.   1388

Recueil des Dispositions relatives aux Conseils d'enquête
des officiers et des sous-officiers.
Paris. DUMAINE 1852. — 1 vol. in-8° rel.   1374

Explication de la Loi du 27 juillet 1872, sur le recrutement
de l'Armée.
Paris. DELAGRAVE. — 1 Br. in-8°.   1408

Des Réquisitions militaires. Etude d'Administration
militaire au point de vue du Droit des Gens et du
Droit public français, par G. FERRAND.
Paris. BAUDOIN 1892. — 1 vol. in-8° br.   3397

Règlements étrangers

Règlement sur le Service en Campagne et sur les grandes
manœuvres de l'Armée prussienne.
Paris. DUMAINE 1872. — 1 vol. in-8° rel. pl.   1410

Règlement sur les Manœuvres de l'Infanterie Prussienne,
par UFFLER.
Saint-Etienne. MONTAGNY 1872. — 1 vol. in-18
rel. pl.   1411

Le Règlement Prussien du 15 novembre 1877, sur le tir
de l'infanterie.
Paris. BERGER-LEVRAULT 1878. — 1 vol. in-18.
1413

Règlement sur les Exercices et Evolutions des Troupes à pied, en Italie, en Autriche et en Allemagne, par TRUTIÉ DE VAUCRESSON.

Limoges. V. CHARLES 1875. — 1 vol. in-18.   **1418**

HUITIÈME CLASSE

--

SCIENCES ET ART DE LA MARINE

Marine de Guerre & Marine Marchande

1° GÉNÉRALITÉS

HISTOIRE — ÉTUDES -- CRITIQUE

Traités généraux, Mélanges & Divers

La Marine Française après les désastres de 1870-1871, par
A. GUÉRARD.
Paris, LACROIX 1877 -- 1 vol. in-8° rel.   1524

Histoire de la Marine Française pendant la Guerre de l'Indépendance Américaine, précédée d'une étude sur la Marine militaire Française, par CHEVALIER.
 Paris. HACHETTE 1877. 1 vol. in-8° rel,   **1489**

L'École Navale et les Officiers de Vaisseau, par de CRISE-NOY.
 Paris. DENTU 1864 — 1 Br. in-8°   **1525**

Office de l'Amiral en France, du XIII° au XVII° Siècle, par ROSENZWEIG.
 Vannes. GALLES 1855 — 1 Br. in-8°.   **1528**

Marine Marchande en Angleterre, précis des Actes de 1854-1855 et 1862.
 Paris. IMPRIMERIE IMPÉRIALE 1866 — 1 vol. in-8°.
                                                1531

Précis historique de la Marine Française, son organisation et ses lois, par CHASSÉRIAU.
 Paris. IMPRIMERIE ROYALE 1845 — 2 vol. gr. in-8° rel.   **1481**

Le Langage des Marins, recherches historiques et critiques sur le Vocabulaire maritime, par G. DE LA LANDELLE.
 Paris. DENTU 1859 — 1 vol. in-8° rel.   **1538**

Les Us et Coutumes de la Mer, (ouvrage attribué à Estienne CLEIRAC). *Le titre et plusieurs pages manquent.*
 Bordeaux. G. MILLANGES 1647 — 1 vol. in-4° cart.
                                                1539

L'Année Maritime, Revue des Évènements qui se sont accomplis dans les Marines Française et Etrangères, par H. DURASSIER.
 Paris CHALLAMEL. 1880-1884. — 2 vol. in-18 br.
                                                1570

Les Troupes de la Marine depuis leur Origine jusqu'à nos jours.

> Paris. MARTINET 1876. — 1 Br. in-8°.   1541

Un Mot sur la Marine.

> Toulon. AUREL 1848. — 1 vol. in-8° br.   1547

La Marine d'aujourd'hui, par Jurien DE LA GRAVIÈRE.

> Paris. PLON-NOURRIT 1887. — 1 vol. in-18 rel.
>   1574

Historique de l'Artillerie de la Marine 1692-1889, par LE FOURNIER et MALAIZÉ, Capitaines d'artillerie de marine.

> Paris. DUMOULIN 1889. — 1 vol. in-8° rel.   2616

Les Armements Maritimes en Europe, par LEROI.

> Paris. BERGER-LEVRAULT 1889. — 1 vol. in-18 rel.
>   2724

Les Corsaires Barbaresques et la Marine De Soliman-le-Grand, par l'Amiral Jurien DE LA GRAVIÈRE.

> Paris. PLON-NOURRIT 1888. — 1 vol. in-18 rel. 1617

Quelques Mots sur nos Arsenaux Maritimes, par M. LE PRÉDOUR.

> Paris. BERGER-LEVRAULT 1882. — 1 br. in-8°.
>   1503

Protection et Liberté que veulent les Coloniss, par M. DE POYEN-BELLISLE.

> Paris. DENTU 1863. — 1 Br. in-8°   1536

Port Napoléon, Port de Porstrein, Création d'un grand Port de Commerce dans la Rade de Brest, par LEROY DE KERANIOU.

> Paris. JOUAUST 1859. — 1 Br. in-8°,   1546

L'Amiral Duperré et l'Expédition d'Alger, Considérations
sur les Expéditions Navales, sur l'Armée et la
Marine et sur leurs Rapports anciennement et de
nos jours, par M. le Contre-Amiral DUPIN DE SAINT-
ANDRÉ.

Imprimerie Lithographique de la R. O. A. — 1 Br.
in-4°. **1564**

Recherches sur les Voyages et Découvertes des Navigateurs Normands, en Afrique, dans les Indes Orientales et en Amérique, suivies d'observations sur la
Marine et les Etablissements coloniaux des Français
par ESTANCELIN.

Paris. AUBRY 1873. — 1 vol. in-8° rel. **260**

Revue Maritime et Coloniale 1868-1869.

Paris. P. DUPONT. — 2 vol. in-8o rel. **1521**

Annuaire de la Marine et des Colonies, Années 1828-1858-
59-60-61-62 à 1892-1893.

Paris. BERGER-LEVRAULT. — 37 vol. in-8° rel.
1506

Le Musée de Marine du Louvre, Histoire, Description,
Construction, Représentation, Statistique des Navires à rames et à voiles, d'après les modèles et les
dessins des galeries du Musée du Louvre, par Edm.
PARIS, 60 planches et 200 vignettes.

Paris. ROTHSCHILD 1883. — 1 v. gr. in-f° rel. **2402**

Registre de Renseignements sur Navires, publié sous le
Patronage de S. A. R. Monseigneur le Prince DE
JOINVILLE.

Paris. LLOYD-FRANÇAIS 1847. — 1 reg. obl. **2264**

La Flotte de Guerre et les Arsenaux, par WEYL.

Paris. PLON-NOURRIT 1894. — 1 vol. in-18 br

3778

Notices historiques sur les divers modes de transport par mer, par G. TROGNEUX, Ingénieur de la marine, dessins de DERENAUCOURT.
Paris. PLON et Cⁱᵒ 1889. — 1 vol. in-4° rel.   2767

La Guerre d'Escadre et la Guerre des Côtes. Les nouveaux navires de combat, par DISLÈRE. — 2ᵉ édition augmentée d'un Appendice par GUICHARD.
Paris. GAUTHIER-VILLARS 1883. — 1 vol. in-8° rel.   2820

Les Torpilleurs, la Guerre Navale et la Défense des Côtes, par le Vice-Amiral BOURGOIS.
Paris. LIBRAIRIE DE LA NOUVELLE REVUE.—1 vol. in-16 rel.   2919

Mélanges, Balistique et Artillerie, Sciences historiques et autres, par PITON-BRESSANT.
Paris. IMPRIMERIE NATIONALE 1892. — 1 vol. in-8° rel.   3295

De la nécessité d'établir une Ligne générale de Bateaux à vapeur entre la France et les Pays d'Outre Mer, par HÉBERT.
Paris. Firmin DIDOT 1852. — 1 Br.

L'Embarquement des Officiers de Vaisseau, par LAVIGNE.
Paris. Gauthier VILLARS 1864. — 1 vol. in-8° br.   1540

2° OUVRAGES SPÉCIAUX

Traités et Divers

Traité d'**Artillerie navale**, par le Lieutenant-Général Sir Howard DOUGLAS. Traduction de la IIIᵉ Partie, par BLAISE, Chef d'escadron d'Artillerie.
    Paris. CORRÉARD 1853 — 1 vol. in-8° rel. 2 pl.
1492

Cours de Mathématiques à l'usage de la Marine et de l'Artillerie, par BEZOUT.
    Paris. PATRU 1810 — 1 vol. in-8° rel.   **1171**

Ecole navale — Canonnage, cours de M. JOUBERT.
        Astronomie, cours de M. DUBOIS.
    Brest. Lithographie ROGER 1856 — 2 vol. gr. in-8° rel.   **941**

Notice sur le Tir courbe, par le Comte Magnus de SPARRE.
    Paris. BERGER-LEVRAULT 1892 — 1 Br.   **3480**

Description sommaire de Phares et Fanaux allumés sur les côtes de France au 1er juillet 1842 — Au 1er janvier 1861.

Paris. IMPRIMERIE IMPÉRIALE - 2 Br. in-8° **1549**

Les Caboteurs et Pêcheurs de la côte de Tunisie, par le capitaine de frégate HENNIQUE ; ouvrage illustré de 63 pl. hors texte dont 12 en couleur.

Paris. GAUTHIER VILLARS 1888 — 1 vol. in-8° rel. t. ang. **2765**

Télégraphie nautique Polyglotte, dédiée à la marine, par M. de REYNOLD-CHAUVANCY.

Paris. LEDOYEN 1853 — 1 Br. in-8°. **1542**

Album des Pavillons de tous les Etats.

Paris. Chromolithographie Aug. BRY — 1 vol. gr. in-4°. **1509**

Armée de Mer, Manuel Français-Anglais sur les reconnaissances, avec vocabulaire, par PAPILLON.

Paris. SOCIÉTÉ MILITAIRE — 1 Br. in-12. **3783**

De l'emploi de l'Eau comme moyen de transmission de force dans les Docks commerciaux et les Arsenaux maritimes, par NEUSTADT.

Paris. CHAIX ET Cⁱᵉ 1866 — 1 Br. in-8° **854**

3° CONSTRUCTION

Manœuvre des Navires

———+———

Traité pratique de Construction navale. Tracé des plans
de Navires. Construction des Navires en bois.
Construction des Navires en fer. Notes, par M. DE
FRÉMINVILLE. Ouvrage accompagné d'un atlas.
(*Manque*).
    Paris. Arthur BERTRAND 1864. — 1 vol. gr. in-8°
    rel.   **1486**

Traité élémentaire d'Architecture navale, par D'ETROYAT,
constructeur. 1ᵣᵉ partie : Plan du Navire. 2° partie :
Calculs.
    Lorient. GOUSSET 1845-46. — 2 vol. in-4° br. **1516**

Le Manouvrier ou Essai sur la théorie et la pratique
des mouvements du Navire et des Evolutions
navales, par BOURDÉ-VILLEHUÉ.
    Paris. LIBRAIRES ASSOCIÉS. An VIII de la R. F.
    — 1 vol. in-8° rel.   **1494**

Considérations sur la Construction et la Propulsion des Navires en fer.

Le Hâvre. BRINDEAU 1856. — 1 Br. in-8°.   1527

Album du Marin, contenant les diverses positions du Bâtiment à la mer. A la suite de chaque dessin, on trouve des notes pratiques sur la manœuvre des vaisseaux de guerre à l'usage des jeunes marins, par CAUSSÉ, capitaine de frégate.

Nantes. CHARPENTIER 1836. — 1 album rel.

2401

4° NAVIGATION
Ouvrages et Traités Généraux

De l'état actuel de la Navigation par la Vapeur et des
améliorations dont les Navires et appareils à
vapeur marins sont susceptibles, par CAMPAIGNAC.
Ouvrage publié sous les auspices de M. le Ministre
de la Marine.
> Paris. MATHIAS 1842. — 1 vol. in-4° rel. pl. (*En double*)
> **1477**

Navigation Transatlantique. Pièces à l'appui du mémoire
de MM. AGOSTINI et CHAUVET.
> Paris. PILLOY 1853. — 1 Br. in-4°.   **1512**

Traité de Navigation, par BEZOUT.
> Paris. PIERRES 1792. — 3 vol. in-8° br. fig.   **1545**

Vade Mecum du Marin ou Manuel de Navigation, par GUÉ-
PRATTE.
> Brest. LE FOURNIER — 2 vol. in-8° br.   **1533**

Du Gouvernail de Fortune, par BASSIÈRES, Capitaine de
frégate.
> Boulogne. 1809. — 1 br. in-8°.   **1553**

Astronomie nautique. Le Guide du Calculateur de nuit
pour déterminer la position des Bâtiments à la
mer, par ARNAULT.
 Cherbourg. Novembre 1869. — 1 vol. in-16 rel.
1096

Traité de Navigation astronomique, Théorie par VILLAR-
CEAU, pratique par AVED DE MAGNAC.
 Paris. GAUTHIER-VILLARS 1887. 1 vol. in-4° rel.
1513

PILOTAGE & DESCRIPTION
Des Mers et des Côtes
Vents — Marées — Courants
·Instruction, Renseignements,
Cartes et Plans.
Mélanges & Divers.

Nouveau Traité de Navigation, contenant la théorie et la
pratique du Pilotage, par M. Bouguer, de l'Académie Royale des Sciences, revu et abrégé par l'abbé
DE LA CAILLE, de la même Académie Royale des
Sciences, etc.

    Paris. DESAINT 1769. — 1 vol. in-8° rel. v. m.
      avec figures en taille douce   **1495**

Instruction des Pilotes ou Traité des Latitudes, par LE
CORDIER, hydrographe du Roi.

    Hàvre. Vve de G. GRUCHET 1729. — 1 vol. in-12
      br.   **1554**

Instructions Nautiques destinées à accompagner les cartes de vents et de courants par MAURY. Au dépôt de la Marine.

    Paris. F. DIDOT 1859. — 1 vol. in-4° rel.   **1507**

Météorologie Nautique. Vents et Courants. Routes générales. Extrait des Sailing Directions de Maury et des travaux les plus récents, par PLOIX et CASPARI.

    Paris. IMPRIMERIE NATIONALE 1874. — 1 vol. in-4° rel. pl.   **1508**

Etude sur le mouvement des Marées dans la partie maritime des fleuves, par PARTIOT.

    Paris. DUNOD 1861. — 1 vol. in-8° br. 1 atlas de planches.   **2431**

Recueil de Portulans, publié par Gabriel MARCEL, bibliothécaire à la Bibliothèque nationale (section des Cartes). Reproduction héliographique par J. GAULTIER.

    Paris. GAULTIER. — 1 album gr. in-f°.   **2709**

Voyage autour du Monde exécuté sur les corvettes de S. M. l'Uranie* et la Physicienne*, pendant les années 1817-18-19 et 1820, par Louis DE FREYCINET. Navigation et Hydrographie.

    Paris. PILLET Aîné 1826. — 2 vol. in-4° rel.; 1 atlas, classé n° 2389; Même atlas, n° 2447. **878**

Voyage aux Terres australes, exécuté sur les corvettes le Géographe*, le Naturaliste* et la goëlette Casuarina*, pendant les années 1800, 1801, 1802, 1803, 1804, sous le commandement du capitaine de vaisseau BAUDIN, rédigé par Louis DE FREYCINET.

    Paris. IMPRIMERIE ROYALE 1815. — 1 vol. in-4° rel. 1 atlas hydrographie.   **879**

Description nautique des Côtes orientales de la Grande Bretagne et des Côtes de Hollande, de Jutland et de Norwège et des Orcades, extraite et traduite de l'anglais par P. LÉVÈQUE.

> Paris. IMPRIMERIE DE LA R. F. An II. — 2 vol. in-4° rel.   **1478**

Les Ports militaires de la France : Cherbourg, Brest, Lorient, Rochefort, Toulon, par NEUVILLE.

> Paris. HACHETTE 1854. — 1 vol in-18 br.   **1504**

Expériences pratiques de la Boussole circulaire, faites à bord des Navires de l'Etat et de la Marine marchande, par DUCHEMIN.

> Paris. ARNAUD 1877. — 1 Br. in-4°.   **1517**

Mémoire pour servir d'instruction à la Navigation des Côtes, depuis Calais, jusqu'à la baie de Cancale par LACOULDRE.

> Paris. IMPRIMERIE IMPÉRIALE An XIII. — 1 vol. in-4° rel. v. m.   **1479**

Le Pilote du Brésil, Description des Côtes de l'Amérique méridionale situées entre l'île Santa-Catarina et celle de Maranhaõ. Cartes et plans des côtes, par le baron ROUSSIN. Campagne exécutée en 1819 et 1820 sur la corvette la Bayadère* et le brig le Favori*.

> Paris. IMPRIMERIE ROYALE 1826. — 1 vol. in-8°
>   **1484**

Le Pilote du Brésil, par le baron ROUSSIN. Campagne exécutée en 1819 et 1820 sur la corvette la Bayadère* et le brig le Favori*. *Cartes et plans des Côtes.*

> Paris. IMPRIMERIE ROYALE 1826. — 1 vol. gr. in-f° rel.   **2384**

Le Pilote américain, contenant la description des Côtes
orientales de l'Amérique du Nord, depuis le fleuve
Saint-Laurent jusqu'au Mississipi, suivi d'une
notice sur le Gulf-Stream, par MAGRÉ, enseigne de
vaisseau.
Paris. BACHELIER 1826. — 1 vol. in-8° rel.   **1548**

Précis de Recherches et Observations sur divers objets
relatifs à la Navigation intérieure de la province de
Bretagne, par OBELIN DE KERGAL.
Rennes. P. VATAR 1785. — 1 vol. in-8° rel.   **1552**

Description nautique des Côtes de l'Algérie, par BÉRARD.
Paris. IMPRIMERIE ROYALE 1837. — 1 vol. in-8°
rel.   **1556**

Pilote Français, Environs de Brest, par BEAUTEMPS-
BAUPRÉ. Côtes occidentales de France, de Penmarch
jusqu'à l'Ile-Dieu. De l'Ile-Dieu à la Côte d'Espagne,
publié par ordre du Roi.
Dépôt général de la Marine 1832. — 3 vol. in-f°.
                                              2383

**Renseignements nautiques sur Nossi-Bé, Nossi-Mitsiou,
Baratoubé,** par JÉHENNE.
Paris. P. DUPONT 1850. — 1 Br. in-8°.   **1532**

Instruction nautique sur la navigation de la mer de Chine,
traduit de l'Anglais par LE PRÉDOUR.
Paris. IMPRIMERIE-ROYALE 1836. — 1 vol. in-8°
                                              1493

Instructions nautiques, relatives aux cartes et plans du
pilote de Terre-Neuve, traduites et imprimées par
ordre du Roi, sous le ministère de M. le Maréchal
de Castries.
Paris. IMPRIMERIE ROYALE 1784. — 1 vol. in-4°
cart.   **1519**

Description du golfe de Finlande et de l'entrée du golfe
de Bothnie, par HJORTH.
Paris. F. DIDOT 1854. — 1 Br. pl.   1526

Instructions sur le détroit des Dardanelles, la mer de
Marmara et le Bosphore, suivies de considérations
générales sur l'archipel Grec, par LEGRAS.
Paris. F. DIDOT 1858. — 1 vol. in-8° br.   1529

Renseignements hydrographiques sur les îles Formose
et Lou-Tchou, la Corée, la mer du Japon, les îles
du Japon ; par LEGRAS.
Paris. P. DUPONT 1859. — 1 vol. in-8° br.   1530

Instructions nautiques sur les côtes et les débarquements
de Saint-Domingue, par CHASTENET-PUYSÉGUR.
Paris. IMPRIMERIE ROYALE 1821. — 1 vol. in-8° br.
1534

Routier des îles Antilles, des côtes de Terre-Neuve, du
golfe du Mexique, traduit de l'Espagnol par CHAU-
CHEPRAT.
Paris. IMPRIMERIE ROYALE 1829. — 1 vol. in-8° br.
1543

Mémoire sur la navigation aux Côtes occidentales d'Afrique, depuis le cap Bajador, jusqu'au mont Souzos.
Paris. IMPRIMERIE ROYALE 1827. — 1 vol. in-8° br.
1551

Instructions nautiques sur les côtes de la Patagonie,
depuis le port Sainte-Hélène à l'est, jusqu'au cap
Tres-Montes à l'ouest, y compris le détroit de
Magellan et la côte du large de la Terre de feu, par
KING, traduction de DARONDEAU.
Paris. IMPRIMERIE ROYALE 1835. — 1 vol. in-8° br.
1544

Guide maritime et stratégique dans la mer Noire, la mer d'Azof, par CORRÉARD.

> Paris. 1854. — 1 vol. in-8° br. (*l'Atlas manque*). **1537**

Atlas des Ports Etrangers, publié par le Ministère des Travaux Publics ; Direction des cartes, plans des archives et de la statistique graphique.

> Paris. IMPRIMERIE NATIONALE 1884. — 6 atlas in-4° carton. **1896**

Ports Maritimes de la France, exécuté par le Ministère des Travaux Publics.

> Paris. IMPRIMERIE NATIONALE 1876-1887. — 7 vol. in-4° rel. **1480**
>
> T. 1. de Dunkerque à Etretat. — T. 2. du Hàvre au Becquet. — T. 3. de Cherbourg à Argentan. — T. 4. d'Ouessant au Pouliguen. — T. 5. de St-Nazaire à Ars en Ré. — T. 6. de la Rochelle à Maubert. — T. 6. 2ᵉ partie des Calonges à Hendaye.

Neptune des Côtes occidentales de France. Cartes et Plans. Recueil des cartes marines lavées et gravées par ordre du Roi, réunies au dépôt de la marine en 1753. M. Bellin a composé le mémoire.

> 1ᵉʳ Vol. Côtes sur l'Océan.
>
> 2ᵉ Vol. Côtes Occidentales.
>
> Paris. — 2 vol. in-f° rel. **2385**

Cartes et Plans de la Martinique, Côtes et Rades. Reconnaissance des côtes, par MONNIER, ingénieur hydrographe. Ministère de la Marine. **2386**

5° ADMINISTRATION

LOIS. — ORDONNANCES

Bulletins & Notices

Manuel Administratif de l'Officier de Marine ou Précis des
connaissances administratives nécessaires aux
officiers de marine, dans les diverses positions
qu'ils sont appelés à occuper, soit à terre, soit à la
mer, par H. DE SOMER.
> Vannes. DE LAMARZELLE 1853. — 1 vol. in-8° rel.
> **1491**

Règlement général sur l'Administration des quartiers,
sous-quartiers et syndicats maritimes, inscription
maritime, police de la navigation, pêches maritimes.
> Paris. IMPRIMERIE IMPÉRIALE 1867. — 1 vol. in-4°
> rel. **1520**

Nouveau commentaire sur l'ordonnance de la Marine du
mois d'août 1681, où se trouve la conférence des
anciennes ordonnances, des us et coutumes de la
mer, tant du royaume que des pays étrangers.
> La Rochelle. J. LEGIER 1776. — 2 vol. in-4° rel.
> v. m. *(En double)* **1482**

**Manuel du service administratif à bord des bâtiments de
l'Etat,** par GRIFFON DU BELLAY.
Paris. CHALLAMEL 1867. — 1 vol. in-8° rel. 1522

**Constitution Républicaine ou système politique, financier,
administratif,** suivie d'un projet de loi sur le recrutement de l'armée navale. par GÉNÉRÈS-SOURVILLÉ.
Nantes. GUILMARD 1848. — 1 vol. in-8° rel. 1565

Bulletin officiel de la Marine. 17ᵉ année 1864. N° 1 à 492.
Paris. IMPRIMERIE IMPÉRIALE 7 sept. 1864. —
1 vol. in-8° rel.   1488

Règlements à l'usage de l'intendance sanitaire de Marseille, suivis des Lois, Ordonnances, instructions
ministérielles et autres documents concernant la
police sanitaire.
Marseille. Marius OLIVE 1836 — 1 vol. in-8° rel.
1485

Observations présentées à la Commission du Corps Législatif sur le projet de loi relatif à la Marine marchande.
Le Hàvre. CAZAVAN 1865 — 1 Br. in-8°   1518

Ordonnance du Roi, concernant la Marine du 25 mars 1765.
Paris. IMPRIMERIE ROYALE 1765. — 1 vol. in-4°
rel. v. m.   1483

Ordonnance du Roi concernant la marine du mois de
janvier 1786.
Manque le titre — 1 vol. in-8° br.   1566

Ordonnances et Règlements concernant la Marine.
Paris. Chez MOUTARD 1786 — 1 vol. in-8° rel. v.
m,   1567

Ordonnance de la Marine du mois d'Août 1681, commentée et conférée sur les anciennes Ordonnances, le Droit Romain et les anciens Règlements.

> Paris. Veuve SAUGRAIN 1729 — 1 vol. in-8° rel. v. m.   **1568**

Ordonnance de la Marine du mois d'Août 1681.

> Paris. LIBRAIRES ASSOCIÉS 1767 -- 1 vol. in-12 rel. v. m.   **1569**

Annales Maritimes et Coloniales ou Recueil de Lois et Ordonnances royales, Règlements et Décisions ministérielles, Mémoires, etc., etc. Années 1817-19-1821 à 1831.

> 79 Br. in-8°   **1595**

Notice sur la Relégation — Rapport sur l'application aux colonies de la Loi du 27 mai 1885, pendant l'année 1887.

> Paris. IMPRIMERIE NATIONALE 1889 — 1 vol. gr. in-8° br.   **2759**

Notices sur la Déportation à la Nouvelle-Calédonie et à la Guyane Française pendant les Années 1868-69-70-1878-1879, publiées par les soins de MM. les Vice-Amiraux FOURICHON, DE DOMPIERRE D'HORNOY, PEYRON.

> Paris. IMPRIMERIE NATIONALE 1884 — 3 vol. in-8° rel.   **1514**

Notices sur la Transportation à la Guyane Française et à la Nouvelle Calédonie, pour les Années 1880-81-82 83-84.

> Paris. IMPRIMERIE NATIONALE 1884 — 3 vol. in-8° rel.   **1515**

MANUSCRIT DE BISSON

Cahier contenant la Trigonométrie sphérique, la 2ᵉ et 3ᵉ Sections de Navigation.   **2340**

BISSON (Hippolyte), Enseigne de Vaisseau, né à Guémené en 1796, est célèbre par sa mort héroïque. Le 6 Novembre 1827, dans l'Archipel grec, ne pouvant plus défendre son brick le *Panayoti* contre les Pirates grecs, il le fit sauter en mettant lui-même le feu aux poudres. Personne n'en réchappa, excepté le Pilote **TRÉMENTIN** qui revint à Lorient.

La Ville de Lorient a consacré ce souvenir par l'érection d'un monument sur la place qui porte le nom de l'illustre Enseigne.

Le Centenaire de la naissance de Bisson a été célébré le 9 février 1896, par la Municipalité de Lorient en présence des Autorités maritimes, militaires et civiles

Statue élevée à la mémoire de BISSON.

A P P E N D I C E

AUX

SCIENCES MILITAIRES

ET DE LA MARINE

HISTOIRE MILITAIRE

Proprement dite

1° GUERRES — CAMPAGNES — EXPÉDITIONS

Études philosophiques, historiques, critiques et anecdotiques

Histoire de la Guerre de Navarre en 1276 et 1277, par Guillaume ONELIER, de Toulouse, publiée par F. MICHEL.

Paris. IMPRIMERIE IMPÉRIALE 1856. — 1 vol. in-4° cart.   **117**

Histoire Militaire des Flandres, depuis l'année 1690, jusqu'à 1694 inclusivement, dédiée et présentée au Roi par le chevalier de BAURAIN.
Paris. ROCHE 1776. — 4 vol. in-4° rel. v. m.   **1906**

Guerre d'Amérique (1780-1783), par Ch. BLANCHARD.
Paris. DUMAINE 1884. — 1 vol in-8° rel.   **1392**

Campagne des Français en Italie, ou Histoire militaire, politique et philosophique de la Révolution par DESJARDINS.
Paris. PONTHIEU An VI. — 3 vol. in-8° rel.   **1367**

Histoire des Guerres de la Vendée, depuis 1792 jusqu'en 1796, par MORTONVAL. Ouvrage orné de portraits, plans et cartes.
Paris. A. DUPORT et Cⁱᵉ 1828. — 1 vol. in-8° rel.
1370

Guerres Maritimes sous la République et l'Empire, par l'amiral JURIEN DE LA GRAVIÈRE.
Paris. PLON-NOURRIT 1888. — 1 vol. in-18 rel.
(*Manque le T. 1*).   **1575**

Relation de la Bataille d'Austerlitz, gagnée le 2 décembre 1805 par Napoléon contre les Russes et les Autrichiens, sous les ordres de leurs Souverains.
Paris. DUMAINE 1844. — 1 Br. in-8°.   **1394**

Précis du Siège de Dantzig, fait par l'Armée Française, en mai 1807, par le général HIRGENER.
Paris. MIGNERET 1807. — 1 Br. in-8° et 1 carte.
2144

Campagne de Prusse (1806) d'après les archives de la guerre. Iéna, par FOUCART.
Paris. BERGER-LEVRAULT 1887. — 1 vol. in-8° rel.
1611

L'Expédition de Charles VIII en Italie, histoire diplomatique et militaire, par H. F. DELABORDE ; ouvrage illustré de 3 photogravures, de 2 chromolithographies, de 5 planches tirées à part et de 138 gravures dans le texte.

    Paris. FIRMIN-DIDOT 1888. — 1 vol. in-4° br.   **2638**

Les Guerres de la Révolution, par Arthur CHUQUET. La première invasion prussienne.   **2912**

Valmy.   **2910**

La Retraite de Brunswich.   **2911**

Jemapes. Conquête de la Belgique.   **3103**

La Trahison de Dumouriez.   **3104**

L'Expédition de Custine   **3322**

Mayence 1792-1793.   **3323**

Valenciennes, 1793.   **3872**

Hoche et la Lutte pour l'Alsace (1793-1794).   **3616**

Hondschoote.   **3955**

Wissembourg.   **3962**

    Paris, L. LE CERF et L. CHAILLEY. — 11 vol.

La Campagne d'Italie de 1859. Chronique de la guerre. Plan de la bataille de Magenta, par le baron DE BAZANCOURT.

    Paris. AMYOT 1860. — 2 vol. in-8° rel.   **1368**

Journal de la Campagne de Chine, 1859-60-61, par Ch. MUTRÉCY.

    Paris. BOURDILLAT 1861. — 2 vol. in-8° rel.   **1369**

Même Ouvrage.   **916**

Histoire de la Guerre de Crimée, par Camille ROUSSET.

    Paris. HACHETTE 1894. — 2 vol. in-16 br.   **3860**

Histoire de l'Expédition de Cochinchine en 1861, par PALLU DE LA BARRIÈRE.
> Paris. BERGER-LEVRAULT 1888. — 1 vol. gr. in-8°
> rel.   2606

Au Mexique 1862. Combats et retraite des six mille, par le Prince G. BIBESCO.
> Paris. PLON-NOURRIT 1887. — 1 vol. in-4° rel.
>   2823

Guerre du Mexique 1861-1867, par LE SAINT.
> Paris. MELLU. — 1 vol. in-8° rel.   3515

Campagne de la Prusse contre l'Autriche et ses Alliés en 1866, par le colonel BORBSTÆDT. Ouvrage traduit de l'Allemand avec des documents inédits et 2 cartes autographiques, par FURCY-RAYNAUD, lieutenant de l'École de Saint-Cyr.
> Paris. DUMAINE 1866. — 1 vol. in-8° rel.   1371

Deux Campagnes au Soudan Français 1886-1888, par le lieutenant-colonel GALLIENI.
> Paris. HACHETTE 1891. — 1 vol. gr. in-8° br. 3647

Guerre de 1870-1871

Français et Allemands. Histoire anecdotique de la guerre de 1870-1871, par DICK DE LONLAY.
> Paris. GARNIER Frères 1887. — 6 vol. in-8° rel.
>   1605

Histoire diplomatique de la Guerre Franco-Allemande, par Albert SOREL.
> Paris. PLON et Cie 1875. — 2 vol. in-8° rel.   233

Le Bataillon de Lorient pendant le Siège de Paris, par M. DU BOUETIEZ DE KERORGUEN.

Lorient. GROUHEL 1871. — 1 Br. in-8° 40 pages.
3240

Récits Militaires, L'Invasion 1870, par le général AMBERT.

Paris. BLOUD et BARRAL. — 1 vol. in-8° rel. fig.
1365

Campagne de 1870-1871. La guerre dans l'Ouest, par ROLIN, ancien officier. Un Extrait de la carte du dépôt de la guerre.

Paris. PLON et Cⁱᵉ 1874. — 1 vol. in-8° rel.   **1366**

Campagne de la Loire en 1870-1871. Coulmiers et Orléans, par LEHAUTCOURT.

Paris. BERGER-LEVRAULT 1893. – 1 vol. in-8° rel.
3596

Armée de Bretagne 1870-1871. Déposition devant la Commission d'Enquête et l'Assemblée nationale, par le comte DE KÉRATRY. — Cartes à l'appui. — Rapport de la Commission d'Enquête.

Paris. LACROIX et Cⁱᵉ 1873. — 1 vol. in-8° rel. **1384**

Guerre de 1870. Bazeilles, Sedan, par le général LEBRUN.

Paris. PLON-NOURRIT 1890. — 1 vol. in-18 rel.
3208

Exécution de la Loi du 4 Avril 1873, relative aux tombes des militaires morts pendant la guerre de 1870-1871. — Rapport relatif aux tombes des militaires morts en 1870-1871. — Planches I à XLVI. — Ossuaires et monuments élevés aux frais de l'Etat français.

Paris. — IMPRIMERIE NATIONALE 1878. — 1 vol. in-4° rel.
1352

Campagne de 1870-1871. La 1ʳᵉ armée de la Loire, par le général D'AURELLE DE PALADINES.
Paris. PLON-NOURRIT 1888. — 1 vol. in-18 br.

3325

Campagne de 1870-1871. La 2ᵉ armée de la Loire, par le général CHANZY.
Paris. PLON-NOURRIT 1888. — 1 vol. in-18 br.

3326

Le Canada et les Canadiens français pendant la guerre franco-prussienne 1870-1871, par FAUCHER DE SAINT-MAURICE.
Québec. A. COTÉ et Cⁱᵉ 1888. — 1 Br. in-8ᵒ 2506

L'Armée de l'Est, Relation anecdotique de la campagne 1870-1871, par GRENEST.
Paris. GARNIER, s. d. — 2 vol. in-8ᵒ rel. 3744

Paris, Tours, Bordeaux, Souvenirs de la guerre 1870-1871, par le général THOUMAS.
Paris. LIBRAIRIE ILLUSTRÉE 1893. — 1 vol. in-8ᵒ rel. 3745

La Guerre 1870-1871, par CHUQUET.
Paris L. CHAILLEY 1895. — 1 vol. in-8ᵒ br. 3851

La France et l'Europe pendant le Siège de Paris, par P. MARQUEST. (18 septembre 1870 — 28 janvier 1871).
Paris. GHIO 1877. — 1 vol. in-8ᵒ br. 3393

2ᵒ MÉMOIRES & SOUVENIRS

Souvenirs d'un Amiral, par JURIEN DE LA GRAVIÈRE.
Paris. HACHETTE 1872. — 2 vol. in-16 rel 1572

Mémoires du Chevalier de la Farelle, sur la prise de Mahé 1725 ; mis en ordre et publiés par E. LENNEL DE LA FARELLE.

Paris. CHALLAMEL 1887. — 1 vol. in-8° rel. **610**

Mémoires Militaires, par le lieutenant général comte ROGUET. — République 1789 à 1804. — République, intervalle entre la 1ʳᵉ et la 2ᵉ coalition 1798. — Italie. Empire 1804-1814. — Campagne de 1809. Espagne, Allemagne.

Paris. DUMAINE 1865. — 4 vol. in-8° rel. **1373**

Notices Militaires. Extraits d'un journal d'un chef de compagnie, par R. VON ARNIM.

Paris. BERGER-LEVRAULT 1878. — 2 vol. in-18.

1412

Souvenir d'une Mission à l'Armée Chilienne, Batailles de Chorillos et de Miraflores, avec un résumé de la guerre du Pacifique et des notes, cartes et croquis, par LE LÉON, officier de marine.

Paris. BAUDOIN 1883. — 1 vol. in-18 br. **1505**

Souvenirs d'un Marin d'aujourd'hui, la Marine d'autrefois, par le vice-amiral JURIEN DE LA GRAVIÈRE.

Paris. HACHETTE 1865. — 1 vol. in-16 rel. **1573**

Mémoires du Général Dumouriez, écrits par lui-même ; nouvelle édition, conforme à celle de Londres, augmentée de la vie de ce général.

Paris. LIBRAIRIE HISTORIQUE 1821. — 2 vol. in-12 rel. **2160**

Mémoires du général Baron de Marbot, ouvrage orné de portraits en héliogravure et de fac-simile d'autographes.

Paris. PLON-NOURRIT 1891. — 3 vol. in-8° rel.

3201

Mémoires du Marquis de Bouillé, lieutenant général des Armées du Roi, Général en chef des Armées de Meuse, Sarre et Moselle, avec une notice sur sa vie.
    Paris. Librairie historique 1822. — 2 vol. in-12 rel.   2161

Souvenirs intimes, revus et annotés par l'Empereur Guillaume, sur le manuscrit original, par L. Schneider, traduit de l'Allemand par Ch. Rabany. Guerres de 1866, de 1870-71.
    Paris. Berger-Levrault 1888. — 3 vol. gr. in-8° rel.   2605

Mémoires militaires relatifs à la succession d'Espagne Louis XIV, Extraits de la Correspondance de la Cour des Généraux, par le Lieutenant-Général Pelet.
    Paris. — Imprimerie Royale 1835. — 11 vol. in-4° cart. et atlas.   3005

Souvenirs du Maréchal de Mac-Donald, duc de Tarente ; avec une introduction par M. Camille Rousset.
    Paris. Plon-Nourrit 1892. — 1 vol. in-8° rel.
                                                                              3235

Mémoires inédits du Général Comte de Rochechouart, souvenirs sur la Révolution, l'Empire et la Restauration.
    Paris. Plon-Nourrit 1892. — 1 vol. in-8° rel. 2 portraits   3738

Mémoires du Général Baron Thiébault, publiés sous les auspices de sa fille, d'après le manuscrit original, par Fernand Calmettes.
    Paris. Plon-Nourrit 1894. — 2 vol. in-8° br. 3740

Mes Souvenirs, par le général du Barail.
    Paris. Plon-Nourrit 1894. — 2 vol. in-8° br. 3741

Mémoires du général comte de Ségur. Un aide de camp
de Napoléon.
> Paris. F. DIDOT 1894. — 2 vol. in-16 br.   **3871**

Journal du Maréchal de Castellane.
> Paris. PLON-NOURRIT 1895-96. — 3 vol. in-8° br.
> > **3938**

3° BIOGRAPHIES

Vie de l'Amiral Duperré, ancien Ministre de la Marine
et des Colonies, par CHASSERIAU.
> Paris. IMPRIMERIE NATIONALE 1848. — 1 vol. gr.
> in-8° rel.   **644**

Lazare Hoche, général en chef des armées de la Moselle,
d'Italie, des Côtes de Cherbourg, de Brest, etc. par
M. Emile DE BONNECHOSE.
> Paris. HACHETTE 1874. — 1 vol. in-18° rel.   **648**

Vie du Maréchal Duc de Villars, écrite par lui-même et
donnée au public par M. Anquetil, avec le portrait
du Maréchal et des plans de bataille.
> Paris. MOUTARD 1785. — 4 vol in-12 rel. v. m.
> > **652**

Dupleix, par Henry BIONNE. Ouvrage illustré de Fac-
Simile, d'un portrait, de plans et d'autographes.
> Paris. DREYFOUS 1881. — 2 vol. in-8° rel.   **653**

Histoire du Vicomte de Turenne, Maréchal Général des
armées du Roi.
> Amsterdam et Leipzig Arkstée. — 1771. — 1 vol.
> in-12 rel. (*Ouvrage incomplet il manque 3 vol.*)   **1438**

Histoire de Bertrand du Guesclin, comte de Longueville,
Connétable de France, par GUYARD DE BERVILLE.
Paris. DE HANSY 1772. — 1 vol. in-12 rel.
(*Le 1er vol. manque*).   1441

Villars, d'après sa correspondance et des documents
inédits, par le marquis DE VOGUÉ.
Paris. PLON 1888. — 2 vol. in-8° rel. portr. cartes,
plans.   2491

L'Amiral Courbet, d'après les papiers de la Marine et de
la Famille, par GANNERON.
Paris. L. CERF 1887. — 1 vol. in-18 rel.   2917

Le Général Marceau, sa vie civile et sa vie militaire, par
Noël PARFAIT. — Portraits et Fac-Simile.
Paris. CALMANN-LÉVY 1892. — 1 vol. in-8° br.
                                                          3303

Notice sur le Maréchal de Camp Baron Brèche, 1780-1861 :
par le chef d'escadron DELAUNEY.
Paris. IMPRIMERIE NATIONALE 1892. — 1 Br.
                                                          3340

Le Maréchal Ney. — 1815. — par WELSCHINGER.
Paris. PLON-NOURRIT 1893. — 1 vol. in-8° br.
portr.   3593

4° MÉLANGES & DIVERS
d'Histoire Militaire

Français et Russes. Moscou et Sébastopol 1812-1854,
par A. RAMBAUD.
Paris. BERGER-LEVRAULT 1877. — 1 vol. in-8° rel.
                                                          264

Histoire de l'ordre royal et militaire de Saint-Louis, depuis son institution en 1693, jusqu'en 1830, terminée par Théodore Anne, ancien garde du corps du Roi, compagnie de Noailles, par Alex. MAZAS.

Paris. Firmin DIDOT 1860. — 3 vol. in-8° rel. 181

Histoire de Polybe, nouvellement traduite du Grec, par Dom Vincent THUILLIER, Bénédictin de la Congrégation de St-Mars, avec un commentaire ou un corps de science militaire, enrichie de notes critiques et historiques où toutes les grandes parties de la guerre soit pour l'offensive, soit pour la défensive, sont expliquées, démontrées et représentées en figures.

Amsterdam. ARKSTÉE et MERCUS 1774. — 7 vol. in-4° rel. dont un supplément. 222

Toussaint-Louverture, Général en chef de l'armée de St-Domingue, surnommé le premier des Noirs, par GRAGNON - LACOSTE. Ouvrage orné du portrait authentique du célèbre général et du fac-simile de sa signature.

Paris. DURAND 1877. — 1 vol. in-8° rel. 765

Les **Fastes de la Gloire** ou les Braves recommandés à la postérité. Monument élevé aux défenseurs de la Patrie ; par une société d'hommes de lettres, sous la direction de M. TISSOT.

Paris. LADVOCAT 1818-1822. — 5 vol. in-8° rel.

979

L'Armée Française depuis le Moyen-Age jusqu'à la Révolution, d'après les ouvrages de M. Paul LACROIX. Ouvrage orné de 165 gravures et d'une chromolithographie.

Paris. F. DIDOT 1887. — 1 vol. in-4° rel. 1225

Etat général des forces militaires et maritimes de la Chine,
par Jules PICARD. Ouvrage composé d'après les
textes officiels chinois recueillis par T. F. WADE.
Paris. CORRÉARD 1860. — 1 vol. in-18 rel.   1038

L'Armée sous la Révolution, par D'HAUTERIVE.
Paris. OLLENDORFF 1894. — 1 vol. in-8° br.   3939

Vie militaire et religieuse au Moyen-Age et à l'époque de
la Renaissance, par Paul LACROIX (bibliophile
Jacob) ouvrage illustré de 14 chromolithographies
exécutées par Kellerhoven, Regamey et Allard, et
de 410 figures sur bois gravées par Huyot, père et
fils. 4° Edition.
Paris. FIRMIN-DIDOT 1877. — 1 vol. in-4° rel.
                                                 1238

Rapports sur les opérations et faits militaires auxquels
la Garde Nationale a pris part dans les journées
des 5 et 6 juin 1832, par le Maréchal Comte LOBAU.
Paris. CRAPELET juin 1852. — 1 Br. in-8°   1354

Institutions Militaires de la France, avant les armées
permanentes, suivies d'un aperçu des principaux
changements survenus jusqu'à nos jours dans la
formation de l'armée, par BOUTARIC.
Paris. PLON 1863. — 1 vol. in-8° rel.   1364

Les Drapeaux Français, Etude historique, par le Comte
L. DE BOUILLÉ. 2° édition, accompagnée de 123
dessins.
Paris. DUMAINE 1875. — 1 vol. in-8° rel.   1375

Instruction militaire du Roi de Prusse pour ses Généraux
Traduit de l'Allemand, par M. FAESCH, lieutenant-
colonel dans les troupes Saxonnes ; Avec XIII planches, gravées en taille douce.
1761. — 1 vol. in-12 rel. v. m.   1382

Les **Bulletins de la Grande-Armée**, précédés et accom-
pagnés des rapports sur les armées Françaises de
1792 à 1815, par A. PASCAL.
> Paris. DUMAINE 1844. — 1 vol. in-8° rel.   **1395**
> *(Ouvrage incomplet, n'existe que le 5ᵉ vol.)*

Dictionnaire Militaire, Topographique, Géographique,
Stratégique, Historique et Biographique de la Guerre
d'Indépendance en Italie, par MONGRUEL.
> Paris. Chez l'Editeur. — 1 vol. in-12 br.   **1415**

Les **Gloires maritimes de la France**. L'Amiral Roussin,
par Jurien DE LA GRAVIÈRE.
> Paris. PLON-NOURRIT 1888. — 1 vol. in-18 rel.
>   **1424**

Nos Marins. Vice-Amiraux, Contre-Amiraux, etc. par
E. TRÉFEU, avec une préface de M. F. de Lesseps.
> Paris. BERGER-LEVRAULT 1888. — 1 vol. in-8° br.
>   **1607**

Les **Cahiers du Capitaine Coignet** (1776-1850) publiés
d'après le manuscrit original, par LORÉDAN LAR-
CHEY. Illustrés par J. LE BLANT.
> Paris. HACHETTE 1888. — 1 vol. in-4° rel.   **1959**

Histoire d'Annibal, par le Commandant HENNEBERT.
Atlas de cartes, grav., etc.
> Paris. IMPRIMERIE NATIONALE 1878. — 2 vol.
> in-8° br. *(Cet ouvrage est incomplet, manque le 1ᵉʳ vol.)*
>   **2121**

Rome et Berlin. Opérations sur les Côtes de la Médi-
terranée et de la Baltique au printemps de 1888 ;
par Ch. ROPES. — Cartes. Plans. Croquis.
> Paris. BERGER-LEVRAULT 1888. — 1 vol. in-8° rel.
>   **2468**

La puissance maritime de l'Angleterre, par P. C.
Paris. BERGER-LEVRAULT 1887. — 1 vol. in-8° rel.
2465

La vie militaire sous l'ancien régime. Les officiers, par
A. BABEAU.
Paris. F. DIDOT 1890. — 1 vol. in-8° br.   2890

La vie militaire sous l'ancien régime, par BABEAU. Les
soldats. Les officiers.
Paris. F. DIDOT 1890. — 2 vol. in-18 rel. 2890-3767

M. de Moltke, ses mémoires et la guerre future, par
LOCKROY.
Paris. DENTU 1892. — 1 vol. in-18 rel.   3207

Les Soldats de la Révolution, par MICHELET.
Paris. CALMANN-LÉVY 1889. — 1 vol. in-18 rel.
3257

Les complots militaires sous le Consulat et l'Empire, par
GUILLON.
Paris. PLON-NOURRIT 1894. — 1 vol. in-16 rel.
3760

Pirates et Rebelles au Tonkin. Nos soldats au Yen-The,
par le Colonel FREY.
Paris. HACHETTE 1892. — 1 vol. in-18 rel,   3316

Au Soudan Français. Souvenirs de guerre et de mission,
par PÉROZ. (Le capitaine Etienne) 1 carte.
Paris. C. LÉVY 1889. — 1 vol. in-8° br.   3401

NEUVIÈME CLASSE

—

SCIENCES INDUSTRIELLES

—✹—

1° GÉNIE CIVIL

Ponts & Chaussées

—┼—

**Programme ou Résumé des leçons d'un Cours de
Constructions**, avec ses explications tirées spécia-
lement de l'art de l'Ingénieur des Ponts et Chaussés,
par SGANZIN.

Paris. CARILLAN-GŒURY 1839-1840. — 3 vol. in-4°
rel. 1 album volumineux entièrement refondu
par REIBELL n° 2439,   **1112**

Annales du Génie Civil. Recueil de Mémoires sur les Ponts-et-Chaussées. Les Routes et Chemins de Fer. Les Constructions et la Navigation maritime et fluviale. L'Architecture, etc., etc., par E. LACROIX. 2ᵉ série. Tome 2ᵉ.

> Paris. E. LACROIX 1873. — 1 vol. gr. in-8° rel. Nombreuses pl.   1113

Recueil de Dessins relatifs à l'art de l'Ingénieur, Extraits de la 1ʳᵉ collection terminée en 1820 et lithographiée à l'école des Ponts-et-Chaussées en 1826. — 1ᵉʳ vol. 245 Dessins ou Feuilles de texte. — 2ᵉ vol. 239 Dessins ou Feuilles de texte.

> Paris 1826-1827. — 2 vol. in-f° rel.   1909

Ecole Impériale des Ponts-et-Chaussées, Collections de Dessins distribués aux élèves. Légendes explicatives des planches.

> Paris 1857-1858. — 2 vol. in-8° rel. 1 album volumineux de la Collection de Dessins. Onze séries de planches sous le n° 2438.   2365

Ecole Royale des Ponts-et-Chaussées. Notes sur la Mécanique appliquée aux principes de la stabilité des Constructions 1842-1843, par BELANGER.

> 1 vol. in-4° rel. pl.   2426

Pont d'Ivry en bois, sur piles en pierre, traversant la Seine près du confluent de la Marne. Détails pratiques sur ce projet, par EMMERY.

> Paris. CARITEAU-GŒURY 1832. — 1 vol. de texte et 1 vol. de planches. in-4° cart.   2427

Chemins de Fer

Chemins de Fer de la Bretagne.
> Rennes. MARTEVILLE. — 1 Br.   2272

Des Transports à Prix réduits sur les Chemins de Fer, par
Ed. BOINVILLIERS.
    Paris. HACHETTE 1859. — 1 Br. in-8°.   2272

La Question des Tarifs de Chemins de Fer, par Oct. NOEL.
    Paris. GUILLAUMIN 1884. — 1 Br. in-8°.   2273

Chemins de Fer de grande Jonction. Question des
Chemins de Fer départementaux.
    Paris. CHAIX 1856. — 2 Br. in-8°.   2274

Accidents de Chemins de Fer, par G. BISSON, publiés et
annotés par le baron DE JANZÉ, député.
    Paris. HENRY 1865. — 1 vol. in-8° br.   2275

Chemins de Fer d'Intérêt local et Voies de Terre. Rapport
sur le réseau des Chemins de Fer de Bretagne,
solutions de questions.— Construction économique,
etc.
    Paris 1866. — 6 Br. in-8°.   2276

Le Tracé central du Chemin de Fer Trans-Saharien, par le
général COLONIEU.
    Paris. CHALLAMEL 1880. — 1 Br. in-8°.   2277

2° ARTS ET MÉTIERS

—•—

Ouvrages spéciaux

Détails des ouvrages de menuiserie pour les bâtiments.
    Paris. J. Chardon 1748. — 1 vol. in-8° rel. v. m.
    tr. r.   **1115**

Traité sur l'art de la charpente théorique et pratique,
    publié par J. Ch. Krafft, architecte, en trois
    langues Français, Anglais et Allemand.
    Paris. 1820. — 1 vol. in-f° texte et dessin.   **1910**

Nouveau manuel complet du Briquetier, Tuilier, par
Malepeyre.
    Paris. 1861. — 2 vol. in-12 br.   **2330**

Nouveau traité de charpente, ou Vignole à l'usage des
    ouvriers charpentiers et de tous les constructeurs,
    par Demont.
    Paris. Bernard. — 1 vol. in-4° br.   **3555**

Photographie

La Clef de la Photographie, ouvrage entièrement pratique, par A. N. B.
    Paris. LEIBER 1864. — 1 Br. in-8°   **856**

Méthodes photographiques perfectionnées. Papier sec. Albumine. Collodion sec ; par Ch. CHEVALIER.
    Paris. CHEVALIER 1859. — 1 vol. in-8° br.   **2164**

La Théorie, la pratique et l'Art en Photographie, Avec le procédé au Gélatine Bromure d'Argent, par DILLAYE
    Paris. LIBRAIRIE ILLUSTRÉE. — 1 vol. gr. in-8° rel.
    3048

Congrès international de Photographie. 1re et 2e session Paris 1889. Bruxelles 1891. par le Général SEBERT.
    Paris. GAUTHIER-VILLARS 1892. — 1 Br. in-8°
    3296

La Photographie au charbon et ses applications à la décoration, par FISCH.
    Paris. MENDEL. S. D. — 1 vol. in-16 br.   **3923**

Pisciculture et Pêche

La Pisciculture et la Pêche en Chine, par DABRY DE THIERSANT. Ouvrage accompagné de 51 planches, représentant les principaux instruments de pisciculture et engins de pêche, employés par les Chinois.
    Paris. G. MASSON 1875. — 1 vol. in-4° rel.   **875**

Traité de Pisciculture pratique et d'Aquiculture en France
et dans les pays voisins, par BOUCHON BRANDELY.
Avec une préface de M. Michel Chevalier.
    Paris. Aug. GOIN 1876. — 1 vol. in-8° rel. fig.
                                         1059

La Pêche en mer. Poissons, Mollusques, Crustacés et
Zoophytes marins, par LARBALÉTRIER.
    Paris. GARNIER Frères. — 1 vol. in-18 rel. gr.
                                         1576

La Pêche et les poissons Nouveau Dictionnaire Général
des Pêches, par DE LA BLANCHÈRE. Ouvrage illustré
de 1100 dessins coloriés par A. MESNEL.
    Paris. DELAGRAVE 1868. — 1 vol. gr. in-4° rel.
                                         2477

Recherches sur la pêche à la sardine en Bretagne et sur
les industries qui s'y rattachent, par CAILLO.
    Nantes. V. FOREST 1855. — 1 Br. in-8°   3226

3º COMMERCE

Ouvrages généraux et spéciaux

Histoire philosophique et politique des Etablissements et
du commerce des Européens dans les deux Indes,
par RAYNAL.
  Genève. PELLET 1781. — 10 vol. in-8º rel. v. m.
  B. d. s. l. p. — 1 atlas in-4º rel. v. m. (*En
  double*).   **243**

Commerce et Traité des Noirs, aux côtes occidentales
d'Afrique, par l'amiral BOUET-WILLAUMEZ.
  Paris. IMPRIMERIE NATIONALE 1848. — 1 vol. in-8º
  rel. carte.   **1487**

Conseil supérieur du Commerce, Enquêtes sur le régime
des Sucres. Ouvrage publié par le Ministère du
Commerce.
  Paris. IMPRIMERIE NATIONALE 1873.— 1 vol. in-4º
  rel.   **2236**

20

Exercice des Commerçants, contenant des assertions consulaires sur l'Edit du mois de novembre 1563, le Titre XVI de l'ordonnance du mois d'avril 1667, ensemble sur l'Edit du mois de janvier 1718, par P. J. NICODÈME, ancien consul des marchands.
Paris. VALADE 1776. — 1 vol. in-4° rel. v. m. 2260

Le Guide du Commerce de l'Amérique, principalement par le port de Marseille. Ouvrage orné de cartes et figures en taille douce, par M. Ch. *** de Marseille.
Avignon et Marseille. MOSSY 1777. — 2 vol. in-4°
rel. v. m. 2261

Le Commerce de la Hollande, ou tableau du commerce des Hollandais dans les quatre parties du Monde, par PÉRIONNE.
Amsterdam. CHANGUYON 1768. — 3 vol. in-12 rel.
v. m. 2262

Tableau Général du Commerce de la France avec les Colonies et les Puissances étrangères pendant les années 1866 87-88-89-90.
Paris. IMPRIMERIE NATIONALE. — 5 vol. in-4° br.
2509

Tableau décennal du Commerce de la France avec ses Colonies et les Puissances étrangères de 1877 à 1886.
Paris. IMPRIMERIE NATIONALE. — 1 vol. in-4° br.
2510

L'Enseignement Commercial et les écoles de commerce en France et dans le Monde entier. par E. LÉAUTEY.
Paris. LIBRAIRIE COMPTABLE. — 1 vol. in-8° br.
2652

Bulletin mensuel du Comité consultatif français, du Commerce au Paraguay.
Assomption du Paraguay 1891. — 1 Br. in-8° 3194

Le Commerce Français en Orient. La Serbie économique et commerciale, par René MILLET.
    Paris. BERGER-LEVRAULT 1889. — 1 vol. in-8° rel.
                                         2770

Histoire du Commerce de la France, par PIGEONNEAU. — 1er vol. Depuis les Origines jusqu'à la fin du XVe siècle. — 2e vol. Le XVIe siècle. Henri IV. Richelieu.
    Paris. CERF 1887. — 2 vol. in-8° rel   **2889**

Le Commerce de la Boucherie, par E. PION.
    Paris. A. COLIN 1890. — 1 vol. in-18 rel.   **3775**

4° MÉLANGES ET DIVERS

Le Mexique à la portée des Industriels, des Capitalistes, des Négociants, des Travailleurs, par BIANCONI. Avec une carte du Mexique, commerciale, routière et agricole.

  Paris. CHAIX 1889. — 1 vol. in-16 br.   **1103**

Pratique de la Mécanique appliquée à la résistance des Matériaux, par P. PLANAT.

  Paris. DUJARDIN 1888. — 1 vol. in-4° cart.   **1120**

Essai sur l'application des Eléments de la Pratique, de l'art de décrire le terrain à l'exécution des levers et du nivellement d'une étendue quelconque, par CLERC.

  Paris. GAULTIER-LAGUIONIE 1840. — 3 vol. in-8°
  rel. fig.   **1210**

Méthode de lever les Plans et les Cartes de Terre et de Mer, avec toutes sortes d'instruments et sans instruments, par OZANAM.

  Paris. JOMBERT 1755. — 1 vol. in-12 r. v. m. pl.
          1212

Lignes de base du réseau Bourdaloue. Rectifications à
faire au recueil publié en 1864.
> Paris. IMPRIMERIE NATIONALE 1887. — 1 vol. in-8°
> br.   **1216**

**Méthode pour la levée et la construction des Cartes et
Plans hydrographiques**, publiées en 1808, par
BEAUTEMPS-BEAUPRÉ.
> Paris. IMPRIMERIE IMPÉRIALE 1811. — 1 vol in-8°
> rel.   **1511**

Les Arts au Moyen Age et à l'époque de la Renaissance,
par Paul LACROIX (Bibliophile Jacob). Ouvrage
illustré de 20 pl. chromolithographiques et de 400
grav. sur bois. Ameublement, Armurerie, Sellerie,
Horlogerie, Reliure, Imprimerie, Instruments de
musique, etc., etc.
> Paris. F. DIDOT 1877. — 1 vol. in-4° rel.   **1240**

La France économique. Statistique raisonnée et compa-
rative, Territoire, Population, Propriété, Agriculture,
Industrie, Commerce, etc., etc., par Alfred DE
FOVILLE.
> Paris. A. COLIN 1887. — 1 vol. in-18 rel. rel. t.
> ang.   **1577**

Compte-Rendu des Etudes sur la Meunerie et la Boulangerie,
faites dans un voyage en France, en Angleterre, en
Belgique, par MM. JANVIER et LEFÈVRE.
> Paris. P. DUPONT 1857. — 1 vol. in-8° rel. br.
> pl.   **2332**

**Tarif des Droits d'entrée et de sortie des cinq grosses
Fermes**, ordonnés et perçus par l'édit de 1664, sur
toutes les marchandises ; par BESONGNE.
> Paris. LALLEMANT 1758. — 2 vol. in-8° rel. v. m.
>   **2249**

Port de Marseille. Affaire des Actionnaires. Affaire de la Société. Enquête sur le régime de Courtage.
Paris. 1864-1865. — 4 Br. in-4º   2233

La Science des Négociants et teneurs de Livres, ou Instruction générale pour tout ce qui se pratique dans les Comptoirs des Négociants, par DE LA PORTE.
Rouen. RACINE 1785. — 1 vol. in-8º oblong. rel.
2263

La liberté des Haras et la crise chevaline en 1864, par le Comte FOUCHER DE CAREIL.
Paris. DENTU 1864. — 1 vol. in-8º br.   2283

La vie à la Campagne. Journal des Haras, Chasse, Pêche, Agriculture.
Paris. Ch. FURNE 1863. — 8 Br. in-4º   2283

Haras, Chasse, Courses, Cavalerie, Agriculture.
Paris. 1862. — 10 Br. in-8"   2283

Examen général des Récoltes et des consommations de blé en France, par le Chevalier LENOBLE.
Paris. 1822. — 1 vol. in-8º br.   2300

Manuel d'équitation ou essai d'une progression pour servir au dressage prompt et complet du cheval de selle, par GERHARDT.
Paris. LIBRAIRIE MILITAIRE 1859. — 1 gr. in-8º br.
2321

Le véritable Conseiller en Affaires, par X***
Paris. Eug. PICK 1864. — 1 vol. in-8º br.   2325

Guide pratique de l'enseignement topographique, par M. DE LANGALERIE.
Paris. JOUVET et Cⁱᵉ. — 1 vol. in-8º rel.   2855

**Premiers Monuments de l'Imprimerie en France au XV°
Siècle** ; par Thierry-Poux, Conservateur au dépar-
tement des Imprimés à la Bibliothèque Nationale.
Recueil publié à l'occasion de l'Exposition univer-
selle de 1889. Héliogravure des planches par M.
Dujardin.
   Paris. Hachette et Cᵉ 1890. — 1 album in-f°
                                                    2976

Réglements sur les Arts et Métiers de Paris, rédigés au
XIIIᵉ Siècle, et connus sous le nom de Livre des
métiers d'Etienne Boileau ; publiés par Depping.
   Paris. Crapelet 1837. — 1 vol. in-4° cart.   **2980**

Essais sur l'amélioration des travaux publics, par Dubuisson d'Auxerre, central de 1861.
   Nevers. Régat 1891. — 2 vol. in-12 br.   **3535**

**Etude historique et statistique sur les moyens de trans-
port dans Paris,** avec plans, diagrammes et carto-
grammes ; par A. Martin.
   Paris. Imprimerie Nationale 1894. — 1 vol.
   in-8° br.   **3812**

Légendes et curiosités des Métiers, par Sébillot Pierre.
Ouvrage orné de 220 gravures.
   Paris. Flammarion. s. d. — 1 vol. in-4° br. **3934**

Rapports

Rapport du Général Porfirio Diaz, Président des Etats-
Unis Mexicains. Agriculture, Commerce, Finances,
etc.
   Mexico. Au Ministère 1889. — 1 Br.   **4404**

Industrie Linière. Rapport à M. Dumas, Ministre de l'Agriculture, par MAREAU.
> Paris. IMPRIMERIE NATIONALE 1851. — 2 vol. in-8° br.   2289

Rapport de M. le baron de Watteville sur le service de la Photographie.
> Paris. IMPRIMERIE NATIONALE 1877. — 1 Br. in-4°   3225

Rapport sur les musées et les écoles d'art industriel en Angleterre, mission de 1889. Juin-Juillet; par Marius VACHON.
> Paris. IMPRIMERIE NATIONALE 1898 — 1 vol. in-4° br.   3901

Rapport sur les musées et les écoles d'art industriel, et sur la situation des industries artistiques en Suisse et Prusse-Rhénane, par M. VACHON.
> Paris. QUANTIN 1886. — 1 vol. in-4° br.   3902

Rapport sur les musées et les écoles d'art industriel et sur la situation des industries artistiques en Danemark, Suède et Norwège; par M. VACHON.
> Paris. QUANTIN 1889. — 1 vol in-4° br.   3903

Rapport relatif à l'enseignement en Autriche des arts appliqués à l'industrie. par SAGLIO.
> Paris. IMPRIMERIE NATIONALE 1890. · 1 fasc. in-4°   3905

BEAUX-ARTS

POUR LES

Ouvrages de Référence Générale

VOIR LES

PRÉLIMINAIRES du CATALOGUE

(Page 1 à 57)

BEAUX ARTS

1° OUVRAGES GÉNÉRAUX

ESTHÉTIQUES & HISTORIQUES

Galeries Historiques du Palais de Versailles — Tableaux historiques — Tables de Bronze de la galerie des batailles — Peinture — Sculpture — Portraits, etc.
Paris. IMPRIMERIE ROYALE 1839 — 8 vol. in-8° rel.
179

Les Monuments de l'Histoire de France, Catalogue des productions de la Sculpture, de la Peinture et de la Gravure relatives à l'Histoire de la France et des Français, par HENNIN.
Paris. DELION 1856 — 10 vol. in-8° rel.
180

Histoire de l'Art en France. Recueil raisonné et annoté de tout ce qui a été écrit et imprimé sur la Peinture la Sculpture, l'Architecture et la Gravure Françaises, depuis leur origine, jusqu'à nos jours, par POUSSIN, FÉLIBIEN, MIGNARD, etc., etc.
Paris. F^d. SARTORIUS — 1 vol. in-8° rel.   **241**

Voyage à travers l'Exposition des Beaux-Arts, par E. ABOUT.
Paris. HACHETTE 1855 — 1 vol. in-16 rel.   **395**

Nos Artistes au Salon de 1857 par Ed. ABOUT.
Paris. HACHETTE 1858 — 1 vol. in-16 rel.   **396**

Recueil de Lettres sur la Peinture, la Sculpture et l'Architecture, par L.-J. JAY.
Paris. FAIN 1817 — 1 fort vol. in-8° rel.   **593**

Les Maitres d'Autrefois, Belgique, Hollande, par FROMENTIN.
Paris. PLON ET Cie 1877 — 1 vol. in-16 rel.   **707**

Artistes anciens et modernes, par Ch. CLÉMENT.
Paris. DIDIER ET C^o 1876 — 1 vol. in-16 rel.   **708**

L'Académie de France à Rome, Correspondance inédite de ses Directeurs, précédée d'une étude historique, par LECOY DE LA MARCHE.
Paris. DIDIER 1874 — 1 vol. in-8° rel.   **740**

Histoire de l'Art dans l'Antiquité, — L'Égypte — Chaldée et Assyrie — Phénicie — Cypre — Judée — Perse, par Georges PERROT et Charles CHIPIEZ.
Ouvrage contenant 2643 gravures dessinées d'après les Originaux et d'après les documents les plus authentiques.
Paris. HACHETTE 1882 à 1890 — 6 vol. in-4° rel.
        1636

L'Art et la Critique en France depuis 1822, par PETROZ.
Paris. GERMER 1875 -- 1 vol. in-16 rel.   753

L'Art et ses Procédés depuis l'Antiquité. La Sculpture
égyptienne, par Emile SOLDI. *Edition illustrée de gra-*
vures.
Paris. E. LEROUX 1876 — 1 vol. in-8° rel.   1638

Histoire de la Renaissance Artistique en Italie, par Charles
BLANC. Publiée et révisée par Maurice FAUCON.
Paris. F. DIDOT 1889 — 2 vol. in-8° br.   1675

Etudes d'Art antique et moderne, par Eug. GUILLAUME.
Paris. PERRIN ET Cⁱᵉ — 1 vol. in-12 br.   1671

Le Moniteur des Arts, Revue Internationale des Expositions, Tableaux, objets d'Art et de Curiosité.
Paris. 1867 — 1 vol. in-4° cart.   1891

Exposition des Beaux-Arts, Salon de 1865, par L. AUVRAY.
Paris. LÉVY — 1 vol. in-8° br.   2166

Les Beaux Arts illustrés, 1878.
Paris. — 1 vol. in 4° rel.   2363

Etudes sur les Beaux-Arts en Général, par GUIZOT.
Paris. DIDIER 1868 — 1 vol. in-8° rel.   2586

Le Monde pittoresque et monumental. L'Italie du Nord,
par G. DE LÉRIS. Ouvrage illustré de nombreux
dessins d'après nature.
Paris. Maison QUANTIN 1889. -- 1 vol. in-4° rel.
2633

Histoire de l'Art pendant la Renaissance. Italie. Les
Primitifs, par Eug. MUNTZ. Ouvrage contenant 514
illustrations dans le texte, 4 planches en chromo-
litographie, une carte en couleur et 21 planches en
noir, en bistre et en bleu, tirées à part.
Paris. HACHETTE 1889. — 1 vol. in-4° rel.   2635

Etudes d'Archéologie et d'Art, par Olivier RAYET, réunies et publiées avec une notice biographique sur l'auteur par Salomon REINACH, et illustrées de 5 photogravures et de 112 gravures.
>Paris. Firmin DIDOT 1888. — 1 vol. gr. in-8° rel.
>
>2650

Poètes et Artistes de l'Italie, par Emile MONTÉGUT.
>Paris. HACHETTE 1881. — 1 vol. in-16 rel.   2694

Traité de l'Administration des Beaux-Arts, Historique, Législation, Jurisprudence, Ecoles, Musées, Expositions, Monuments, par MM. P. DUPRÉ et G. OLLENDORFF.
>Paris. P. DUPONT 1885. — 2 vol. in-8° rel.   2769

Histoire abrégée des Beaux-Arts, chez tous les peuples et à toutes les époques, par F. CLÉMENT.
>Paris. F. DIDOT 1887. — 1 vol. in-4° br.   2811

Bibliographie méthodique et raisonnée des Beaux-Arts, par E. VINET.
>Paris. F. DIDOT 1874. — 1 Br. in-8°.   2949

Le Cicerone. Guide de l'Art moderne en Italie ; par BURCKHARDT. 1re partie. Art ancien.
>Paris. F. DIDOT 1885. — 1 vol. in-12 br.   2958

Les Musées de Province. Histoire et Description, par Clément DE RIS.
>Paris RENOUARD 1872. — 1 vol. in-12 br.   2959

Le Cabinet des Antiques à la Bibliothèque Nationale. Choix des principaux monuments de l'Antiquité, du Moyen-Age et de la Renaissance, par Ernest BABELON. Ouvrage contenant soixante magnifiques Planches.
>Paris. A. LÉVY 1887-1888. — 3 albums in-4° texte et planches.   2970

Recherches des Antiquités dans le Nord de l'Afrique.
Conseils aux Archéologues et aux Voyageurs, par
E. BABELON.
Paris. LEROUX 1890. — 1 vol. in-8° br. **3063**

Inventaire Général des Richesses d'Art de la France.
Paris. Monuments Civils 1ᵉʳ et 2ᵉ volume.
Paris. Monuments Religieux 1ᵉʳ et 2ᵉ volume.
Province. Monuments Civils 1ᵉʳ 2ᵉ 3ᵉ et 5ᵉ volume.
Province. Monuments Religieux 1ᵉʳ volume.
Archives du Musée des Monuments Français 1ᵉʳ et
2ᵉ volume.
Paris. PLON-NOURRIT 1880-1889. — 11 vol. in-8°
br. **3079 à 3083**

Salons (1857-1870) (1872-1879) par CASTAGNARY. Avec
une préface de Eugène Spuller et un portrait à l'eau
forte par BRACQUEMOND.
Paris. CHARPENTIER 1892. — 2 vol. in-16 br. **3416**

Précis d'Histoire de l'Art, par BAYET.
Paris. QUANTIN. — 2 vol. in-8 **3374-3420**

Histoire de l'Art, par H. TAINE.
Paris. HACHETTE 1893. — 2 vol. in-16 rel. **3435**

Etudes sur les Arts, par G. PLANCHE.
Paris. M. LÉVY 1855. — 1 vol. in-18 rel. **3517**

Les Chefs-d'Œuvre de l'Art au XIXᵉ siècle. L'Ecole
française de DELACROIX à H. Regnault, par LOS-
TALOT. L'Ecole française contemporaine, par
LEFORT. Les Ecoles étrangères au XIXᵉ siècle. par
DE WYZEWA. L'Ecole française de David à Dela-
croix, par Michel ANDRÉ. La Sculpture et la Gra-
vure en France, par GONSE.
Paris. LIBRAIRIE ILLUSTRÉE. — 5 vol. in-4° rel.
(Ouvrage de grand luxe). **3580**

La France artistique et monumentale. *Ouvrage de luxe,* publié sous la direction de M. Henri HAVARD.
Paris. LIBRAIRIE ILLUSTRÉE. — 6 vol. in-4° rel.
                                                      3585

L'Art antique. Egypte, Chaldée, Assyrie, Perse, Asie-Mineure, Phénicie, Grèce, Rome, par G. COUGNY.
Paris. F. DIDOT 1892. — 2 vol. in-8° br. 126 grav.
                                                      3828

L'Art au Moyen Age. Origines de l'Art chrétien, l'Art Byzantin, l'Art Musulman, l'Art Roman, l'Art Gothique, par G. COUGNY.
Paris. F. DIDOT 1894. — 1 vol. in-8° br.   3829

Lettres adressées au baron Gérard, peintre d'histoire par les Artistes et les personnages célèbres de son temps. — 2ᵉ édition publiée par le Baron GÉRARD, son neveu.
Paris. QUANTIN 1886. — 2 vol. gr. in-8° br.   1658

2° OUVRAGES SPÉCIAUX

TRAITÉS D'ART & ETUDES

L'Art pendant la guerre 1870-1871. Strasbourg, les Musées, les Bibliothèques et la Cathédrale, par Marius VACHON.

>Paris. QUANTIN 1882. — 1 vol. in-8° rel. **105**

De l'Art Chrétien Ecole Siennoise. Ecole Florentine. Ecole Ombrienne. Ecole Mystique. Ecole Lombarde. Léonard de Vinci. Ecole de Bergame. Ecole de Crémone. Ecole de Ferrare. Ecole Vénitienne. Ecole Romaine. par RIO.

>Paris. HACHETTE 1861-1867. — 4 vol. in-8° rel.
>**1641**

Les Arts au Moyen-Age, par DU SOMERARD. Gravures très belles. Le tout formant deux Albums très volumineux et contenant plus de 200 Dessins, un Frontispice et le portrait de DU SOMERARD.

>Paris. 1838 à 1846. **2454**

21

L'Art Byzantin, par Ch. BAYET.
   Paris. QUANTIN. — 1 vol. in-8° rel.   1645

L'Art Etrusque, par Jules MARTHA. Ouvrage illustré de
   4 planches en couleurs et de 400 gravures dans le
   texte, d'après les originaux ou d'après les documents les plus authentiques. (Couronné par l'Académie des Inscriptions et Belles-Lettres.)
       Paris. FIRMIN-DIDOT 1889. — 1 vol. in-4° rel.
                                                      2637

Les Eléments de l'Art Arabe. Le Trait des Entrelacs, par
   J. BOURGOIN. Ouvrage contenant 200 Epures et 8
   Chromolithographies.
       Paris. FIRMIN-DIDOT 1879. — 2 vol. in-4° cart.
                                                      2940

Précis de l'Art Arabe et matériaux pour servir à la
   Théorie et à la technique des Arts de l'Orient
   Musulman, par BOURGOIN.
       Paris. LEROUX 1889-1890. — 1 vol. in-4° avec
       300 Planches dont un certain nombre en Chro-
       molithographie.   2974

L'Art Japonais, par Louis GONZE.
   Paris. QUANTIN. — 2 vol. in-8°.   3360-3418

L'Art Héraldique, par GOURDON DE GENOUILLAC.
   Paris. QUANTIN. — 2 vol. in-8°.   3372-3426

L'Art Chinois, par PALÉOLOGUE.
   Paris. QUANTIN. — 2 vol. in-8°.   3366-3429

Le Livre et les Arts qui s'y rattachent depuis les
   origines jusqu'à la fin du XVIII° siècle, par LOUISY.
   Illustration de 221 gravures et d'une planche en
   couleur.
       Paris. F. DIDOT 1887. — 1 vol. in-8° rel.   4199

L'Art Arabe, par GAYET.
>Paris. QUANTIN. — 1 vol. in-8° rel. 3621

Les Artistes célèbres

François Boucher, par A. MICHEL. Ouvrage accompagné
de 44 gravures.
>Paris. ROUAM 1886. — 1 Br. gr. in-8° C. imp. 2675

Jean Lamour, Serrurier du Roi Stanislas à Nancy, par
Ch. COURNAULT. Ouvrage accompagné de 26 grav.
>Paris. ROUAM 1886. — 1 Br. gr. in-8°, couv. imp.
>2676

La Tour, par CHAMPFLEURY. Ouvrage accompagné de
12 gravures.
>Paris. ROUAM 1886. — 1 Br. gr. in-8° couv. imp.
>2677

Phydias, par Maxime COLLIGNON. Ouvrage accompagné
de 45 gravures.
>Paris. ROUAM 1886. — 1 Br. gr. in-8°. couv. imp.
>2678

Decamps, par Charles CLÉMENT. Ouvrage accompagné
de 57 gravures.
>Paris. ROUAM 1886. — 1 Br. gr. in-8°. couv. imp.
>2679

Le Baron Gros, par G. DARGENTY. Ouvrage accompagné
de 27 gravures.
>Paris. ROUAM 1887. — 1 Br. gr. in-8°. couv. imp.
>2680

Eugène Delacroix, par Eug. VÉRON. Ouvrage accompagné de 40 gravures.
>   Paris. ROUAM 1887. — 1 Br. gr. in-8° couv. imp.
>   2681

Philibert de l'Orme, par Marius VACHON. Ouvrage accompagné de 34 gravures.
>   Paris. ROUAM 1887. — 1 Br. in-8°. couv. imp.
>   2682

Paul Véronèse, par Charles YRIARTE. Ouvrage accompagné de 43 gravures.
>   Paris. LIBRAIRIE DE L'ART 1888. — 1 Br. gr. in-8°
>   couv. imp.   2683

Philostrate l'Ancien. Une Galerie antique de soixantequatre tableaux.. Instruction, Traduction et Commentaire, par A. BOUGOT.
>   Paris. RENOUARD 1881. — 1 vol. in-4° br.   2942

ARTS DU DESSIN

Cours — Traités — Divers

—◆—

Nouveau Traité de la perspective des Ombres et de la théorie des Reflets, à l'usage des Artistes et des Ecoles de dessin, par DE CLINCHAMP.
>   Paris. SANTELET 1826. — 1 vol. in-4° rel. pl. 1117

Education de la Mémoire pittoresque, Application aux
arts du Dessin, par LECOQ DE BOISBAUDRAN.
    Paris. BANCE 1862. — 1 Br. in-8°.   855

Cours pratique de Dessin linéaire, de Géométrie et
d'Architecture, par CHARDON.
    Paris. HACHETTE 1859. — 1 vol p^t in-4° rel.   1639

Nouvelle Théorie simplifiée de la Perspective. Principe
de Géométrie appliquée au Dessin, par David
SUTTER.
    Paris. TARDIEU 1859. — 1 vol. in-4° rel. pl.   1657

Flore Ornementale. Introduction, Explications des
planches, par RUPRICH-ROBERT.
    Paris. DUNOD 1866. — 1 vol. in-4° rel. nombr.
    gravures.   2458

Grammaire élémentaire de l'Ornement, par BOURGOIN.
    Paris. DELAGRAVE 1880. — 1 vol. in-8° br.   2955

Théorie pratique de la Perspective, Etude à l'usage des
Artistes peintres, par PELLEGRIN.
    Paris 1870. — 1 vol. in-12 br.   2957

Cours de Dessin sans Maître, par Mme CAVÉ. 3e série.
    1 album in-f° br.   2969

**Réponse à M. Vitet à propos de l'Enseignement des Arts
du Dessin**, par VIOLLET-LE-DUC.
    Paris. MOREL 1864. — 1 Br. in-8°.   2948

3° PEINTURE ET SCULPTURE

Études — Traités — Divers

L'Ecole Française de Peinture 1789-1830. Ouvrage
dressant la classification complète des Peintres
connus et méconnus, de paysage, de genre,
d'histoire et de portrait, par M. MARMOTTAN.
Paris. RENOUARD. — 1 vol. in-8° rel.   973

L'Œuvre complète de Rembrandt. Catalogue raisonné
de toutes les eaux fortes du Maître et de ses
Peintures, orné de bois gravés et de quarante eaux
fortes tirées à part et rapportées dans le texte, par
Charles BLANC.
Paris. GIDE 1859. — 2 vol. in-8° rel. gr.   1637

La Peinture Anglaise, par Ernest CHESNEAU.
Paris. QUANTIN. — 1 vol. in-8° rel.   1648

La Peinture Flamande, par WAUTERS.
Paris. QUANTIN. — 1 vol. in-8° rel.   1649

La Peinture Hollandaise, par Henry HAVARD.
Paris. QUANTIN. — 1 vol. in-8° rel.   1650

Le Peintre Louis David 1748-1825. Souvenirs et Documents inédits, par Jules DAVID, son petit-fils.
Paris. Victor HAVARD 1880. — 1 vol. in-4° rel.
1656

Peintres Français contemporains, par Ch. BIGOT.
Paris. HACHETTE 1888. — 1 vol. in-16 br. 1660

Même Ouvrage rel. 2693

Tableaux Algériens. Ouvrage illustré de 12 eaux fortes, par GUILLAUMET, COURTRY, LE RAT, etc, de 6 héliogravures, par DUJARDIN, et de 128 gravures en relief, d'après les tableaux, les dessins et les croquis de l'Artiste.
Paris. PLON-NOURRIT 1888. — 1 vol. in-4° rel.
2658

Galerie de la Reine dite de Diane à Fontainebleau, peinte par Ambroise DUBOIS en MDC, sous le règne de Henri IV, publiée par E. GATTEAUX et V. BALTARD, d'après les dessins de L.-P. BALTARD et de C. PERCIER, contenant 16 dessins et 7 pages de texte.
Paris 1858. — 1 album. 2444

Le Jugement universel, peint par Michel-Ange BONAROTI dans la Chapelle Sixtine à Rome, divisé en 17 planches gravées au trait par Thomas PIROLI, publié par BOCCHINI.
A Paris, 1808. 2456

Description des Peintures et autres Ornements contenus dans les manuscrits grecs de la Bibliothèque nationale, par H. BORDIER.
Paris. CHAMPION 1883. — 1 vol. in-4° br. 2941

La Peinture antique, par Paul GIRARD.
Paris. QUANTIN. — 1 vol. in-8° br. 3359

Reflets de Tableaux connus, par Stéphan RENAL (Max RADICUET).
> Brest. LEFOURNIER 1874. — 1 vol in-16 rel.   3176

La Peinture Italienne, par G. LAFENESTRE.
> Paris. QUANTIN. — 2 vol. in-8º.   3375-3421

La Peinture Espagnole, par LEFORT.
> Paris. QUANTIN. — 1 vol. in-8º rel.   3622

Notice sur les Peintures de l'Eglise de Saint-Savio (Vienne) par MÉRIMÉE. Dessins par Gérard SÉGUIN, lithographiés en couleur.
> Paris. IMPRIMERIE ROYALE 1845 — 1 vol. in-fº br. et album de pl.   2993

Simart, Statuaire, Membre de l'Institut. — Etude sur sa Vie et sur son Œuvre, par G. EYRIÈS.
> Paris DIDIER — 1 vol. in-8º rel. Pr.   1640

La Sculpture Antique, par Pierre PARIS.
> Paris. QUANTIN — 1 vol. in-8º br.   3364

La Sculpture sur Pierre en Chine, au temps des deux Dynasties Han, par CHAVANNES.
> Paris. E. LEROUX 1893 — 1 vol. in-4º cart.   3644

L'Œuvre de Fogelberg, publiée par Casimir LECONTE et dédié à Sa Majesté Oscar Iᵉʳ, Roi de Suède et de Norwège. — Exemplaire avant la lettre sur papier blanc — Trente-huit gravures — Notice Biographique.
> Paris. HAUSER 1856 — 1 album in-fº rel.   2457

GRAVURE

Dessins et Portraits

——✳——

Histoire de la Gravure en France, par Georges DUPLESSIS
Ouvrage couronné par l'Institut de France (Académie des Beaux Arts).
Paris. RAPILLY 1861 — 1 vol. in-8° rel. (*en double*).
1642

Les Procédés de la Gravure, par DE LOSTALOT.
Paris. QUANTIN — 1 vol. in-8° rel. **1646**

La Gravure, par le Vicomte Henri DELABORDE.
Paris. QUANTIN — 1 vol. in-8° rel. **1647**

Portraits et Vignettes pour l'Histoire de France de Henri MARTIN, d'après les dessins de RAFFET.
Paris. FURNE 1855. — 1 petit Album. **2428**

Portraits-Vignettes pour l'Histoire des Girondins de LAMARTINE. Dessins par RAFFET.
Paris. FURNE 1847 — 1 petit Album. **2429**

Portefeuille de l'Italie. — Vues dessinées d'après nature par divers Artistes et lithographiées par Eugène CICERI.

Quarante-quatre vues dans un carton in-f° 2455

Les Grandes Scènes historiques du XVI° Siècle — Reproduction fac-simile des Gravures exécutées au cours des évènements par TORTOREL et PERRISSIN, publiée sous la direction de M. Alfred FRANKLIN, administrateur-adjoint de la Bibliothèque Mazarine

Paris. FISCHBAKER 1886 — 1 vol. gr. in-4° rel. 2459

Portrait de Lamartine.

Hommage offert par Alph. de Lamartine à la Bibliothèque de Lorient.   2463

Paris. — Cinq cents dessins inédits d'après nature, par Auguste VITU — Illustration dirigée par Ch. CHMIE-LENSKI.

Paris. Maison QUANTIN — 1 vol. gr. in-4° rel. 2852

Les Portraits au Crayon des XVI° et XVII° Siècles conservés à la Bibliothèque Nationale (1525 - 1646) Notice, Catalogue et Appendice, par Henri BOUCHOT. Ouvrage contenant deux portraits en fac-simile.

Paris. OUDIN et C⁰ 1884 — 1 vol. gr. in-8° br. 2944

CÉRAMIQUE

Faïences et Porcelaines, par Alexis MARTIN.
    Paris. HENNUYER 1886 — 1 vol. in-8° rel.   **2672**

Histoire de la Céramique grecque, par RAYET et COLLI-
GNON.
    Paris. DECAUX 1888 — 1 vol. in-4° rel. grav. **2634**

La Faïence, par DECK.
    Paris. QUANTIN. — 1 vol. in-8° br.   **3368** .

La Porcelaine tendre de Sèvres, par Edouard GARNIER,
50 planches reproduisant 250 motifs en Aquarelles
d'après les Originaux, avec une Notice historique.
    Paris. Maison QUANTIN. — 1 album in-f° rel.
    t. angl.   **2971**

Les Céramiques de la Grèce propre. Vases peints et terres
cuites par Albert DUMONT et Jules CHAPLAIN.
Ouvrage contenant de nombreuses Planches.
    Paris. F. DIDOT 1881-1888. — 1 vol. in-4° et 3 fasc.
    du 2° vol.   **2973**

Documents sur les anciennes faïenceries françaises et la Manufacture de Sèvres, par GERSPACH.
Paris. RENOUARD 1891. — 1 vol. in-8° rel.   3534

4° ARCHÉOLOGIE

OUVRAGES SPÉCIAUX

L'Archéologie Etrusque et Romaine, par Jules MARTHA.
    Paris. QUANTIN. — 1 vol. in-8° rel.   **1669**

L'Archéologie Grecque, par Max COLLIGNON.
    Paris. QUANTIN. — 2 vol. in-8°   **3353-3423**

L'Archéologie Egyptienne, par MASPÉRO.
    Paris. QUANTIN. — 2 vol. in-8°   **3371-3427**

L'Archéologie Orientale, par BABELON.
    Paris. QUANTIN. — 1 vol. in-8° rel.   **3428**

Manuel d'Archéologie Orientale, par E. BABELON.
    Paris. QUANTIN. — 1 vol. in-8° br.   **3358**

Etudes d'Archéologie Celtique. Notes de voyage dans
    les pays Celtiques et Scandinaves, par Henri
    MARTIN.
    Paris. DIDIER 1872. — 1 vol. in-8° br.   **2042**

DOCUMENTS

& Sujets Divers

Mémoires sur l'Antiquité, l'Age de bronze, Troie, San-
torin, Délos, Mycènes, Le Parthénon, Les Courbes,
Les Propylées, Un faubourg d'Athènes, par Emile
BURNOUF.
Paris. MAISONNEUVE 1879. — 1 vol. in-8° rel.   **609**

Antiquités Romaines expliquées dans les Mémoires du
Comte de B***, contenant ses Aventures, un grand
nombre d'histoires et anecdotes du temps très
curieuses, ses recherches et ses découvertes sur
les Antiquités de la Ville de Rome. Divisées en
trois parties et enrichies de plus de Cent belles
Planches en Taille-Douce.
La Haye. Jean NÉAULME 1750. — 1 vol. p¹ in-4°
rel. v.   **783**

Carte Préhistorique du Département de la Seine-Inférieure,
dressée d'après le Répertoire Archéologique de
l'abbé Cochet. par Léon DE VESLY.
Paris. DUCHET et Cie 1877. — 1 Br. in-8°   **1247**

Les Eglises de l'Arrondissement d'Yvetot, par l'Abbé
COCHET.
Paris. Rouen et Yvetot 1853. — 2 vol. in-8° rel.
grav.   **1248**

Monographie de la Cathédrale de Quimper XIII° XV° siècle
avec un plan, par Le MEN. R. F.
Quimper. JACOB 1877. — 1 vol. in-8° rel.   **1251**

Antiquités Canariennes ou annotations sur l'origine des peuples qui occupèrent les Iles Fortunées, depuis les premiers temps jusqu'à l'époque de leur conquête, par Sabin BERTHELOT. Ouvrage contenant 20 Pl. en Couleur.

Paris. PLON et Cie 1879. — 1 vol. in-4° rel.   **1244**

Les plus belles Cathédrales de France, par l'abbé BOUR-BASSÉ.

Paris. Alfred MAME 1865.   **1245**

Etude sur les Sarcophages chrétiens antiques de la Ville d'Arles, par Edmond LE BLANT. Dessins de P. FRITEL.

Paris. IMPRIMERIE NATIONALE 1878. — 1 vol. in-4° rel.   **1254**

Description de l'Egypte (Texte). Recueil des Observations et des Recherches qui ont été faites en Egypte pendant l'expédition de l'Armée Française, publié par les ordres de S. M. l'Empereur Napoléon.

Paris. IMPRIMERIE IMPÉRIALE 1809-1813. — 9 vol. in-f° rel. et 15 vol. gr. in-f° de planches. Antiquité. Etat Moderne. Arts et Métiers. Histoire Naturelle. Le tout formant 24 vol.

1911

Saint André de la Ville et Saint Martin sur Renelle, Églises paroissiales de Rouen supprimées en 1791, par DE LA QUÉRIÈRE.

Paris et Rouen 1862. — 2 Br. in-4° contenant cinq planches gravées sur cuivre.   **2404**

Monuments de l'Egypte et de la Nubie, d'après les dessins exécutés sur les lieux, sous la direction de CHAMPELLION-LE-JEUNE.

Paris. Firmin DIDOT 1835. — 1 atlas gr. in-f° pl.

2432

Les Sarcophages chrétiens de la Gaule, par E. LE BLANT.
Paris. IMPRIMERIE NATIONALE 1886. — 1 vol. in-4°
1255

Eglises de Bourgs et Villages. Système général de
construction. Emploi et nature des matériaux.
Modifications à apporter dans les conceptions
nouvelles, par de BAUDOT, architecte, élève de
M. Viollet-le-Duc.
Paris. A. MOREL 1867. — 1 vol. de texte et 1 vol.
de planches in-4° rel.   2452

Monuments Romains et Gothiques de Vienne en France,
dessinés et publiés par E. REY, suivis d'un texte
historique et analytique, par E. VIETTRY.
Paris. F. DIDOT 1831. — 1 vol. in-f° texte et 1 alb.
in-f° pl.   2453

Les Monuments anciens de la Tarentaise (Savoie), par M.
BORREL..
Paris. DUCHER et Cⁱᵉ 1884. — 1 vol In-4° br. et 1
album cart. contenant 95 planches.   2754

Archéologie Celtique et Gauloise. Mémoires et Documents
relatifs aux premiers temps de notre histoire
nationale, par Alexandre BERTRAND. 2° Edition
illustrée de dessins, de planches hors texte et de
cartes en couleur, etc.
Paris. E. LEROUX 1889. — 1 vol. gr. in-8° br.
2845

Excursions archéologiques en Grèce, Mycènes, Délos,
Athènes, Olympie, etc., par Ch. DIEHL..
Paris. COLIN 1890. — 1 vol. in-18 rel.   2907

Fouilles de Poitiers. Découverte d'un cimetière du IIᵉ
au IIIᵉ siècle, par M. ROTHMANN, chef de bataillon
du Génie.
Paris. CHAIX et Cⁱᵉ 1879. — 1 vol. in-8° br.   2945

Ninive **et l'Assyrie**, par M. Victor PLACE. Avec des
essais de restauration, par M. E. THOMAS.
> Paris. IMPRIMERIE IMPÉRIALE 1866. — 3 vol. in-f°
> br. *(Les planches manquent)*.   **2967**

Les **Figurines antiques de terre cuite du Musée du Louvre**,
par Léon HEUZEY, gravées par Achille JACQUET.
> Paris. MOREL et Cie 1883. — 1 vol. in-4° rel. **2972**

Les **Ruines d'Angkor**, Etude artistique et historique sur
les monuments Khmers du Cambodge Siamois, par
Lucien FOURNEREAU et J. PORCHER. Ouvrage illustré
et accompagné de cent planches en phototypie et
d'une carte. — Les ruines Khmères, Cambodge et
Siam, Documents complémentaires d'Architecture,
de Sculpture et de Céramique, par Lucien FOUR-
NEREAU. Album de cent dix planches en phototypie.
> Paris. LEROUX et BERTHAUD 1890. — 2 albums
> t. ang.   **3072**

Nouveau Recueil des Inscriptions chrétiennes de la Gaule,
antérieures au VIIIe siècle, par E. LE BLANT.
> Paris. IMPRIMERIE NATIONALE 1892. — 1 vol. in-4°
> **3280**

Les **Celtes dans les Vallées du Pô et du Danube**, par
Alexandre BERTRAND et Salomon REINACH.
> Paris. E. LEROUX 1874. — 1 vol. in-8° br.   **3811**

Les **Hommes préhistoriques dans l'Ain**, par TOURNIER et
GUILLON.
> Bourg. VILLEFRANCHE 1895. — 1 vol. in-4° br.
> **3912**

Le **Parthénon**. Etudes faites au cours de deux missions
en Grèce 1894-1895, par MAGNE, Lucien.
> 1 Br. in-4°.   **3965**

5° ARCHITECTURE

OUVRAGES GÉNÉRAUX

La Construction moderne, journal hebdomadaire illustré,
  directeur : P. PLANAT. — Art, Théorie appliquée.
  pratique, Génie civil, Industries du Bâtiment.
   Paris. DUJARDIN 1888 à 1896.— 10 vol. de texte et
   10 vol. de planches in-4° rel.   1119

Les plus excellents Bastiments de France, par J.-A. DU
  CERCEAU, sous la direction de M. H. DESTAILLEUR,
  gravés en fac-similc par M. Faure DUJARRIC,
  architecte, nouvelle édition augmentée de planches
  inédites de DU CERCEAU.
   Paris. A. LÉVY 1868. — 1 vol. gr. in-f° pl.   2444

L'Architecture et la Construction pratiques, mise à la
  portée du monde, des élèves et de tous ceux qui
  veulent faire bâtir, par Daniel RAMÉE. 541 fig. sur
  bois.
   Paris. F. DIDOT 1885. — 1 vol. in-16 rel.   2673

Esquisse d'une Histoire de l'Architecture classique, par Ernest VITET.

    Paris. A. LÉVY 1875. — 1 Br. in-8° rel.   **2952**

Mélanges d'Architecture, Temples grecs, romains, Églises gothiques et modernes, Châteaux, Palais, Projets divers, etc.

    Un très fort vol. in-f° contenant 105 planches, ou provenant du cabinet de M. P. L. G. M. ***.
    Ce volume renferme aussi les plans de Paris et de Rennes en date de 1728.   **2399**

Instructions du Comité historique des Arts et Monuments, Architecture Gallo-Romaine et Architecture du Moyen-Age, par MM. MÉRIMÉE, Albert LENOIR. — Instruction sur la musique, par M. BOTTÉE DE TOULMONT.

    Paris. IMPRIMERIE IMPÉRIALE 1857. — 1 vol. in-4° br.   **2994**

OUVRAGES SPECIAUX

Traités — Etudes — Projets

Traité élémentaire pratique ou étude des cinq ordres, par LÉVEIL.

    Paris. GARNIER Frères. — 1 vol. in-4° br.   **3556**

Traité pratique et raisonné de la Construction en Egypte, par Edouard MARIETTE. Des matériaux de Construction. Des Constructions civiles.

    Alexandrie. Imprimerie française A. MOURÈS 1875. — 1 vol. in-8° rel.   **1414**

Architecture civile, Maisons de ville et de campagne, de toutes formes et de tous genres, par DUBUT.
1 carton renfermant de nombreuses planches.
2422

Etudes d'Architecture chrétienne, par GARNAUD.
Paris. BAUDRY 1857. — 1 vol. in-f° rel. pl.   2443

L'Architecture Normande aux XIe et XIIe Siècles, en Normandie et en Angleterre, par RUPRICH-ROBERT.
Paris. LIBRAIRIE D'ARCHITECTURE. — 1 vol. in-4° texte. 1 vol. in-4° planches.   2968

Architecture Monastique, par M. Albert LENOIR, membre du Comité honorifique des Arts et Monuments.
Paris. IMPRIMERIE IMPÉRIALE 1856. — 2 vol. in-4° cart.   2992

Architecture Militaire, par MM. MÉRIMÉE et Albert LENOIR.
Paris. IMPRIMERIE IMPÉRIALE 1857. — 1 Br. in-4°.
2995

L'Architecture Gothique, par Edouard CORROYER.
Paris. QUANTIN. — 1 vol. in-8° br. grav.   3355

L'Architecture Romane, par Edouard CORROYER.
Paris. QUANTIN. — 1 vol. in-8° br. grav.   3356

L'Architecture Grecque, par V. LALOUX.
Paris. QUANTIN. — 1 vol. in-8° br. grav.   3357

Les Constructions métalliques, par LE BRIS, GUY.
Paris. MOTTEROZ. s. d. — 1 vol. gr. in-8° br.
3937

Projet d'un Archevêché pour la Ville de Paris, avec plan et élévation de l'Eglise Métropolitaine, par LUSSON.
Paris 1837. — 1 Br. in-f° pl.   2421

Etude sur les **Monuments de l'Architecture** des Croisés
en Syrie et dans l'île de Chypre, par G. REY.
> Paris. IMPRIMERIE NATIONALE 1871. — 1 vol. in-4°
> rel.   **90**

Choix des Projets d'Edifices publics et particuliers
composés par des élèves de l'Ecole Royale Poly-
technique.
> DURAND. Ecole polytechnique 1816. 30 pl·   **2417**

Projets de Trente Fontaines pour l'embellissement de
la ville de Paris, par LUSSON.
> Paris. CARILIAN-GŒURY 1835. — 1 Br. texte et
> 15 pl.   **2418**

Projet d'un Collège pour trois cents Elèves, par LUSSON.
> Paris. DUVERGER. — 1 Br. in-f° pl.   **2419**

Plan du Projet d'Embellissement de la place Louis XV.
>   **2420**

6° MÉLANGES ET DIVERS

concernant les Beaux-Arts

Mission de Phénicie. Quatre campagnes, par Ernest RENAN. 1° Celle de Ruad. (Aradus) Tortose (Antaradus.) et Amrit (Marathus). 2° Celle de Gébeil (Byblos.) 3° Celle de Saïda (Sidon.) 4° Celle de Sour. (Tyr.)

Paris. IMPRIMERIE IMPÉRIALE 1864. — 1 gros vol. in-4° rel. 1 Album de Planches exécutées sous la Direction de M. THOBOIS. 863

Campagne Pittoresque de Luxor, par L. DE JOANNIS.

Paris. Mme HUZARD 1835. — 1 vol. in-8° rel. et 1 album pl. in-4° obl. rel. 892

Même Ouvrage 892

Le Japon Pittoresque, par Maurice DUBARD.

Paris. PLON et Cie 1879. — 1 vol. in 16 rel. 1633

Précis d'Anatomie à l'usage des Artistes, par Mathias DUVAL.

Paris. QUANTIN. — 1 vol. in-8° rel. 1643

Même Ouvrage. Rel. t. angl. 3424

La Mosaïque, par GERSPACH.
Paris. QUANTIN. — 1 vol. in-8° rel.   1651

Monnaies et Médailles, par LENORMANT.
Paris. QUANTIN. — 1 vol. in-8° rel.   1652

Les Manuscrits et la Miniature, par LECOY DE LA MARCHE.
Paris QUANTIN. — 1 vol. in-8° rel.   1653

Le Meuble, par Alfred DE CHAMPEAUX. — T. 1. Antiquité,
Moyen-Age et Renaissance. T. II. XVII° XVIII° et
XIX° siècles.
Paris. QUANTIN. — 2 vol. in-8° rel.   1654

La Tapisserie, par Eug. MUNTZ.
Paris. QUANTIN. — 1 vol. in-8° rel.   1655

La Composition Décorative, par Henri MAYEUX.
Paris. QUANTIN. — 1 vol. in-8° rel.   1644

Honoré Daumier. L'Homme et l'Œuvre, par ARSÈNE
ALEXANDRE. — Ouvrage orné d'un Portrait à l'eau
forte, de deux héliogravures et de 47 illustrations.
Paris. LAURENT 1888. — 1 vol. in-4° br.   1674

**Rapport fait au nom de la Commission des Antiquités de la
France,** sur les ouvrages envoyés au concours de
l'Année 1884, par Alex. BERTRAND.
Paris. F. DIDOT 1884.   2348

Villa Médicis à Rome, dessinée, mesurée, publiée et
accompagnée d'un texte historique et explicatif,
par Victor BALTARD, architecte, ancien pension-
naire de l'Académie de France à Rome.
Paris. Chez l'Auteur 1847. — 1 vol. gd f° rel.
                                                     2446

Manuscrit Pictographique Américain, par l'Abbé DOME-
NECH.
Paris. GIDE 1860. — 1 vol. gr. in-8° rel.   2946

Mission Scientifique au Caucase. Etudes Archéologiques et historiques, par J. DE MORGAN. Nombreux dessins.
Paris. E. LEROUX 1889. — 2 vol. gr. in-8° br.
2761

Le XIX Siècle. Textes et Dessins, par A. ROBIDA.
Paris. G. DECAUX 1888. — 1 vol. in-4° rel. **2478**

Mission à Carthage, par E. DE SAINTE-MARIE.
Inscriptions puniques et néopuniques de Carthage. Fouilles, etc. Ouvrage illustré de nombreux dessins.
Paris. E. LEROUX 1884. — 1 vol. gr. in-8° rel.
2809

Réorganisation de l'Ecole des Beaux-Arts. Documents officiels.
Paris. MOREL 1864. — 1 Br. in-8° **2947**

Discours d'ouverture de MM. les Professeurs de l'Ecole du Louvre, par REVILLOUT et BERTRAND.
Paris. LEROUX 1884. — 1 vol. in-8° br. **2951**

Le Mobilier des Siècles passés. Etude du Mobilier National à l'Exposition de l'Union centrale des Arts décoratifs, par Henry PENON.
Paris. M. LÉVY. — 1 vol. in-12 br. **2956**

Paysages et Monuments de la Bretagne photographiés par Jules ROBUCHON, Lauréat de la Société artistique de Bretagne, imprimés en héliogravure par P. DUJARDIN, avec notices publiées sous les Auspices des sociétés savantes de la Bretagne.
Paris. MAY et MOTTEROZ. — 38 livraisons in-f° dans 1 album. Cantons d'Auray et de Quiberon, Pont L'Abbé, Lambour, Fouesnant, etc. **3332**

Le **Cabinet de M. Thiers**, par M. Charles BLANC.
Paris. Vᵉ J. RENOUARD 1871. — 1 Br. in-8ᵒ **2953**

Mythologie figurée de la Grèce, par COLLIGNON.
Paris. QUANTIN. — 1 vol. in-8ᵒ br. **3354**

Les **Sceaux**, par LECOY DE LA MARCHE.
Paris. QUANTIN. — 2 vol. in-8ᵒ br. **3425-3361**

Les **Armes**, par MAINDRON.
Paris. QUANTIN. — 1 vol. in-8ᵒ br. **3363**

Le **Costume en France**, par Ary RENAN.
Paris. QUANTIN. — 1 vol. in-8ᵒ br. **3365**

Broderie et Dentelles, par Ernest LEFÉBURE
Paris. QUANTIN. — 1 vol. in-8ᵒ br. **3373**

La Verrerie, par GERSPACH.
Paris. QUANTIN. S. D. — 2 vol. in-8ᵒ **3417-3369**

Etudes sur les Beaux-Arts, Souvenirs et portraits, par
F. HALÉVY.
Paris. M. Lévy 1861. — 1 vol. in-16 rel. **3520**

Derniers souvenirs et portraits, par F. HALÉVY.
Paris. M Lévy 1863. — 1 vol. in-16 rel. **3521**

Le **Château de Marly**. Salon du Roi. (Plafond) L'Industrie, La Guerre, La Justice, L'Agriculture.
Eug. DELACROIX *pinxit*. — ROBAUT Lithog. 4
belles gravures. **3579**

Rapport sur l'organisation des Musées en Allemagne, par
SAGLIO.
Paris. IMPRIMERIE NATIONALE 1886. — 1 fasc. in-8ᵒ
3904

Charlet et son œuvre, par DAYOT, Armand. 118 compositions lithographipues, peintures à l'huile, Aquarelles, Sépias et dessins inédits.
Paris. MAY et MOTTEROZ 1893. — 1 vol. in-4º rel.
3591

7° MUSIQUE

—♦—

Ouvrages généraux & spéciaux
Mélanges & Divers

Critique et Littérature musicales. — L'Art ancien et l'Art moderne — Le Chevalier Sarti, etc., par Scudo.
Paris. HACHETTE 1857. — 4 vol. in-18 rel.   **752**

L'Année Musicale. — Revue des Théâtres lyriques et documents des Publications littéraires relatives à la musique, par Scudo.
Paris. HACHETTE — 3 vol. in-18 rel.   **844**

Scriptorum de Musica medii Ævi — Novam seriem a Gerbertina Alteram collegit nuncque primum edidit. E. DE COUSSEMAKER.
Parisiis apud DURAND 1864 — 3 vol. in-4° rel.
                                          1661

La France musicale, Année 1842.
Paris. ESCUDIER FRÈRES — 1 vol. in-4° rel.   **1662**

Etudes sur la Musique grecque, le Plain chant et la tonalité moderne, par Alix TIRON.
Paris. IMPRIMERIE IMPÉRIALE 1886 — 1 vol. in-8°
rel.   1665

Etudes sur la Musique Ecclésiastique Grecque — Mission musicale en Grèce et en Orient. Janvier-Mai 1875, par BOURGAULT DUCOUDRAY.
Paris. HACHETTE 1877 — 1 vol. in-8° br.   1666

Lois du Chant d'Eglise et de la Musique moderne — Nomothésie musicale, par HERLAND.
Paris. V. DIDION 1854 — 1 vol. in-8" br.   1667

L'Art musical au XIXᵉ Siècle — Compositeurs célèbres — Beethoven — Rossini — Meyerbeer — Mendelssohn — Schumann, par le Baron ERNOUF.
Paris. PERRIN et Cⁱᵉ 1888 — 1 vol. in-12 br.   1670

Histoire de la Musique, par H. LAVOIX.
Paris. QUANTIN — 1 vol. in-4° rel.   1668

Chant, par MERCADIER. — 1ᵉʳ vol. Cours élémentaire.
2ᵉ vol. Cours moyen et supérieur.
Paris. P. DUPONT 1884-1885. — 2 vol. in-4ᵉ rel.
2963

Le Musée du Conservatoire national de Musique. Catalogue descriptif et raisonné, par Gustave CHOUQUET.
Paris. F. DIDOT 1881 — 1 vol. in-8° br.   2964

Le Centenaire de Boildieu. Anecdotes et Souvenirs, par Henry DE THAMBERG.
Paris. HAULARD — 1 vol. in-12 br.   2966

Vie et Aventures des Cantatrices célèbres, précédées des Musiciens de l'Empire, par ESCUDIER.
Paris. DENTU 1856 — 1 vol. in-16 rel.   3473

Chants Chrétiens édités et composés par G. LECOAT, avec les vieux airs bretons, recueillis, transcrits et harmonisés par le Rev. D' BULLINGER, de Londres.
    Paris-Londres-Genève. TRÉMEL — 1 vol in-12 br.   **3085**

Rossini, sa Vie et ses Œuvres, par ESCUDIER.
    Paris. DENTU 1854 — 1 vol. in-16 rel.   **3475**

Littérature musicale. — Mes Souvenirs, par ESCUDIER.
    Paris. DENTU 1863 — 1 vol. in-16 rel.   **3475**

Musiciens Contemporains, par Blaze DE BURY.
    Paris. M. LÉVY 1856 — 1 vol. in-16 rel.   **3523**

Le Congrès Européen d'Arezzo, pour l'étude et l'amélioration du chant liturgique, par RUELLE.
    Paris. F. DIDOT 1881 — 1 vol. in-8° br.   **2962**

La Musique et les Musiciens, par LAVIGNAC. 94 fig. et 510 exemples en musique.
    Paris. DELAGRAVE 1895 — 1 vol. in-16 br.   **3941**

---※---

BELLES-LETTRES

POUR LES

Ouvrages de Référence Générale

VOIR LES

PRÉLIMINAIRES du CATALOGUE

(Page 1 à 57)

Belles-Lettres

I
LINGUISTIQUE

1° OUVRAGES GÉNÉRAUX

La **Science du Langage**, Cours professé à l'Institution royale de la Grande-Bretagne, par MULLER MAX ; traduit de l'anglais sur la 4ᵉ édition avec l'autorisation de l'auteur, par M. Georges HARRIS et M. Georges PERROT.

Paris. Aug. DURAND 1864. — 1 vol. in-8° rel.   677

Nature displayed in her mode of teaching language to man, or a new and infaillible method of acquiring a language, in the shortest time possible, deduced from the analysis of the human mind, and consequently suited to every capacity.

Adapted to the French. By N. G. DUFIEF.

Philadelphia. PALMER 1810. — 1 vol. in-8° rel.
2013

23

Notions élémentaires de Linguistique ou Histoire abrégée
de la Parole et de l'Ecriture pour servir d'introduction à l'Alphabet, à la Grammaire et au
Dictionnaire, par Ch. NODIER.
> Paris. Eug. RENDUEL 1834. — 1 vol. in-8° rel.
>
> 2018

La Vie du Langage, par WITNEY.
> Paris. GERMER-BAILLIÈRE 1880. — 1 vol. in-8. rel.
> t. ang.   2035

2⁰ OUVRAGES SPÉCIAUX

Histoire — Traités — Grammaires — Divers

————✶————

LANGUES GRECQUE ET LATINE

Dictionnaire des Racines Grecques et de leurs principaux dérivés, par MAUNOURY.
Paris. POUSSIELGUE 1872. — 1 vol. in-12 cart.
2040

De l'Emploi des Conjonctions suivies des modes conjonctifs dans la langue grecque.
Paris. EBERHART 1844. — 1 vol in-8⁰ br. **2469**

Eléments de la Grammaire Latine de Lhomond, revus et complétés par DUTREY.
Paris. HACHETTE et Cⁱᵉ 1853. — 1 vol. in-12 rel.
2023

Nouvelle Grammaire Latine d'après les principes de la grammaire comparée.
Paris. GARNIER Frères 1873. — 1 vol. in-8⁰ rel.
2031

Cours de Thèmes, rédigé d'après la grammaire de Lhomond, par P. DANTAL.
  Paris. DELALAIN 1856. — 1 vol. in-12 rel.   2216

Nouvelle Prosodie Latine, par QUICHERAT.
  Paris. HACHETTE et Cⁱᵉ 1874. — 1 vol. in-12 rel.
  2219

L'Harmonie du Langage chez les Grecs et les Romains, par B. JULLIEN.
  Paris. HACHETTE et Cⁱᵉ 1867. — 1 vol. in-12 rel.
  2034

~~~~

LANGUE FRANÇAISE
& Dialectes

Principes généraux et particuliers de la Langue Française, par M. de WAILLY.
  Saint-Malo. Hovius Fils 1792. — 1 vol. pᵗ in-8° parch.   583

La Grammaire Française et les Grammairiens du XVIⁱᵉ siècle, par Ch. L. LIVET. (Dubois, L. Meigret, Pelletier, Des Autels, Ramus, etc., etc.)
  Paris. DIDIER et Cⁱᵉ 1859. — 1 vol. in-8° rel.   697

Grammaire des Grammaires, ou analyse raisonnée des meilleurs traités sur la langue française ; revue avec beaucoup de soin, enrichie de plus de 250 corrections, augmentée de 260 nouvelles remarques détachées, par GIRAULT-DUVIVIER.
  Paris. COTELLE 1840. — 2 vol. in-8° rel.   2016

Guide Universel de la Langue Française, par MOLL.
   Lorient. CORFMAT 1868. — 1 vol. in-8° rel   **2032**

Abrégé du Guide universel de la Langue Française, ou
   résumé de Grammaire et d'Orthographe, par MOLL.
   Lorient. Chez l'Auteur 1836. — 1 vol. in-12 rel.
                                              2024

Grammaire générale et raisonnée de Port-Royal, suivie :
   1° de la partie de la logique de P¹ R. qui traite des
   propositions ; 2° des remarques de Duclos de
   l'Académie française ; 3° du supplément à la
   grammaire générale de P¹ R. par l'abbé FROMANT,
   avec une introduction historique par M. A. BAILLY.
   Paris. HACHETTE et Cⁱᵉ 1846. — 1 vol. in-18 rel.
                                              2022

Exercices grammaticaux ou Cours pratique de Langue
   française, par Al. BONIFACE.
   Paris. HACHETTE et Cⁱᵉ 1887 — 1 vol.in-12 rel.**2220**

Grammaire de Napoléon Landais, Résumé général de
   toutes les Grammaires françaises. Présentant la
   solution analytique raisonnée et logique de toutes
   les questions grammaticales anciennes et modernes.
   Paris. EVEROT 1835. — 1 vol. gr. in-8° rel.   **1016**

Les Eléments matériels du Français, c'est-à-dire les sons
   de la Langue française, entendus ou représentés
   par B. JULLIEN.
   Paris. HACHETTE et Cⁱᵉ 1875. — 1 vol. in-12 rel.
                                              2033

Histoire de la Langue Française, Etudes sur les origines,
   l'étymologie, la grammaire, les dialectes, la versification et les lettres au Moyen-Age, par E. LITTRÉ.
   Paris. PERRIN 1886. — 2 vol. in-16 rel.   **2725**

L'Eclaircissement de la Langue Française, par Jean
PALSGRAVE, suivi de la grammaire de Giles du
Guez ; publiés pour la première fois en France par
E. GÉNIN.
> Paris. IMPRIMERIE NATIONALE 1852. — 1 vol.
> in-4° cart.   2984

**Lexique comparé de la Langue de Corneille et de la Langue
du XVIIᵉ Siècle,** par GODEFROY.
> Paris. DIDIER et Cᶦᵉ 1862. — 2 vol. in-8° rel.   698

Lexique de Ronsard, précédé d'une étude sur son
vocabulaire, son orthographe et sa syntaxe, par
MELLERIO.
> PLON-NOURRIT 1895. — 1 vol. in-18 rel.   3953

Dialectes des Hautes-Alpes, par LADOUCETTE, ancien
préfet.
> Paris. CARILHAN 1884. — 1 vol. in-8° rel.   254

LANGUE CELTIQUE & BRETONNE

Le Catholicon de Jehan Lagadeuc, Dictionnaire breton,
français et latin, publié par R. F. LE MEN, d'après
l'édition de Mᵉ Auffret de Quoetqueueran, imprimé
à Tréguier chez Jehan Calvez en MCCCCXCIX.
> Lorient. CORFMAT s. d. — 1 vol. in-8° rel. *(Tiré à
> 300 exemplaires).*   2017

Grammaire Française Bretonne (Idiome de Vannes), par
M. GUILLÔME, vicaire de Séné (Morbihan).
> Vannes. J.-M. GALLES 1836. — 1 vol. in-12 rel.
>   3211

Grammaire Celto-Bretonne, par J. F. M. A. LE GONIDEC.
Paris. DELLOYE 1838. — 1 vol. in-8° rel. **3248**

Dictionnaire Breton-Français du Dialecte de Vannes, de
PIERRE DE CHALONS, réédité par J. LOTH.
Rennes. OBERTHUR 1895. — 1 vol. in-8° rel. **3889**

Essai sur le Verbe Néo-Celtique, par M. J. LOTH.
Paris. E. LEROUX 1882. — 1 vol. in-8° rel. **2003**

AUTRES LANGUES

(Europe, Asie, Afrique, Amérique, Océanie)

Grammaire de la Langue Anglaise, ramenée aux principes
les plus simples, par L. LECLAIR.
Paris. LIBRAIRIE CLASSIQUE 1863. — 1 vol. in-16
rel. **2019**

Grammaire pratique de la Langue Anglaise, ou méthode
pratique pour apprendre cette langue, par SADLER.
Paris. TRUCHY 1856. — 1 vol. in-12 rel. **2021**

Grammaire de la Langue Espagnole à l'usage des Français,
par SOTOS OCHANDO.
Paris. DE MAULDE 1841. — 1 vol. in-12 rel. **2025**

Grammaire Italienne simplifiée et réduite à 20 Leçons,
par VERGANI.
Paris. HINGRAY 1834. — 1 vol. in-12 rel. **2026**

Grammaire Danoise et Norvégienne à l'usage des Français,
par BORRING.
Paris. MAISONNEUVE 1883. — 1 vol. in-8° rel. **2036**

Grammaire Portugaise, divisée en quatre parties, par
G. HAMONIÈRE.
> Paris. BOBÉE et HINGRAY 1829. — 1 vol. in-16 rel.
> **2027**

Grammaire Française-Russe avec des tableaux synoptiques pour les déclinaisons et les conjugaisons,
etc.; par Ch. REIFF. 4ᵉ édition soigneusement revue,
corrigée et refondue par Louis LÉGER.
> Paris. MAISONNEUVE 1878. — 1 vol. in-8ᵉ rel.
> **2012**

Essai de grammaire Vepse ou Tchoude du Nord, d'après
les données de MM. AHLQVIST et LONNROT.
> Paris. E. LEROUX 1875. — 1 vol. in-8ᵒ br.   **1991**

Grammaire de la langue Quichée, ouvrage accompagné
de notes philologiques, avec un vocabulaire, par
l'abbé BRASSEUR DE BOURBOURG.
> Paris. DURAND 1862. — 1 vol. gr. in-8ᵒ br.   **1992**

Commentaire sur le Yaçna, l'un des livres religieux des
Parses. Ouvrage contenant le texte Zend appliqué
pour la première fois. Les variantes des quatre
manuscrits de la Bibliothèque Royale, par E. BURNOUF.
> Paris. IMPRIMERIE ROYALE 1833. — 2 vol. in-4ᵒ rel.
> **2001**

**Arte y vocabulario de la lingua-Chiquita Sacados de
manuscritos inéditos del siglo XVIII.** por L. ADAM Y V.
Henry.
> Paris. MAISONNEUVE 1880. — 1 vol. in-8ᵒ rel.
> **2002**

Grammaire de la langue Zende, par Abel HOVELACQUE.
> Paris, MAISONNEUVE 1878. — 1 vol. in-8ᵒ rel.
> **2006**

Grammaire Caraïbe, composée par le P. Raymond BRE-
TON, suivie du Catéchisme Caraïbe (publiée par
ADAM et LECLERC.)
Paris. MAISONNEUVE 1877. — 1 vol. in-8° rel.
2004

Manuel de la langue Chkipe ou Albanaise, par DOZON.
1re Partie. Contes, chansons et autres textes inédits.
2° Partie. Grammaire Albanaise
3° Partie. Vocabulaire Albanais-Français.
Paris. LEROUX 1879. — 1 vol. gr. in-8° rel.   **2005**

Grammaire de la langue Malaise, par l'abbé P. FAVRE.
Vienne. IMPRIMERIE IMPÉRIALE et ROYALE 1876.
— 1 vol. in-8° rel.   **2007**

Grammaire de la langue Nahuatl ou Mexicaine, composée
en 1547, par le franciscain André DE OLMOS, et
publiée par Rémi SIMÉON.
Paris. IMPRIMERIE NATIONALE 1875. — 1 vol. in-8°
2008

Grammaires et Vocabulaires Roucouyenne, Arrouague
Piapoco et d'autres langues de la région des
Guyanes, par J. CREVAUX, P. SAGOT, et L. ADAM.
Paris. MAISONNEUVE 1882. — 1 vol. in-8° rel.
2009

Grammaire et vocabulaire de la langue Taensa, avec
Textes traduits et commentés, par MM. HAUMONTÉ,
PARISOT et L. ADAM.
Paris. MAISONNEUVE 1882. — 1 vol. in-8° rel.
2011

Grammaire Malgache, fondée sur les principes de la
grammaire Javanaise, suivie d'exercices et d'un
recueil de ses proverbes, par M. MARRE DE MARIN.
Paris. MAISONNEUVE 1876. — 1 vol. in-8° rel.
2015

Grammaire et vocabulaire de la langue Poul, à l'usage des voyageurs dans le Soudan, par le Général FAIDHERBE, avec une carte indiquant les contrées où se parle cette langue.

Paris. MAISONNEUVE 1882. - 1 vol. in-12 rel. perc.

2028

Mélanges & Divers

Mélanges de linguistique et d'Anthropologie, par MM. HOVELACQUE, PICOT et VINSON.

Paris. E. LEROUX 1880. — 1 vol. gr. in-18 rel.

2020

Prières des Falashas ou Juifs d'Abyssinie. Texte éthiopien. Publié pour la première fois et traduit en hébreu, par J. HALÉVY.

Paris. J. BAER 1877. — 1 Broch. in-8° 1997

Le divan de Beha-Ed-Din Zoheir. Variantes au Texte Arabe, par GUYARD.

Paris. MAISONNEUVE 1883. — 1 Br. in-8° 48 p.

1998

II

LITTÉRATURE

~~~~

1° LITTÉRATURES ANCIENNES

POÈTES ET PROSATEURS

ŒUVRES COMPLÈTES & DIVERSES

Textes et Traductions

———

LITTÉRATURE GRECQUE

L'Iliade d'Homère, traduction nouvelle avec arguments et notes explicatives, par Émile PESSONNEAUX.
Paris. CHARPENTIER 1861 — 1 vol. in-12 rel.   **675**

L'Odyssée d'Homère, traduite par Mme DACIER.
Avignon. SEGUIN 1805 — 1 vol. in-12 rel.   **1458**

L'Iliade d'Homère, Texte grec, revu et corrigé d'après les documents authentiques de la recension d'Aristarque ; précédé d'une introduction et suivi des Prolégomènes de VILLOISON, des Prolégomènes et des Préfaces de WOLF, de Dissertations sur diverses questions homériques par Alexis PIERRON.

1er vol. — Chants :   I - XII.
2e vol. — Chants : XIII - XXIV.
Paris. HACHETTE et Cie 1869 — 2 vol. in-8° rel. 668

Odyssée d'Homère, par Emile PESSONNEAUX.
Paris. CHARPENTIER 1862 — 1 vol. in-12 rel.   676

Les Tragédies de Sophocle, Texte grec, publié d'après les travaux les plus récents de la philologie, avec un commentaire critique et explicatif, une introduction et une notice, par Ed. TOURNIER..
Paris. HACHETTE et Cie 1867 — 1 vol. in-8' rel.
                                                            663

Sept Tragédies d'Euripide, Texte grec. Recension nouvelle, avec un commentaire critique et explicatif, une introduction et des notes par H. WEIL..
Paris. HACHETTE et Cie 1868 – 1 vol. in 8° rel.
                                                            664

Scènes d'Aristophane, traduites en vers Français, par Eug. FALLEX.
Paris. Aug. DURAND 1859 — 1 vol. in-18 rel.   26

Ouvrages Historiques de Polybe, Hérodien et Zozime, avec notices biographiques. par J.-A. BUCHON.
Paris. DESREZ 1836 — 1 vol. in-8° rel.   127

Œuvres complètes de Flavius Josèphe, avec notice biographique, par J.-A. BUCHON.
Paris. DESREZ 1836 — 1 vol. in-8° rel,   127

Œuvres complètes de Thucydide et de Xénophon — Choix
des Historiens grecs, avec notices biographiques,
par J.-A. BUCHON.
    Paris. DESREZ 1837 — 2 vol. in-8° rel.   **127**

Plutarque, Vie de César, Traduction Juxta-Linéaire, par
une Société de Professeurs.
    Paris. HACHETTE et Cie 1869 — 1 vol. in-8° br.
                    2147

Mythologie ou Recueil des Fables grecques, ésopiques
et sybaritiques mises en vers français avec des
notes et des réflexions, par DEFRASNAY.
    Orléans. COURBET et VILLENEUVE 1750 — 2 vol.
    in-12 rel. tr. r.   **638**

LITTÉRATURE LATINE

Les Comédies de Térence, avec la traduction et les
remarques de Mme DACIER. — Nouvelle édition corrigée d'un nombre considérable de fautes et enrichie des différentes leçons de M. BENTHEI, de DONAT
de FAERN et autres.
    Amsterdam et Leipzig, chez ARSKTER et MERCUS
    1777 — 3 vol. in-12 rel. v.   **37**

Les Comédies de Plaute, nouvellement traduites en style
libre, naturel et naïf, avec des notes et des réflexions enjouées, agréables et utiles, de critique,
d'antiquité, de morale et de politique par M. GUEU-
DEVILLE — Enrichies d'estampes en taille douce à
la tête de chaque Tome et de chaque comédie. —
Divisées en dix Tomes.
    A Leyde. P. VANDER Aa 1719 — 10 vol in-12 rel.
    v. Fig.   **38**

Terentii Publii Comediæ Sex, Quibus accedunt notae.
Roterodami, Apud Viduam Arnoldi Leers 1680 —
1 vol. p^t in-12 parch.   48

Théâtre complet des latins, comprenant : Plaute,
Térence, et Sénèque le Tragique, avec la traduction
Nisard.
Paris. F. DIDOT 1875. — 1 vol. gr. in-8° rel.   3899

Fables de Phèdre, anciennes et nouvelles, éditées d'après
les manuscrits et accompagnées d'une traduction
littéraire en vers libres, par Léopold HERVIEUX.
Paris. E. DENTU 1881. — 1 vol. in-18 rel.   974

Les Fabulistes latins, depuis le Siècle d'Auguste, jusqu'à
la fin du Moyen-Age. Phèdre et ses anciens imita-
teurs directs et indirects, par Léopold HERVIEUX.
Paris. FIRMIN-DIDOT 1884. — 2 vol. in-8°   670

Les Elégies d'Ovide pendant son exil, traduites en
français, avec des remarques critiques et historiques, le latin à côté.
Paris. D'HOURY 1723. — 1 vol. in-12 R. V. gravure.
                                                            582

Les Métamorphoses d'Ovide, traduites en français, avec
les explications orales en suite de chaque Fable.
1 vol. in-8° rel. (*Le titre manque.*)   1042

Œuvres complètes de Lucrèce, Virgile, Valerius Flaccus.
Paris. GARNIER 1850. — 1 vol. gr. in-8° rel.   3663

Œuvres de Virgile, Texte latin, publié d'après les travaux les plus récents de la philologie, avec un
commentaire critique et explicatif, une introduction
et une notice par E. BENOIST.
1er vol. Enéide. — Livres I-VI 1869.
2e vol. Enéide. — Livres VII-XII 1872.
Paris. HACHETTE et Cie. — 2 vol. in-8° rel.   665

Publius Virgilius Maro, Bucolica, Georgica et Æneis.
Lugduni. LEROY 1808.— 1 vol. in-16 rel. 584

Les Œuvres de Virgile, Edition publiée d'après les travaux les plus récents etc., par E. BENOIST.
Paris. HACHETTE et Cie 1867. — 1 vol. in-8° rel.
Les Bucoliques et les Géorgiques. 666

Remarques critiques sur les Œuvres d'Horace, avec une nouvelle traduction.
Lyon. MOLIN 1696. — 10 vol. in-12 rel. v. m. 658

Traduction des Œuvres d'Horace, par le P. TARTERON de la Cᵉ de Jésus.
Paris. A. TRALARD 1708. — 1 vol. in-12 rel. 1459

Histoire Romaine, par TITE-LIVE, traduite en Français avec les suppléments de FREINSHEMIUS. Nouvelle édition, revue et corrigée.
Paris. DE LORMEL 1770. — 10 vol. in-12 rel v. 229

Œuvres de Tite-Live, avec la traduction.
Paris. GARNIER Frères 1850. — 2 vol. gr. in-8° rel. 3655

Œuvres complètes de Tacite, avec une introduction et des notes, traduites en français par J.-L. BURNOUF.
Paris. HACHETTE et Cᵉ 1861. — 1 vol. in-18 rel. 580

C. Cornelii Taciti quæ exstant opera juxta accuratissimam D. LALLEMANT editionem.
Lugduni. Apud SAVY 1817.— 1 vol. in-12 rel. 581

Même Ouvrage.
Parisiis. BARBOU 1805. — 1 vol. in-12 rel. 2150

Œuvres complètes de Quintilien et Pline-le-Jeune, avec la traduction NISARD.
Paris. GARNIER 1850. — 1 vol. gr. in-8o rel.   3664

Œuvres complètes de Tacite, avec la traduction NISARD.
Paris. GARNIER 1850. — 1 vol. gr. in-8o rel.   3657

Œuvres complètes de Lucain, Silius Italicus, Claudien.
Paris. GARNIER 1850. — 1 vol. gr. in-8o rel.   3665

Histoire naturelle de Pline, avec la traduction en français, par E. LITTRÉ.
Paris. DUBOCHET 1850. — 1 vol. gr. in-8o rel. *(Le premier vol. manque).*   3666

Ammien Marcellin, Jornandès, Frontin, Végèce, Modestus.
Paris. DUBOCHET 1849. — 1 vol. gr. in-8o rel.   3659

Les Satires de Juvénal, traduites en vers, par Jules LACROIX.
Paris. HACHETTE et Cie 1882. — 1 vol. in-18.   2774

Salluste, Jules César, C. Velleius Paterculus et A. Florus. (œuvres complètes).
Paris. GARNIER 1850. — 1 vol. gr. in-8o rel.   3658

Pétrone, Apulée, Aulu-Gelle, avec la traduction NISARD.
Paris. F. DIDOT 1875. — 1 vol. gr. in-8o rel.   3900

Œuvres complètes de Celse, Vitruve, Censorin, Frontin (des Aqueducs de Rome), avec la traduction en français.
Paris. F. DIDOT 1852. — 1 vol. gr. in-8o rel.   3664

Cornelius Nepos. Texte latin, publié d'après les travaux les plus récents de la philologie, avec un commentaire critique et explicatif, par Alfred MONGINOT.
Paris. HACHETTE et Cie 1868. — 1 vol. in-8o rel.
667

Cornelius Nepos, Quinte-Curce, Justin, Valère-Maxime, etc.
Paris. GARNIER Frères 1850. — 1 vol. gr. in-8°
rel. 3656

De Viris illustribus urbis Romæ, a Romulo ad Augustum,
Auctore LHOMOND.
Paris. HACHETTE et Cie 1865.— 1 vol. in-12 rel. 2217

Selectæ e profanis scriptoribus historiæ, Auctore HEUZET.
1 vol. in-12 rel. *(Le titre manque).* 2218

2° LITTÉRATURE FRANÇAISE

POËTES et PROSATEURS

ŒUVRES COMPLÈTES

Œuvres complètes de François Villon, publiées d'après les manuscrits et les plus anciennes éditions, par A. LONGNON.
> Paris. Alp. LEMERRE 1892. — 1 vol. in-8° br. 3249

Œuvres complètes de Maître François Rabelais, publiées sous le titre de faits et dits du géant GARGANTUA et de son fils PANTAGRUEL.
> Paris 1732. — 6 vol. in-12 rel. v. m. 2627

Œuvres complètes de Brantôme
(Pierre de Bourdeille Seigneur de).
> Londres. Aux dépens du Libraire 1779. — 15 vol. in-12 rel. v. t. r. (Les Tomes 3 et 4 manquent). 1034

Œuvres complètes de Pierre de Bourdeille, abbé de Brantôme.
> Paris. DÉREZ 1838. — 1 vol. in-8° rel. 127

Œuvres de Brantôme, nouvelle édition revue d'après les
meilleurs textes, avec une préface historique et
critique, et des annotations, par H. Vigneau. Vies
des Dames galantes. Texte de l'édition de 1740.
    Paris. Delahaye 1857. — 1 vol. in-12 rel.   1035

Œuvres complètes de Blaise Pascal.
    Paris. Hachette 1864. — 3 vol. in-8° rel. im.
    chag.   573

Même Ouvrage.   573

Œuvres complètes de Boileau-Despréaux, avec des éclaircissements historiques donnés par lui-même et
rédigés par M. Brossette, avec des remarques et
des dissertations critiques par M. de Saint-Marc.
Nouvelle édition enrichie de figures gravées d'après
les dessins du fameux Picard le Romain.
    Paris. Libraires associés 1772. — 5 vol. in-8°
    rel. v. f. d. s. l. p. tr. d.   655

Œuvres complètes de Montesquieu.
    Amsterdam et Leipzig. Arkstée 1777. — 6 vol.
    in-12 rel. 1. 2. 3. Esprit des Lois. 4. Lysimaque.
    5. Lettres Persanes. 6. Grandeur et décadence
    des Romains.   577

Œuvres complètes de Voltaire.
    Théâtre. T. 2 à 6. — Histoire de Charles XII, T. 7.
    — Essai sur les mœurs, T. 8, 9, 10. — Siècle de
    Louis XIV, T. 11. 12. — Romans, T. 13. — Ques-
    tions sur l'Encyclopédie. T. 14, 15, 16, 17. — Poésies
    mêlées, T. 18, 19, 20. — Annales de l'Empire depuis
    Charlemagne, T. 22. — Mélanges, T. 23, à 30.
    Genève 1768. — 28 vol. in-4° rel. v. m. F. d. s. l.
    P. gr. d. Belles grav.   353 à 361

Œuvres complètes de M. de Voltaire.

T. 1 à 9, Théâtre. — T. 10, La Henriade. — T.
12, 13, 14. Poésies. — T. 15, 16, 17, 18, Essais
sur les mœurs. — T. 19, 20, 21, Siècle de Louis
XIV. — T. 22, Charles XII. — T. 23, Histoire de
Russie. — T. 24, Annales de l'Empire. — T. 26,
Histoire du Parlement. — T. 27, 28, Mélanges
historiques. — T. 29, 30, Politique et Législation.
— T. 31, 32, 33, 34, 35, Philosophie de Newton
et Philosophie générale. — T. 36 à 43, Diction-
naire philosophique. — T. 44, 45, 46, Romans
et Facéties. — T. 47, 48, 49, Mélanges littéraires.
— T. 50, 51, Commentaires sur Corneille. —
T. 52 à 63, Correspondance avec les Souverains.
— T. 64, 65, 66, Lettres du Prince royal de
Prusse. — T. 67, Lettres de l'Impératrice de
Russie. — T. 68, 69, Correspondance avec
d'Alembert.   **362**

De l'Imprimerie de la Société littéraire typogra-
phique 1785. — 69 vol. in-8° rel. Pt de Voltaire.

Œuvres complètes de J.-B. Rousseau, nouvelle édition
revue, corrigée et augmentée sur les manuscrits
de l'auteur et conforme à l'édition in-4° donnée par
M. SEGUY.
Paris. DIDOT 1753. — 4 vol. in 12 rel.   **657**

Œuvres complètes de Marmontel, historiographe de
France, l'un des 40 de l'Académie ; ouvrage orné
de fig.
Liège. BASSOMPIERRE 1777. — 10 vol. in-8° rel.
                                                  673

Œuvres complètes de M. de Saint-Evremond, avec la vie
de l'auteur par M. DES MAIZEAUX.
S. L. 1753. — 8 vol. in-12 rel. v. m.   **599**

Œuvres complètes de J.-J. Rousseau, nouvelle édition revue et corrigée par l'éditeur.

Tome 1 et 2. – La Nouvelle Héloïse.
Tome 3 et 4. — L'Emile.
Tome 5, 6, 7, 8. — Œuvres mêlées.
Tome 9. — Dictionnaire de Musique.

Londres 1774. — 9 vol. in-4° rel. v. f. d. s. l. p. tr. d. Grav. très belles. **348**

Œuvres complète de M. de Belloy, de l'Académie française, citoyen de Calais.
Paris. MOUTARD 1779. — 6 vol. in-8° rel. v. **290**

Œuvres complètes de M. de Saint-Foix, historiographe des ordres du Roi.
Paris. Vᵉ DUCHESNE 1778. — 4 vol. in-8° rel. v. f. d. s. l. p. *(Il manque les vol. 3 et 5)* **11**

Œuvres complètes de l'abbé Voisenon, de l'Académie.
Paris. MOUTARD 1781. — 2 vol. in-8° rel. t. r. *(L'ouvrage est en 3 vol. Il manque le 1ᵉʳ)* **803**

Œuvres de MM. Alfred, Gustave et Jules de Wailly, réunies et publiées par M. Gustave DE WAILLY.
Paris. FIRMIN-DIDOT 1873. — 2 vol. in-18 rel. **10**

Œuvres complètes de M. le Marquis de Pompignan.
Paris. NYON 1784. — 4 vol. rel. v. f. d. s. l. p. **656**

Œuvres complètes de Piron Alexis, publiées par M. RI-GOLEY DE JUVIGNY.
Paris. LAMBERT 1776. — 6 vol. in-8° rel. portr. **287**

Œuvres complètes de Crébillon fils.
 Londres. 1777. — 7 vol. in-12 rel. v. tr. r. 554

Œuvres complètes de l'abbé Prévost.
 Amsterdam et Paris. 1784-1785. — 36 vol. in-8°
 rel. v. fig. (*Il manque les Tomes :4, 16 et 27.*) 1033

Œuvres complètes de l'abbé Coyer.
 Paris. Vᵉ DUCHESNE 1782. — 5 vol. in-12 rel. v.
 1-2-3-6-7. **1440**

Œuvres complètes de Châteaubriand.
 Paris. FURNE 1836. -- 23 vol. in-8° rel. grav.
       334-335

Œuvres complètes de H. de Balzac.
 Paris. BOURDILLIAT 1856 à 1859. — 25 vol. pˡˢ in-8°
 rel. **436 à 459**

Œuvres complètes de Lamartine. Nouvelle édition de
tous les ouvrages publiés jusqu'à ce jour.
 Paris. Chez l'Auteur 1860 — 40 vol. in-8° rel.
       316 à 332

Œuvres complètes de P. J. de Béranger. — 1ᵉʳ et 2° vol.
Chansons. — 3° vol. Ouvrage Posthume, dernières
chansons.
 Paris. PERROTIN 1847-1857 et 1858. — 3 vol. in-8°
 rel. **2603**

Œuvres complètes de Casimir Delavigne.
 1ᵉʳ vol. Messéniennes et Chants Populaires. —2° vol.
Derniers Chants. - Poëmes et ballades sur l'Italie.
 Paris. DIDIER 1855. - 2 vol. in-8° rel. grav. **3246**

Œuvres complètes de Guizot.
 Paris. DIDIER 1868. — 5 vol. in-8° rel. **2578**

Œuvres complètes d'Alfred de Musset, ornées de dessins de BIDA.
> Paris. CHARPENTIER 1866. — 9 vol. gr. in-8° rel. chag. **3088**

Œuvres Posthumes d'Alfred de Musset, avec lettres inédites, une notice biographique par son frère. Portrait d'Alfred de Musset, Dessin de Bida.
> Paris. CHARPENTIER 1866. — 1 vol. gr. in-8° rel. chag. **3088**

Œuvres complètes de Georges Sand.
> Paris. PERROTIN 1842-1856. — 28 vol. in-18 rel. **422**

Œuvres complètes de P. L. Courrier, précédées d'un essai sur la vie et les écrits de l'Auteur, par Armand CARREL.
> Paris. FIRMIN-DIDOT 1837. — 1 vol. gr. in-8° rel. **3667**

Œuvres complètes de Ernest Renan.
> Paris. CALMANN-LÉVY 1864-1892. — 22 vol. in-8° rel. **2874**

Œuvres complètes de M. Augustin Thierry.
> Paris. FURNE-JOUVET 1886 — 5 vol. in-8° br. **3301**

ŒUVRES COMPLÈTES DE VICTOR HUGO. — Paris HETZEL et QUANTIN — 70 vol. in-18.

Odes et Ballades	1 vol.	2832
Les Orientales	1 vol.	2833
Les Feuilles d'Automne	1 vol.	2834
Les Chants du Crépuscule	1 vol.	2835
Les Voix Intérieures	1 vol.	2836

ŒUVRES COMPLÈTES DE VICTOR HUGO. — Paris. FURNE et Cⁱᵉ, etc., 40 vol. grand in-8°

\~\~\~\~\~

ŒUVRES MÉLÉES

Choisies & Diverses

Œuvres diverses de M. Pierre Bayle, Professeur en Philosophie et en histoire à Rotterdam, contenant tout ce que cet Auteur a publié sur des matières de Théologie, de Philosophie, de Critique, d'Histoire et de Littérature.

    La Haye. Cie des Libraires 1737. — 4 vol. in-f°
    rel. v.   **1957**

Satyre Menippée, de la Vertu du Catholicon d'Espagne et de la tenue des Etats de Paris, à laquelle est ajouté un discours sur l'interprétation du mot de Higuiero del Infierno, et qui en est l'auteur. Plus le regret sur la mort de l'Asne ligueur d'une demoiselle, qui mourut pendant le Siège de Paris.

    A Ratisbonne, chez les Héritiers de Mathias KERNER 1726. — 3 vol. in-8° rel. tr. r. fig.   **1036**

Œuvres choisies de Fénelon, Archevêque de Cambrai.
    Paris. HACHETTE 1862. — 3 vol. in-18.   **568**

Œuvres mêlées de Dorat, en vers et en prose, recueillies par lui-même. Lettres en vers et œuvres mêlées.
　　Paris. Sébastien JARRY 1767. — 2 vol. in-8° rel. v.
　　f. d. s. l. p. grav. **804**

Les Aventures de Télémaque, par François DE SOLIGNAC DE LA MOTTE FÉNELON.
　　Paris. HACHETTE et Cie 1862. — 1 vol. in-18 rel.
　　　　　　　　　　　　　　　　　　　568

Œuvres de Bossuet, Évêque de Meaux.
　　Paris. HACHETTE 1863. — 5 vol in-18 rel. **570**

Œuvres inédites de Bossuet, découvertes et publiées sur les manuscrits du Cabinet du Roi et des Bibliothèques nationales, de l'Arsenal, etc. Les 16 satires de Juvénal par A. MÉNARD.
　　Paris. FIRMIN-DIDOT 1881. — 1 vol. in-8° rel.
　　　　　　　　　　　　　　　　　　　659

Lettres provinciales, par Blaise PASCAL.
　　Paris. HACHETTE 1864. — 2 vol. in-8° rel. **573**

Même Ouvrage. **573**

Les œuvres de M. Scarron.
　　Paris. DAVID 1731. — 1 vol. in-12 rel. tr. r. (*Le Tome 2 manque.*) **1450**

Le Roman comique, par SCARRON. Notice sur l'Auteur et l'état des Lettres en France au XVIII° siècle.
　　Paris. LAVIGNE 1842. — 1 vol. in-16 rel. **2184**

Considérations sur les causes de la Grandeur des Romains et de leur décadence, par M. DE MONTESQUIEU.
　　Amsterdam et Leipzig 1777. — 1 vol. in-12 rel.
　　v. m. **577**

Œuvres diverses de M. Cyrano de Bergerac.
　　Amsterdam 1741. – 2 vol. in-12 rel. v. m. **812**

Œuvres de M. de Fontenelle. de Académies Françaises, des Sciences, des Belles-Lettres, de Londres, de Nancy, de Berlin et de Rome.
  Paris. Libraires associés 1766. — 7 tom. rel. in-12 (3-4-6-7-8-9-10.)   **1436**

Epîtres, par Voltaire.
  Imprimerie de la Société 1785. — 1 vol. in-8° rel.   **365**

Siècle de Louis XIV, par M. de Voltaire.
  Genève 1769. — 2 vol. in-4° rel. v. m. tr. d.   **357**

Siècle de Louis XIV, par Voltaire. Édition conforme au texte officiel, adoptée par le Conseil de l'Instruction publique et annotée par Dauban.
  Paris. Tandou 1864. — 1 vol. in-12 rel.   **749**

Commentaires sur Corneille, par Voltaire.
  Paris. Imprimerie de la Société 1785. — 2 vol. in-8° rel.   **383**

Lettres en Vers et en Prose, par Voltaire.
  Paris. Imprimerie de la Société 1785. — 1 vol. in-8° rel.   **367**

Poésies mêlées, par Voltaire.
  Genève 1771. — 3 vol. in-4° rel. v. m. f. d. s. l. p. tr. d.   **358**

Œuvres de M. de Champmeslé.
  Paris 1742. — 1 vol. in-12 rel. v. m.   **809**

Julie ou la nouvelle Héloïse. Lettres de deux anciens habitants d'une petite ville au pied des Alpes, recueillies et publiées par J.-J. Rousseau.
  Londres 1774. — 2 vol. in-4° rel. v. f. d. s. l. p. tr. d. avec gravures,   **348**

Œuvres choisies de Piron Alexis, publiées par M. RIGOLEY
DE JUVIGNY.
> Paris. LAMBERT 1776. — 2 vol. in-8° rel.   **287**

Œuvres mêlées de M. Rousseau de Genève, fig.
> Londres 1776. — 4 vol. in-4° rel. v. f. d. s. l. p. tr.
> d.   **350**

Etudes de la Nature, par Jacques BERNARDIN DE SAINT-
PIERRE.
> Bruxelles. LE FRANCQ 1792. – 6 vol. in-12 rel.
> fig.   **756**

Œuvres de Madame Riccobini.
> Neufchâtel 1780. — 7 vol. in-12 rel. v. *(Manque le*
> *1er vol.)*   **843**

Œuvres de M. d'Arnaud.
> Maestricht 1782. — 5 vol. in-12 rel. v. m. *(Il*
> *manque le 2e vol.)*   **840**

Œuvres de Palissot.
> Liège et Paris. BASTION 1778. — 1 vol. in-8° rel.
>   **559**

Le Mérite des Femmes, par LEGOUVÉ.
> Paris. DIDOT An IX. — 1 vol. in-12 br.   **2153**

Histoire de Gil Blas de Santillane, par LE SAGE.
> Amsterdam et Paris 1783. — 1 vol. in-8° rel. tr.
> r. fig.   **562**

Œuvres de Gresset, Notice par Ch. NODIER. Illustrations
par LAVILLE.
> Paris. V. LEGOU. — 1 vol. in-18 rel.   **623**

Œuvres choisies de Desmahis, Epîtres, Œuvres diverses.
> Paris. Firmin DIDOT 1813. — 1 vol. in-12 br. **2225**

Œuvres de Florian, Théâtre, Littératures, Poésies.
Paris. BOULLAND 1820-1824. — 5 vol. in-18 rel.
2227

Corinne ou l'Italie, par Mme DE STAEL, préface par
SAINTE-BEUVE
Paris. CHARPENTIER 1839. — 1 vol. in-12 rel. 412

De l'Allemagne, par Mme DE STAEL, préface par X.
MARMIER.
Paris. CHARPENTIER 1839. — 1 vol. in-12 rel. 414

Œuvres de Gilbert, nouvelle édition avec une notice
historique par M. Charles NODIER.
Paris. GARNIER Frères 1840. — 1 vol. in-18 rel. p‍ʳ
618

Œuvres poétiques de Chénier, précédées d'une étude,
par SAINTE BEUVE.
Paris. GARNIER Frères 1878. — 2 vol. in-18 rel.
1582

Œuvres en prose d'André Chénier, précédées d'une notice
sur le procès d'André Chénier et des actes de ce
procès par M. L. MOLAND.
Paris. GARNIER Frères 1879. — 1 vol. in-18. 1583

Itinéraire de Paris à Jérusalem et de Jérusalem à Paris,
en allant par la Grèce et en revenant par l'Egypte,
la Barbarie et l'Espagne, par le Vicomte François
DE CHATEAUBRIAND.
Paris. FURNE 1837. — 2 vol. in-8° rel. (Une carte)
337

Œuvres de Millevoye, précédées d'une notice par M. DE
PONGERVILLE.
Paris. CHARPENTIER 1840. — 1 vol. in-18 rel. 622

Œuvres de Barthélémy et Méry, Précédées d'une notice
par M. Louis REYBAUD.
    Paris PERROTIN 1831. — 4 vol. in-12 rel.   632

Œuvres de François Coppée. — 1ᵉʳ vol. Le Reliquaire 1864-
1866. — 2ᵉ vol. Les Humbles, Ecrit pendant le siège,
Plus de sang, Promenades et intérieurs, Le Cahier
rouge 1869-1874. — 3ᵉ vol. Olivier. Les récits et les
Elégies 1874-1878. —4ᵉ vol. Contes en Vers et poésies
diverses 1878-1886.
    Paris. Alph. LEMERRE 1864-1886. — 4 vol. in-12
    rel.   679

Œuvres de Sully Prudhomme. Poésies, Stances, Poèmes.
    Paris. A. LEMERRE 1865-1888 — 5 vol. in-12 rel.
    format Elzévir.   3109

Œuvres de Leconte de Lisle, Poèmes barbares, antiques,
tragiques.
    Paris. A. LEMERRE — 3 vol. in-12 rel. format
    Elzévir.   3110

~~~

POÉSIE
œuvres diverses

Recueil de Pièces fugitives en prose et en vers, par M. DE
V*** (Voltaire).
    Paris 1740. — 1 vol. in-8° rel. v. tr. r.   288

Poésies, par MALHERBE. Edition stéréotype d'après le
procédé de Firmin DIDOT.
    Paris. Pierre et Firmin DIDOT, An VIII (1800). —
    1 vol. in-18 rel.   636

Poésies des Larmes, par Louis BELMONTET.
　　Paris. LACROIX et Cⁱᵒ 1865. — 1 vol. in-18 rel. **615**

Poésies Diverses. Pensées, Divan oriental, occidental
　　avec le commentaire par GOETHE ; traduction
　　nouvelle par Jacques PORCHAT.
　　Paris. HACHETTE et Cⁱᵉ 1871. 1 vol. gr. in-8° rel. **541**

Chants civils et religieux, par Auguste BARBIER.
　　Paris. P. MARGANE 1842. — 1 vol. in-18 rel. **616**

Les deux Arts poétiques d'Horace et de Boileau, avec
　　traduction en vers et en prose, par J.-C. BARBIER.
　　Paris. E. THORIN 1874. — 1 vol. in-18 rel. **617**

Melœnis, Conte romain, par Louis BOUILHET.
　　Paris. Michel LÉVY 1857. — 1 vol. in-18 rel. **620**

La Colombe Messagère plus rapide que l'éclair, plus
　　prompte que la nue, par Michel SABBAGH, traduit
　　de l'Arabe en Français, par A.-T. SILVESTRE DE
　　SACY.
　　Paris 1805. — 1 vol. in-8° br. **1993**

Œuvres posthumes de Gaston Crémieux, précédées d'une
　　lettre de V. HUGO.
　　Paris. DENTU 1884. — 1 vol. in-8° rel. **758**

Le Myosotis, par Hégésippe MOREAU, nouvelle édition
　　augmentée du Diogène et de Pièces posthumes
　　inédites et précédée d'une notice biographique par
　　Sainte-Marie MARCOTTE.
　　Paris. Paul MARGANA 1840. — 1 vol. in-12 rel.
　　　　　　　　　　　　　　　　　　627

Poésies, Amour et Foi, Poésie catholique, Hymnes
　　sacrées, par Edouard TURQUETY.
　　Paris. SAGNIER et Cⁱᵒ 1846. — 1 vol. in-18 rel. **628**

Poésies, Idylles, Elégies, Romances, Contes, etc., par
 Mme DESBORDES-VALMORE. Notice par SAINTE-
 BEUVE.
   Paris. CHARPENTIER 1842. — 1 vol. in-18 rel.   629

Poésies complètes. Fleurs du Midi, Penserosa, Mezza-
 Vita, etc., par Mme Louise COLET.
   Paris. GOSSELIN 1844. — 1 vol. in-18 rel.   630

Nouvelle Némésis, Satires, l'Algérie, par BARTHÉLEMY.
   Paris. LALLEMAND-LÉPINE 1845. — 1 Br.   641

Le Progrès, Satire, par E. DE LA RAVINE.
   Paris. A. SAUTON, avril 1883. — 1 Br.   642

Aux Femmes de France, poésie dite par l'auteur GRAND-
 MOUGIN au Festival de l'Union des Femmes de
 France, le 5 mai 1883, à l'Hôtel Continental.
   Paris. M. LÉVY 1883. — 1 Br.   643

Du Printemps à l'Automne, poésies, par M. MONNIER DE
 LA MOTTE
   Paris. Librairie des Bibliophiles 1886. — 1 vol.
   in-18 rel.   662

Méditations poétiques de Lamartine.
   Paris. Chez l'auteur 1860. — 1 vol. gr. in-8° rel.
   Avec un autographe de M de Lamartine.
                                                   316

La mort de Socrate. Le dernier chant du pèlerinage
 d'Harold, par LAMARTINE.
   Paris. Chez l'auteur 1860. — 1 vol. gr. in-8° rel.
                                                   317

Les Trophées, par J.-M. DE HÉRÉDIA.
   Paris. LEMERRE 1893. — 1 vol. in-16 br.   3551

Jocelyn, de LAMARTINE.
>   Paris. Chez l'auteur 1860. — 1 vol. gr. in-8° rel.
>   **349**

Epîtres et Poésies diverses, Recueillements poétiques,
par DE LAMARTINE.
>   Ce volume contient aussi : **Les Devoirs civils du
>   Curé**, (portrait du Curé de village), écrit par de
>   LAMARTINE en 1831.
>   Paris. Chez l'auteur 1860. — 1 vol. gr. in-8° rel.
>   **320**

La Chute d'un Ange, de LAMARTINE.
>   Paris. Chez l'auteur 1861. — 1 vol. gr. in-8° rel.
>   **323**

Harmonies poétiques de Lamartine.
>   Paris. Ch. LAHURE 1860. — 1 vol. gr. in-8° rel.
>   **318**

Petits Poètes Français, depuis Malherbe jusqu'à nos
jours, avec des Notices biographiques et littéraires
sur chacun d'eux, par Prosper POITEVIN.
>   Paris. DESREZ 1838. — 2 vol. gr. in-8° rel.   **125**

Œuvres de M. de la Harpe, Poésies.
>   Paris. DUPONT 1778. — 1 vol. in-8° rel. v. tr. r.
>   **572**

Lectures à l'Académie Française, par Ernest LEGOUVÉ.
>   Paris. Michel LÉVY 1862. — 1 vol. in-18 rel.   **625**

John Brown, Daniel Manin, Ary Scheffer, Poésies, par
Jacques FERNAND, pour la souscription Lamartine.
Ouvrage vendu au profit des Orphelins.
>   Paris 1861. — 1 Br.   **2196**

L'Illusion, par Jean LAHOR.
>   Paris. LEMERRE 1893. — 2 vol. in-18 jésus. br.
>   **3543**

Poésies complètes, par Th. GAUTIER.
Paris. CHARPENTIER 1890. — 2 vol. in-18 br. **3558**

Emaux et Camées, poésies, par Th. GAUTIER.
Paris. CHARPENTIER 1892. — 1 vol. in-18 br. **3559**

Les Quarante ou grandeur et décadence de l'Académie Fançaise, par VIBERT, Paul.
Paris. A. GHIO 1880. — 1 vol. in-16 br. **3795**

Rimes plébéiennes, par VIBERT Théodore.
Paris. A. GHIO 1879. — 1 vol. in-16 br. **3796**

Martura ou un mariage civil, par VIBERT Théodore.
Paris. A. GHIO 1879. — 1 vol. in-16 br. **3799**

Dizain de Sonnets. Sonnets parisiens, par VIBERT Paul.
Paris. A. GHIO 1878. — 1 vol. in-16 br. **3800**

POÉSIE

Auteurs Bretons

Chants populaires de la Basse-Bretagne, par LUZEL..
Lorient. CORFMAT 1874. — 1 vol. in-8° et 5 br. **612**

Sainte Tryphine et le Roi Arthur, Mystère Breton en deux journées et 8 Actes. Traduit, publié et précédé d'une introduction par M. LUZEL.. Texte revu et corrigé d'après d'anciens manuscrits par M. l'abbé HENRY.
Quimperlé. CLAIRET 1863. — 1 vol. in-8° rel. **613**

Géorgiques Bretonnes, par M. GUILLOME, Recteur de Kergrist.
>> Vannes. DE LAMARZELLE 1849. — 1 vol. in-18 rel.
>>
>> **614**

Poésies Bretonnes, par Joseph ROUSSE.
>> Au pays de Retz. Poëmes Italiens et Bretons.
>> Cantilènes, Souvenirs et Légendes.
>> Paris. Alp. LEMERRE 1882. — 1 vol. in-18 rel. **624**

Poésies, Chants Armoricains, et Souvenirs de la Basse-Bretagne.
>> Paris. TREUTTEL. 1831. — 1 vol. in-18 rel. **631**

Sônes et Visions, Poésies, par Sylvane DE KERHALVÉ.
>> Paris. Alph. LEMERRE 1886. — 1 vol. in-12 br.
>>
>> **3578**

Œuvres de Brizeux, (Poète Français né à Lorient en 1803 mort à Montpellier en 1858.)
>> 1er vol. Marie. La Harpe d'Armorique. Sagesse de Bretagne. — 2e vol. Les Bretons.
>> Paris. Alph. LEMERRE 1879. — 2 vol. in-16 rel.
>>
>> **633**

Marie. La Harpe d'Armorique. Sagesse de Bretagne. **633**

La Fleur d'Or, Histoires poétiques. Poétique nouvelle, par BRIZEUX.
>> Paris. Alph. LEMERRE 1884. — 2 vol. in-12 rel.
>>
>> **634**

Auguste Brizeux et l'idée Bretonne par H. FOURNIER.
>> La mort de Brizeux, Poëme à l'occasion de l'érection de sa statue à Lorient, 9 sept. 1888. A Brizeux, strophes dites par l'Auteur M. F. COPPÉE, à l'inauguration de la statue de Brizeux à Lorient.
>> Paris. 1888. — 3 Br. in-12 **2472**

Sagesse de Bretagne ou Recueil de Proverbes bretons, par BRIZEUX. Notice sur M. Le Gonidec.
>   Lorient. Ch. GOUSSET 1855. — 1 vol. in-18 rel.
>   **635**

Poëmes Bretons tirés du Barzas-Breiz de M. de la Ville-marqué, par G. BOISSON. Préface par J. SIMON.
>   Paris. V. HAVARD 1888. — 1 vol. in-12 rel.   **2471**

Au pays de Brizeux, Souvenirs intimes de la Bretagne, par René ASSE.
>   IMPRIMERIE LORIENTAISE 1888. — 1 vol. in-18 br.
>   **2476**

Même Ouvrage.   ·   **2476 bis**

Poesies. Deuxième dîner amical de l'Hermine et du Parnasse Breton, 4 avril 1891.
>   Rennes. CAILLIÈRE 1891. — 1 Br. in-8o 55 p.   **3223**

Le Parnasse breton contemporain, par TIERCELIN et ROPARTZ.
>   Paris et Rennes 1889. — 1 vol. in-8° rel.   **2624**

Même Ouvrage   **2766**

Bleuniou Breiz. Poésies anciennes et modernes de la Bretagne, par l'abbé HENRY.
>   Quimperlé. CLAIRET 1888. — 1 vol. in-8° rel.   **680**

Les Berçeuses, par Stanislas MILLET.
>   Paris. R. GODFROID 1891. — 1 vol. in-16 br.   **3218**

Barzaz-Breiz. Chants populaires de la Bretagne, par M. HERSART DE LA VILLEMARQUÉ.
>   Paris. DIDIER 1891. — 1 vol. in-12 br.   .   **3250**

Poésies. En Bretagne, par Paul LORANS.
>   Lorient. CATHRINE 1892. — 1 Br.   **3275**

En pays breton. Jours d'hiver. Deux monologues.
Dominique. Poésies ; par SYLVANE.
    Rennes. CAILLIÈRE 1892. — 4 Br. in-12   **3291**

La Chanson de la Bretagne, par A. LE BRAZ.
    Rennes. CAILLIÈRE 1892. — 1 vol. in-16 br. **3307**

Sous les Chênes, par JOS PARKER. Dessin de l'Auteur.
Préfaces de F. COPPÉE et L. CLADEL.
    Rennes. CAILLIÈRE 1891. — 1 vol. in-16 br. **3308**

Mélodies populaires de Basse-Bretagne, par BOURGAULT-
DUCOUDRAY, traduction française en vers par F.
COPPÉE.
    Paris. LEMOINE 1885. — 1 vol. in-4° br.   **2960**

Chants Chrétiens édités et composés par Le Coat, avec les
vieux airs bretons, recueillis, transcrits et harmonisés par le Rév. Dr BULLINGER de Londres.
    Paris-Londres-Genève-Tremel. — 1 vol. in-12 br.
                                       3085

Rimes de Mer, par Ed. LE MARANT DE KERDANIEL.
    Lorient. IMPRIMERIE CATHRINE 1894.   **3970**

Idylles Bretonnes, Poésies, par François MABILEAU.
    Lorient. CATHRINE 1894 — 1 vol. in-8° br.   **3971**

La Lyre du Cœur, Poésies, par Yan CARNEL.
    Lorient. CATHRINE 1892 — 1 vol. in-8° br.   **3972**

Stances à Brizeux, dites par l'auteur, le 9 septembre
1888 devant la maison du poète, à Lorient, par
Eugène LE MOUEL.
    Paris. LEMERRE 1888,   **3973**

FABLES

Fables choisies mises en vers, par J. DE LA FONTAINE.
(L'annonce de cette édition fit sensation non seulement en France, mais à l'étranger, et l'apparition du 1er tome fut un des succès de la librairie du siècle passé.)

Paris. DESAINT et SAILLANT. Libraires associés 1755 — 4 vol. in-4° rel. v. J. F. d. s. l. p. Gravures sur cuivre, par C. N. COCHIN le fils, qui d'après les originaux a fait tous les traits, conduit et dirigé tout l'ouvrage. **1890**

\\\\\\\\

POEMES
Légendes, Contes et Nouvelles

La Henriade, par VOLTAIRE.
Paris. Imprimerie de la Société 1785 — 1 vol. in-8° rel. **363**

Poèmes et Discours en Vers, par VOLTAIRE.
Paris. Imprimerie de la Société 1785 — 1 vol. in-8° rel. **364**

La Pucelle, poème par VOLTAIRE.
Genève 1771 — 1 vol. in-4° rel. v. m. F. d. s. l. p. tr. d. **359**

Psyché, Odes et Poèmes, par Victor DE LAPRADE.
     Paris. M. LÉVY 1857 - 2 vol. in-18 rel.   621

Milianah, Poème en quatre chants, par J. AUTRAN.
     Paris 1857 — 1 vol. in-8° rel.   626

Le France délivrée, Ode par OURRY.
     Paris. DELAUNAY 1818 — 1 Br.   640

La Guerre des Dieux, Poème en dix chants, par E. PARNY.
     Paris. An VII — 1 vol. in-12 Br.   1045

Iambes et Poèmes, par Auguste BARBIER (23° édition).
     Paris. E. DENTU 1871. — 1 vol. in-8° rel.   988

La Légende rustique, poème, par ROBINET-BERTRAND.
     Paris. Alp. LEMERRE 1867. — 1 vol. in-18 rel.   992

Poëme National, Guerre de Crimée, Siège de Sébastopol, par VERNHES aîné, auteur du poème historique en l'honneur de L. L. M. M. Impériales.
     Paris. Chez l'auteur 1857. — 1 Br. in-8°.   1400

Jeanne d'Arc, ou la délivrance de la France, par P.-C. DUVAL, de Belle-Ile-en Mer.
     Quimper. Léon ALPHONSE 1857. — 1 vol. in-8° rel.
     641

Jacobi Vanierii. Prædium Rusticum. Nova editio cæteris emendatior.
     Parisiis. Ex Typographia J. BARBOU 1774. — 1 vol. in-8° r. tr. r.   1457

L'Homme des Champs ou les géorgiques françaises, par Jacques DELILLE.
     Strasbourg. LEVRAULT 1800. — 1 vol. in-18 br.
     2151

Les **Jardins** ou l'art d'embellir les Paysages, par Jacques DELILLE.
> Paris 1782. — 1 vol. in-18° br. **2201**

Les **Amours des Plantes**, poème en 4 chants, suivi de notes, par DELEUZE.
> Paris. Digeon An VIII. — 1 vol. in-18 br. **2152**

Contes en vers, par VOLTAIRE.
> Paris. Imprimerie de la Société 1785 — 1 vol. in-8° rel. **366**

Les **mille et une Nuits**, contes Arabes, traduits en français par GALLAND ; nouvelle édition augmentée de plusieurs contes.
> Paris. DESREZ 1838 — 1 vol. in-8° rel. **126**

Les **Récits d'un Vieux Chasseur**, par LA VALLÉE.
> Paris. HACHETTE 1858 — 1 vol. in-12 rel. **514**

Une **Veillée au Corps-de-Garde du Palais-Royal**, ou Louis Philippe, Roi des Français, par BOUTMY.
> Paris. EVERAT 1831 — 1 vol. in-18 rel. **524**

Soirées Algériennes, Corsaires, Esclaves et Martyrs de Barbarie, par l'Abbé GODARD.
> Tours. MAME 1865 — 1 vol. in-18 rel. **948**

Contes Moraux, par MARMONTEL.
> Liège. BASSOMPIERRE 1777 — 1 vol. in-8° rel. v. **673**

Nouvelles et Contes, par A. DE MUSSET. Edition ornée de gravures d'après BIDA.
> Paris. CHARPENTIER 1866 - 2 vol. in-8° rel. **3088**

Propos interrompus — Essai de dialogue, contes, notes, par A. DU MESNIL.
> Paris, HACHETTE 1882 — 1 vol. in-16 br, **3835**

Adolphe, Anecdote trouvée dans les papiers d'un inconnu, par Benjamin CONSTANT ; nouvelle édition
suivie des réflexions sur le Théâtre Allemand et sur
la Tragédie de Wallstein.
Paris. CHARPENTIER 1839 — 1 vol. in-12 rel. 727

Les Contes drolatiques, Colligez ez Abbayes de Touraine
et mis en lumière par le sieur de Balzac, pour
l'esbattement des Pantagruelistes et non aultres,
par H. DE BALZAC.
Paris. BOURDILLIAT 1859 — 1 vol. in-12 rel. 459

Nouvelles de Ch. Nodier, Souvenirs de Jeunesse, Mademoiselle de Marsan, Inez de Las Sierras.
Paris. CHARPENTIER 1840 — 1 vol. in-18 rel. 511

Romans, Contes & Légendes

DE BRETAGNE

Le Royaume d'Houat, roman breton par X***.
Lorient. DRUILHET-LAFARGUE 1882. — 1 vol. in-8°
rel. 500

Le Presbytère de Plouguern, par Ch. PERINT.
Paris. HACHETTE s. d. — 1 vol. in-16 rel. 502

Contes Populaires de la Haute Bretagne Les Féeries et
les Aventures merveilleuses. Les Facéties et les
bons mots, par Paul SÉBILLOT.
Paris. CHARPENTIER 1880. — 1 vol. in-8° rel. 531

Contes des Paysans et des Pêcheurs, par Paul SÉBILLOT. Paris. CHARPENTIER 1881. — 1 vol. in-8° rel.   **532**

Contes des Marins, par Paul SÉBILLOT. — 1 vol. in-8° rel.   **533**

Contre Vent et Marée, la Dame pâle, le Repentir, le Bois de Kéroman, la Glace. etc., par Paul BRANDA. Paris. DENTU 1883. — 1 vol. in-18 br.   **3181**

Les Trois Caps, par Paul BRANDA. Paris. SANDOZ 1877. — 1 vol. in-18 br.   **3182**

Grand'mère, par Sylvane DE KERHALVÉ. Nantes. PLÉDRAN 1893. — 1 Br. in-4° illust.   **3577**

La Légende de la Mort en Basse-Bretagne, par LE BRAZ. Paris. CHAMPION 1893. — 1 vol. in-8° br.   **3625**

Chansons et Récits de Mer, par Yann NIBOR (Robin). Paris. FLAMMARION s. d. — 1 vol. in-18 br.   **3877**

Nos Matelots. par Yann NIBOR (Robin). Paris. FLAMMARION. s. d. — 1 vol. in-18 br.   **3878**

THÉATRE

Ouvrages généraux

Histoire. — Etudes & Critique

Histoire philosophique et littéraire du Théâtre français,
depuis son origine, jusqu'à nos jours par H. LUCAS.
Paris. Ch. GOSSELIN 1843. — 1 vol. in-18 rel.   24

Les Pièces grecques et le Théâtre au XIX Siècle, par RHÉAL
DE CÉSENA.
Paris. DENTU 1858. — 1 vol. in-18 rel.   51

Théâtre français au Moyen-Age, publié d'après les manuscrits de la Bibliothèque du Roi, par MONMERQUÉ
et F. MICHEL. XI-XIVᵉ siècles.
Paris. DESREZ 1840. — 1 vol. in-8⁰ rel.   125

La Comédie satirique au XVIIIᵉ Siècle, La personnalité
et la Satire au Théâtre, par G. DESNOIRESTERRES.
Paris. E. PERRIN 1885. — 1 vol. in-8⁰ rel.   152

Histoire du Théâtre en France, par PETIT DE JULLEVILLE.
Paris. HACHETTE 1880. — 1 vol. in 8⁰ rel.   153

Histoire du Théâtre en France. Les Comédiens en France
au Moyen-Age, par PETIT DE JULLEVILLE.
Paris. L. CERF 1885. — 1 vol. in-8° rel.   154

Ouvrages dramatiques et morceaux relatifs à ce genre,
par LA HARPE.
Paris. PISSOT 1778.   1 vol. in-8° rel. v. tr. r.
                                                  572

Les Théâtres de Paris depuis 1806, jusqu'en 1860, par
L. VÉRON.
Paris. BOURDILLIAT 1860. — 1 vol. in-12 rel.   534

Les époques du Théâtre français 1636-1850, par BRUNE-
TIÈRE
Paris. C. LÉVY 1893. — 1 vol. in-18 br.   3924

Dramaturges et Romanciers, par E. MONTÉGUT.
Paris. HACHETTE 1890. — 1 vol. in-16 br.   2902

La Comédie en France au XVIIIᵉ Siècle, par Ch. LENIENT.
Paris. HACHETTE 1888. — 2 vol. in-16 br.   3246

La Comédie de Molière, l'Auteur et le milieu, Par G.
LARROUMET.
Paris. HACHETTE 1887. — 1 vol. in-16 br.   2904

Galeries du XVIIIᵉ Liècle. Les Hommes d'esprit.
Princesses de comédie et Déesses d'opéra, etc. etc.,
par Arsène HOUSSAYE.
Paris. HACHETTE 1858. — 5 vol. in-18 rel.   726

La Comédie Française pendant les deux Sièges 1870-1871,
Journal de l'Administrateur général, par Edouard
THIERRY.
Paris. TRESSE 1887. — 1 vol. in-8° br.   1659

Comédies et Comédiennes, par FIORENTINO.
Paris. M. LÉVY 1866. — 2 vol. in-18 rel.   3503

Impressions de Théâtre, par J. LEMAITRE.
Paris. LECÈNE et OUDIN 1892. — 7 vol. in-18 br.
3264

Etudes d'Histoire et de Critique dramatiques, par Gustave
LARROUMET.
Paris. HACHETTE 1892. — 1 vol. in-16 br.   3272

Souvenirs de Théâtre, d'Art et de Critique, par Th.
GAUTIER.
Paris. CHARPENTIER 1883. — 1 vol. in-18 br. 3561

Histoire philosophique et littéraire du Théâtre Français,
par LUCAS Hyp.
Paris. GOSSELIN 1843. — 1 vol. in-18 rel.   3917

Le Théâtre Français pendant la Révolution de 1789-1799,
par H. LUNIÈRE.
Paris. DENTU S. D. — 1 vol. in-18 br.   3873

Cours de Littérature dramatique ou de l'usage des pas-
sions dans le drame, par SAINT-MARC-GIRARDIN.
Paris. CHARPENTIER 1872 -- 5 vol. in-18 rel.   574

Même Ouvrage,
Paris. CHARPENTIER 1886 — 5 vol. in-18 rel.   1593

Dramaturges et Romanciers, le Théâtre de Th. BARRIÈRE.
— Le Roman en 1861. O. FEUILLET. M. Victor Cher-
buliez — Le Roman en 1876. M. Victorien SARDOU.
M. E. Augier — Petites feuilles dramatiques, par
E. MONTÉGUT.
Paris. HACHETTE et Cie 1890 — 1 vol. in-16 br.
2902

THÉATRE

Œuvres complètes & Diverses

(TRAGÉDIE — COMÉDIE — DRAME —
VAUDEVILLE — OPÉRA, etc.)

Les Pièces de Théâtre de divers Auteurs.
7 vol. gr. in-8° sans titre.   1

Le Magasin Théâtral. Trente sept pièces de Théâtre.
1 vol. gr. in-8° sans titre.   2

Magasin Théâtral, choix de pièces nouvelles, jouées à
Paris.
Paris. MARCHANT 1840. — 6 vol. in-8° rel. fig.   3

Le Théâtre d'autrefois, chefs d'œuvre de la littérature
dramatique.
Paris. Au Musée des familles 1842-43 et 44. —
3 vol. in-8° rel.   5

La France Dramatique
Paris. 3 vol. in-8° rel. fig.   4

Œuvres Posthumes de Philippe Duplessis, imprimées en
exécution de son Testament.
Paris. FIRMIN-DIDOT frères 1853. —5 vol. in-8° rel.
                                                                  7

Théâtre complet de M. Mercier.
Amsterdam et Leyde 1778. — 2 vol. in-8° rel. v.
tr. r. avec fig. en taille douce.   9

Théâtre de M. Favart, ou Recueil des Comédies, Parodies et Opéras-Comiques qu'il a donnés jusqu'à ce
jour, avec les airs, rondes et vaudevilles notés
dans chaque pièce.

Paris. DUCHESNE 1763. — 10 vol. in-8° rel. v.
f. d. s. l. p. tr. d. p^{rt} de FAVART. — 1 p^{rt} de Mme
FAVART. 8

Théâtre de Pierre Corneille, avec des commentaires et
autres morceaux intéressants.

Genève, 1774. — 8 vol. in-4° rel. v. f d. s. l. p.
tr. texte encadrement avec fig. 6

Œuvres de Molière, avec des remarques grammaticales,
des avertissements et des observations sur chaque
pièce, par M. BRET.

Paris. Cie DES LIBRAIRES ASSOCIÉS 1773. — 6 vol.
in-8° rel. v. f. d. s. l. p. 12

Œuvres de Jean Racine, avec des commentaires, par
M. LUNEAU DE BOISGERMAIN.

Paris. L. CELLOT 1778. — 7 vol. in-8° rel. v. f. d.
s. l. p. tr.d. avec portr. et fig.1-2-3-4-5. Théâtre
6-7. Œuvres diverses. 567

Œuvres de Jean Racine, 2° vol. Britannicus, Bérénice
Bajazet, Mithridate.

Paris. Pierre DIDOT 1799. — 1 vol. in-12 rel. 1460

Le Théâtre de la Foire ou l'Opéra comique, contenant
les meilleures pièces qui ont été représentées aux
foires de Saint-Germain et de Saint-Laurent, par
MM. LE SAGE et D'ORNEVAL. Edition enrichie
d'estampes en taille douce.

Il n'existe que le 5e volume.

Paris. E. GANEAU 1724. — 1 vol. in-12 rel. v. 811

Les Œuvres diverses de M. Cyrano de Bergerac.
    Amsterdam. J. DESBORDES 1741. — 2 vol. in-12
    rel. v. tr. r.   **812**

Œuvres de MM. Alfred, Gustave et Jules de Wailly, réunies
et publiées par M. Gustave DE WAILLY.
    Paris. F. DIDOT 1873. — 2 vol. in-18 rel.   **10**

Œuvres de M. de Saint-Foix, historiographe des Ordres
du Roi.
    Paris. Veuve DUCHESNE 1778. — 4 vol. in-8° rel.
    v. f. d. s. l. p.   **11**

Théâtre de Beaumarchais, précédé d'une notice sur sa
vie et ses ouvrages, par AUGER.
    Paris. F. DIDOT 1841. — 1 vol. in-18 rel. portr. **19**

Œuvres de Théâtre de M. de Boissy, de l'Académie
française; nouvelle édition, corrigée et augmentée.
    Paris. Veuve DUCHESNE 1766. — 9 vol. in-8° rel.
    v. portr.   **28**

Théâtre de Serret, Ernest.
    Paris. GIRAUD et DAGNEAU 1851. — 1 vol. in-18
    rel.   **29**

Théâtre. Pièces diverses.
    Paris. M. LÉVY frères 1861. — 6 vol. in-8° rel. **30**

Œuvres de M. Vadé ou Recueil des Opéras-Comiques,
Parodies et Pièces fugitives de cet Auteur, avec les
airs, rondes et vaudevilles notés.
    Paris. Vᵉ DUCHESNE 1775. — 3 vol. in-12 rel. v.
    tr. d. (*Cet ouvrage se compose de 4 vol. ; il manque le 3ᵉ*)
                    32

Proverbes dramatiques. Ouvrage sans nom d'Auteur.
    Paris. LEJAY 1773. — 6 vol. in-8° rel. v. tr. r.   **33**

Œuvres de Poisson, Philippe.

Paris. Vᵉ DUCHESNE 1776. — 2 vol. in-12 rel.   35

Théâtre de Quinault. contenant ses Tragédies, comédies et opéras ; nouvelle édition, augmentée de sa vie, d'une dissertation sur ses ouvrages, et de l'origine de l'Opéra.

Paris. LIBRAIRES ASSOCIÉS 1778. — 5 vol. in-12 rel. v.   36

Œuvres de Legrand, Comédien du Roi.

Paris. LIBRAIRES ASSOCIÉS 1770. — 4 vol. in-12 rel. v.   39

Théâtre de Noël Le Breton, sieur de Hauteroche, nouvelle édition, revue et corrigée.

Paris. Aux dépens de la Cⁱᵉ 1772. — 3 vol. in-12 rel. v.   40

Œuvres de Théâtre de de la Noue.

Paris. DUCHESNE 1765. — 1 vol. in-12 en 2 Pièces rel. v.   42

Théâtre de M. Poinsinet de Sivry.

Londres et Paris. LACOMBE 1773. — 1 vol. in-12 rel. v. t. r.   43

Œuvres de Regnard, Édition Stéréotype d'après le procédé de FIRMIN-DIDOT.

Paris. P. et F. DIDOT 1801. — 5 vol. in-18 rel. en 3 cartons.   44

Œuvres de Regnard, Nouvelle édition, revue, exactement corrigée, et conforme à la représentation.

Paris. LIBRAIRES ASSOCIÉS 1778. — 2 vol. in-12 rel. tr. r.

(*Ouvrage incomplet, il n'existe que les Tomes 3 et 4.*)   1455

Œuvres de Nivelle de la Chaussée,
>Paris. LEJAY 1777 — 3 vol. in-12 rel. 46

Œuvres de Sedains, édition stéréotype.
>Paris. F. DIDOT 1813 — 1 vol. in-18 en 2 parties,
rel. 48

Chefs-d'Œuvre des Auteurs Comiques.
>T. 1. Scarron, Montfleury, La Fontaine, Boursault,
Baron.
>T. 2. Dancourt, Dufresny.
>T. 3. Brueys et Palaprat, Le Sage, d'Allainval,
Lachaussée.
>T. 4. Destouches, Fagan, Boissy.
>T. 5. Marivaux, Piron, Gresset, Voltaire, J.-J. Rous-
seau.
>T. 6. Desmahis, Delanoue, Saurin, Favart, Barthe,
Poinsinet de Sivry.
>T. 7. Sedaine, Marmontel, Collé, Monvel, Andrieux,
Chéron.
>T. 8. Collin d'Harleville, Fabre d'Eglantine, Des-
forges, Lemercier.
>Paris. FIRMIN-DIDOT 1879 — 8 vol. in-18 br. 2684

Chefs-d'Œuvre des Auteurs Comiques
>Paris. E. DIDOT 1845 — 7 vol. in-18 rel. v. 18
>*Il manque le 5ᵉ volume.*

Chefs-d'Œuvre tragiques.
>T. 1. de Rotrou, Crébillon, Lafosse, Saurin, de
Belloi, Pompignan et la Harpe.
>T. 2. de Ducis, Chénier, Legouvé, Luce de Lancival
et Lemercier.
>Paris. F. DIDOT 1886-1887 - 2 vol. in-18 br. 2685

Théâtre, Œuvres de M. de Voltaire.
>Genève 1768 — 5 vol. in-4° rel. v. m. F. d. s. l. p.
tr. d. 353

Théâtre, Œuvres complètes de Voltaire.
　　De l'Imprimerie de la Société littéraire typogra-
　　phique 1785 — 9 vol. in-8° rel.　　　　　　362

Œuvres complètes de Marivaux. Théâtre.
　　Paris. Veuve DUCHESNE 1781 — 9 vol. in-8° rel. v.
　　f. d. s. l. p. tr. d. portr.　　　　　　　388

Œuvres complètes de Crébillon.
　　Paris. VERDIÈRE 1824 — 3 vol. in-12 en 3 cartons
　　rel.　　　　　　　　　　　　　　　45

Pièces de Théâtre de Palissot.
　　Liège et Paris. BASTIEN 1778 — 1 vol. in-8° rel.
　　　　　　　　　　　　　　　　559

Théâtre de Lesage.
　　Amsterdam et Paris. 1783 — 1 vol. in-8° rel.　565

Œuvres choisies de Lesage.
　　Amsterdam et se trouve à Paris. 1783 — 4 vol.
　　in-8° rel. v. tr. r. fig.　　　　　　　　566

Œuvres de Marmontel, historiographe de France.
　　Liège. BASSOMPIERRE 1777 — 4 vol. in-8° rel. fig.
　　　　　　　　　　　　　　　　673

Œuvres complètes de l'Abbé Voisenon. Comédies mêlées
　　d'Ariettes. Théâtre lyrique, etc., etc.
　　Paris. MOUTARD 1781 — 2 vol. in-8° rel. v. tr. r.
　　Le tome 1ᵉʳ manque.　　　　　　　　803

Théâtre de Dorat, œuvres mêlées.
　　Paris. JORRY 1767 — 2 vol. in-8° rel. v. F. d. s. l.
　　p. tr. d. fig.　　　　　　　　　　　804

Théâtre de Casimir Delavigne. Œuvres complètes. Nou-
　　velle édition.
　　Paris. DIDIER 1855 — 4 vol. in-8° rel. portr.　3246

Théâtre de Casimir Delavigne.
    Paris. CHARPENTIER 1840 — 2 vol. in-12 rel.   23

Les Œuvres de Monsieur de Champmeslé. Les fragments
de Molière. — Je vous prend sans verd. — Les
Grisettes. — La rue Saint-Denis, etc.
    Paris. LIBRAIRES ASSOCIÉS. 1742 — 1 vol. in-12
    rel. v.   809

Théâtre complet de Balzac.
    Paris. BOURDILLIAT 1860 — 2 vol. in-8° rel.   27

Œuvres de Victor Hugo. Théâtre.
    Paris. FURNE et Cⁱᵒ — 4 vol. in-8° rel. grav.   302

Clovis, par VIENNET ; cette tragédie a été représentée
pour la 1ʳᵉ fois à Paris, le 19 octobre 1820.
    Paris. LADVOCAT 1820 — 1 vol. in-8° rel.   50

Œuvres de Florian. Théâtre.
    Paris. BOULLAND 1824 — 5 vol. in-18 rel.   2227

Hippolyte porte couronne. Drame antique avec chœurs;
traduit d'Euripide, pour la scène française, par
RHÉAL DE CÉSENA.
    Paris. DENTU. 1858 — 1 vol. in-18 rel.   51

Une Position délicate, comédie. Madame de Valdaunaie
ou un Amour dédaigné, par Ch. de BERNARD.
    Paris. M. LÉVY 1854 — 1 vol. in-18 rel.   52

Saynètes et Comédies, par Eugène VERCONSIN.
    Paris. HACHETTE 1890 — 2 vol. in-16 br.   54

Toussaint Louverture, drame en 5 actes, par LAMARTINE
    Paris. Chez l'Auteur 1863 — 1 vol. in-8° rel.   329

Le Pressoir, drame en 3 actes, par G. SAND.
    Paris. Michel LÉVY 1853 — 1 vol. in-12, 98 p.   13

Théâtre de George Sand.
Paris. Librairie DES THÉATRES 1854-1856 — 2 vol.
in-18 rel.   13

Théâtre d'Ernest Legouvé.
Paris. M. LÉVY 1855-1856 — 2 vol. in-18 rel. en 3
cartons.   14

Théâtre de Alfred de Vigny.
Paris. CHARPENTIER 1841 — 1 vol. in-18 rel.   25

Théâtre complet d'Emile Augier.
Paris. C. LÉVY 1890 — 7 vol. in-16 br.   16

Théâtre impossible, par Edmond ABOUT.
Paris. HACHETTE. 1862 — 1 vol. in-18 rel.   22

Théâtre d'Alfred de Musset. Comédies et Proverbes.
Paris. CHARPENTIER 1853 — 2 vol. in-18 rel. en
3 cartons   15

Un Ange de Charité, comédie en 3 actes, par E. SERRET.
Charles-Quint à Saint-Just, poésie, par A. DE
MUSSET.
Paris. CHARPENTIER 1850 — 1 vol. in-8° rel.   49

Œuvres de Alfred de Musset. Comédies et Proverbes
Paris. CHARPENTIER 1866 — 3 vol. in-8° rel.
3088

Théâtre complet, d'Alexandre DUMAS, père.
Paris. Michel LÉVY. — 18 vol. in-18 rel.   21

Intrigue et Amour, Le Chevalier de Maison Rouge, par
A. DUMAS.
Paris. M. LÉVY 1864. — 1 vol. in-18 rel.   2178

Théâtre complet, d'A. DUMAS, fils, avec préfaces inédites.
Paris. C. LÉVY 1883. — 3 vol. in-18 rel.   20

Là **Question d'Argent**, comédie en 5 actes et en prose ;
le Fils naturel ; un Père prodigue, par A. DUMAS,
fils.
>   Paris. CHARLIEU 1859. — 1 vol. in-18 rel.   **20**

L'Ami des Femmes, comédie en 5 actes et en prose, par
A. DUMAS, fils.
>   Paris. A. CADOT 1864. — 1 vol. in-18 rel.   **20**

La Dame aux Camélias, pièce en 5 actes, mêlée de chant,
par A. DUMAS, fils. 2° édition.
>   Paris. M. LÉVY 1858. — 1 vol. in-18 rel.   **20**

Diane de Lys, comédie en 5 actes et en prose, par A.
DUMAS, fils. 3° édition.
>   Paris. M. LÉVY 1858. — 1 vol. in-18 rel.   **20**

Le Demi-Monde, comédie en 5 actes et en prose, par A.
DUMAS, fils.
>   Paris. Michel LÉVY 1855. — 1 vol. in-18 rel.   **20**

Même Ouvrage.   **3467**

Théâtre des Autres, par A. DUMAS, fils. Préfaces inédites.
>   Paris. C. LÉVY 1894. — 1 vol. in-18 br.   **3773**

Théâtre complet, d'Eugène LABICHE, avec une préface
par Émile AUGIER.
>   Paris. CALMANN-LÉVY 1888. — 10 vol. in-12 rel
>   **53**

Œuvres complètes, d'Eugène SCRIBE. — Comédies,
Comédies-Vaudevilles, Opéras, etc.
>   Paris. Michel LÉVY, frères, 1856 à 1861. — 17 vol.
in-18 rel.   **31**

Œuvres complètes de F. Ponsard.
>   Paris. M. LÉVY 1851. — 2 vol. in-18 rel.   **34**

Théâtre de Th. Gautier. Mystère, Comédies et Ballets.
Paris. CHARPENTIER 1882. — 1 vol. in-18 br. **3560**

Théâtre complet d'Octave Feuillet.
Paris. CALMANN-LÉVY 1893. — 5 vol. in-18 br.
3599

Scènes et Proverbes, par Octave FEUILLET. 2ᵉ édition.
Paris. C Lévy. — 1 vol. in-18ᵒ br. en 2 cart. **17**

Théâtre complet d'Edmond Gondinet.
Paris. CALMANN-LÉVY 1894. — 5 vol. in-18 rel.
3774

Richelieu, drame en 5 actes. Théagène et Chariclée,
comédie en 2 actes, par F. PEILLON.
Paris. L. CERF 1889. — 1 vol. in-8ᵒ br.   **2711**

L'Apollonide, drame lyrique, 3 parties et 5 tableaux,
par LECONTE DE LISLE.
Paris. A. LEMERRE 1888. — 1 vol. in-4ᵒ 88 p. br.
3496

L'Affairé, comédie en 3 actes, par VIBERT, Paul.
Paris. A. GHIO 1884. — 1 vol. in-18 br.   **3792**

Pour la Couronne, drame en 5 actes et en vers, par
François COPPÉE.
Paris. A. LEMERRE 1895. — 1 vol. in-18 br.   **3879**

ROMANS

Charles de Bernard. — Gerfaut.
Paris. Michel Lévy 1857. — 1 vol. in-12 rel.   **415**

Le Gentilhomme campagnard.
Paris. Michel Lévy 1857. — 1 vol. in-12 rel.   **416**

Le Nœud Gordien.
Paris. Michel Lévy 1857. — 1 vol. in-12 rel.   **417**

Un Beau-Père. — Le Veau d'Or.
Paris. Michel Lévy 1857. — 2 vol. in-12 rel. **2188**

Robert Bernier. — Ébauches, Nouvelles et Croquis.
Paris 1893. — 1 vol. in-18 br.   **3533**

H. de Balzac. — Le Contrat de mariage, Un début dans
la vie.
Paris. Bourdilliat 1856. — 1 vol. in-18.   **436**

Béatrix.
Paris. Librairie Nouvelle 1856. – 1 vol. pᵗ in-8°
rel.   **437**

Mémoires de deux jeunes mariées. Une Fille d'Eve.
Paris. Librairie Nouvelle 1856. – 1 vol. pᵗ in-8°
rel.   **438**

La paix du ménage. La Fausse Maîtresse.
Paris. Librairie Nouvelle 1856. – 1 vol. pᵗ in-8°
rel.   **439**

Honorine. Le Colonel Chabert.
Paris. Librairie Nouvelle 1856. – 1 vol. pᵗ in-8°
rel.   **440**

Modeste Mignon.
Paris. Librairie Nouvelle 1856. — 1 vol. pᵗ in-8°
rel.   **441**

Même Ouvrage.   **3187**

H. de Balzac. — Les Parents pauvres. Le Cousin Pons.
   Paris. Librairie Nouvelle 1856. — 1 vol. in-12
   rel.   **443**

   Les Parents pauvres. Le Cousin Bette.
   Paris. Librairie Nouvelle 1856. — 1 vol. in-12
   rel.   **443**

   César Birotteau.
   Paris. Librairie Nouvelle 1886. — 1 vol. in-12
   rel.   **444**

   La maison Nucingen. Les Secrets de la princesse
   de Cadignan.
   Paris. Imprimerie Nouvelle 1856. — 1 vol. in-12
   rel.   **445**

   Illusions perdues. Les deux poètes, Un grand
   homme de province à Paris. Eve et David.
   Paris. Librairie Nouvelle 1856. — 2 vol. in-18
   rel.   **446**

   Le Lys dans la Vallée.
   Paris. Librairie Nouvelle 1856. — 1 vol. in-18
   rel.   **447**

   Ursule Mirouet.
   Paris. Librairie Nouvelle 1856. — 1 vol. in-18
   rel.   **448**

   Les Rivalités. La Vieille Fille, etc.
   Paris. Librairie Nouvelle 1856. — 1 vol. in-18
   rel.   **449**

   Les Célibataires. Pierrette. Le Curé de Tours.
   Paris. Librairie Nouvelle 1857. — 1 vol. in-18
   rel.   **450**

   Même Ouvrage. Un ménage de garçon.
   Paris. Michel Lévy 1867. — 2 vol. in-12 br.   **3184**

H. de Balzac. — Le Curé du village.
    Paris. Librairie Nouvelle 1857. — 1 vol. in-18
    rel.   **451**

Les Paysans.
    Paris. Librairie Nouvelle 1857. — 1 vol. in-18
    rel.   **452**

Les Chouans ou la Bretagne en 1799.
    Paris. Librairie Nouvelle 1857. — 1 vol. in-18
    rel.   **453**

Une Ténébreuse Affaire. Un épisode sous la Terreur.
    Paris. Librairie Nouvelle 1857. — 1 vol. in-18
    rel.   **454**

Le Député d'Arcis.
    Paris. Librairie Nouvelle 1857. — 1 vol. in-18
    rel.   **455**

Petites misères de la Vie conjugale.
    Paris. Librairie Nouvelle 1857. — 1 vol. in-18
    rel.   **456**

Louis Lambert. Les Proscrits, etc., etc.
    Paris. Librairie Nouvelle 1857. — 1 vol. in-18
    rel.   **457**

Melmoth réconcilié. Le chef-d'œuvre inconnu.
    Paris. Librairie Nouvelle 1857. — 1 vol. in-18
    rel.   **458**

Le Diable à Paris : Paris et les Parisiens.
    Paris. M. Lévy 1857. — 1 vol. in-18 rel.   **507**

Le Diable à Paris : Les Parisiennes à Paris.
    Paris. M. Lévy 1857. — 1 vol. in-18 rel.   **508**

La maison du Chat qui pelotte.
    Paris. Michel Lévy. 1866, — 1 vol. in-12 br. **3185**

Champfleury. — Les premiers beaux jours.
Paris. M. LÉVY 1858. — 1 vol. in-18 rel. **3504**

Les Souffrances du Professeur Delteil.
Paris. M. LÉVY 1857. — 1 vol. in-18 rel. **3505**

H. Conscience. — Ce que peut souffrir une mère. Le
gentilhomme pauvre. Le Conscrit.Rikke-Tikke-
Tar. Rosa l'Aveugle. L'Avare.
Paris. M. LÉVY 1856. — 2 vol. in-18 rel. **485**

L'Orpheline. La Fille de l'Épicier. Quantin Metzys.
L'Amateur Dulhias, etc.
Paris M. LÉVY 1857. — 1 vol. in-18 rel. **486**

Les Heures du Soir. Comte Hugo. Maître d'école.
Le Revenant.
Paris. M. LÉVY 1857. — 1 vol. in-18 rel. **487**

Le Fléau du Village. Le bonheur d'être riche.
Paris. M. LÉVY 1858 — 1 vol. in-18 rel. **2186**

La Mère Job. La Grâce de Dieu.
Paris. M. LÉVY 1858 — 1 vol. in-18 rel. **2187**

De Courcy, — Les Histoires du Café de Paris.
Paris. M. LÉVY 1861 — 1 vol. in-18 rel. **3483**

Châteaubriand. — Atala. René. Le dernier des Abence-
rages.
Paris. Ch. GOSSELIN 1837 — 1 vol. gr. in-8° rel.
fig. **338**

Les Natchez.
Paris. Ch. GOSSELIN 1836 — 1 vol. gr. in-8° rel.
fig. **341**

A. Dubarry. — Six Aventures Turques.
Paris. A. DREYFUS 1878 — 1 vol. in-18 rel. **2779**

A. Dubarry. — Les Colons du Tanganika.
    Paris. F. Didot 1884 — 1 vol. in-18 rel.   **2780**

Les Aventures d'un Dompteur, d'un Eléphant blanc
    et de deux Pifferari.
    Paris. M. Dreyfus. s. d. — 1 vol. in-18 rel. **2781**

Trois Histoires de terre et de mer.
    Paris. Didier et C^le 1875 — 1 vol. in-18 rel. **2783**

Le Sac de Rome par un Bourbon, roman historique
    Paris. M. Dreyfus s. d. — 1 vol. in-18 rel.   **2784**

Une Allemande, roman parisien.
    Paris. Librairie Mondaine s. d. — 1 vol. in-18 rel.
                                                        2786

Le Roman d'un Baleinier,
    Paris. Didier et Cie 1878 — 1 vol. in-18 rel.   **2787**

François Coppée. — Les Vrais Riches.
    Paris. Lemerre 1892 — 1 vol. in-8e br., illustrat.
    de Gambard et Marold.   **3841**

A. Dumas, père. — Impressions de Voyage.
    Paris 1840. — 2 vol. in-18 rel.   **460**

Le capitaine Pamphile.
    Paris 1840. — 1 vol. in-18 rel.   **461**

La Route de Varennes.
    Paris. Michel Lévy 1848. — 1 vol. in-18 rel.   **462**

Pauline et Pascal Bruno.
    Paris. Michel Lévy 1848. — 1 vol. in-18 rel.   **463**

Les Quarante-Cinq.
    Paris. Michel Lévy 1860. — 2 vol. in-18 rel.
    (Manque le 1er vol.)   **464**

A. Dumas père. — Salvator. — Les Mohicans de Paris.
    Paris. Michel Lévy 1860. — 5 vol. in-18 rel. **465**

Gabriel Lambert.
    Paris. Michel Lévy 1860. — 1 vol. in-18 rel. **466**

La Tulipe noire.
    Paris. Michel Lévy 1878. — 1 vol. in-18 rel. **467**

La Vie à vingt ans.
    Paris. Michel Lévy 1856. — 1 vol. in-18 rel. **468**

Jeanne d'Arc, suivi d'un appendice contenant une
    analyse raisonnée.
    Paris. Michel Lévy 1848. — 1 vol. in-18 rel. **472**

Un Cadet de Famille.
    Paris. Michel Lévy 1860. — 1 vol. in-18 rel. **473**

La San Felice.
    Paris. Michel Lévy 1864. — 9 vol. in-18 rel. **2476**

Le Château d'Eppstein.
    Paris. Michel Lévy 1860. — 2 vol. in-18 rel. **2477**

A. Dumas fils. — Antonine.
    Paris. Al. Cadot 1854. — 1 vol. in-18 rel. **469**

Sophie Printemps.
    Paris. Al. Cadot 1857. — 1 vol. in-18 rel. **470**

Trois hommes forts.
    Paris. Librairie Nouvelle 1855. — 1 vol. in-18
    rel. **471**

Affaire Clémenceau. Mémoire de l'accusé.
    Paris. M. Lévy 1866. — 1 vol. in-8° rel **3462**

La Dame aux Camélias.
    Paris. M. Lévy 1856. — 1 vol. in-18 rel. **3463**

A. Dumas fils. — La Boîte d'Argent.
     Paris. M. Lévy 1857. — 1 vol. in-18 rel.   **3464**

Le Roman d'une femme.
     Paris. M. Lévy 1855. — 1 vol. in-18 rel.   **3465**

Diane de Lys.
     Paris. Librairie Nouvelle 1856. — 1 vol. in-18
     rel.   **3466**

Erckmann-Chatrian. — Les Romans populaires. Histoire
     d'un homme du peuple. Le Juif Polonais. Le
     Vieux de la Vieille. Maître Daniel Rock.
     Paris. Hetzel s. d. — 1 vol. gr. in-8° rel. illustré.

Ernest Feydeau. — Le roman d'une jeune mariée.
     Paris. M. Lévy 1867. — 1 vol. in-18 rel.   **3519**

Marquis de Foudras. — Les Gentilshommes Chasseurs.
     Paris. Al. Cadot 1856. — 1 vol. in-12 rel   **528**

La Comtesse Alvinzi.
     Paris. Al. Cadot 1857. — 1 vol. in-12 rel.   **529**

L. Dépret. — Si jeunesse pouvait.
     Paris. M. Lévy 1857. — 1 vol. in-18 rel.   **3498**

Octave Feuillet. — La petite Comtesse, Le Parc, Onesta.
     Paris. M. Lévy 1859. — 1 vol. in-18 rel.   **504**

Bellah.
     Paris. M. Lévy 1861. — 1 vol. in-18 rel.   **505**

Le Roman d'un jeune homme pauvre.
     Paris. M. Lévy 1859. — 1 vol. in-18 rel.   **3481**

Ch. Gouraud. — Lysis, Histoire contemporaine.
     Paris. Durand 1859. — 1 vol. in-8° rel.   **3458**

Th. Gautier. — Mademoiselle de Maupin.
     Paris. Charpentier. — 1 vol. in-18 br.   **3570**

Th. Gautier. — Le Roman de la Momie.
Paris. CHARPENTIER 1891. — 1 vol. in-18 br. **3571**

Le capitaine Fracasse.
Paris. CHARPENTIER 1892. — 2 vol. in-18 br.
3572

Mme de Genlis. — Les Mères rivales ou la Calomnie.
Berlin. DE LA GARDE 1800. — 1 vol. in-18 rel.
(Manque le 2ᵉ vol.) **1446**

Alph. Karr. — Raoul Desloges ou un homme fort en
Thème.
Paris. Michel LÉVY 1856. — 2 vol. in-18 rel. **475**

Voyage autour de mon jardin.
Paris. Michel LÉVY 1857. — 1 vol. in-18 rel. **476**

Ch. Hugo. — La Bohême dorée.
Paris. M. LÉVY 1859. — 2 vol. in-18 rel. **503**

Ernest Legouvé. — Edith de Fulsen, l'Education d'un
Père, un Lâche.
Paris. HACHETTE 1860. — 1 vol. in-18 rel. **542**

Aug. Lepage. — Les Boutiques d'Esprit.
Paris. Th. OLMER 1879. — 1 vol. in-18 rel. **3507**

J. Gros. — Les 773 millions de Jean-François Jollivet.
Paris. J. ROUFF 1882. — 1 vol. in-18 br. **3183**

yrsène Houssaye. — Les Filles d'Eve.
Paris. JACOTTET 1858. — 1 vol in-18 rel. **3470**

L'Amour comme il est.
Paris M. LÉVY 1858. — 1 vol. in-18 rel. **3471**

Les Femmes comme elles sont.
Paris. M. LÉVY 1857. — 1 vol. in-18 rel. **3472**

27

Le Sage. — Histoire de Guzmann d'Alfarache, nouvellement traduite et purgée des moralités
superflues.
Amsterdam et Paris 1783. — 1 vol. in-8° rel. v.
tr. r. fig. *(Manque le 2ᵉ vol.)*   **561**

Histoire de Gil Blas de Santillane.
Amsterdam 1783. — 1 vol. in-8° rel. v. fig.   **562**

Le Bachelier de Salamanque ou les mémoires et
aventures de don Cherubini de la Ronda.
Amsterdam et Paris 1783. — 2 vol. in-8° rel. v.
tr. r. fig.   **563**

Nouvelle traduction de Roland l'Amoureux de
Matheo Maria Boyardo, comte di Scandiano.
Amsterdam et Paris 1783. — 2 vol. in-8° rel. v.
tr. r. fig.   **564**

M. de la Place. — Tom Jones ou l'Enfant trouvé,
imitation de l'Anglais de M. H. Fielding.
Paris. — BAUCHÉ 1777. — 1 vol. in-12 rel.   **1443**

A. de Lamartine. — Les Confidences. Graziella.
Paris. Chez l'Auteur 1863. — 1 vol. gr. in-8° rel.
326

Nouvelles Confidences. Geneviève. Histoire d'une
Servante.
Paris. Chez l'Auteur 1863. — 1 vol. gr. in-8° rel.
326

Le Tailleur de pierres de Saint-Point. Récit villa-
geois.
Bruxelles. MOLINE CANS 1851. — 1 vol. in-18 rel.
327

Marivaux. — La Vie de Marianne (1730-1741.)
(Le titre de cet ouvrage manque.)   **388**

Marmontel. — Bélisaire, etc.
Liège. BASSOMPIERRE. — 1777. – 1 vol. in-8° rel.
v.   **673**

Xavier de Montépin. — Les Viveurs de Paris.
Paris. A. CADOT 1856. — 4 vol. p^t in-8° rel.   **498**

Geneviève Galliot.
Paris. A. CADOT 1857. — 1 vol. p^t in-8° rel.   **499**

Méry. — Le dernier Fantôme. L'Ame transmise. Van
Dich au Palais.
G. ROUX 1854. — 1 vol. in-18 rel.   **477**

La Floride.
Paris. A. DE VRESSE 1856. — 1 vol. in-18 rel. **478**

Une histoire de Famille.
Paris. M LÉVY 1856. — 1 vol. in-18 rel.   **479**

Les nuits Italiennes.
Paris. Michel LÉVY 1857. — 1 vol. in-12 rel. **479**

Une nuit du Midi. Le Château barque. Un Souvenir.
Paris. LIBRAIRIE NOUVELLE 1855. — 1 vol. in-18
rel.   . **481**

Les deux Amazones.
Paris. A. DE VRESSE 1857. — 1 vol. in-18 rel.
       2485

Les Amours des bords du Rhin.
Paris. M. LÉVY 1864. — 1 vol. in-18 rel.   **3527**

Héva et la ferme de l'Orange.
Paris. A DE VRESSE. 1857. — 1 vol. in-18 rel.
       3528

Cénac Montaut. — Médella ou la Gaule chrétienne.
Dessins par BIDA.
Paris. AMYOT 1860. — 1 vol. in-18 rel.   **3479**

A. de Musset. — La Confession d'un enfant du Siècle.
Paris. CHARPENTIER 1866. — 1 vol. in-8° rel. grav.
3088

Monnier de la Motte. — Aimer et souffrir.
Paris. SANDOZ et Cie 1878. — 1 vol. in-18 rel.   **510**

Loin du Bonheur.
Paris. DENTU 1880. — 1 vol. in-18 rel.   **535**

Les maris entretenus.
Paris. DENTU 1881. — 1 vol. in-18 rel.   **536**

Femmes et Maîtresses.
Paris. DENTU 1883. — 1 vol. in-18 rel.   **537**

Une Justice de Femme.
Paris. DENTU 1884. — 1 vol. in-18 rel.   **538**

Henry Murger. — Scènes de la Vie de Jeunesse.
Paris. M. LÉVY 1851 — 1 vol. in-18 rel.   **519**

Scènes de la vie de Campagne. Adeline Protat.
Paris. M. LÉVY 1851 — 1 vol. in-18 rel.   **520**

Le dernier Rendez-vous. La résurrection de Lazare.
Paris. M. LÉVY 1851 — 1 vol. in-18 rel.   **521**

Gérard de Nerval. — La Bohème galante.
Paris. M. LÉVY 1855 — 1 vol. in-18 rel.   **518**

Ch. Nodier. — Francis Columna. Dernière Nouvelle.
Paris. POULAIN 1844 — 1 vol. in-18 br.   **2168**

Edouard Ourliac, — Suzanne.
Paris. Michel LÉVY 1856 — 1 vol. in-18 rel.   **418**

La Confession de Nazarille.
Paris. Michel LÉVY 1856 — 1 vol. in-18 rel.   **419**

Edouard Ourliac. — Shérer l'Invalide, l'Ermite de la Tête noire.
    Paris. Michel LÉVY 1857 — 1 vol. in-18 rel.   **420**

La Frimbolle. Les Garnaches. Brigitte.
    Paris. Michel LÉVY 1859 — 1 vol. in-18 rel.   **421**

La Marquise de Montmirail.
    Paris. Michel LÉVY 1859 — 1 vol. in-18 rel.   **2185**

A. de Pontmartin, — La fin du Procès.
    Paris. M. LÉVY 1856. — 1 vol. in-18 rel.   **3485**

Pourquoi je reste à la campagne.
    Paris. M. LÉVY 1857. — 1 vol. in-18 rel.   **3486**

Le fond de la Coupe.
    Paris. M. LÉVY 1855. — 1 vol. in-18 rel.   **3487**

Les Brûleurs de Temples.
    Paris. M. LÉVY 1863. — 1 vol. in-18 rel.   **3488**

René de Pont-Jest. — Le Fire-Fly.
    1861. — 1 vol. in-18 rel. *(Le titre manque).*   **899**

Sainte-Beuve. — Volupté.
    Paris. CHARPENTIER 1840. — 1 vol. in-18 rel.   **691**

G. Sand. — Pauline, les Majorcains.
    Paris. PERROTIN 1842. — 1 vol. in-18 rel.   **422**

Valentine.
    Paris. PERROTIN 1842. — 1 vol. in-18 rel.   **423**

Teverino, Leone-Leoni.
    Paris. PERROTIN 1842. — 1 vol. in-18 rel.   **424**

Leone-Leoni, le Secrétaire intime.
    Paris. PERROTIN. — 1 vol. in-18 rel.   **425**

Lelia, Spiridion.
    Paris PERROTIN. — 1 vol. in-18 rel.   **426**

G. Sand. — François Le Champi.
  Paris. PERROTIN. — 1 vol. in-18 rel.   427

Mélanges, Adolc Rimeur, Lettres à M. Lerminier.
  Paris. PERROTIN. — 1 vol. in-18 rel.   428

Adriani.
  Paris. PERROTIN. — 1 vol. in-18 rel.   429

Même Ouvrage.
  Paris. LIBRAIRIE NOUVELLE 1857. — 1 vol. in-18
   rel.   3524

La Filleule.
  Paris. PERROTIN. – 1 vol. in-18 rel.   430

André, la Marquise, Lavinia, Metella, Mattea.
  Paris. PERROTIN. — 1 vol. in-18 rel.   431

Mauprat.
  Paris. PERROTIN 1856. — 1 vol. in-18 rel.   432

Horace.
  Paris. PERROTIN 1856. — 1 vol. in-18 rel.   433

Mont Revêche.
  Paris. PERROTIN 1856. – 1 vol. in-18 rel.   435

Le Diable à Paris. Le Tiroir du Diable.
  Paris. M. LÉVY 1857. — 1 vol. in-18 rel.   506

Lettres d'un voyageur.
  Paris. PERROTIN. 1857. — 1 vol. in-18 rel. 2179

Les Sept Cordes de la Lyre. Gabriel.
  Paris PERROTIN 1857. — 1 vol. in-18 rel. 2180

Consuelo.
  Paris. PERROTIN 1856. – 3 vol. in-18 rel. 2181

Simon. La Marquise, etc.
    Paris. M. Lévy 1857. — 1 vol. in-18 rel.   **3525**

Malgré tout.
    Paris. M. Lévy 1870. — 1 vol. in-18 rel.   **3526**

J. Sandeau. — Sacs et Parchemins.
    Paris. M. Lévy 1859. — 1 vol. in-18 rel.   **3476**

La maison de Pénarvan.
    Paris. M. Lévy 1860. — 1 vol. in-18 rel.   **3477**

Un héritage.
    Paris. M. Lévy 1862. — 1 vol. in-18 rel.   **3478**

Un début dans la magistrature.
    Paris. M. Lévy 1863. — 1 vol. in-18 rel.   **3479**

Eugène Scribe. — Piquillo Alliaga ou les Maures sous Philippe III.
    Paris. M. Lévy 1856. — 3 vol. in-18 rel.   **491**

Nouvelles. Maurice. Carlo Broschi.
    Paris. M. Lévy 1856. — 1 vol. in-18 rel.   **492**

Historiettes et proverbes. Judith ou la loge d'opéra, etc., etc.
    Paris. M. Lévy 1858. — 1 vol. in-18 rel.   **493**

E Serret. — Elisa Méraut. Lettres de 3 jeunes filles.
    Paris. Hachette 1859 — 1 vol. in-12 rel.   **482**

Perdue et Retrouvée.
    Paris. Hachette 1861 — 1 vol. in-12 rel.   **483**

Clémence Ogé. Histoire d'une maîtresse de chant.
    Paris. Hachette 1861 — 1 vol. in-12 rel.   **484**

Une Jambe de moins. Episode de la campagne d'Italie.
    Paris. A. de Vresse 1857 — 1 vol, in-12 rel. **2183**

Frédéric Soulié. — Les Drames inconnus. Amour de
    Victor Bonsenne. Olivier Duhamel.
    Paris. Librairie Nouvelle 1857 — 3 vol. in-12 rel.
                                      494

La Comtesse de Monrion (2ᵉ partie) Julie.
    Paris. Librairie Nouvelle 1856 — 1 vol. in-12 rel.
                                      495

Le Maître d'Ecole. Diane et Louise.
    Paris. Librairie Nouvelle 1857 — 1 vol. in-12 rel.
                                      496

Si Jeunesse savait, si Vieillesse pouvait.
    Paris. Ch. Gosselin 1844 — 1 vol. in-4° illustré.
                                      497

Madame de Staël. — Delphine.
    Paris. Charpentier 1839 — 1 vol. in-12 rel.   **414**

E, Sue. — Les Mystères de Paris. Nouvelle édition revue
    par l'Auteur.
    Paris. Ch. Gosselin 1844 — 4 vol. gr. in-8ᵉ rel.
                                    1887

Stendhal. — La Chartreuse de Parme.
    Paris. Librairie Nouvelle 1855 — 1 vol. in-12 rel.
                                      527

Le Rouge et le Noir.
    Paris. Librairie Nouvelle 1855 — 1 vol. in-12 rel.
                                      2182

Jules Verne. — Cinq semaines en Ballon. Voyage de
    découvertes en Afrique, par trois Anglais.
    Paris. Hetzel. — 1 vol. in-12 rel.   **900**

Nord contre Sud.
    Paris, Hetzel 1887. — 2 vol. in-18 rel.   **1584**

Jules Verne. — Le Tour du Monde en 80 jours.
Paris. HETZEL. — 1 vol. in-16.   3480

Les grands Voyages et les grands Voyageurs.
Découverte de la Terre. 59 dessins et 58 fac-
simile.
Paris. HETZEL. — 1 vol. gr. in-8° rel.   1596

Les grands Voyages et les grands Voyageurs. Les
Voyageurs du XIX° siècle. 51 dessins et 57 fac-
simile.
Paris. HETZEL. — 1 vol. gr. in-8° rel.   1597

Les grands Voyages et les grands Voyageurs. Les
grands Navigateurs du XVIII° siècle. 51 dessins
et 66 fac-simile.
Paris. HETZEL. — 1 vol. gr. in-8° rel.   1598

Un Capitaine de 15 ans. Dessins par H. MEYER,
Gravures par Ch. BARBANT.
Paris. HETZEL 1887. — 1 vol. gr. in-8° rel.   2481

Les Indes noires. Le chancellor Martin Paz.
Paris. HETZEL. — 1 vol. gr. in-8° rel.   2482

La Jangada, huit cents lieues sur l'Amazone ; de
Rotterdam à Copenhague à bord du yacht à
vapeur Saint-Michel*. Dessins par BENETT.
Paris. HETZEL. — 1 vol. gr. in-8° rel.   2483

Une Ville flottante, suivi des forceurs de blocus.
Ouvrage couronné par l'Académie française.
Paris. HETZEL. — 1 vol. gr. in-8° rel.   2484

Vingt mille lieues sous les Mers. Ouvrage illustré
de 111 dessins par de NEUVILLE et RIOU, gravés
par HILDIBRAND.
Paris. HETZEL. — 1 vol. gr. in-8° rel.   2892

Vibert Paul. — Le Péché de la Baronne. Idylles normandes.
    Paris. A. GHIO 1885. — 1 vol. in-8° br.   **3790**

Vibert Théodore. — Le Conseiller Renaud. (Nouvelle).
    Paris. A. GHIO 1880. — 1 vol. in-16 br.   **3794**

Edmond Reille.
    Paris. DENTU 1856. — 1 vol. in-16 br.   **3793**

Alfred de Vigny. — Cinq Mars ou une Conjuration sous Louis XIII.
    Paris. CHARPENTIER 1841. — 1 vol. in-8° rel.   **488**

Servitude et grandeur militaires. Laurette, la Veillée de Vincennes, la Canne de Jonc.
    Paris. CHARPENTIER 1841. — 1 vol. in-18 rel.   **489**

Stello. Les Consultations du Docteur noir.
    Paris. CHARPENTIER 1841. — 1 vol. in-18 rel.   **490**

Francis Wey. — Le Bouquet de Cerises.
    Paris. LIBRAIRIE NOUVELLE 1857. — 1 vol. in-18 rel.   **3509**

HISTOIRE LITTÉRAIRE

Histoire de la Littérature française pendant la Révolution 1789-1800. (Ouvrage qui a obtenu le prix Bordin décerné à M. Eugène GÉRUZEZ, dans sa séance du 25 Août 1859).
    Paris. CHARPENTIER 1861. — 1 vol. in-18 rel. 3° édition.   **248**

Même Ouvrage. 5ᵉ Edition. 248

Histoire de la Littérature française depuis ses origines, jusqu'à la Révolution, par Eug. GÉRUZEZ.
> Paris. DIDIER et Cⁱᵉ 1861. — 2 vol. in-8° 239

Rapport historique sur les progrès de l'histoire et de la littérature ancienne depuis 1789 et sur leur état actuel ; Présenté à sa M. l'Empereur et Roi, en son Conseil d'Etat le 20 février 1800, par la classe d'histoire et de littérature ancienne de l'Institut, par DACIER.
> Paris. IMPRIMERIE IMPÉRIALE 1810. — 1 vol. in-8° rel. 238

Histoire de la Littérature Française, par D. NISARD de l'Académie Française.
> Paris. FIRMIN-DIDOT 1867. — 4 vol. pᵗ in-8° rel.
> 249

Mémoires pour servir à l'histoire de notre littérature depuis François I. jusqu'à nos jours, par PALISSOT.
> Liège et Paris. 1770. — 1 vol. in-8° rel. 559

Mémoires de littérature, tirés des Registres de l'Académie Royale des Inscriptions et Belles-Lettres, depuis son renouvellement jusqu'en M DCCX.
> La Haye, Amsterdam et Paris 1719-1737. —63 vol. in-12 rel. v. tr. r. (*Manque le Tome 4.*) 801

Mémoires secrets pour servir à l'histoire de la République des Lettres en France depuis 1782 jusqu'à nos jours, ou Journal d'un observateur, par BACHAUMONT.
> Londres. ADAMSON 1784. — 8 vol. in-12 rel. 808

L'éloquence en France depuis 1789, par LACROIX, Camille.
> Paris, P. DUPONT 1893. — 2 vol. in-8° br. 3598

La Littérature française au Moyen-Age. XI° XIV° Siècle,
par Gaston PARIS.
Paris. HACHETTE et Cie 1888. — 1 vol. in-18 rel.
1433

Précis de littératures étrangères, anciennes et modernes,
par E. BOUCHET.
Paris. HETZEL. — 1 vol. in-12 rel. . 1435

Traités historiques de Littérature et de Critique, par
l'abbé DE SAINT-RÉAL.
Paris. LIBRAIRES ASSOCIÉS 1757. — 2 vol. rel.
tr. r.
(Cet ouvrage est incomplet, il n'existe que le 4° et le 6° vol.) 1454

Traité historique et critique de l'opinion, ou Mémoires
pour servir à l'histoire de l'esprit humain, par
M. Gilbert Charles LE GENDRE.
Paris. BRIASSON 1758. — 9 vol in-12 rel. v. 1800

**Tableau historique de l'état et des progrès de la litté-
rature française depuis 1789,** par J. DE CHÉNIER.
Paris. BEAUDOIN 1821. — 1 vol. in-18. 2158

Histoire littéraire de la France au XIV° Siècle.
1er vol. **Discours sur l'état des Lettres,** par Victor
LECLERC.
2e vol. **Discours sur l'état des Beaux-Arts,** par E.
RENAN.
Paris. M. LÉVY 1865. — 2 vol. gr. in-8° br. 3343

Histoire du Romantisme, suivie de notices Romantiques,
par Th. GAUTIER.
Paris. CHARPENTIER. — 1 vol. in-18 br. 3562

Histoire de la littérature française au XVII° Siècle, par
DUPUY.
Paris. E. LEROUX 1892. — 1 vol. in-8° br. 3632

Mélanges et Portraits. Histoire de la littérature, par E.
CARO,
> Paris. HACHETTE et Cie 1889. — 1 vol. p^t in-8º rel.
> tr. d.   **2937**

Histoire de la littérature française, par G. LANSON.
> Paris. HACHETTE 1895. — 1 vol. in-8º br.   **3858**

∿∿∿∿

Histoire de la Littérature grecque, par Emile BURNOUF,
Directeur de l'Ecole Française d'Athènes.
> Paris. DELAGRAVE 1869 — 2 vol. in-8º rel.   **246**

Histoire de la Littérature Romaine, par Paul ALBERT.
> Paris. DELAGRAVE 1871 — 1 vol. in-8º rel.   **247**
> *Manque le 1er volume.*

Histoire de la Littérature Anglaise, par H. TAINE.
> Paris. HACHETTE 1892 - 5 vol. in-16 br.   **3484**

Histoire littéraire du Peuple Anglais, par JUSSERAND.
> Paris. DIDOT 1894 — 1 vol. in-8º br.   **3915**

Histoire de la Littérature Espagnole de Ticknor, traduite
de l'anglais en français pour la 1re fois et additions
des commentateurs espagnols D. Pascal de Gayan-
gos et D. Henri de Vedia, par J.-G. MAGNABAL.
> Paris. HACHETTE 1872 — 3 vol. in-8 br.   **3538**

∿∿∿ \

PRINCIPES, TRAITÉS & COURS
de Littérature

Cours familier de Littérature, par A. DE LAMARTINE.
> Paris. Chez l'Auteur 1856. — 2 vol. gr. in-8º.   **296**

Principes généraux des Belles-Lettres, par DOMAIRON.
Paris. MOUTARDIER 1802. — 1 vol. in-18 rel.   576

Lycée ou Cours de Littérature ancienne et moderne,
par J.-F. LA HARPE.
Paris. AGASSE An VII (1799). — 16 vol. in-8° rel.
578

Lycée ou Cours de Littérature ancienne et moderne,
par J.-F. LA HARPE. Nouvelle édition.
Paris. DUPONT 1826. — 18 vol. in-8° rel. v. m.
571

Du Style et de la Composition littéraire, par ROCHE
Antonin.
Paris. DELALAIN 1859. — 1 vol. in-18 rel.   575

Œuvres choisies de Condillac. T. I. Grammaire, Art
d'écrire, Dissertation sur l'harmonie du style. T. II.
Art de raisonner, de penser. Logique.
Londres. LIBRAIRES FRANÇAIS 1776. — 2 vol. in-
16 rel.   734

Œuvres complètes de Rollin. Traité des études avec
notes et éclaircissements.
Paris. CHAMEROT 1866. — 1 vol. gr. in-8° rel.
1015

Méthode de Composition et de Style ou principes de l'art
d'écrire le Français, par T. BARRAU.
Paris. HACHETTE et Cie 1872. — 1 vol. in-18 rel.
2037

Cours de Littérature Française. Tableau de la Littérature
au Moyen-Age. Tableau de la Littérature au XVIIIe
siècle, par VILLEMAIN.
Paris. DIDIER 1871. — 6 vol. in-18 rel.   2931

Cours familier de Littérature, par A. DE LAMARTINE.
    Paris. Chez l'Auteur 1856. — 6 br.   **2162**

ᴡᴡᴡ

PHILOLOGIE

Manuel de Philologie classique, par Salomon REINACH.
    Paris. HACHETTE et Cⁱᵉ 1883. — 2 vol. in-8° rel.
                                             672

Revue de Philologie, de Littérature et d'Histoire anciennes,
    sous la direction de Ch. THUROT. O. RIEMANN et
    Em. CHATELAIN. Années 1880-1890. Revue des
    revues et publications d'Académies relatives à
    l'antiquité classique.
    Paris. KLINCKSIECK 1880-1890. — 11 vol in-8° rel.
                                             826

Voyage de Découvertes de l'Astrolabe, 1826-27-28-29.
    Philologie, par DUMONT D'URVILLE.
    Paris. J. TASTU 1830. — 1 vol. in-8° rel.   **890**

Introduction à l'Etude de la Littérature Celtique. Le Cycle
    mythologique irlandais et la Mythologie celtique,
    par M. D'ARBOIS DE JUBAINVILLE.
    Paris. E. THORIN 1884-1890. — 5 vol. pᵗ in-8° rel.
                                          2014

Littérature Latine et Histoire du Moyen-Age, par L.
    DELISLE.
    Paris. E. LEROUX 1890. — 1 vol. in-8° br.   **2857**

Histoire générale et Système comparé des Langues sémitiques, par E. RENAN.
Paris. C. LÉVY 1878. — 1 vol. in-8° br.   3344

Essai historique sur la Prononciation du Grec, par P. BARET.
Paris. DONNAUD 1878. — 1 Br. in-8°.   1915

∿∿ ∿∿

CRITIQUE LITTÉRAIRE

Études, Essais, Portraits, Esquisses, etc.

Thiers, Guizot, Rémusat, par Jules SIMON.
Paris. CALMANN-LÉVY 1885. — 1 vol. in-8° rel.
137

Essai sur la Littérature Anglaise, par M. DE CHA-TEAUBRIAND.
Paris. GOSSELIN 1839. — 1 vol. in-8° rel.   346

Le Petit-Fils de Pigault Le Brun. Réponse au fils de Giboyer, par Eugène DE MIRECOURT.
Paris. DENTU 1863. — 1 vol. in-18 rel.   506

Essais et Fantaisies, par Arvède BARINE.
Paris. HACHETTE et Cⁱᵉ 1888 — 1 vol. in-18 br.
539

Esthétique de Schiller, traduction nouvelle par Ad. REGNIER.
Paris. HACHETTE et Cⁱᵉ 1873. — 1 vol. gr. in-8° rel.
553

Littérature et Critique, Eloges académiques, Discours
oratoires, de J. DE LA HARPE.
Paris. PISSOT 1778. — 4 vol. in-8° rel. tr. r.   572

Etudes sur les Tragiques Grecs, par M. PATIN. Eschyle-
Sophocle.
Paris. HACHETTE 1873. — 2 vol. p^t in-8° rel.   686

Etudes sur les Tragiques Grecs, par M. PATIN. Euripide.
Paris. HACHETTE et Cie 1870. — 2 vol. p^t in-8° rel.
686

Les Maîtres de la Critique au XVIIe Siècle, par A.
BOURGOIN.
Paris. GARNIER Frères 1889. — 1 vol. in-18 br.
684

Etudes sur la Poësie latine, par M. PATIN. — 1er vol.
Discours sur l'histoire générale de la Poésie latine.
2^r vol. Etudes sur les anciens poètes latins.
Paris. HACHETTE et Cie 1868. — 2 vol. p^t in-8° rel.
687

Causeries du Lundi, par SAINTE-BEUVE.
Paris. GARNIER Frères 1857. — 16 vol. in-8° rel.
avec table.   689

Nouveaux Lundis, par SAINTE-BEUVE.
Paris. Michel LÉVY 1870. — 11 vol. in-8° rel.   688

Port-Royal, par SAINTE-BEUVE.
Paris. GARNIER Frères. — 5 vol. in-8° br.   690

Etude sur les Essais de Montaigne, par A. LEVEAUX.
Ouvrage orné du portrait de Montaigne.
Paris. PLON 1870. — 1 vol. in-8° rel.   705

Le Sentiment religieux en Grèce, d'Homère à Eschyle, étudié dans son développement moral et dans son caractère dramatique, par J. GIRARD. Ouvrage couronné par l'Académie française.

Paris. HACHETTE et Cⁱᵉ 1869. — 1 vol. in-8° rel.
702

Etudes et Souvenirs Helléniques, par E. DESMAZE.

Paris. GARNIER 1878. — 1 vol. in-8° rel.   **706**

Critique littéraire sous le premier Empire, publiée par F. COLINCAMP, précédée d'une notice historique sur M. Boissonade, par M. MAUDOT. — 1ᵉʳ vol. Critiques grecque-latine, Biographies.—2ᵉ vol. Critiques étrangère, française, morceaux inédits.

Paris. DIDIER et Cⁱᵉ 1863. — 2 vol. in-8° rel.   **723**

Adolphe, anecdote trouvée dans les papiers d'un inconnu. Nouvelle édition, suivie des ouvrages du même écrivain ; quelques réflexions sur le théâtre allemand et sur la tragédie de Walstein, par Benjamin CONSTANT.

Paris. CHARPENTIER 1839. — 1 vol. in-18 rel.   **727**

Eschine. Etude historique et littéraire, par F. CASTETS.

Paris. E. THORIN 1875. — 1 vol. in-8° rel.   **764**

Etudes de Mœurs et de Critiques sur les Poëtes latins de la Décadence, par D. NISARD.

Paris. Ch. GOSSELIN 1834. — 2 vol. in-8° rel.   **769**

Essai sur les Eloges, ou histoire de la Littérature et de l'éloquence, appliquées à ce genre d'ouvrage, par M. THOMAS.

Amsterdam et Paris. MOUTARD 1773. — 4 vol. in-8° rel. v. m.   **770**

Giacomo Leopardi. Les Préraphaélites anglais. Richard Wagner et l'esthétique Allemande. V. Hugo, etc. (Etudes sur le XIX⁰ siècle) par Edouard Rod.
  Paris. PERRIN 1888. — 1 vol. in-16 rel.   1432

Shakespeare et les Tragiques Grecs, suivi de MOLIÈRE. Shakespeare et la Critique allemande, par Paul STAPFER.
  Paris. LECÈNE et OUDIN 1888. — 1 vol. in-16 rel.
                                                   1434

Beaumarchais et ses Œuvres. Précis de sa vie et histoire de son esprit d'après des documents inédits, par LINTILHAC.
  Paris. HACHETTE et Cⁱᵉ 1887. — 1 vol. in-8⁰ rel. (Portrait et fac-simile).   1606

La Critique scientifique, par E. HENNEQUIN.
  Paris. PERRIN et Cⁱᵉ 1888. — 1 vol. in-16 br. 1672

De l'utilité de la Poésie sur les Despotes, par CŒURDEROY dit BRUTUS.
  Ubique An II. Toulouse, SAVY 1883. — 1 Br. 2193

Cicéron et ses amis, Etude sur la Société romaine du temps de César, par Gaston BOISSIER.
  Paris. HACHETTE 1888. — 1 vol. in-12 br.   2488

Points obscurs et nouveaux de la vie de Pierre Corneille, Etude historique et critique avec pièces justificatives par F. BOUQUET.
  Paris. HACHETTE et Cⁱᵉ 1888.   2501

Etudes de Critique scientifique, Écrivains francisés : Dickens, Heine, Tourguénef, Poë, Dostoïewski, Tolstoï, par Emile HENNEQUIN.
  Paris. PERRIN et Cⁱᵉ 1889. — 1 vol. in-16 rel. 2614

Même Ouvrage.   2692

Corneille et son temps, étude littéraire par Guizot.
Paris. Didier et Cⁱᵉ 1868 — 1 vol. in-8° rel.   2585

Nouvelles promenades Archéologiques. Horace et Virgile ;
par Boissier.
Paris. Hachette 1887. — 1 vol. in-12 rel.   2696

Promenades Archéologiques. Rome et Pompéi ; par Gaston
Boissier.
Paris. Hachette 1886. — 1 vol. in-12 rel.   2695

**L'Afrique Romaine. Promenades archéologiques en Algérie
et en Tunisie.**
Paris. Hachette 1895. — 1 vol. in-16 br.   3946

Racine et Victor Hugo, par Paul Stapfer.
Paris. A. Colin 1888. — 1 vol. in-18 rel.   2698

Poëtes modernes de l'Angleterre, par G. Sarrazin.
Paris. P. Ollendorff 1885. — 1 vol. in-12 rel.
2699

Rabelais. Sa personne, son génie, son œuvre, par Paul
Stapfer.
Paris. A. Colin 1889. — 1 vol. in-12 rel.   2736

Le Romantisme des Classiques. Racine, par E. Deschanel.
Paris. Calmann-Lévy. — 1 vol. in-18 br.   2773

Essai d'un catalogue de la littérature épique de l'Irlande,
précédé d'une étude sur les manuscrits en langue
irlandaise, conservés dans les iles Britanniques et
sur le continent, par H. d'Arbois de Jubainville.
Paris. E. Thorin 1883. — 1 vol. in-8°   2225

La Renaissance de la poésie Anglaise, 1798-1889, par
Gabriel Sarrazin.
Paris. Perrin. — 1 vol. in-16 rel.   2854

L'évolution des genres dans l'Histoire de la Littérature, par F. BRUNETIÉRE.
Paris. HACHETTE et Cᶦᵉ 1890 — 1 vol. in-16. **2896**

Le Roman au XVIIᵉ Siècle, par LE BRETON.
Paris. HACHETTE 1890. -- 1 vol. in-16 br. **2898**

Molière et Shakespeare, par Paul STAPFER.
Paris. HACHETTE et Cᶦᵉ 1887 — 1 vol. in-16 br.
2905

La Fontaine et ses Fables, par H. TAINE.
Paris. HACHETTE 1888 — 1 vol. in-16 br. **2906**

Poëtes et Romanciers, par E. CARO.
Paris. HACHETTE 1889 — 1 vol. in-18 rel. **2936**

Lamartine, Etude de morale et d'esthétique, par Ch. de POMAYROLS.
Paris. HACHETTE et Cᶦᵉ 1889 — 1 vol. in-8° rel.
3054

Victor Hugo avant 1830, par Ed. BIRÉ.
Paris. GERVAIS et PERRIN 1891 — 1 vol. in-12 rel.
3096

Victor Hugo après 1830, par Ed. BIRÉ.
Paris. GERVAIS et PERRIN 1891 — 2 vol. in-12 rel.
3097

Victor Hugo après 1852. — L'exil, les dernières années et la mort, par BIRÉ.
Paris. PERRIN et Cᶦᵉ 1894 — 1 vol. in-16 rel. **3758**

Le Roman Russe, par le Vicomte M. DE VOGUÉ.
Paris. PLON-NOURRIT 1888 — 1 vol. in-16 br. **3473**

La Poésie Patriotique en France au Moyen-Age, par LENIENT.
Paris. HACHETTE 1891 — 1 vol. in-16 br **3203**

Dix-Huitième Siècle. Etudes Littéraires, par Emile
FAGUET.
    Paris. LECÈNE et OUDIN 1890 — 1 vol. in-18 br.
                                    3204

**Etudes Critiques sur l'Histoire de la Littérature Française
au Moyen Age,** par F. BRUNETIÈRE.
    Paris. LECÈNE et OUDIN 1890. — 1 vol. in-18 br.
                                      3205

Portraits de Cire. — J. Lemaître — Guy de Maupassant
— J. Richepin - M. de Vogué — Puvis de Chavan-
nes — La Reine Nathalie — La belle Fatma, par
Hugues LEROUX.
    Paris. LECÈNE-OUDIN 1891 — 1 vol. in-12 br. **3249**

La Satire en France au Moyen Age, par Ch. LENIENT.
    Paris. HACHETTE et Cⁱᵉ 1883. — 1 vol. in-16. **3214**

La Satire en France ou la littérature militante au XVIᵉ siècle,
par Ch. LENIENT.
    Paris. HACHETTE et Cⁱᵉ 1886. — 2 vol. in-16 br.
                                      3215

Heures de lecture d'un critique. John Aubrey. Pope.
William Collins. Sir John Maundeville, par E.
MONTÉGUT.
    Paris. HACHETTE et Cⁱᵉ 1891. — 1 vol. in-16 br.
                                      3220

Les Contemporains. Etudes et portraits Littéraires. par
Jules LEMAITRE.
    Paris. LECÈNE et OUDIN. — 6 vol. in-18 br.   **3263**

Aristophane et l'ancienne comédie attique, par COUAT.
    Paris. LECÈNE et OUDIN 1892. — 1 vol. in-18 br.
                                      3266

L'Opposition sous les Césars, par Gaston BOISSIER.
    Paris HACHETTE 1892. — 1 vol. in-18   **3267**

Portraits de grandes dames, par Imbert de St-Amand.
Paris. DENTU 1886. — 1 vol. in-18 br.   **3384**

Essais de critique et d'histoire, par H. TAINE.
Paris. HACHETTE 1892. — 1 vol. in-16 br.   **3439**

Nouveaux essais de critique et d'histoire, par H. TAINE.
Paris. HACHETTE 1892. — 1 vol. in-16.
3440

Essai sur Tite-Live, par H. TAINE.
Paris. HACHETTE 1888.. — 1 vol. in-16 br.   **3441**

Poëtes et Artistes contemporains, par Alfred NETTEMENT.
Paris. LE COFFRE 1862. — 1 vol. in-8° rel.   **3460**

Du Roman et du Théâtre contemporains, et de leur
influence sur les mœurs, par Eug. POITOU.
Paris. DURAND 1858. — 1 vol. in-16 rel.   **3497**

Etudes sur les hommes et les mœurs au XIX° siècle, par
PHILARÈTE CHASLES.
Paris. AMYOT. — 1 vol. in-16 rel.   **3499**

Portraits littéraires, par G. PLANCHE.
Paris. WERDET 1836. — 2 vol. in-8° rel.   **3516**

Critique. Portraits et caractères contemporains, par J.
JANIN.
Paris. HACHETTE. — 1 vol. in-16 rel.   **3518**

Portraits contemporains. Littérateurs, Peintres, Sculp-
teurs, Artistes dramatiques, par Th. GAUTHIER.
Paris. CHARPENTIER 1886. — 1 vol. in-18 br.   **3563**

Galerie des Académiciens, Portraits littéraires et artistiques, par G. VATTIER.
Paris. AMYOT 1864-1868. — 3 vol. in-12 rel.   **3531**

Portraits de Femmes, par SAINTE-BEUVE.
Paris. GARNIER — 2 vol. in-18 rel.   **689**

Portraits Littéraires, par SAINTE-BEUVE.
Paris. GARNIER — 3 vol. in-18 rel.   **690**

Portraits et Souvenirs littéraires, par Th. GAUTIER.
Paris. CHARPENTIER 1892. — 1 vol. in-18 br. **3564**

Les Devoirs, Essai sur la morale de Cicéron, par Arthur DESJARDINS.
Paris. PERRIN 1893. — 1 vol. in-16 br. (Ouvrage
couronné par l'Institut).   **3605**

Esquisses littéraires, par Émile MONTÉGUT.
Paris. HACHETTE 1893. — 1 vol. in-16 br.   **3608**

Lamartine, par Émile DESCHANEL.
Paris. C. LÉVY 1893. — 2 vol. in-18 br.   **3609**

Marivaux, sa vie et ses œuvres, par LARROUMET.
Paris. HACHETTE 1894. — 1 vol. in-16 br.   **3612**

Etudes de Littérature et d'Art, par LARROUMET.
Paris. HACHETTE. — 1 vol. in-16 br.   **3615**

Mignet, Michelet, Henri Martin, par Jules SIMON.
Paris. C. LÉVY 1889. — 1 vol. in-8° br.   **3634**

Derniers Essais de Critique et d'Histoire, par TAINE.
Paris. HACHETTE 1894. — 1 vol. in-18 br.   **3756**

Diderot, l'homme et l'écrivain, par DUCROS, L.
Paris. PERRIN et Cⁱᵉ 1894. — 1 vol. in-18 rel. **3757**

Prévost-Paradol. Etude suivie d'un choix de lettres, par
GRÉARD, Octave.
Paris. HACHETTE 1894. — 1 vol. in-16 br.   **3763**

Ernest Hello, l'homme, le penseur, l'écrivain, par Serre, Joseph.
> Paris. Perrin et Cⁱᵉ 1894. — 1 vol. in-16 rel. **3765**

La Poésie patriotique en France dans les temps modernes, par Ch. Lenient.
> Paris. Hachette 1894. — 1 vol. in-16 br.   **3805**

La Poésie patriotique en France au Moyen-Age, par Ch. Lenient.
> Paris. Hachette 1891. — 1 vol. in-16 br.   **3864**

Hérodote historien des Guerres médiques, par Hauvette.
> Paris. Hachette 1894. — 1 vol. gr. in-8º br.
> *(Ouvrage couronné par l'Académie des Inscriptions et Belles-Lettres.*   **3848**

Essais sur l'Histoire de la Littérature Française, par Weiss.
> Paris. C. Lévy 1891. — 1 vol. in-18 br.   **3832**

L'Evolution de la Poésie lyrique en France au XIXᵉ Siècle, par F. Brunetière.
> Paris. Hachette 1895. — 2 vol. in-16 br.   **3862**

Dix-neuvième Siècle, Études littéraires, par E. Faguet.
> Paris. Lecène-Oudin 1894. — 1 vol. in-16 br.
> **3870**

Ecrivains modernes de l'Angleterre, par E. Montégut.
> Paris. Hachette 1892 — 2 vol in-16 br.   **3927**

Etudes Critiques sur l'histoire de la Littérature Française, par Brunetière.
> Paris. Hachette 1894. — 2 vol. in-16 br.   **3942**

Les Lettres de Madame de Grignan, par Stapfer.
> Paris. C. Lévy 1895 — 1 vol. in-16 br.   **3952**

Les Œuvres et les Hommes (2ᵉ série), par J. BARBEY
D'AUREVILLY.

      Tome XI — Les Poètes.

      Tome XII. — Littérature étrangère.

      Tome XIII. — Littérature épistolaire.

      Tome XIV. — Mémoires historiques et litté-
raires.

      Tome XV. — Journalistes, Polémistes, Chroni-
queurs et Pamphlétaires.

      Paris. LEMERRE. — 5 vol.   **3967**

LES GRANDS ÉCRIVAINS FRANÇAIS

Collection publiée par la Maison Hachette.

      Paris — 35 vol. br.

      Mᵐᵉ de Staël, par Albert SOREL.   **3041**

      D'Alembert, par Joseph BERTRAND.   **3042**

      Vauvenargues, par Maurice PALÉOLOGUE.   **3043**

      Théophile Gautier, par Maxime DU CAMP.   **3044**

      Bernardin de Saint-Pierre, par Arvède BARINE. **3045**

      Mᵐᵉ de La Fayette, par le Comte D'HAUSSONVILLE.

                                            3046

      Rutebeuf, par Léon CLÉDAT.   **3075**

      Mirabeau, par Edmond ROUSSE.   **3106**

      Alfred de Vigny, par Maurice PALÉOLOGUE.   **3209**

Royer-Collard, par SPULLER.   3891

La Rochefoucauld, par BOURDEAU.   3892

Lacordaire, par D'HAUSSONVILLE.   3893

Lafontaine, par G LAFENESTRE.   3954

MÉLANGES LITTÉRAIRES

Variétés. — Souvenirs & Divers

Soixante ans de Souvenirs, par LEGOUVÉ.
Paris. CALMANN LÉVY 1884. — 2 vol. in-8⁰ rel.
                                                               160

Epis et bleuets, par Ernest LEGOUVÉ.
Paris. HETZEL. — 1 vol. in-18 br.   3613

Nos filles et nos fils, par Ernest LEGOUVÉ.
Paris. HETZEL — 1 vol. in-18 br.   3614

Ma Jeunesse, par MICHELET.
Paris. CALMANN LÉVY 1884. — 1 vol. in-18 rel.
                                                               165

L'oiseau, par MICHELET
Paris. HACHETTE 1890. — 1 vol. in-18 rel.   3099

L'Insecte, par MICHELET.
Paris. HACHETTE. 1890. — 1 vol. in-18 rel.   3100

La Mer, par MICHELET. 10⁰ Edition.
Paris, CALMANN LÉVY 1885. — 1 vol. in-18 rel.
                                                               3358

Bible de l'humanité, par MICHELET.
Paris. CALMANN LÉVY 1883. — 1 vol. in-18 rel.
3260

Introduction à l'histoire universelle, par MICHELET.
Paris. CALMANN LÉVY 1882. — 1 vol. in-18 rel.
3261

Sur les chemins de l'Europe, par MICHELET.
Paris. MARPON 1893. — 1 vol. in-16 br. 3546

Souvenirs d'enfance et de Jeunesse, par E. RENAN.
Paris. CALMANN LÉVY 1884. — 1 vol. in-18 rel.
166

Feuilles détachées, faisant suite aux souvenirs d'enfance et de jeunesse, par E. RENAN.
Paris. CALMANN LÉVY 1892. — 1 vol. in-8° br.
3302

Marc-Aurèle et la fin du monde antique, par E. RENAN.
Paris. CALMANN LÉVY 1890. — 1 vol. in-8° rel
2880

Notices Politiques et Littéraires sur l'Allemagne, par SAINT-MARC GIRARDIN.
Paris. PRÉVOST-CROCIUS 1835 — 1 vol. in-8° rel.
213

Mélanges et Pensées, par E. GÉRUSEZ.
Paris. HACHETTE 1866 — 1 vol. in-12 rel. 291

Opinions et Discours, par M. de CHATEAUBRIAND.
Paris. GOSSELIN 1837 — 2 vol. in-8° 333

Même Ouvrage 344

Mélanges Littéraires, par A. DE LAMARTINE.
Paris. FURNE 1836 - 1 vol. in-8 rel. 342

Mélanges Philosophiques, Littéraires, Historiques, par M.
DE VOLTAIRE.
>Genève 1771 — 8 vol. in-4° rel. v. m. f. d. s. l. p.
tr. d.   **361**

Mélanges Littéraires, par VOLTAIRE.
>Paris. Imprimerie de la Société 1785 — 3 vol.
in-8° rel.   **382**

Jarousseau. — Le Pasteur du Désert, par Eugène
PELLETAN.
>Paris. GERMER-BAILLIÈRE 1878 — 1 vol. in-18 rel.
545

La nouvelle Babylone, par Eug. PELLETAN.
>Paris. PAGNERRE 1863 — 1 vol. in-16 rel.   **3500**

Morceaux choisis des Classiques Français, recueillis et
annotés par Léon FOUGÈRE.
>1er vol. Extrait de Prose - 2e vol. Extraits de
Poésie.
>Paris. J. DELALAIN 1865 — 2 vol. in-18 rel.   **579**

Toilette d'une Romaine au Temps d'Auguste,
Conseils à une Parisienne sur les cosmétiques, par
le Dr Constantin JAMES.
>Paris. HACHETTE et Cie 1866 — 1 vol. in-8° rel.
711

Les Odeurs Ultramontaines, par l'Auteur du Maudit, de
la Religieuse, du Jésuite, du Moine.
>Paris. LIBRAIRIE IMPÉRIALE 1857 — 1 vol. in-8°
rel.   **738**

Les Saulx-Tavanes — Etudes sur l'ancienne Société
Française, par PINGARD.
>Paris. FIRMIN-DIDOT 1876 — 1 vol. in-8° rel.   **762**

Les Odeurs de Paris, par Louis VEUILLOT.
Paris. PALMÉ 1867 — 1 vol. in-12 rel. 751

La Queue de Voltaire, par Eugène DE MIRECOURT.
Paris. DENTU 1864. — 1 vol. in-12 rel. 731

Maurice de Guérin. Journal, Lettres et Poésies ; publiés
avec l'assentiment de la famille, par TRÉBUTIEN ;
Précédés d'une étude biographique et littéraire par
M. SAINTE-BEUVE.
Paris. DIDIER et Cⁱᵒ 1863. — 1 vol. in-18 rel. 776

Eloge de Montesquieu, présenté à l'Académie de Bordeaux le 28 mars 1785, par J. P. MARAT, publié
avec une introduction par Arthur DE BRÉZETZ.
Libourne. MALLEVILLE 1883. — 1 Br. in-8°. 782

Mademoiselle de la Vallière et Marie-Thérèse d'Autriche,
par DUCLOS.
Paris. PERRIN 1890. — 2 vol. in 18 br. 800

Voyage du jeune Anacharsis en Grèce, dans le milieu du
IV· siècle avant l'ère vulgaire.
Paris. DE BURE aîné 1788. — 4 vol. in-4° rel. v.
F. d. s. l. p. avec cartes. 883

Voyage du jeune Anacharsis en Grèce, vers le milieu du
IVᵉ siècle avant l'ère vulgaire.
Paris. DIDOT jeune An XII. — 7 vol. in-18° rel. v.
931

Histoire des livres populaires ou de la littérature du
colportage, depuis l'origine de l'imprimerie jusqu'à
l'établissement de la commission d'examen des
livres du colportage. 30 novembre 1852 ; par Ch.
NISARD.
Paris. E. DENTU 1864. — 2 vol. in-18 rel. 972

Le Livre de la Vieillesse, par RONDELET.
     Paris. PERRIN 1888. — 1 vol. in-12 rel.   1426

La Grèce contemporaine, par Ed. ABOUT.
     Paris. HACHETTE 1886. — 1 vol. in-12 rel.   1431

Même Ouvrage.   393

Rome Contemporaine, par Ed. ABOUT.
     Paris. Michel LÉVY 1861. — 1 vol. in-8° rel.   2503

Libres opinions morales et historiques. Du génie Fran-
     çais. La Renaissance et la réformation, par MON-
     TÉGUT.
     Paris. HACHETTE 1892. — 1 vol. in-8° br.   1592

Journal des Goncourt. Mémoires de la Vie Littéraire.
     Paris. CHARPENTIER 1888. — 5 vol. in-8° rel.   1594

Voyages et Littérature. — Mémoires sur la découverte
     de l'Amérique au X° siècle, par X. MARMIER.
     Paris. HACHETTE 1888. — 1 vol. in-16 rel.   1634

Les Médecins au temps de Molière, par M. RAYNAUD.
     Paris. DIDIER 1863. - 1 vol. in-18 br.   2735

Feu ! Feu ! par TIMON. 17° édition.
     Paris. PAGNERRE 1845. — 1 vol. in-12 br.   2159

Les Caractères de l'Amitié, par le marquis CARACIOLI.
     A Francfort, en Foire. BASSOMPIERRE 1766. —
     1 vol. in-18 br.   2197

La Vertu en France, par M. DU CAMP. Ouvrage illustré
     de 45 gravures, dessinées sur bois.
     Paris. HACHETTE 1888. — 1 vol. gr. in-8° br.
                                                      1961

Paris Bienfaisant, par M. DU CAMP.
 Paris. HACHETTE 1888. — 1 vol. in-8°.   **2500**

Souvenirs littéraires, par Maxime DU CAMP.
 Paris. HACHETTE et Cⁱᵉ 1892. — 2 vol. in-16 br.
             3313

Variétés littéraires, par E. CARO.
 Paris. HACHETTE 1889. — 1 vol. in-18 rel.   **2613**

Jours d'épreuve, par E. CARO de l'Académie française.
 Paris. HACHETTE et Cⁱᵉ 1872. — 1 vol. in-18 rel.
 tr. d.   **2932**

Variétés littéraires, par E. CARO de l'Académie française.
 Paris. HACHETTE et Cⁱᵉ 1889. — 1 vol. in-18 rel.
 tr. d.   **2938**

En France XVIII° et XIXᵉ siècles, par A MÉZIÈRES.
 Paris. HACHETTE et Cⁱᵉ 1887. — 1 vol. in-12 rel.
             2690

Hors de France. Italie, Espagne, Angleterre, Grèce
moderne, par A. MÉZIÈRES.
 Paris. HACHETTE et Cⁱᵉ 1887. — 1 vol. in-12 rel.
             2691

Souvenirs de quarante ans. Dédiés à mes enfants, par
Ferdinand DE LESSEPS.
 Paris. NOUVELLE REVUE 1887. — 2 vol. in-8° rel.
             2867

Mélanges de Littérature et de Critique, par A. DE MUSSET,
édition ornée de gravures, d'après les dessins de
BIDA.
 Paris. CHARPENTIER 1866. — 1 vol. in-8° rel. **3088**

Voyage en Italie, par H. TAINE.
 Paris. HACHETTE 1893. — 2 vol. in-16 br.   **3437**

La Vie littéraire, par Anatole FRANCE.
Paris. CALMANN-LÉVY 1891. — 3 vol. in-18 rel.
3265

Notes sur l'Angleterre, par H. TAINE.
Paris. HACHETTE 1890. — 1 vol. in-16 br.   3438

Etudes sur la Société, par Léon DELAPORTE.
Paris. HACHETTE 1855. — 1 vol. in-8° rel.   3459

Le Roi Voltaire, par Arsène HOUSSAYE.
Paris. M. LÉVY 1858. — 1 vol. in-8° rel.   3468

Philosophes et Comédiennes, par A. HOUSSAYE.
Paris. LECOU 1855. — 1 vol. in-16 rel.   3469

Les Fantaisies littéraires du temps, par SALVADOR.
Paris. DENTU 1862. — 1 vol. in-16 rel.   3522

Salons célèbres, par Mme Sophie GAY.
Paris. M. LÉVY 1864. — 1 vol in-16 rel.   3529

Les Salons de Paris, Foyers éteints, par Mme ANCELOT.
Paris. TARDIEU 1858. — 1 vol. in-12 rel.   3530

Vie et Opinions de M. Frédéric-Thomas Graindorge, par
H. TAINE.
Paris. HACHETTE 1893. — 1 vol. in-16 br.   3532

Tableaux de Siège, Paris 1878-1871, par Th. GAUTIER.
Paris. CHARPENTIER 1886. — 1 vol. in-18 br. 3569

Bretons de Paris, par QUELLIEN.
Paris. OLLENDORFF 1893. — 1 vol. in-16 br. 3617

Les Rois, par J. LEMAITRE.
Paris. CALMANN-LÉVY 1893   1 vol. in-16 rel.
3620

Les Français au XVIIᵉ Siècle, par GIDEL.
Paris. GARNIER Frères. — 1 vol. in-8° br.   3739

Les Italiens d'aujourd'hui, par BAZIN, René.
Paris C. LÉVY 1894. — 1 vol. in-18 br.   3759

La Grèce d'aujourd'hui, par DESCHAMPS, Gaston.
Paris. A. COLIN 1894. — 1 vol. in-18 br.   3761

Les Horizons prochains, par le comte DE GASPARIN.
Paris. M. LÉVY 1860. — 1 vol. in-16 rel.   3491ʳ

Les Horizons célestes, par le comte DE.GASPARIN.
Paris. M. LÉVY 1860. — 1 vol. in-16 rel.   3492

Le Bonheur, par le comte DE GASPARIN.
Paris. M. LÉVY 1862. — 1 vol. in-16 rel.   3493

La Morale du Cœur, Etudes d'âmes modernes, par
ANGOT DES ROTOURS.
Paris. PERRIN et Cⁱᵉ 1893. — 1 vol. in-16 br.   3929

La Famille et les Amis de Montaigne, Causeries autour du
sujet, par STAPFER.
Paris. HACHETTE 1896. — 1 vol in-16 br.   3944

3º LITTÉRATURES ÉTRANGÈRES

ŒUVRES COMPLÈTES & DIVERSES
Textes & Traductions

LITTÉRATURE ANGLAISE

Œuvres de Shakespeare, traduites par Émile Montégut, et richement illustrées de gravures sur bois.
Paris. Hachette 1870. — 3 vol. in-4º rel.   1

Littérature anglaise, Œuvres complètes de Robertson, précédées d'une notice par J. A. Buchon.
Paris. Desrez 1837. — 2 vol. in-8º rel.   127

Œuvres complètes de Pope (Alexandre), traduites en français. Nouvelle édition augmentée du texte anglais mis à côté des meilleures pièces.
Paris. Durand 1780. — 7 vol. in 8º rel. v. f. d. s. l. p.   289

Œuvres complètes de Young, traduites de l'anglais par
M. LE TOURNEUR.
  Paris. LEJAY 1770. 3 vol. in-8° rel.   **560**

Le nouveau Théâtre Anglais, traduit par Mme RICCOBONI.
  Neufchâtel. IMPRIMERIE TYPOGPAPHIQUE 1780. —
  3 vol. in-12 r. v.   **813**

Œuvres complètes de Lord Byron, traduites par Benjamin
LAROCHE. 3° série. — Manfred, Marino Faliero, le
Ciel et la Terre, Sardanapale, les deux Foscari, le
Difforme transformé, Caïn, Werner.
  Paris. CHARPENTIER 1840. — 1 vol. in-18 rel.
            1250 bis

Les Œuvres de Lord Byron, édition entièrement revue et
corrigée, précédée d'une notice sur Lord Byron,
par Ch. NODIER.
  Paris. LADVOCAT 1823. — 22 Tomes en 11 vol.
  in-12 rel.   **2589**

Œuvres de Sterne. Voyage sentimental, suivi des
lettres d'Yorick et d'Élisa.
  Paris. LE DENTU 1832. — 1 Tome dans 2 vol. in-12
  rel.   **2590**

Œuvres poétiques complètes de Shelley, traduction F.
RABBE.
  Paris. SAVINE 1887. — 3 vol. in-18 br. **3377**

La Foire aux Vanités, par W. THACKERAY, roman anglais, traduit par G. GUIFFREY.
  Paris. HACHETTE 1865 — 2 vol. in-12 rel. **400**

Aventures de Pisistrate Caxton, roman anglais, traduit
par E. SCHEFFTER.
  Paris. HACHETTE 1864 — 2 vol. in-12 rel. **401**

Paradis perdu de Milton, par CHATEAUBRIAND.
  Paris. Ch. GOSSELIN 1839 — 1 vol. in-8° rel.   347

Le Père Tom ou la Vie des Nègres en Amérique, par
  Mme H.BEECHER-STOWE,traduction de la BÉDOLLIÈRE
  Paris. G. BARBU 1853 — 1 vol. in-18 rel.   513

Le Vicaire de Wakefield, par O. GOLDSMITH, traduction
  nouvelle et suivie de quelques notes par Ch. NODIER.
  Paris. M. LÉVY 1858 — 1 vol. in-18 rel.   517

Hau Kiou Chouan, histoire chinoise traduite de l'anglais
  par M***.
  Lyon. B. DUPLAIN 1766 — 4 vol. in-12 rel. fig. 555

Récits californiens, par BRET-HARTE, traduits par Th.
  BENTZON.
  Paris. CALMANN-LÉVY 1884 — 1 vol. in-16 rel. 967

Même Ouvrage   967

Nouveaux Récits californiens, par BRET-HARTE, traduits
  par Th. BENTZON.
  Paris. CALMANN-LÉVY 1884 — 1 vol. in-16 rel.
                                                   966

Walter Scott illustré, traduction par M. Ed. SCHEFFTER
  et par M. P. LOUISY. Dessins de MM. Brown, Dunki,
  Flameng, Lix, Adrien Marie, Riou, etc., etc.

Guy Mannering ou l'Astrologue.	2788
Ivanhoë.	2789
Quantin Durword.	2790
Les Puritains d'Ecosse.	2791
Rob Roy.	2792
Le Monastère.	2793
La jolie Fille de Perth.	2794
Redgauntlet.	2795

L'Abbé. 2796

L'Antiquaire. 2797

La Fiancée de Lammermoor, suivie du
Nain noir. 2798

Charles le Téméraire . 2799

Waverley. 2800

Le Pirate. 2801

Les Aventures de Nigel. 2802

La prison d'Edimbourg. 2803

Kenilworth. 2804

Woodstock. 2805

Peveril du Pic. 3059

Richard en Palestine, suivi du Château
périlleux. 3282

Paris. F. DIDOT 1880 à 1892 — 20 vol. gr. in-8° rel.
t. ang. grav.

W. Scott. — Rob Roy, traduit par DÉFAUCONPRET.
Paris. G. BARBE 1844 — 1 vol. in-12 rel. fig. **398**

La prison d'Edimbourg, traduit par DÉFAUCONPRET.
Paris. G. BARBE 1844 — 1 vol. in-12 rel. fig. **399**

Fenimore Cooper illustré, traduction de M. P. LOUISY.
Dessins de M. Andriolli. Gravures de M. J. Huyot.
L'espion. 2828
Le dernier des Mohicans 2829
Les Pionniers. 2830
La Prairie. 2831

Paris. F. DIDOT 1885-1886 — 4 vol. gr. in-8° rel.

Œuvres de Dickens. Aventures de M. Pickwich, ro-
man anglais, traduit avec l'autorisation de l'auteur
Dickens, sous la direction de P. Lorain, par GRO-
LIER.
Paris. HACHETTE 1865 — 2 vol. in-18 rel. **402**

Bleah-House, traduction de GROLIER.
   Paris. HACHETTE 1865 — 2 vol. in-18 rel.   403

Paris et Londres en 1793, traduit par GROLIER.
   Paris. HACHETTE 1861 — 1 vol. in-18 rel.   404

Barnabé Rudge, traduit par BONHOMET.
   Paris. HACHETTE 1858 — 2 vol. in-12 rel.   405

Dombey et Fils, traduit par Mme BRESSANT.
   Paris. HACHETTE 1858 — 2 vol. in-12 rel.   406

David Copperfield, traduit par GROLIER.
   Paris. LAHURE 1858 — 2 vol. in-12 rel.   407

Vie et Aventures de Martin Chuzzlewit, traduit par
   GROLIER.
   Paris. LAHURE 1858 - 2 vol. in-12 rel.   408

La petite Dorrit, traduit par GROLIER.
   Paris. HACHETTE 1858 — 3 vol. in-12 rel.   409

Contes de Noël, traduit par GROLIER.
   Paris. HACHETTE 1858 — 1 vol. in-12 rel.   410

Même Ouvrage.
   Paris. M. LÉVY 1858. — 1 vol. in-12 br.   3190

Les Temps difficiles, traduit par GROLIER.
   Paris. HACHETTE 1858 — 1 vol. in-12 rel   411

Aventures de M. Pickwich, traduit par GROLIER.
   Paris. HACHETTE 1870 — 2 vol. in-12 br.   3188

Les Temps difficiles.
   Paris. HACHETTE 1864 — 1 vol. in-12 br.   3189

Le Neveu de ma Tante.
   Paris. M. LÉVY 1859. — 1 vol. in-12 br.   3191

Deux nouvelles traduites de l'Anglais, par M. FONTANEAU, Agent Principal des Services Administratifs de la Marine.

Rennes. Typographie OBERTHUR. — 1 vol. in-8°

fr. *Cet ouvrage n'a pas été mis en vente dans le commerce*

3969

LITTÉRATURE ALLEMANDE

Poésies diverses, Pensées. Divan oriental occidental de GOETHE, traduction de J. PORCHAT.

Paris. HACHETTE et Cⁱᵉ 1870. — 1 vol. gr. in-8° rel.

541

Hermann et Dorothée. Achilleïde. Le Roman du Renard, par GOETHE, traduit par PORCHAT.

Paris. HACHETTE et Cⁱᵉ 1870. — 1 vol. in-8° rel.

543

Théâtre de Goëthe, traduction de J. PORCHAT.

Paris. HACHETTE 1863. — 3 vol. in-8° rel.   **542**

Théâtre de Goëthe, traduction nouvelle, revue, corrigée et augmentée d'une préface par M. X. MARMIER.

Paris. CHARPENTIER 1839. — 1 vol. in-18 rel.   **41**

Théâtre de Schiller, traduction nouvelle par Ad. REGNIER.

Paris. HACHETTE 1869. — 3 vol. gr. in-8° rel.   **550**

Les Années de voyage de Wilhem Meister, par GOETHE, traduction de Jacques PORCHAT.

Paris. HACHETTE et Cⁱᵉ 1871. — 1 vol. gr. in-8° rel.

545

Les Années d'apprentissage de Wilhem Meister. Entretiens d'Emigrés Allemands, etc., par GOETHE, traduction par Jacques PORCHAT.
    Paris. HACHETTE et Cⁱᵉ 1871. — 1 vol. gr. in-8° rel.
                                       544

Mémoires de Goëthe, traduction de Jacques PORCHAT.
    Paris. HACHETTE et Cⁱᵉ 1873. — 1 vol. gr. in-8° rel.
                                         546

Mélanges de Schiller, précédés du Visionnaire, traduction nouvelle par Ad. REGNIER.
    Paris. HACHETTE et Cⁱᵉ 1861. — 1 vol. gr. in-8°
    rel.   **552**

Voyages en Suisse et en Italie, par GOETHE, traduction de Jacques PORCHAT.
    Paris. HACHETTE et Cⁱᵉ 1873. — 1 vol. gr. in-8° rel.
                                         547

Mélanges par Goëthe, traduction de Jacques PORCHAT.
    Paris HACHETTE et Cⁱᵉ 1863. — 1 vol. gr. in-8° rel.
                                       548

Poésies de Schiller. traduction nouvelle par A. REGNIER.
    Paris. HACHETTE et Cⁱᵛ 1872. — 1 vol. gr. in-8° rel.
                                       549

Fables Orientales. Chants, Pièces Fugitives, par WIELAND.
    Amsterdam. 1769. — 1 vol. in-12 rel. v. tr. r. **637**

Œuvres pastorales de Merthghen, traduites de l'Allemand, suivies des Aulnayes de Voux, Idylles Françaises.
    Paris. DEVAUX. — 1 vol. in-18 rel.   **639**

La mort d'Abel, Poème en 5 chants. Traduit de l'Allemand de M. Gessner, par HUBER.
    Jersey. 1786. — 2 vol. in-18 rel.   **807**

Même Ouvrage
Paris. RENOUARD 1802. — 1 vol. in-18 rel. **2157**

Voyage d'une Femme autour du Monde, traduit de l'Allemand de Mme Ida Pfeiffer, par M. DE SUCKAU.
Paris. HACHETTE 1858. — 1 vol. in-18 rel. **903**

Fables de Lessing en Allemand, par KONT.
Paris. QUANTIN. — 1 vol. in-8° br. **3276**

Goëthe. Dichtung und Wahrheit. Poésie et Vérité, par KONT. (Extraits.)
Paris. GARNIER frères. — 1 vol. in-16 cart. **3277**

Wallenstein. 1ʳ et 2ᵉ Parties. - Le Camp de Wallenstein. Les Piccolomini, par SCHILLER, Traduction de KONT.
Paris. GARNIER frères. — 1 vol. in-16 cart. **3278**

~~~~~

LITTÉRATURE ITALIENNE

Œuvres complètes de Macchiavelli, avec une notice biographique, par J. A. BUCHON.
Paris. DESREZ 1837. — 2 vol. in-8° rel. **127**

Mes prisons. Mémoires de Silvio Pellico.
Paris. F. DIDOT 1883. — 1 vol. in-18 **540**

Rimes de Pétrarque, traduction complète en vers, des sonnets, canzones, sextines, ballades, madrigaux et triomphes, par Joseph POULENC.
Paris. LIBRAIRIE DES BIBLIOPHILES 1877. — 2 vol. in-12 rel. **661**

Poésies de Pétrarque, Traduction complète par le Comte
DE GRAMONT. Sonnets, Canzones, Triomphes.
Paris. P. MASGANA 1842. — 1 vol. in-18 rel.   **619**

Jérusalem délivrée, Nouvelle traduction avec la vie du
Tasse, et des notes historiques d'après les chroniques, les croisades et les historiens Arabes du **XIXe**
siècle, par A. MAZUY. Edition illustrée de gravures
tirées à part.
Paris. BECHET 1862. — 1 vol. in-12 rel.   **293**

La Jérusalem délivrée, Traduction en vers français par
BAOUR-LORMIAN, Notice sur le Tasse.
Paris. DELAUNAY 1819. — 3 vol. in-8° rel.   **678**

Semiramide. Opéra complet pour piano et chant,
paroles italiennes, par ROSSINI.
Paris. LAUNER. — 1 vol. format in-8° rel.   **1663**

Il matrimonio secreto. Opera buffa, par CIMAROSA.
Paris. MARGUERIE 1839. — 1 vol. in-8° rel.   **1664**

La divine Comédie de Dante Alighieri, Traduction nouvelle par Pier Angelo FIORENTINO.
Paris. HACHETTE 1887. — 1 vol. in-16 br.   **3544**

AUTRES LITTERATURES

Nouvelles Grecques, par BIKELAS, Traduite par le marquis DE QUEUX DE SAINT-HILAIRE.
Paris. F. DIDOT 1889. — 1 vol in-18.   **2697**

Le **Boustan au Verger**. Poème Persan, traduit pour la première fois en Français avec une introduction et des notes, par Barbier DE MEYNARD.

    Paris. E. LEROUX 1880. — 1 vol. in-12 rel papier lavé réglé. **501**

L'**Araucana**. Poème épique espagnol, par Don ALONSO DE ERCILLA Y ZUNIGA, Traduit complètement pour la première fois en Français, par Alex. NICOLAS.

    Paris. DELAGRAVE 1869. — 2 vol. **660**

Les **Lusiades ou les Portugais**, poëme en dix chants, par CAMOENS, traduction de J. MILLIÉ, revue, corrigée et annotée par DUBEUX.

    Paris. CHARPENTIER 1841. — 1 vol. in-18 rel. **3719**

Histoire de Gil Blas, publiée en France par LE SAGE, traduite en Espagnol par EL PADRE ISLA.

    Paris. BAUDRY 1835. — 1 vol. in-8° rel. **2123**

L'**Ingénieux Hidalgo Don Quichotte de la Manche**, par Miguel DE CERVANTÈS SAAVEDRA, traduit par Louis VIARDO.

    Paris. HACHETTE 1864. — 1 vol. in-8° br.
    (*Il manque le 1ᵉʳ vol.*) **2145**

L'**Ingénieux Chevalier Don Quichotte de la Manche**, par Miguel DE CERVANTÈS SAAVEDRA, Traduction nouvelle de RÉMOND.

    Paris. DELARUE. S. d.— 2 vol. in-18 rel. **2626**

III

ÉPISTOLAIRES

LETTRES & CORRESPONDANCES
de tous genres

Lettres de Catherine de Médicis, publiées par M. le Comte Hector DE LA FERRIÈRE, membre non résidant du Comité des Travaux historiques.
1ᵉʳ vol., 1533-1563 ; 2ᵉ, 1563-1566 ; 3ᵉ, 1567-1570 ; 4ᵉ, 1570-1574.
Paris. IMPRIMERIE NATIONALE 1880 — 4 vol. in-4° dem. rel. 82

Lettres de Jean Chapelain de l'Académie Française, publiées par Ph. TAMIZEY DE LARROQUE.
Paris. IMPRIMERIE NATIONALE 1883 — 2 vol. in-4° cart. 83

Lettres, Instructions diplomatiques et Papiers d'État du Cardinal de Richelieu, recueillis et publiés par M. AVENEL.

    1er vol., 1608-1624 ; 2e, 1624-1627 ; 3e, 1628-1630 ; 4e vol., 1630-1635 ; 5e, 1635-1637 ; 6e, 1638-1642 ; 7e vol., 1638-1642 ; 8e, 1649.

    Paris. IMPRIMERIE NATIONALE 1853-1877 — 8 vol. in-4° cart.   **84**

Lettres du Cardinal Mazarin pendant son Ministère, recueillies et publiées par M. A. CHÉRUEL.

    Paris. IMPRIMERIE NATIONALE 1872-1883 — 8 vol. in-4° cart.   **85**

Lettres de Peiresc aux frères Dupuy, publiées par Philippe TAMIZEY DE LARROQUE, décembre 1617-1628.

    Paris. IMPRIMERIE NATIONALE 1888 — 5 vol. in-4° cart.   **111**

Correspondance secrète du Comte de Mercy-Argenteau, avec l'Empereur Joseph II et le Prince de Kaunitz, publiée par M. Jules FLAMMERMONT.

    Paris. IMPRIMERIE NATIONALE 1889 — 1 vol. in-8° cart.   **115**

Lettres édifiantes et curieuses concernant l'Asie, l'Afrique et l'Amérique, avec quelques relations nouvelles des Missions, publiées sous la direction de Aimé MARTIN.

    Paris. DESREZ 1838 — 2 vol. in-8° rel.   **126**

Recueil de lettres de M. de Voltaire.

    Paris. IMPRIMERIE DE LA SOCIÉTÉ 1785. — 12 vol. in-8° rel.   **385**

Lettres du Prince Royal de Prusse, et de M. de Voltaire.

    Paris. IMPRIMERIE DE LA SOCIÉTÉ 1785. — 3 vol. in-8° rel.   **385**

Lettres de Mme de Sévigné, de sa Famille et de ses Amis.
Paris. HACHETTE 1863. — 7 vol. in-8° rel.   594

Lettres à Monsieur Proudhon, par Eugène DE MIRECOURT.
Paris. 1858. — 1 vol. in-18 rel.   730

Lettres et Opuscules inédits du Comte Joseph de Maistre,
précédés d'une notice biographique par son fils le
Comte Rodolphe DE MAISTRE.
Paris. VATON 1853. — 2 vol. in-12 rel.   754

Lettres édifiantes et curieuses écrites des missions Etrangères, publiées par QUERBEUF.
Paris. MERIGOT 1780. — 26 vol. in-12 rel. v. tr. r.
760

Lettres et pensées du Maréchal, Prince de Ligne, publiées
par Mme la Baronne de STAEL-HOLSTEIN.
Paris. PASCHOUD 1809. — 1 vol. in-8° rel.   772

Lettres et œuvres mêlées de M. D** (Dorat) ci-devant
mousquetaire, recueillies par lui-même.
En Hollande et à Paris 1767. — 1 vol. in-8° f. d.
s. l. p. tr. d. figures sur acier.   804

Letters of Pope Clement XIV, Ganganelli to which are
prefixed anecdotes of his life.
London. for John CAWTHORN 1804. — 2 vol. in-12
rel.   805

Lettres du Pape Clément XIV, traduites de l'Italien et du
latin.
Paris. LOTTIN 1777. — 1 vol. in-12 rel.   806

Lettres d'Angleterre. Etudes humoristiques ; par J. Marie
LŒWE.
Paris. KUGELMANN 1851. — 1 vol. in-8° rel. fig.
945

Lettres de Philippe II à ses Filles, les enfants Isabelle et Catherine, écrites pendant son voyage en Portugal 1581-1583 ; publiées par GACHARD, d'après les originaux autographes conservés dans les Archives Royales de Turin.
Paris. PLON-NOURRIT 1884. — 1 vol. in-8° rel.
946

Lettre de Rome adressée à son Ex. M. Troplong, Président du Sénat, par le Duc DE PERSIGNY.
Paris. DENTU 1865. — 1 Br. in 8°
1047

Lettres cabalistiques ou correspondance philosophique, historique et critique, entre deux cabalistes, divers Esprits élémentaires et le Seigneur Astaroth.
La Haye. P. PAUPIE 1770 — 4 vol. in-12 rel. v.
1453

Lettres sur les anciens Parlements de France que l'on nomme Etats Généraux, par M. DEBOULAINVILLIERS.
Londres. T. WOODET-PALMER 1753. — 1 vol. in-18 rel. tr. r.
1466

Lettres historiques sur les fonctions essentielles du Parlement, sur le droit des Pairs et sur les Lois fondamentales, par X***
Amsterdam. 1753. — 1 vol. in-12 rel. v. tr. r.
1467

Lettres de Mozart. Traduction complète, avec une introduction et des notes, par Henri DE CURZON.
Paris. HACHETTE 1888. — 1 vol. in-8° br.
1673

Lettres d'un voyageur, par G. SAND.
Paris. PERROTIN 1856. — 1 vol. in-18 rel.
2179

Correspondance entre M. C* et le Comte de Mirabeau.**
Paris. 1789. — 1 Br.
2494

L'Espion Anglais ou correspondance secrète entre Mylord Allèye et Mylord Alléar, par PIDANSAT DE MAIROBERT.

> Londres. John ADAMSON 1779. -- 7 vol. in-12 rel.
> v. m. tr. r.   **1469**
> *(Ouvrage incomplet, il manque 4 vol.)*

Lettres inédites de Talleyrand à Napoléon 1800-1809. Recueillies et publiées, par P. BERTRAND.

> Paris. PERRIN et Cᵗ 1889. — 1 vol. in-8° rel. portr.
>   **2609**

Correspondance diplomatique de Talleyrand. La Mission de Talleyrand à Londres en 1792, par G. PALLAIN.

> Paris. PLON 1889. — 1 vol. in-8° rel.   **2768**

Recueil des Lettres missives de Henri IV, par BERGER DE XIVREY.

> Paris. 1843. — 7 vol. in-4° cart. 2 vol. de supplément.   **2978**

Lettres de Rois, Reines et autres personnages des Cours de France et d'Angleterre, publiées par CHAMPOLLION-FIGEAC.

> Paris. IMPRIMERIE ROYALE 1839. — 2 vol. in-4° cart.   **2981**

Correspondance des Contrôleurs généraux des Finances, avec les Intendants des Provinces ; publiée par A. M. DE BOISLISLE.

> Paris. IMPRIMERIE NATIONALE 1883. — 2 vol. in-4° cart.   **2996**

Correspondance de Henri d'Escoubleau de Sourdis, Archevêque de Bordeaux, Augmentée des Ordres, Instructions et Lettres de Louis XIII et du Cardinal de Richelieu, publiée par E. SUE.

> Paris. CRAPELET 1839. — 3 vol. in-4° cart.   **3002**

Correspondance administrative sous le règne de Louis XIV, entre le Cabinet du Roi, les secrétaires d'Etat, le chancelier de France et les intendants et gouverneurs des provinces, etc., recueillie et mise en ordre par DEPPING.

> Paris. IMPRIMERIE IMPÉRIALE 1850-1855. — 4 vol. in-4° cart.   **3010**

Correspondance diplomatique de Talleyrand. Ambassade de Talleyrand à Londres 1830-1834, par G. PALLAIN.

> Paris. PLON 1891. – 1 vol. in-8° rel.   **3021**

Lettres de Adrienne Le Couvreur, réunies pour la première fois et publiées, avec notes, études biographiques ; Documents inédits, tirés des Archives de la Comédie, des minutes de Notaires et des papiers de la Bastille, par Georges MONVAL

> Paris. PLON 1892. — 1 vol. in-12 rel. Portrait et fac-simile.   **3331**

Correspondance du Cardinal de Granvelle, faisant suite aux papiers d'Etat du Cardinal de Granvelle, recueillie et publiée par PIOT

> Bruxelles. HAYEZ 1892. – 11 vol. in-4° cart.   **3390**

Correspondance générale de Carnot. Avec des notes historiques et biographiques, par CHARAVAY.

> Paris. IMPRIMERIE NATIONALE 1892. — 1 vol. in-8° br.   **3391**

SCIENCES
GÉOGRAPHIQUES

POUR LES

Ouvrages de Référence Générale

VOIR LES

PRÉLIMINAIRES du CATALOGUE

(Page 1 à 57)

I

GÉOGRAPHIE

ET COSMOGRAPHIE

— ✳ —

1° OUVRAGES GÉNÉRAUX

— ┼ —

Géographie universelle ou Description de toutes les
parties du Monde, sur un plan nouveau, précédée
d'une histoire générale de la Géographie mathé-
mathique, physique et politique, illustrée de
gravures sur acier, par V.-A. MALTE-BRUN Fils.
Paris. Abel PILON, s. d. — 8 vol. gr. in-8° rel.
1014

Abrégé de toutes les Sciences et Géographie, à l'usage des
Enfants.
Lyon. AINÉ 1807. — 1 vol. in-18 rel.   **1471**

Géographie universelle de Malte-Brun, revue, rectifiée et complètement mise au niveau de l'état actuel des connaissances géographiques, par E. CORTAMBERT. Paris. DUFOUR, MULAT 1860. — 8 vol. gr. in-8° rel. **1186**

Géographie complète et universelle, nouvelle édition continuée jusqu'à nos jours, d'après les documents scientifiques les plus récents, les derniers voyages et les dernières découvertes, par V.-A. MALTE-BRUN, Fils.
Paris. MORIZOT, S. D. — 7 vol. in-8° rel. Cartes. **1187**

Géographie universelle, Exposé dans les différentes méthodes qui peuvent abréger l'étude et faciliter l'usage de cette science, par le P. BUFFIER. Paris. DE HANSY 1768. – 1 vol. in-12 rel. **1188**

Même Ouvrage, 9° édition. **1188**

Géographie moderne, précédée d'un petit traité de la Sphère et du Globe, par l'abbé NICOLLE DE LA CROIX. Paris. J.-T. HÉRISSANT 1777. -- 2 vol. in-12 rel. v. **1189**

Géographies Départementales élémentaires, par Adolphe JOANNE. — Nom, formation, situation, limites, superficie, physionomie générale. — Cours d'eau, climat, curiosités naturelles, histoire, personnages célèbres, population, langue, culte, etc., etc. Paris. HACHETTE. — 36 vol. in-12. Cartes et gravures. **1192**

Cours complet de Géographie historique universelle, par BARBERET et MAGIN. Paris. DEZOBRY 1844. — 1 vol. in-8° br. **1195**

Nouvelle Géographie universelle: La Terre et les Hommes, par Élisée RECLUS.

> Paris. HACHETTE 1879. — 19 vol. in-4° rel. pl. c. et fig. — 1ᵉʳ vol. Europe méridionale. — 2ᵉ La France. — 3ᵉ Europe centrale. — 4ᵉ Europe du nord-ouest. - 5ᵉ Europe scandinave et russe. — 6ᵉ Asie russe. — 7ᵉ Asie orientale. — 8ᵉ Inde et Indo-Chine. — 9ᵉ Asie antérieure. — 10-11ᵉ Afrique septentrionale — 12ᵉ Afrique occidentale. — 13ᵉ Afrique méridionale. — 14ᵉ Océan et Terres océaniques. — 15ᵉ Amérique boréale. — 16ᵉ Etats-Unis. — 17ᵉ Indes occidentales. - 18ᵉ Amérique du sud. — 19ᵉ Amérique du sud.   **1191**

Cours élémentaire de Géographie, ancienne et moderne, rédigé sur un nouveau plan, par LETRONNE.

> Paris. MAIRE-NYON 1828. - 1 vol. in-12.   **1196**

Cours de Géographie moderne, suivi de notions élémentaires de cosmographie, par L.-A. LEJOSNE.

> Paris. GROSSELIN 1865. — 1 vol. in-12 br.   **2154**

Géographie physique comparée, considérée dans ses rapports avec l'histoire de l'Humanité, par GUYOT, avec une préface de M. VIVIEN DE SAINT-MARTIN.

> Paris. HACHETTE 1888. — 1 vol. in-16 rel.   **1197**

La Terre, les Mers et les Continents, par F. PRIEM.

> Paris. BAILLIÈRE 1892. — 1 vol. in-4° rel. grav.   **3844**

JOURNAUX, BULLETINS
& Revues

Le Tour du Monde, Nouveau Journal des Voyages, publié
sous la Direction de M. Edouard CHARTON et illustré
par nos plus célèbres artistes.
  Paris. HACHETTE 1860 à 1896. — (2 vol. par an),
                                                        936

Bulletin de la Société Bretonne de Géographie, fondée à
Lorient en 1882. Années 1883 à 1896.
  Lorient. L. CHAMAILLARD.   **836**

Bulletin de la Société de Géographie de Paris, rédigé avec
le Concours de la section de publication. Année 1875.
  Paris. DELAGRAVE 1875. — 9 br. in-8°   **837**

L'Année Géographique, Revue annuelle des Voyages de
terre et de mer, ainsi que des Explorations, Missions, relations, etc. par Vivien de SAINT-MARTIN.
  Paris. HACHETTE et Cᶦᵉ 1865 et 1866. — 2 vol.
  in-18 rel.   **845**

Bulletin de Géographie Historique et Descriptive, du
Comité des Travaux Historiques et Scientifiques.
Années 1886 à 1893.
  Paris. E. LEROUX. — 9 vol. in-8° rel.   **854**

Nouvelles Géographiques, publiées sous la Direction de
F. SCHRADER, avec la Collaboration de H. JACOTTET,
Années 1891-92-93-94.
  Paris. HACHETTE. — 4 vol. in-4° rel.   **3224**

2° GÉOGRAPHIE DE LA FRANCE

Et Voyages en France

Géographie de France, suivant la division en quatre-
vingt-huit Départements.
   Paris. Devaux, Maison Egalité, An III. — 4 vol.
      in-8° br. couvert en parchemin.   **1194**

Le Littoral de la France, par V. Vattier d'Ambroyse.
   Première partie, Côtes normandes de Dunkerque au
   Mont Saint-Michel.
   Paris. V. Palmé 1890. — 1 vol. gr. in-8° br. **1228**

Le Littoral de la France, par Vattier d'Ambroyse.
   Ouvrage couronné deux fois par l'Académie fran-
   çaise. Prix Monthoen et Marcelin Guérin.
   Paris. Sanard 1892. — 5 vol. in-4° rel.

Côtes Bretonnes.	3333
Côtes Vendéennes.	3334
Côtes Gasconnes.	3335
Côtes Languedociennes.	3336
Côtes Provençales,	3337

Du Saint-Gothard à la Mer, Le Rhône, histoire d'un fleuve, par LENTHÉRIC. Dix-sept cartes et plans.
Paris. PLON-NOURRIT 1893. — 2 vol. in-8º rel. **3734**

La Côte d'Azur, Ouvrage couronné par l'Académie française (prix Bordin). Nouvelle édition illustrée. — Stéphen LIÉGEARD.
Paris. MAY et MOTTEROZ 1894. — 1 vol. in-8º br.
3735

Ports Maritimes de la France, 1. de Dunkerque à Etretat ; 2. du Hâvre au Becquet ; 3. de Cherbourg à Argentan ; 4. d'Ouessant au Pouliguen ; 5. de St-Nazaire à Ars-en-Ré ; 6. première partie, de la Rochelle à Maubert ; 7. deuxième partie, de la Rochelle à Hendaye ; 8. première partie, Corse, Algérie, de Nemours à Tipraza ; deuxième partie, Algérie, d'Alger à la Calle.
Paris. IMPRIMERIE NATIONALE 1887. — 9 vol in-8º rel. **1480**

Même Ouvrage, cartes et plans. **2449**

La France et ses Colonies, par Onésime RECLUS, T. 1. en France, T. 2. nos Colonies.
Paris. HACHETTE 1887, 2 vol. in-4º rel. **1227**

Les Fleuves de France. par Louis BARRON. La Loire, la Seine, la Garonne, le Rhône.
Paris. LEROUX. 1882. — 4 vol. in-8₀ rel.
2827, 3058, 3284

Etats et Nations de l'Europe. Autour de la France, par VIDAL-LABLACHE.
Paris. DELAGRAVE 1889. — 1 vol. in-18 rel. **2615**

Notes d'un Voyage dans le Midi de la France, par Prosper MÉRIMÉE.
Paris. FOURNIER 1885. — 1 vol. in-8º rel. **920**

Les Pyrénées, ou voyages pédestres dans toutes les
régions de ces montagnes, depuis l'Océan jusqu'à
la Méditérannée, par CHAUSSENQUE.
> Paris. LECOINTE et POUGIN 1834. — 1 vol. in-8° rel.
> **921**

De Paris à Rennes et à Alençon, avec une carte de
chemin de fer.
> Paris. HACHETTE, s. d. — 1 vol. in-18 rel.   **901**

De Nantes à Lorient, à Saint-Nazaire et à Rennes. Itinéraire
descriptif et historique, par DE COURCY-POL.
> Paris. HACHETTE 1863. — 1 vol. in-18.   **906**

La Bretagne contemporaine. — Sites pittoresques,
Monuments, Costumes, Scènes de mœurs, Histoire,
Légendes, Traditions et usages des cinq dépar-
tements de cette Province ; Dessins d'après nature ;
Lithographies. Texte par MM. Aurélien DE COURSON,
Pol DE COURCY, Gauthier DU MOTTAY, etc., etc. —
1re partie, Loire-Inférieure. — 2e partie, Morbihan,
Côtes-du-Nord. — 3e partie, Finistère. — 4e partie,
Ille-et-Vilaine.
> Paris. CHARPENTIER 1865. — 4 vol. gr. in f° rel.
> **1921**

Guide classique du Voyageur en France et en Belgique ;
cartes spéciales et plans des principales villes, par
RICHARD.
> Paris. MAISON 1854. — 1 vol. in-18 rel.   **902**

Paris. Son histoire, ses monuments, ses musées, ses
établissements divers, son administration, son
commerce, ses plaisirs. Nouveau Guide du voyageur,
par une Société.
> Paris. HACHETTE et Cie 1854. — 1 vol. in-18 rel.
> **923**

De Paris au Nouveau-Monde et du Nouveau-Monde à Paris.
Narration d'un voyage de dix ans, par ÉTOURNEAU.
Paris. BLESTEL 1857. — 3 vol. in-18 rel.   **907**

Itinéraire général de la France-Bretagne, par Adolphe
JOANNE.
Paris. HACHETTE 1886. — 1 vol. in-18 rel.   **1198**

Le Nord pittoresque de la France, par Henri CONS,
professeur d'histoire à la Faculté des Lettres de
Lille, avec une introduction par M. MOY.
Paris. LECÈNE et OUDIN 1888. — 1 vol. gr. in-8°
rel.   **2636**

Les mouvements du sol sur la côte occidentale de France,
et particulièrement dans le golfe normanno-breton.
par M. A. CHÉVREMONT.
Paris. E. LEROUX. 1882. — 1 vol. gr. in-8° br. **2817**

COLONIES FRANÇAISES

Etudes, Descriptions et Voyages

Les Colonies françaises. Géographie, Histoire, Production, Administration, Commerce, par RAMBOSSON. Une carte générale et six cartes particulières.
Paris. DELAGRAVE 1863. — 1 vol. in-8, rel.   **888**

La Conquête du Tong-King par 27 Français, commandés par Jean Dupuis ; ouvrage enrichi d'un autographe et d'une carte dressée par lui ; extrait du journal de Jean Dupuis, par Jules GROS.
Paris. Maurice DREYFOUS 1880. - 1 vol. in-18 rel.
897

Les Colonies françaises. L'Afrique française, l'Amérique française, l'Asie française, l'Océanie française, par Paul GAFFAREL.
Paris. F. ALCAN 1884. — 1 vol. in-18 rel.   **955**

Congrès d'Oran 1888. Oran et l'Algérie en 1887. Notices historiques, scientifiques et économiques, par SEGUY.
Oran. P. PERRIER 1888. — 2 vol. in-16 rel.   **3175**

Nos petites Colonies. Saint-Pierre et Miquelon, le Gabon,
la Côte-d'Or, Obock, Mayotte, Nossi-Bé, Sainte-Marie
de Madagascar, Établissements français dans
l'Inde, par HUE et HAURIGOT. Sept cartes.
Paris. H. HOUDIN, s. d. — 1 vol. in-12 rel.   956

Souvenirs de la Nouvelle-Calédonie, par Henri RIVIÈRE.
Paris. CALMANN-LÉVY 1884. — 1 vol. in-18 rel.
962

La France coloniale, Histoire, Géographie, Commerce,
par Alfred RAMBAUD. Ouvrage contenant 12 cartes
en 3 couleurs.
Paris. A. COLAS 1886. — 1 vol. in-8° rel.   1601

Même Ouvrage.   1224

Le Sénégal. La France dans l'Afrique occidentale, par
le général FAIDHERBE. Ouvrage enrichi du portrait
du général et de gravures.
Paris. HACHETTE 1889. — 1 vol. in-8° rel.   2629

La Tunisie, par J.-L. DE LANESSAN. 1 carte en couleurs.
Paris. Félix ALCAN 1887. — 1 vol. rel.   2656

Le Tonkin et la Mère-Patrie, par Jules FERRY.
Paris. V. HAVARD 1890. — 1 vol. in-16 rel.   2925

La Tunisie Française, par E. POIRÉ.
Paris. PLON 1892. — 1 vol. in-18 br.   3239

Les Colonies Françaises, Notices illustrées, publiées par
ordre du sous-secrétaire d'Etat des Colonies, sous
la direction de M. Louis HENRIQUE.
Paris. QUANTIN 1890. — 6 vol. in-18 rel.   3414

3° OUVRAGES SPÉCIAUX

La Turquie et ses différents Peuples, histoire, géographie, statistique, mœurs, coutumes, langues, armée de terre, marine, réforme, etc., etc., par MATHIEU.
Paris. DENTU. — 2 vol. in-12 rel.   **265**

Les Etats-Unis, Renseignements historiques, géographiques, etc., par Louis STRAUSS.
Paris. 1867. — 1 vol. in-8° rel.   **939**

Terre-Neuve et les Terre-Neuviennes, par DE LA CHAUME.
Paris. PLON 1886. — 1 vol. in-12 rel.   **1621**

L'Islande et l'Archipel des Færœer, par le Dr LABONNE. 57 gravures. 2 cartes.
Paris. HACHETTE 1888. — 1 vol. in-8° rel.   **1616**

Même Ouvrage.   **2704**

Madagascar, les îles Comores, Mayotte, par GÉNIN.
Paris. DEGORCE. s. d. — 1 vol. in-12.   **2738**

Siam et les Siamois, par CHEVILLARD.
Paris. PLON 1889. — 1 vol. in-12 rel.   **2741**

Description de l'Arménie, la Perse et la Mésopotamie,
publiée sous les auspices des Ministre de l'Intérieur
et de l'Instruction publique. Géographie, géologie,
monuments anciens et modernes, mœurs et
coutumes, par Ch. TEXIER.
> Paris. Firmin DIDOT 1843. — 2 vol. in-f° rel. et 2
> atlas.   **2436**

La Save, le Danube et le Balkan, par LÉGER.
> Paris. PLON 1889. — 1 vol. in-18 rel.   **2742**

Chili et Chiliens, par Ch. WIENER. 12ᵉ édition.
> Paris. Léopold CERF 1888. — 1 vol. in-8° br. ill.
>   **2642**

Le Royaume d'Annam et les Annamites, par DUTREUIL DE
RHINS.
> Paris. PLON 1889. -— 1 vol. in-18 rel.   **2743**

Le Paraguay, par le Dʳ DE BOURGADE LA DARDYE.
Ouvrage renfermant 26 grav. hors texte et 1 grande
carte du Paraguay.
> Paris. PLON 1889. — 1 vol. in-16 rel.   **2923**

Obock, Mascate, Bouchire, Bassorah, par Denis DE
RIVOYRE.
> Paris. PLON 1884. — 1 vol. in-18 rel. c. et gr.   **2750**

Afrique Orientale, Abyssinie, par RAFFRAY.
> Paris. PLON 1880. — 1 vol. in-18 rel.   **2751**

L'Asie centrale. Thibet et régions limitrophes, par
J.-L. DUTREUIL DE RHINS. Ouvrage publié sous les
auspices du Ministère de l'Instruction publique et
des Beaux-Arts. (Comité des travaux historiques et
scientifiques, section de Géographie historique et
descriptive.)
> Paris. E. LEROUX 1889. — 1 vol. in-4° br. et
> 1 atlas.   **2764**

Etude Géographique, statistique descriptive et historique des Etats-Unis Mexicains, par Garcia CUBAS.
Mexico 1889. — 1 vol. in-8° br.   **2821**

La Turquie d'Asie. Géographie administrative, statistique descriptive et raisonnée de chaque province de l'Asie mineure, par Vital CUINET. Ouvrage accompagné de nombreuses cartes. Tomes II et III et album.
Paris. E. LEROUX 1893. — 12 Br. gr. in-4° br. cart.
3069

Le Sahara, par Schirmer. 56 cartes et gravures, 6 phototypies.
Paris. HACHETTE 1893. -- 1 vol. in-8° br.   **3590**

L'Ile Formose, histoire et description, par Imbault HUART. Ouvrage accompagné de dessins, cartes et plans, précédé d'une introduction bibliographique, par M. Henri CORDIER.
Paris. E. LEROUX 1893. — 1 vol. in-4° br.   **3643**

Le Japon moderne, par LOONEN.
Paris. PLON-NOURRIT 1894. — 1 vol. in-18 br.
35 grav.   **3769**

4° OUVRAGES DIVERS

Impressions de voyage, de Paris à Sébastopol, par A. DUMAS.
> Paris. LIBRAIRIE NOUVELLE 1855. — 1 vol. in-12 rel.   **474**

Ste Hélène. Dessins de Staal, d'après les croquis de l'Auteur, par MASSELIN.
> Paris. PLON 1862. — 1 vol. in-8° rel.   **130**

La Station du Levant, par le Vice-Amiral JURIEN DE LA GRAVIÈRE.
> Paris. PLON 1876. — 2 vol. in-12 rel.   **1571**

Esquisses Sénégalaises. Physionomie du pays, Peuplade, Mœurs, Commerce, Religions, Passé et Avenir, Récits et Légendes, par l'abbé BOILAT.
> Paris. BERTRAND 1853. — 1 vol. in-8° rel.   **736**

Les Intérêts Français sur l'Océan Pacifique. L'Archipel Gambier, Iles Tuamotas, Iles Martiniques, etc., par Paul DESCHANEL.
> Paris. BERGER-LEVRAULT 1888. — 1 vol. in-18 rel.   **1613**

L'Océan Pacifique. Les derniers Cannibales, Iles et terres océaniennes, San Francisco, par DE VARIGNY.
Paris. HACHETTE 1888. — 1 vol. in-12 rel.   1632

Ensayo de Geographia medica y climatologia de la Republica Mexicana.
Mexico 1889 — 1 vol. in-4° Texte ; 1 atlas in-4° cart.   1912

De Paris à Paris à travers les deux Mondes, par Jules GOURDAULT.
Paris. FURNE-JOUVET 1889. — 1 vol. in-4° rel.
2640

A travers les Tropiques, par Xavier MARMIER.
Paris. HACHETTE 1889. — 1 vol. in-16 rel.   2740

Les Vrais Arabes et leur pays, par Denis DE RIVOYRE.
Paris. PLON 1884. — 1 vol. in-18 rel. c. et gr.
2748

Au Canada et chez les Peaux-Rouges, par G. DEMANCHE.
9 gravures hors texte et 1 carte.
Paris. HACHETTE 1890. — 1 vol. in-8° br.   2871

Une colonie féodale en Amérique. L'Acadie, 1604-1881, par RAMEAU DE SAINT-PÈRE.
Montréal. GRANGER frères 1889. — 2 vol in-12 br.
2926

Les Ouvriers de la Onzième heure. Les Anglais et les Hollandais dans les mers polaires et dans la mer des Indes, par JURIEN DE LA GRAVIÈRE.
Paris. PLON 1890. — 2 vol. in-12 rel.   2927

Dans les ténèbres de l'Afrique. Recherche, délivrance et retraite d'Emin-Pacha, par STANLEY. 150 gravures.
Paris. HACHETTE et Cie 1890. — 2 vol. in-8' rel.
3014

Le pays des Croisades, par Jules Hoche, ouvrage illustré
d'un nombre considérable de gravures et d'une
carte de la Palestine.
Paris. Librairie Illustrée. s. d. — 1 vol. br.
3065

La Terre à vol d'oiseau, par Onésime Reclus.
Nouvelle édition illustrée de 616 vues et types,
gravés sur bois et dix cartes.
Paris. Hachette 1886. — 1 vol. in-4° br.   **3067**

Mélanges d'histoire et de voyages, par E. Renan.
Paris. Calmann-Lévy 1890. — 1 vol. in-8° rel.
3090

Annuaire de la Suisse pittoresque et Hygiénique.
Paris et Lausanne 1891. — 1 vol. in-16 rel. t.
3242

L'Egypte et ses provinces perdues, par le colonel
Chaillé-Long Bey.
Paris. Librairie Nouvelle—Revue 1892.— 1 vol.
in-16 br.   **3328**

L'expansion Européenne. Empire Britannique, par le
Colonel Niox.
Paris. Delagrave 1893. — 1 vol. in-8° br.   **3600**

Mission scientifique en Perse, par J. de Morgan.
T. 1er Etudes géographiques
Paris. E. Leroux 1894. — 1 vol. in-4° br.   **3817**

Les missions Françaises. Causeries géographiques, par
de Saint-Arroman.
Paris. Librairie Illustrée. s. d. — 1 vol. in-8°
br.   **3826**

Auteurs Hollandais

Tijdschrift van het aardrijkskundig Genootschap gevestigd te Amsterdam, onder redactie van Prof. C. M.
KAN en N. W. Posthumus, Secretarissen van het
genootschap.
>   Amsterdam. C. F. STEMLER 1876 à 1884 — 31 Br.
>   in-4° br.   **1980**

B ij Bladen van het Tijdschrift van het aardrijkskundig
Genootschap, gevestigd te Amsterdam, onder re-
dactie van Prof. C. M. KAN en N. W. Posthumus
secretarissen van het genootschap. De reis der
Pandora in den Zomer 1876, door L. R. Koolemans
Beynen (Met een Kaart.).
>   Amsterdam. C.-F. STEMLER 1877 à 1884 — 9 Br.
>   in-4° br. Cartes.   **1980 bis**

De residentie-Kaarten van Java en Madoera, door F.
De Bas. — Plan van een Onderzoekingstocht in
Midden-Sumatra door J. Schouw Santvoorth.
>   Amsterdam. C. F. STEMLER 1876 — 2 Br. in-4°
>   cartes.   **1981**

De Reis der Pandora naar de Noordpoolgewesten in der
Zomer van 1875 ; onder redactie Koolemans
Beynen.
>   Amsterdam. STEMLER 1876 — 1 vol. in-8° 96 p. br.
>   **1994**

Het Varwater van de Schipbreukelingen van het Stoom-
schip, « Koning der Nederlanden » en de Kansen op
hun Behoud, door Mr S. C. Z. W. Van Musschen-
brock.
>   Amsterdam. BRINKMAN 1881 — 1 Br. 28 p.   **1995**

Werkzzaamheden en Verrichtingen, van het aardrijkskundig genootschap, Gedurende Zijn tienjarig Bes-
tana 1873-1883. onder redactie Kan prof.
Amsterdam. BRINKMAN 1883 — 1 vol. in-8° br.

1996

Catalogus der afdeeling Nederlands Kolonien van de
internationale en introer-Handel Tentoonstelling
(van 1 mei tot ult October 1883) te Amsterdam.
Leiden. E. J. BRILL 1883 — 1 vol. in-8° br. Portrait
de Willem III.   **2041**

II

ATLAS, CARTES

ET

PLANS

Atlas Universel Historique et Géographique, composé de cent une cartes, donnant les différentes divisions et modifications territoriales des diverses nations, par A. HOUZÉ.

    Paris. LEBIGRE-DUQUESNE. — 1 vol. rel.   **1895**

Atlas des Ports Étrangers, École nationale des Ponts et chaussées, Service des Cartes et Plans.

    Paris. IMPRIMERIE NATIONALE 1884 à 1890. — 6 atlas in-plan cart.   **1896**

Grand Atlas Départemental de la France, de l'Algérie et des Colonies, 106 cartes gravées sur cuivre par G. LORSIGNOL, accompagnées d'un texte explicatif, par H. FISQUET.

  Première partie, Départements.

  Deuxième partie, Algérie, Colonies françaises.

    Paris. Abel PILON, A. LEVASSEUR, deux albums rel. de luxe,   **1907**

Nouvel Atlas des Départements et des Communes de la France, Géographie physique, Géographie politique, Géographie itinéraire, par A. LE BÉALLE.
Paris. Paul DUPONT 1864. — 1 atlas rel.

1897

Atlas pour servir à l'intelligence de la description du canal de jonction de la Meuse au Rhin, projeté et exécuté par A. HAGEAU.
Paris. Chez l'auteur 1819. — 1 atlas in-f° cart.

2452

Atlas manuel de Géographie moderne, contenant 54 cartes imprimées en couleur. Glossaire topographique pour faciliter la lecture des cartes.
Paris. HACHETTE 1883. — 1 vol. in-f° rel.   **2461**

Atlas Vidal Lablache, Histoire et Géographie, 137 cartes, 248 cartons.
Paris. A. COLIN et Cie 1891-1892. — 1 atlas rel.

3018

The American Atlas, or a geographical description wole continent of America, and chiefly the British colonies, engraved on Forty-Nine Copper-Plates, by the late M. Thomas JEFFERYS, geog.
London. Sayer and J. BENNET 1776. — 1 vol. in-f° 28 cartes.   **2387**

Carte du Département de la Seine, 36 feuilles. Un tableau d'assemblage à l'échelle de $\frac{1}{20000}$ Photolithographie du dépôt de la guerre.
Paris. LEMERCIER et Cie.   **2414**

Carte de France dressée au Dépôt des Fortifications.
Echelle 1 : 500.000 Tableau d'assemblage.
Paris. HERMET,   **2415**

France d'Outre-Mer, Atlas colonial, par Henri MAGER.
Paris. BAYLE. — 1 atlas in-4° rel.   **3049**

Cartes de Lille, Rennes, Nantes et la Corse, Nancy, Paris, Brest, gravées par THIERRY, la lettre par HACQ, le figuré du terrain par DELSOL.
Paris. Au dépôt de la Guerre.   **2416**

Carte de la Nouvelle-Calédonie, Port de France, Dumbea, par BOUQUET DE LA GRYE, levé en 1857.   **2416**

Carte du Dahomey, dressée par J. HANSSEN, avec notice explicative.
Paris. LE SOUDIER 1892.   **3321**

France et Pays voisins, par L. MEYÈRE, colonel du génie et J. HANSSEN, géographe.
Paris 1892.   **3320**

Plan de Paris, commencé l'année 1734, achevé de graver en 1739, sous les ordres de messire Michel-Etienne TURGOT, marquis de Sousmons, de Saint-Germain et autres lieux, etc., levé et dessiné par Louis BRETEZ, gravé par Claude LUCAS et écrit par AUBIN, contenant 21 planches.
1 vol. in-f° doré sur tr. f.d.s l.p. Armes de Paris.
2396

Essai sur la cartographie de Madagascar, par DE BAS-SILAN.
Paris. CHALLAMEL 1890. — 1 Br. in-4° 30 p.   **2777**

Carte du Yucatan et des régions voisines pouvant servir aux explorations de ce pays, par MALTE-BRUN.
Paris. 1864.   **2778**

Essai d'une carte ethnographique du Mexique, par MALTE-BRUN.
Paris, 1864,   **2779**

Carte de la France dressée par le service vicinal à l'échelle de $\frac{1}{100000}$ Carte de la France dressée par le service vicinal. Tableau d'assemblage.
>   Paris. HACHETTE et Cie. — 2 cartes.   **2780**

Carte de l'Indo-Chine, dressée par MM. les capitaines Cusset, Triquegnon et de Malglaive. Mission Pavie.
>   **3803**

Carte d'Allemagne où sont comparées les anciennes limites de cet Etat avec les conquêtes des Français et la ligne convenue pour l'Armistice, par E. MON-TELLE.
>   Paris. An IX (1800) carte sur toile détériorée.
>   **2430**

Carte générale de l'Empire d'Allemagne, par M. CHAU-CHARD, capitaine d'infanterie, ingénieur militaire.
>   Paris. An IX. — V. 5. DEZAUCHE géographe.
>   **2430**

Carte d'une partie des Pays-Bas, pour servir de supplément à la carte de l'Empire d'Allemagne, par CHAU-CHARD, ingénieur militaire.
>   Paris. DEZAUCHE. (Plusieurs autres cartes d'Allemagne sur toile, mauvais état.   **2430**

Cartes de l'Amérique. Cartes et Plans de la Martinique ; Côtes et rades, Reconnaissance des côtes, par M. MONNIER, Ingénieur hydrographe.
>   Dépôt des Cartes de la Marine.   **2386**

Special Karte Frankreich, mit Piemont, Schweiz, Baden, Wurtemberg, Rhein-Provinz, Hessen und Belgien, par WEIMAR.
>   GLOGAU 1870. — Carte sur toile.   **2411**

Special Karte der Eisenbahnen Mittel Europa's, par RAAB.
GLOGAU 1870. — 1 carte.   2412

Eisenbahn-und Dampfschiffrouten-Karte von Europa, par
J. FRANZ.
GLOGAU 1870.   2413

Frankreich mit Specialplanen der Umgebungen von Paris,
Metz, Strassburg, Toul, Nancy, Sedan, Weissen-
burg, Châlons, Bitsch, Pfalzburg, Schletstadt, und
Neu-Breisach, im Maassstabe vom 1:200.000.
Verlay von Carl FLEMMING-GLOGAU 1870.   2424

Plan von Paris und Umgebung. Maassstab : 1:49.240.
Wien. Verlay von Rudolt LECHNER 1870.   2425

III

VOYAGES

Etudes — Notes — Souvenirs & Aventures

1° VOYAGES

EN

EUROPE, ASIE & AFRIQUE

Voyage en Sibérie, fait par ordre du Roi en 1761, contenant les mœurs, les usages des Russes. La description géographique. Enrichi de cartes géographiques, de plans, profils de terrain, de gravures,
etc., etc. Première Partie, Histoire Civile. — Deuxième partie, Géographie. — Troisième Partie,
Histoire naturelle : par l'abbé CHAPPE D'AUTEROCHE.
    Paris. DE BURE père 1768. — 3 vol. in-4° rel. v. f.
    d. s. l. p. avec fig.   **874**

Voyage dans les Steps d'Astrakhan et du Caucase. Histoire
primitive des peuples qui ont habité primitivement
ces contrées, par POTOCKI. Nouveau périple du Pont-
Euxin ; notes et tables par KLAPROTH, Avec 7 planches et 2 cartes.
    Paris. MERLIN 1829. — 2 vol. in-8° rel.   **893**

Voyage au pays des Milliards. — Première Partie, L'Allemagne du Sud et l'Allemagne centrale.—Deuxième
Partie, Berlin et les Berlinois. par Victor TISSOT.
    Paris. DENTU 1876. — 1 vol. in-12 rel.   **894**

Les Prussiens en Allemagne, suite du voyage au pays
des Milliards, par Victor TISSOT.
    Paris. DENTU 1876. — 1 vol. in-12 rel.   **895**

Voyage à Madagascar, par MACQUARIE, illustration de
de HOUSOT, d'après les croquis inédits de Richard,
Secrétaire de la Mission.
    Paris. DENTU 1884. — 1 vol. in-18 rel.   **896**

Voyages en Europe, en Asie, en Afrique, contenant la
description des mœurs, coutumes, lois, productions, etc., et l'état actuel des possessions anglaises
dans l'Inde, csmmenéés en 1777 et fini en 1781, par
MAKINTOSH.
    Londres et Paris. 1786. — 1 vol. in-8°   **922**
    (Manque le deuxième volume.)

Le Grand Désert, Itinéraire d'une caravane de Sahara au pays des Nègres. Royaume de Haoussa, par le Général DAUMAS.
> Paris. Michel LÉVY 1856. — 1 vol. in-18 rel.   **904**

Voyage dans les Steppes de la Mer Caspienne et dans la Russie méridionale, par Madame Adèle HOMMAIRE DE HELL.
> Paris. HACHETTE 1860. — 1 vol. in-18 rel.   **905**

Voyage à l'Ile de Crête, Description physique, par V. RAULIN.
> Paris. 1859-1861. — 1 vol. gr. in-8° rel.   **912**

Voyages en Afrique, Asie, Indes Orientales et Occidentales, faits par Jean MOCQUET, Garde du Cabinet des singularités du Roi aux Tuileries. Divisés en six livres. Dédiés au Roi.
> Paris. MIGNERET 1830. — 1 vol. in-8° rel.   **919**

Journée d'une Expédition entreprise dans le but d'explorer le cours et l'embouchure du Niger, où relation d'un voyage sur cette rivière, depuis Yaourie jusqu'à son embouchure, par Richard et John LANDER, traduit de l'Anglais par Madame L. SW. BELLOC.
> Paris. PAULIN 1832. — 3 vol. in-8° relié.   **927**

Nouveau voyage dans la partie méridionale de l'Afrique où l'on examine quelle est l'importance du Cap de Bonne-Espérance, pour les différentes nations de l'Europe, considéré comme station militaire et navale, comme boulevard du commerce et de la domination des Anglais dans l'Inde, etc., par BAROX, traduit de l'Anglais.
> Paris DENTU 1806. — 2 vol. in-8° relié.   **933**

Voyage dans la Régence d'Alger ou description du pays occupé par l'armée française en Afrique.

Paris. A. BERTRAND 1833. 3 vol. in-8° rel.   **928**

Excursion dans la Haute Kabylie, et ascension du Tamgoutt de Lella Khedidja, par un juge d'Alger en vacances.

Alger. BASTIDE 1859. — 1 vol. in-8° rel.   **947**

Le Pays des Zendjs ou la côte orientale d'Afrique au Moyen-Age. Géographie, Mœurs, etc., par DEVIC. Ouvrage couronné par l'Institut.

Paris. HACHETTE 1883. — 1 vol. in-8° rel.   **951**

Les Français au Niger, Voyages et Combats, Gravures et Cartes, par le capitaine d'artillerie de marine PIETRI.

Paris. HACHETTE et Cⁱᵉ 1885. — 1 vol. in-18 rel.   **957**

Au Tonkin et dans les Mers de Chine, par ROLLET DE LISLE.

Paris. PLON-NOURRIT 1885. — 1 vol. in-4° rel. t. ang.   **999**

Voyage dans le Haouran et aux bords de la mer morte exécuté pendant les années 1857 et 1858, par G. REY.

Paris. A. BERTRAND. — 1 vol. gr. in-8° et 1 atlas rel.   **914**

Voyage d'un Français en Italie, fait pendant les années 1765-1766, par DE LA LANDE.

Venise et Paris. DESAINT 1769. — 5 vol. in-12 rel. tr. r.   **1474**

Timbouctou. Voyage au Maroc, au Sahara, au Soudan, par le Dʳ Oscar LENZ, traduit de l'allemand avec l'autorisation de l'auteur par LEHAUTCOURT. 27 gr. 1 carte.

Paris. HACHETTE 1886 — 2 vol. gr. in-8° rel.   **1600**

Voyage à Merv, les Russes dans l'Asie centrale et le chemin de fer transcapien, par Edgar BOULANGIER. Ouvrage contenant 84 gravures et 14 cartes.
Paris. HACHETTE et Cⁱᵉ 1888. — 1 vol in-16 rel.
1615

Même Ouvrage.   **2705**

Voyage à Ségou, 1878-1879. Rédigé d'après les notes de voyage de Soleillet, par Gabriel GRAVIER.
Paris. CHALLAMEL 1887. — 1 vol. gr. in-8° rel.
1608

Promenade dans l'Inde et à Ceylan, par COTTEAU.
Paris. PLON 1880. — 1 vol. in-12 rel.   **1620**

Souvenirs de voyage. Inde et Himalaya ; par GOBLET D'ALVIELLA.
Paris. PLON 1880 — 1 vol. in-12 br. cartes.   **1622**

Niger et Bénué. Voyage dans l'Afrique centrale, cartes et dessins, par A. BURDO.
Paris. PLON 1880. — 1 vol. in-18 rel.   **1624**

Un Français en Birmanie. Notes de voyage, par le comte MAHÉ DE LA BOURDONNAIS.
Paris. FETSCHEM 1886. — 1 vol. in-16 rel. 1 carte.
1625

Promenades en Russie, par Ed. BALCAM.
Paris. LIBRAIRIE GÉNÉRALE. s. d. — 1 vol. in-12 rel.   **1627**

Exploration en Afrique pendant le XIXᵉ siècle, par MAGEAU.
Paris. LIBRAIRIE GÉNÉRALE s. d. — 1 vol. in-18 rel.   **1628**

Le Fleuve bleu. Voyage dans la Chine occidentale, par
DE BEZAURE.
> Paris. PLON-NOURRIT 1879. — 1 vol. in-16 rel.
> 1 carte. **1631**

La Toscane et le midi de l'Italie   Notes de voyage, par
DE MERCEY.
> Paris. A. BERTRAND. 1858. — 2 vol. in-8° rel.
> **2138**

Voyage de l'Arabie Pétrée, par DE LABORDE et LINANT.
> Paris. GIARD 1830. — 1 vol. in-f° texte rel. 1 vol.
> in-f° planches. **2395**

Le Congo Français, du Gabon à Brazzaville, par Léon
GUIRAL.
> Paris. PLON 1889. — 1 vol. in-18 rel. **2739**

Cinq ans de séjour au Soudan français, par BÉCHET.
> Paris. PLON 1889. — 1 vol. in-18 rel. **2744**

Excursion en Turkestan et sur la Frontière Russe-Afghane,
par le comte DE CHOLET.
> Paris. PLON 1889. - 1 vol. in-18 rel. cart. et grav.
> **2745**

Une Visite à Khiva, Aventures de Voyage, par BURNABY.
> Paris PLON 1877. — 1 vol. in-18 rel. 3 cartes.
> **2746**

Le Maroc. Voyage d'une Mission française, par le
Dr MARCET.
> Paris. PLON 1885. — 1 vol. in-18 rel. **2747**

De Palerme à Tunis, par Malte, Tripoli, par Paul MELON.
> Paris. PLON 1885. — 1 vol. in-18 rel. **2749**

Voyage au Dahomey, par A. DUBARRY.
> Paris. DREYFUS. — 1 vol. in-12 rel. **2785**

Du Caucase aux Indes à travers le Pamir, par Gabriel BONVALOT.
> Paris. PLON. S. D. — 1 vol. in-4° cart. et grav.
> **2806**

Comment j'ai retrouvé Livingstone. Voyages, aventures et découvertes dans le centre de l'Afrique, par STANLEY.
> Paris. HACHETTE et Cⁱᵉ 1884. - 1 vol. in-8° rel.
> **2870**

Mon Voyage au Continent noir. La Gironde en Afrique, par E. TRIVIER.
> Paris. Firmin DIDOT 1891. — 1 vol. in-18 br. **2921**

De Paris à Tombouctou en huit jours, par le lieutenant-colonel HENNEBERT.
> Paris. L. CERF. S. D. — 1 vol. in-12 br.   **2922**

Trois mois de captivité au Dahomey. Voyage sur la côte d'Afrique, par E. CHAUDOIN.
> Paris. HACHETTE et Cⁱᵉ 1891. — 1 vol. in-16 br.
> 56 gr.   **3107**

Souvenirs de la Côte d'Afrique, par le baron MANDAT-GRANCEY.
> Paris. PLON-NOURRIT 1892. — 1 vol. in-18 br.
> **3318**

Souvenirs de Voyages, France, Belgique, Prusse-Rhénane, par D. NISARD.
> Paris M. LÉVY 1864. — 1 vol. in-16 rel.   **3511**

Algérie et Tunisie, récits de Voyage et études, par BARAUDON.
> Paris. PLON-NOURRIT 1893. — 1 vol. in-18 br. **3618**

Sur les Routes d'Asie, par DESCHAMPS.
> Paris. A. COLIN 1894. — 1 vol. in-18 br.   **3771**

Autour de l'Ile Bourbon et de Madagascar, par DE MAHY,
  Paris. Alph. LEMERRE 1891. — 1 vol. in-8° br.
  3777

De Saint-Louis au port de Tombouktou. Voyage d'une
  canonnière française. Suivi d'un Vocabulaire
  Sonraï, par le lieutenant de vaisseau CARON, de
  Lorient.
  Paris. CHALLAMEL 1891. — 1 vol. in-8° rel.   **3392**

Voyage en Espagne, Tras-los-Montes, par Th. GAUTIER.
  Paris. CHARPENTIER 1890. — 1 vol. in-18 br. **3565**

Voyage en Russie, par Th. GAUTIER.
  Paris. CHARPENTIER 1893. — 1 vol. in-18 br. **3566**

Voyage en Italie, par Th. GAUTIER.
  Paris. CHARPENTIER 1891. — 1 vol. in-18 br. **3567**

Constantinople, par Th. GAUTIER.
  Paris. CHARPENTIER 1891. — 1 vol. in-18 br. **3568**

2° VOYAGES EN AMÉRIQUE

Découvertes et Etablissements des Français dans l'ouest et le sud de l'Amérique septentrionale. 1614-1698. Mémoires et Documents inédits, publiés par Pierre MARGRY.

Première Partie, Voyages des Français sur les grands lacs et découverte de l'Ohio et du Mississipi, 1614-1684. — Deuxième Partie, Lettres de Cuvelier de la Salle et correspondances relatives à ses entreprises, 1678-1685. — Troisième partie, Recherches des bouches du Mississipi et voyages à travers le continent depuis la côte du Texas jusqu'à Québec, 1669-1698. — Quatrième partie, Découverte par mer des bouches du Mississipi et établissement de Lemoyne d'Herville, sur le quaf du Mexique, 1669-1701. — Cinquième Partie, Postes établis sur la route des lacs au Mississipi ; Communication de la Louisiane avec le Canada, 1685-1724. — Sixième Partie, Exploration des affluents du Mississipi et découverte des montagnes rocheuses, 1679-1754.

Paris MAISONNEUVE 1879. — 6 vol. in-8° rel. pr, cartes et planches.   **885**

Voyage dans l'Amérique Méridionale, par D'ORBIGNY.
Paris. — 2 vol. in-4° rel. fig. *Manque le titre.*   **876**

Voyage dans l'Amérique Centrale, l'île de Cuba et le
Yucatan, par Arthur MORELET.
Paris. GIDE et BAUDRY 1857. — 2 vol. in-8° rel
886

Voyage de Bruny Dentrecasteaux, contre-amiral commandant les frégates la *Recherche* et l *Espérance*, envoyé
à la recherche de Lapérouse, en 1791-92 et 93, par
DE ROSSEL.
Paris. IMPRIMERIE NATIONALE 1808. — 2 forts
vol. in-4° rel. Atlas géographique par BEAU-
TEMPS-BEAUPRÉ.   **881-2393**

Voyage au Pays des Mormons. Relation, Géographie,
Histoire naturelle, Histoire, Théologie, Mœurs
et Coutumes, par RÉMY. Ouvrage orné de gravures
sur acier. Carte.
Paris. DENTU 1860. — 1 vol. in-8° rel. (*Il manque
le premier volume*).   **887**

L'Amérique telle qu'elle est. Voyage anecdotique de
Marcel Bonneau dans le nord et le sud des Etats-
Unis. Excursion au Canada, par Oscar COMETTANT.
Paris. A. FAURE 1864. — 1 vol. in-18 rel. Cartes
et fig.   **898**

De Paris à Guatemala. Notes de voyages autour de
l'Amérique, 1866-1875, par LAFERRIÈRE.
Paris. GARNIER frères 1877. — 1 vol. in-8° rel.,
ill. de 35 grav.   **909**

Du Pacifique à l'Atlantique, par les Andes Péruviennes
et l'Amazone, par ORDINAIRE.
Paris, PLON-NOURRIT 1892. — 1 vol. in-18 br.
2317

Récit historique, exact et sincère, par mer et par terre,
de quatre voyages, faits au Brésil, au Chili, dans
les Cordillières des Andes, à Mendoza, dans le
désert et à Buènos-Aires, par Victor GENDRIN,
ancien commerçant.
Paris. Chez l'Auteur 1857. — 1 vol. in-8° rel. P^{rt}.
915

Explorations dans l'Amérique du Sud, par THOUAR.
Paris. HACHETTE 1891. — 1 vol. in-16 br.   **3034**

L'Amérique inconnue, d'après le journal de voyages
de J. BRETTES.
Paris. F. DIDOT 1893. — 1 vol. in-16 br.   **3330**

3° VOYAGES EN OCÉANIE

Voyage de la Corvette l' « Astrolabe », exécuté par ordre du Roi pendant les années 1826-27-28-29, sous le Commandement de DUMONT D'URVILLE ; Histoire du Voyage par DUMONT D'URVILLE.

Histoire du Voyage, 5 vol — Zoologie, 4 vol — Philologie, 1 vol.— Botanique, 1 vol. — Entomologie, 1 vol. — Observations nautiques, Météorologiques, Hydrographiques et de Physiques, 2 vol. in-4°.

Paris. TASTU 1830. — 12 vol. gr. in-8° et 2 vol. in-4° rel.   **890**

1 Atlas hydrographique du Voyage de la Corvette l' « Astrolabe ». 8 Albums de planches richement gravées.   **2445**

Le Discours de la Navigation de Jean et Raoul PARMENTIER, de Dieppe. Voyage à Sumatra en 1529, Description de l'Isle de Sainct-Dominigo, publié par SCHEFER.

Paris, E. LEROUX 1883. — 1 vol. gr. in-8° br, **2810**

Troisième Voyage de Cook, ou Voyage à l'Océan pacifique, ordonné par le Roi d'Angleterre, exécuté
sous la Direction des Capitaines COOK, CLERKE et
GORE, sur les Vaisseaux la « Résolution » et la
« Découverte », en 1776-77-78-79 et 80, traduit de
l'Anglais par M.-D.

    Paris. HÔTEL DE THOU 1785. — 5 vol. in 4° rel. et
1 atlas in-4°.   **910**

4° VOYAGES

AUTOUR DU MONDE

—————✳—————

Voyage autour du Monde, entrepris par Ordre du Roi, exécuté sur les corvettes de S. M. l'« Uranie » et la « Physicienne », pendant les années 1817-18-19-20, par le Capitaine de Vaisseau DE FREYCINET. Partie historique, par le Comte CORBIÈRE. Partie nautique, par le Comte CHABROL.

Paris. PILLET Aîné 1826. - 2 vol. in-4° rel.   **878**
Navigation et Hydrographie. 2 atlas. **2389-2447**

Voyage de la Pérouse autour du Monde, publié conformément au Décret du 22 avril 1791, par L.-A. MILET-MUREAU.

Paris. IMPRIMERIE DE LA RÉPUBLIQUE 1797. -- 4 vol. in-4° 1 atlas avec des gravures.   **880**

Collection de tous les Voyages faits autour du Monde, par les différentes nations de l'Europe, rédigée par Bérenger.

Lausanne et Genève. 1798. — 10 vol. in-8° rel. grav,   **932**

Voyage autour du Monde par les mers de l'Inde et de la Chine, exécuté sur la Corvette de l'Etat la « Favorite », pendant les années 1830-31 et 32, sous le Commandement de M. LAPLACE, Capitaine de Vaisseau.

Paris. IMPRIMERIE ROYALE 1833. — 5 vol. in-8° rel. 1 Atlas hydrographique. **913-2388**
(Il manque les 3°, 4°, 5° vol.)

Voyages en Amérique, en Italie, etc., par le Vicomte DE CHATEAUBRIAND.

Paris. GOSSELIN 1836. — 1 vol. in-8° rel. **336**

Voyages de Benjamin de Tudelle autour du Monde, commencé l'an 1173. De Jean du Plan Carpin, en Tartarie. Du Frère Ascelin et de ses Compagnons, vers la Tartarie. De Guillaume de Rubrusquis, en Tartarie et en Chine, en 1253.

Paris. Imprimé aux frais du Gouvernement 1830. — 1 vol. in-8° rel. **917**

Voyage autour du Monde pendant les années 1790-91 et 1792, par Etienne MARCHAND, par Claret FLEURIEU.

Paris. IMPRIMERIE DE LA RÉPUBLIQUE An VI. — 5 vol. in-8° rel. **926**

Australie. Voyage autour du Monde, par le Comte DE BEAUVOIR.

Paris. PLON 1886. — 1 vol. in-12 rel. **1618**

Java. Siam. Canton. Voyage autour du Monde, par le Comte DE BEAUVOIR.

Paris. PLON 1884. — 1 vol. in-12 rel. **1619**

Pékin, Yeddo, San Francisco. Voyage autour du Monde, par le Comte DE BEAUVOIR.

Paris. PLON 1888. — 1 vol. in 12 rel. cartes et grav. **1630**

Voyage d'un jeune garçon autour du Monde, par SMILES.
Paris. PLON 1871. — 1 vol. in-12 rel. Cartes et
grav.   **2752**

Voyage autour du Monde, exécuté par ordre du Roi, sur
la corvette *La Coquille*, pendant les années 1822-23-24
et 1825, par le Capitaine de frégate L. DUPERREY.
1ᵉʳ vol. Hydrographie.
2ᵉ vol. Hydrographie et Physique.
3· 4· et 5ᵉ vol. Zoologie.
6ᵉ vol. Partie historique.
7· et 8· vol. Botanique.
Atlas hydrographiques et Atlas de planches botaniques.
Paris. BERTRAND 1828.   **935-2392-2448**

Voyage de découvertes aux terres Australes, exécuté sur
les corvettes le *Géographe* le *Naturaliste* et la goëlette
Le Casmarina, pendant les années 1800-1801-1802-1803-
et 1804, sous le commandement du capitaine de
vaisseau Baudin, par M. DE FREYCINET.
Paris. IMPRIMERIE ROYALE 1815. — 1 vol. in-4° rel.
Atlas. Partie. Navigation et Géographie.
879-2394

Voyage au pôle boréal, fait en 1773, par ordre du Roi
d'Angleterre par Constantin Jean PHIPPS, traduit
de l'anglais.
Paris. SAILLANT et NYON 1775. — 1 vol. in-4° rel.
cartes.   **884**

Voyage dans les mers du Nord à bord de la corvette « la
Reine Hortense, » par Charles Edmond CHOIECKI.
Carte du voyage. Carte géologique de l'Islande.
Paris. Michel LÉVY 1857. — 1 vol. in-4° rel.   **908**

Relation des Voyages entrepris par ordre de S. M. Britannique actuellement régnante, pour faire des découvertes dans l'hémisphère Méridional, et successivement exécutés par le commandant Byron, le capitaine Carteret, le capitaine Wallis et le capitaine Cook, dans les vaisseaux le Dauphin*, le Swallow* et l'Endeavour*. Rédigée d'après les journaux tenus par les différents commandants et les papiers de M. Banks, par J. HAWKESWORTH. Enrichie de figures et d'un grand nombre de plans et de cartes.

    Paris. PANCKOUCKE 1774. — 4 vol. in-4° rel.

    f. d. s. l. p.   **911**

Voyages du sieur de Champlain ou journal ès découvertes de la Nouvelle France.

    Paris. Imprimé aux frais du Gouvernement.

    Août 1830. — 2 vol. in-8° rel.   **918**

Voyages du Capitaine Robert Lade, en différentes parties de l'Afrique, de l'Asie et de l'Amérique, par l'abbé PRÉVOST.

    Paris. 1784. — 1 vol. in-8° rel. v.   **1033**

En Océanie. Voyage autour du Monde en 365 jours, par E. COTTEAU.

    Paris. PLON 1888. – 1 vol. in-16 rel.   **1626**

Même Ouvrage   **2703**

Six mois à travers l'Océanie. Souvenirs d'un officier de la corvette l'Ariane*, par le C.-Amiral HALLIGON.

    Brest. 1889. — 1 vol. in-12 rel.   **2737**

De France à Sumatra, par Java, Singapour et Pinang. Les Battacks antropophages, par BRAU DE ST-POL LIAS.

    Paris. LECÈNE et OUDIN 1884. — 1 vol. in-16 rel.

                   1629

Du Spitzberg au Sahara. Etapes d'un naturaliste au
Spitzberg, en Laponie, en Ecosse, en Suisse, en
France, en Italie, en Orient, en Egypte et en Algérie,
par Ch. MARTINS.
> Paris. BAILLIÈRE et Fils. s. d.   – 1 vol. in-8° rel.
> **1602**

Voyage au pays des Palmiers, par JACOLLIOT.
> Paris. DENTU 1884. — 1 vol. in-12 rel.   **1578**

La seconde Expédition Suédoise au Gronland. (Les
Inlandsis et la Côte orientale), entreprise aux frais
de M. Oscar Dickson, par NORDENSKIOLD, traduite
du Suédois par Ch. RABOT.
> Paris HACHETTE 1888. — 1 vol. gr. in-8°.   **2479**

Les grands Voyageurs de notre Siècle, par G. MEISSAS.
Ouvrage contenant 207 dessins gravés sur bois,
43 portraits de voyageurs et 43 cartes itinéraires.
> Paris. HACHETTE 1889. — 1 vol. in-4° rel. Dess.
> color.   **2638**

Ethiopie Méridionale. Journal de mon voyage aux pays,
Amhard, Oromo et Sidama, septembre 1885 à
novembre 1888, par Jules BORELLI. Ouvrage orné
de nombreuses gravures.
> Paris. QUANTIN 1890. — 1 vol. in-4° br.   **3066**

A new and complete collection of Voyages and Travels,
Containing all that have been remarkable from the
earliest Period to the present time, and including
not only the voyages and travels of the Natives
of these Kingdoms, but also of those of France,
Russia, Spain, Portugal, Germany, Italy, Turkey,
Denmark, Sweden, Holland, Switzerland, Prussia,
etc., etc. By John Hamilton Moore, author.
> London. Alexander HOGG 1778. — 2 vol. in-4° rel.
> V. C. et pl.   **861**

Abrégé de l'Histoire générale des Voyages, contenant ce
qu'il y a de plus remarquable, de plus utile et de
mieux avéré dans les pays où les Voyageurs ont
pénétré ; les mœurs des Habitants, la religion, les
usages, arts et sciences, commerce, manufactures,
par DE LA HARPE. Ouvrage enrichi de cartes géographiques et de figures.
> Paris. Hôtel de Thou 1780-1786-1804. — 44 vol.
> in-8o rel. 1 atlas in-4ᵒ rel.   925

Les Voyages aventureux de Fernand Mendez Pinta,
traduit du portugais par B. FIGUIER
> Paris. Aux frais du Gouvernement. Août 1830 —
> 3 vol. in-8ᵉ rel.   929

A travers les Forêts vierges. Aventures d'une famille
en voyage, par CHARNAY.
> Paris. HACHETTE 1890. — 1 vol. in-16 br.   2924

Deux cent cinquante-quatre jours autour du Monde, par
CAVAYLION.
> Paris. HACHETTE 1892. 1 vol. in-18.   3383

IV

ETHNOGRAPHIE

SCIENCES HISTORIQUES

POUR LES

Ouvrages de Référence Générale

VOIR LES

PRÉLIMINAIRES du CATALOGUE

(Page 1 à 57)

I

HISTOIRE UNIVERSELLE

— ❦ —

Histoire universelle depuis le commencement du Monde jusqu'à présent, composée en Anglais par une Société de gens de lettres ; nouvellement traduite en français par une Société de gens de lettres, contenant l'histoire universelle jusqu'à Abraham, l'histoire d'Egypte et l'histoire des anciens peuples de Canaan, enrichie de figures et de cartes.

Paris. MOUTARD 1769. — 50 vol. in-8° rel. v. tr. r.

227

Histoire universelle depuis le commencement du Monde jusqu'à présent, nouvellement traduite en français par une Société de gens de lettres, contenant l'histoire des Indiens, des Chinois, des Espagnols, des Gaulois, etc., etc., enrichie de figures et de cartes.

Paris. MOUTARD 1781. — 68 vol. in-8° rel. v. tr. r.

228

Atlas Historique et Pittoresque, ou l'Histoire universelle disposée en tableaux synoptiques, embrassant à la fois les faits politiques, religieux, littéraires et artistiques, et illustrée de cartes et de planches. Ouvrage fondé par J. BAQUOL, continué sur le même plan depuis l'an 1000, par SCHNITZLER.

Strasbourg. Simon 1867. — 1 atlas rel.

1894

Discours sur l'Histoire universelle à Mgr Le Dauphin, avec la continuation jusqu'à l'an 1700, par BOSSUET.

Paris. DELALAIN 1820. — 1 vol. in-8" rel. *(Le 2e vol. manque)*.

2148

II

HISTOIRE ANCIENNE

Peuples Divers

Des Dynasties Egyptiennes suivant Manethon, par DE
BOVET.
  Paris. BLAISE 1829. — 1 vol. in-8° rel. **147**

Sethos, Histoire ou vie tirée des monuments-anecdotes
de l'ancienne Egypte, traduite d'un manuscrit grec.
  Paris. BASTIENS, l'an III de la République Française, une et indivisible. — 2 vol. in-8° rel. v.
  f. d. s. l. p. **215**

Histoire ancienne des Egyptiens, des Carthaginois, des
Assyriens, des Babyloniens, des Mèdes, des Perses,
des Macédoniens et des Grecs, par ROLLIN, ancien
recteur de l'Université de Paris.
  Paris. ESTIENNE Frères 1764. — 14 vol. in-12 rel.
  v. tr. r. **275**

Ramsès-le-Grand, ou l'Egypte il y a 3300 ans, par Ferdinand DE LANOYE. Ouvrage illustré de 39 vignettes sur bois et de deux cartes.
Paris. HACHETTE 1866. — 1 vol. in-8° rel.   **161**

Histoire ancienne des Peuples de l'Orient classique. Les Origines : Egypte et Chaldée.
Paris. HACHETTE et Cⁱʳ. — 1 vol. gr. in-4° br.
3956

Histoire de la Grèce

Histoire des Grecs, depuis les temps les plus reculés, jusqu'à la réduction de la Grèce en province romaine, par Victor DURUY. Nouvelle édition, revue, augmentée et enrichie d'environ 2000 gravures dessinées d'après l'antique et 50 cartes ou plans.
Paris. HACHETTE et Cⁱᵉ 1887. — 3 vol. in-4° rel. riche.   **2617**

Histoire de la Grèce. depuis les temps les plus reculés, jusqu'à la fin de la génération contemporaine d'Alexandre Le Grand, par G. GROTE, traduit de l'Anglais par A. L. SADOUS.
Paris. Lacroix VERBOEEKHEVEN 1864. — 19 vol. in-8° rel.   **202**

Histoire générale et particulière de la Grèce, précédée d'une description géographique et terminée par le parallèle des Grecs anciens avec les Grecs modernes, par COUSIN-DESPRÉAUX.
Paris. DURAND Neveu 1780. — 11 vol. in-12 rel. v. tr. r.   **247**

Histoire d'Alcibiade et de la République Athénienne, depuis
la mort de Périclès jusqu'à l'avènement des Trente
Tyrans, par Henri HOUSSAYE.
  Paris. DIDIER 1874. — 2 vol. in-8° rel. Pᵗʳ **255**

Histoire Grecque, par V. DURUY.
  Paris. HACHETTE 1863. — 1 vol. in-8° cart. **3192**

Histoire Grecque, 1700 avant J.-C. à 146 après J.-C., par
DAUBAN.
  Paris. TANDOU 1864. — 1 vol. in-8° cart. **3193**

Histoire Romaine

Histoire des Romains depuis les temps les plus reculés,
jusqu'à la fin des Antonins. Depuis les temps les
plus reculés jusqu'à Dioclétien. Depuis les temps les
plus reculés jusqu'à la mort de Théodose, par
Victor DURUY.
  Paris. HACHETTE 1877. — 7 vol. in-8° rel. **143**

Histoire Romaine, par Th. MOMMSEN, traduite par Chᵣ
ALEXANDRE, Vice-Président au Tribunal de la Seine.
  Paris. FRANCK, HÉROLD 1863. — 8 vol. in-8° rel.
    208

Histoire Romaine depuis la fondation de Rome, jusqu'à
la bataille d'Actium, c'est-à-dire jusqu'à la fin de la
République, par ROLLIN, Ancien Recteur de l'Université de Paris.
  Paris, ÉTIENNE Fils 1771. — 15 vol. in-12 rel. v.
    230

Histoire Romaine, par MICHELET.
Paris. CALMANN-LÉVY 1889. — 2 vol. in-18 rel.   **3259**

Rome au Siècle d'Auguste ou Voyage d'un Gaulois à
Rome à l'époque du règne d'Auguste et pendant une
partie du règne de Tibère, par Ch. DEZOBRY.
Paris. GARNIER Frères 1870. — 4 vol. in-8° rel.
930

Abrégé des Commentaires de M. de Folard, sur l'Histoire
de Polybe, par M. ***, Mestre de Camp de Cavalerie.
Paris. Vᵉ GANDOUIN 1754. — 3 vol. in-4° rel. v.
grav.   **223**

Histoire des Empereurs Romains, depuis Auguste jusqu'à
Constantin, par CREVIER, Professeur émérite de
Rhétorique
Paris. DESAINT et SAILLANT 1775. — 12 vol. in-16
rel. v. m.   **280**

\\\\\\

APPENDICE

A

l'Histoire Ancienne

Histoire des Empereurs et des autres Princes, qui ont
régné durant les six premiers siècles de l'Église,
de leurs guerres contre les Juifs, Avec des notes
pour éclaircir les principales difficultés de l'Histoire,
par Lenain DE TILLEMONT.
Paris. Ch. ROBUSTEL 1720. — 6 vol. in-4° rel. v.
224

Histoire de la décadence et de la chute de l'Empire Romain, par E. GIBON, avec notice par BUCHON.
>> Paris. DESREZ 1838 — 2 vol. in-8° rel. **127**

Histoire des Révolutions d'Espagne, où l'on voit la décadence de l'Empire Romain, l'établissement de la domination des Goths, des Vandales, des Suèves, des Alains, des Silinges, des Maures, des François, et la division des États tels qu'ils ont été depuis le commencement du V° siècle, jusqu'à présent.
>> Paris. HOCHEREAU, au Phénix 1724. — 5 vol. in-12 rel. v. **295**

Histoire du Bas-Empire, en commençant à Constantin-le-Grand, par Monsieur LE BEAU, Professeur émérite.
>> Paris. SAILLANT et NYON 1757. — 24 vol. in-12 rel. v. tr. r. **277**

L'Empereur Héraclius et l'Empire Byzantin au VII° siècle, par L. DRAPEYRON.
>> Paris. THORIN 1869. — 1 vol. in-8° rel. **724**

Sainte Cécile et la Société Romaine aux deux premiers siècles, par Dom GUÉRANGER, abbé de Solesmes. Ouvrage contenant 2 chromolithographies, 6 planches en taille douce, et 250 gravures sur bois, par Paul LACROIX.
>> Paris. FIRMIN-DIDOT 1777. — 1 vol. gr. in-8° rel. **1236**

Mithridate Eupator, Roi de Pont, par Th. REINACH. Ouvrage illustré de 4 héliogravures, 3 zincogravures et 3 cartes.
>> Paris. F. DIDOT 1890. — 1 vol. in-8 br. **3396**

Gallia. Tableau sommaire de la Gaule sous la domination Romaine, par Camille JULLIAN.
>> Paris. HACHETTE 1892. — 1 vol. in-16 br. **3930**

III

MOYEN - AGE

———

Le **Mystère du siège d'Orléans** publié pour la première
fois, d'après le manuscrit unique conservé à la
Bibliothèque du Vatican, par MM. GUESSARD et DE
CERTAIN.

> Paris. IMPRIMERIE IMPÉRIALE 1862. — 1 vol. in-4°
> cart.   **78**

Mandements et actes divers de Charles V, (1364-1380)
recueillis dans les collections de la Bibliothèque
Nationale, publiés et analysés par M. Léopold
DELISLE.

> Paris. IMPRIMERIE NATIONALE 1874. — 1 vol. in-4°
> cart.   **87**

Histoire Générale des Croisades, Guillaume de Tyr et ses
continuateurs. Texte français du XIIIe siècle, par
P. PAULIN.

> Paris, F. DIDOT 1880. — 2 vol. in-4° cart.   **140**

Histoire des Croisades. Nouvelle édition faite d'après les derniers travaux de l'Auteur, par MICHAUD de l'Académie. Ouvrage augmenté d'un Appendice par HUILLARD-BRÉHOLLES.
    Paris. FURNE-JOUVET 1849. — 4 vol. in-8° rel. **182**

Saint-Louis et Alphonse de Poitiers. Etude sur la réunion des Provinces du Midi et de l'Ouest à la couronne, par Edgard BOUTARIC.
    Paris. H. PLON 1873. — 1 vol. in-8° rel.   **156**

Histoire de la Guerre des Hussites et du Concile de Basle, par LENFANT. Edition enrichie de portraits et de vignettes à la tête de chaque livre.
    Amsterdam. HUBERT 1731. — 2 vol. in-4° rel.
    v. m.   **226**

Les Etablissements de Saint-Louis, roi de France, suivant le texte original et rendu dans le langage actuel, avec des notes, par M. l'Abbé DE SAINT-MARTIN.
    A Paris, chez NYON l'aîné 1786.— 1 vol. in-8° rel.
    v. m. Portrait de saint Louis.   **1465**

Atlas historique et pittoresque, Histoire universelle du Moyen-Age, ouvrage fondé par BAQUOL, continué par SCHNITZLER.
    Strasbourg. SIMON 1864. — 1 atlas rel.
    1894

Histoire des Ducs de Bourgogne de la Maison de Valois, 1364-1399, par M. DE BARANTE, 8ᵉ édition.
    Paris. LENORMANT 1858. — 8 vol. in-16 rel.   **266**

Jeanne d'Arc à Domrémy. Recherches critiques sur les origines de la maison de la Pucelle, par Siméon LUCE.
    Paris. HACHETTE 1887. — 1 vol. in-16.   **2700**

Histoire des Francs. Grégoire de Tours et Frédégaire. Traduction de M. GUIZOT. Nouvelle édition entièrement revue et augmentée de la Géographie de Grégoire de Tours et de Frédégaire, par Alfred JACOBS.
> Paris. DIDIER et Cie 1862. — 2 vol. in-18 rel.   **2588**

Jeanne d'Arc. Etude lue à la salle Barthélemy, le 21 février 1864, au profit des Polonais, par Henri MARTIN.
> Paris. FURNE 1864. — 1 Broch. in-8° 48 p.   **2358**

Les Héritiers de Jeanne d'Arc. Scènes de la vie au XVe siècle (1431-1450), par Frédéric DILLAYE. 21 compositions de A. SANDOZ.
> Paris. DELAGRAVE 1888. — 1 vol. gr. in-8° rel.
> **2644**

L'Empire des Francs depuis sa fondation jusqu'à son démembrement, par le général FAVÉ.
> Paris. Ernest THORIN 1889.— 1 vol. in-8° br.   **2646**

Histoire de Bertrand du Guesclin et de son époque, par Siméon LUCE. Ouvrage qui a obtenu le grand prix Gobert.
> Paris. HACHETTE 1882. — 1 vol. in-18 rel.   **2704**

Arnault de Bressia et les Romains du XIIe siècle, par Victor CLAVEL.
> Paris. HACHETTE 1868. — 1 vol. in-8° rel.   **253**

Entretien sur l'Histoire du Moyen-Age, par Jules ZELLER.
> Paris. PERRIN 1884. — 4 vol. in-16.
> (*Le 4° volume est double*).   **2775**

Récits des Temps Mérovingiens, par Augustin THIERRY.
> Paris. JOUVET 1891. — 1 vol. in-8° br.   **3300**

Procès des Templiers, par MICHELET.
Paris. IMPRIMERIE ROYALE 1841. — 2 vol. in-4°
cart. 2982

IV

HISTOIRE DE L'EUROPE

GÉNÉRALITÉS

Histoire Générale du IVᵉ Siècle à nos Jours, par E. LAVISSE
et A. RAMBAUD.
*(En cours de publication. L'ouvrage doit former environ
12 vol. gr. in-8°)*
Paris. COLIN et Cⁱᵉ 1892 à 1896. **3431**

L'Europe et la Révolution Française, par Albert SOREL.
1ᵉʳ vol. — Les mœurs politiques et les traditions.
2ᵉ vol. — La chute de la Royauté.
3ᵉ vol. — La guerre aux Rois.
4ᵉ vol. — Les limites naturelles 1794-1795.
Paris. PLON-NOURRIT 1885 — 4 vol. in-8° rel. **131**

Histoire de l'Europe pendant la Révolution Française, par
H. DE SYBEL.
Paris. GERMER-BAILLIÈRE 1869-70-85.
6 vol. in-8° rel. **2037**

L'Europe et les Bourbons sous Louis XIV. Affaires de
Rome. Une élection en Pologne, par Marius TOPIN.
  Paris. DIDIER et Cⁱᵉ 1868 — 1 vol. in-8· rel.   193

L'Europe et l'Avènement du second Empire, par ROTHAN.
  Paris. CALMANN-LÉVY 1880 — 1 vol. in-8° rel.
                                                      2886

L'Europe et les Neutralités. La Belgique et la Suisse, par
DE MAZADE.
  Paris PLON-NOURRIT 1893 — 1 vol. in-18 br. 3649

Histoire diplomatique de l'Europe depuis l'ouverture du
Congrès de Vienne, jusqu'à la clôture du Congrès
de Berlin. 1814-1878, par DEBIDOUR.
  Paris. F. ALCAN 1891 — 2 vol. in-8° br.   3028

Histoire de la Civilisation en Europe, par GUIZOT.
  Paris. DIDIER 1868 — 1 vol. in-8° rel.   2573

Œuvres complètes de Robertson, l'Histoire du règne de
l'Empereur Charles-Quint, précédé d'un tableau des
progrès de la Société en Europe, depuis la destruction de l'empire Romain jusqu'au commencement
du XVIᵉ siècle.
  Paris. SAILLANT NYON·1771 — 6 vol. in-12 rel. v.
                                                      279

V

HISTOIRE DE FRANCE

—————

GÉNÉRALITÉS

Histoire populaire de la France, ornée de nombreuses
vignettes. Publication de l'Imprimerie nationale.
     Paris. LAHURE. 4 T. en 2 vol. in-4° rel.   **174**

Histoire de France, par MÉZERAY, imprimée aux frais
du Gouvernement pour procurer du travail aux
ouvriers typographes.
     Paris. Août 1830. — 18 vol. in-8° rel.   **175**

Abrégé Chronologique ou extrait de l'Histoire de France,
par le sieur DE MÉZERAY.
     Paris. L. BILLAINE 1668. — 2 vol. in-4° rel.
     Portraits des Rois. (*Premier vol. manque*)   **1461**

Histoire de France, depuis les origines, jusqu'à nos
jours, par DARESTE.
     Paris. PLON 1865. -- 7 vol. in-8° rel.   **177**

Histoire de France, depuis l'établissement de la Monarchie, jusqu'à Louis XIV, par l'Abbé VELLY, continuée M. VILLARET et achevée par M. GARNIER.
    Paris. SAILLANT et NYON 1770. — 15 vol. in-4° rel.
    v. m.   **218**

Annales Historiques de la France, par Ph. LE BAS.
    Paris. F. DIDOT 1840. — 2 vol. in-8° rel.   **1000**

Histoire Contemporaine depuis 1789 jusqu'à nos jours, par G. DUCOUDRAY.
    Paris. HACHETTE 1865. — 1 vol. in-8° rel.   **198**

Histoire Générale. Notions sommaires et révision de l'Histoire de France, par BLANCHET.
    Paris. Eug. BELIN 1884. — 1 vol. in-16 cart.   **2039**

L'Histoire de France, racontée par les Contemporains, par B. ZELLER, Maître de Conférences à la Faculté des Lettres de Paris et ses Collaborateurs. Ouvrage orné de nombreuses gravures.
    Paris. HACHETTE 1879 à 1892. — 65 vol. in-16 en 16 T. rel.   **3305**

Introduction Générale à l'Histoire de France, par Victor DURUY.
    Paris. HACHETTE 1865. — 1 vol. in-8° rel.   **194**

Histoire de France et des Temps modernes, depuis l'avènement de Louis XIV jusqu'à 1815, par Victor DURUY.
    Paris. HACHETTE 1865.—1 vol. in-12 rel. cartes. **199**

Histoire de France depuis l'Invasion des Barbares jusqu'à nos jours, par Victor DURUY. Nouvelle édition, revue, augmentée et illustrée d'après des documents originaux, des photographies, des compositions et des tableaux de maître.
    Paris. HACHETTE 1892. — 1 vol. in-4° rel.   **3298**

Histoire de France, par MICHELET. Nouvelle édition, revue et augmentée.
>   Paris. LACROIX 1876. — 17 vol. in-8° rel.   **168**

Précis de l'Histoire Moderne, par MICHELET. Ouvrage adopté par le Conseil Royal de l'Université de France.
>   Paris. HACHETTE 1829. — 1 vol, in-8° rel.   **170**

Histoire de France depuis les temps les plus reculés jusqu'en 1789, par Henri MARTIN, 4° édition.
>   Paris. FURNE 1855. — 17 Vol. in-8° rel.   **176**

Même Ouvrage. — 1 vol. br.   **3174**

Histoire de France depuis 1789 jusqu'à nos jours, par Henri MARTIN.
>   Paris. FURNE 1886. — 8 vol. in-8° rel.   **1603**

L'Histoire de France depuis les temps les plus reculés jusqu'en 1789, racontée à mes petits enfants par M. Guizot. Edition illustrée de nombreuses gravures. dessinées sur bois, par Alph. DE NEUVILLE.
>   Paris. HACHETTE 1875. — 5 vol. in-4° rel.
>   Le 5° volume rédigé par Mᵐᵉ DE WITT, née GUIZOT, sur le plan et d'après les notes de M. Guizot, son père.   **1599**

Histoire des Origines du Gouvernement représentatif, par GUIZOT.
>   Paris. DIDIER 1855. — 2 vol. in-8" rel.   **2570**

Essais sur l'Histoire de France, par GUIZOT.
>   Paris. DIDIER 1868. — 1 vol. in-8° rel.   **2572**

Histoire de la Civilisation Française, par Alfred RAMBAUD. — T. 1. Depuis les Origines jusqu'à la Fronde. — T. 2. Depuis la Fronde jusqu'à la Révolution.
>   Paris. Armand COLIN 1887. — 2 vol. in-18 rel.   **975**

Histoire de la Civilisation en France, depuis la chute de l'empire romain, par M. GUIZOT.
Paris. DIDIER et C⁰ 1869. — 4 vol. in-8° rel.   **2571**

Histoire de la Civilisation contemporaine en France, par A. RAMBAUD.
Paris. A. COLIN 1888.— 1 vol. in-18 rel.   **1579**

HISTOIRE MODERNE

OUVRAGES SPÉCIAUX

CHAPITRE Ier

HISTOIRE ANTÉRIEURE A 1789

Histoire de Charles VIII, Roi de France, par M. le Comte
Ph. DE SÉGUR.
    Paris. FRUGER 1835 – 2 vol. in-8° rel. Fig.   **197**

Essai sur les Mœurs et l'Esprit des Nations et sur les
principaux faits de l'Histoire depuis Charlemagne,
jusqu'à Louis XIII, par M. DE VOLTAIRE.
    Genève 1769 — 3 vol. in-4° r. v. m. f. d. s. l. p
    tr. d.   **355**

La France pendant la Guerre de Cent Ans, par LUCE, Siméon.
    Paris. HACHETTE 1890 — 2 vol. in-16 br.   **3604**

Les **Colonies Franques de Syrie aux XII° et XIII° Siècles**,
par E. REY.

    1ʳᵉ Partie. La Société dans les principautés fran-
        ques de Syrie.

    2° Partie. Géographie historique.

    Paris. Alp. PICARD 1883 — 1 vol. in-8° rel. grav.

                                              950

Relations des Ambassadeurs Vénitiens sur les Affaires de
France au XVI° Siècle, par TOMMASES.

    Paris. IMPRIMERIE ROYALE 1838 — 2 vol. in-4°
    cart.   **2999**

Captivité du Roi François Iᵉʳ, par Aimé CHAMPOLLION
FIGEAC.

    Paris. IMPRIMERIE ROYALE 1847 — 1 vol. in-4°
    cart.   **2983**

Henri IV, sa Vie, son Œuvre, ses Écrits, par J. GUADET,
auteur du supplément au Recueil des Lettres missives de Henri IV, publié par le Gouvernement. —
2ᵉ édition précédée d'une notice biographique sur
l'Auteur.

    Paris. A. PICARD 1882 — 1 vol. in-8° rel.   **2771**

Etudes sur l'ancienne France. Histoire, Mœurs, Institutions, par Félix ROCQUAIN.

    Paris. DIDIER 1875. — 1 vol. in-18 br.   **2729**

Négociations diplomatiques entre la France et l'Autriche
durant les trente premières années du XVI° siècle,
par LE GLAY.

    Paris. IMPRIMERIE ROYALE 1845. — 2 vol. in-4°
    cart.   **3011**

Histoire du règne de Louis XIV, Récits et Tableaux, par
GAILLARDIN.

    Paris. J. LECOFFRE 1871. — 6 vol. in-8° rel.   **183**

Histoire du Roi Henri le Grand, par Messire HARDOUIN DE
PÉRÉFIXE, dédiée à S. A. R. le prince Henri, duc de
Bordeaux. — Portrait de Henri IV.
Paris. GERVAIS 1822. — 1 vol. in-12 rel.   **200**

Philippe V et la Cour de France, Philippe V et Louis XIV,
Philippe V et le duc d'Orléans, par A. BAUDRILLART.
Paris. F. DIDOT 1890. — 2 vol. gr. in-8° br.   **3070**

L'Esprit de la Ligue ou Histoire politique des troubles
de France pendant les XVI° et XVII° siècles.
Paris. HÉRISSANT Fils 1771. — 3 vol. in-12 rel.
v. m.   **286**

La Misère au temps de la Fronde et St-Vincent de Paul,
par Alp. FEILLET.
Paris. PERRIN 1889. — 1 vol. in-16 rel.   **2728**

Même Ouvrage.   **2776**

L'Esprit public au XVIII° siècle, Etude sur les Mémoires
politiques des Contemperains 1715-1789, par Ch.
AUBERTIN. Ouvrage couronné par l'Académie française, prix Thérouanne.
Paris. PERRIN 1889. — 1 vol. in-18 br.   **2732**

L'Eloquence politique parlementaire en France avant 1789,
par AUBERTIN. D'après des documents manuscrits.
Paris. Veuve BELIN 1882. — 1 vol. in-8° rel. **3025**

XVIII° Siècle, Lettres, Sciences et Arts, France 1700-
1789, par Paul LACROIX. Ouvrage illustré de 16
chromos et de 250 gravures sur bois.
Paris. F. DIDOT 1878. — 1 vol. in-4° rel.   **1243**

Choiseul et la France d'Outre-Mer après le traité de Paris,
Etude sur la politique coloniale au XVIII° siècle,
par DAUBIGNY.
Paris. HACHETTE 1892. — 1 vol. in-8° br.   **3245**

La France sous Louis XV, par CARRÉ.
   Paris. MAY. — 1 vol. in-8° rel.   3539

Louis XVI et sa Cour, par Amédé RENÉE. 2ᵉ édition
   revue et enrichie de nouveaux documents.
   Paris. F. DIDOT 1858. — 1 vol. in-8° rel.   256

CHAPITRE II

HISTOIRE POSTÉRIEURE A 1789

Révolution, Consulat, Premier Empire

L'Esprit Révolutionnaire avant la Révolution 1715-1789,
par Félix Rocquain.
>   Paris. Plon 1878. – 1 vol. gr. in-8° br.   **671**

Histoire de la Révolution Française, par Michelet.
>   Paris. Lacroix 1876. — 6 vol. in-8° rel.   **169**

Histoire de la Révolution Française, par Thiers, 7° édition.
>   Paris. Furne 1838. — 10 v. in-8° rel.   **171**

Même Ouvrage.
>   Paris. Furne 1865. — 2 vol. in-4° rel. Édition
>   illustrée.   **173**

Histoire de la Révolution Française, par Louis Blanc.
>   Paris. Lacroix 1878. — 15 vol. in-18 br.   **3601**

Histoire parlementaire de la Révolution Française ou
Journal des Assemblées Nationales depuis 1789
jusqu'en 1815, par Buchez et Roux.
>   Paris. Paulin 1834. — 40 vol. in-8° rel,   **3669**

Collection de Mémoires relatifs à la Révolution française,
par divers.
>   Paris. Beaudouin 1821 à 1826. — 47 vol. in-8° rel.
>   **3670**

Etudes et Leçons sur la Révolution Française, par
Aulard.
>   Paris. Alcan 1893. — 1 vol. in-18 br.   **3603**

Histoire de la Convention Nationale, par M. de Barante.
>   Paris. Furne 1851. — 2 vol. in-8° rel.   **191**

La Révolution de Thermidor. Robespierre et le Comité
de Salut public en l'an II, d'après les sources
orignales et les documents inédits, par Ch.
d'Héricault.
>   Paris. Didier et Cᵢᵒ 1876. — 1 vol. in-8° rel.   **192**

De la Révolution Française. Ses principales causes et
ses principaux évènements, par J. C. Royou
Auteur d'une Histoire de France à laquelle cet
Ouvrage peut servir de complément.
>   Paris. Philippe 1830. — 1 vol. in-8° rel.   **237**

L'Eloquence parlementaire pendant la Révolution Française. Les Orateurs de l'Assemblée Constituante,
par Aulard.
>   Paris. Hachette 1882. — 1 vol. in-8° rel.   **138**

Même Ouvrage. Les Orateurs de la Législative et de
la Convention, par Aulard.
>   Paris. Hachette 1885. — 2 vol. in-8° rel.   **139**

Royalistes et Républicains. La question de Monarchie
ou de République du 9 Thermidor au 18 Brumaire.
L'extrême droite et les Royalistes sous la Restauration. Paris, capitale sous la Révolution française, par Thureau-Dangin.
>   Paris. Plon 1874. — 1 vol. in-8° rel.   **234**

Histoire des Girondins, par A. DE LAMARTINE.
Paris. Chez l'Auteur 1861. — 7 vol. gr. in-8° rel.
322

Histoire des Girondins, par A. DE LAMARTINE. Édition
illustrée publiée par l'Auteur.
Paris. A. LE CHEVALIER 1865-66. — 2 vol. in-4° rel.
232

Même Ouvrage. 6 Livraisons illustrées.
2342

Louis XVI et la Révolution, par SOURIAU.
Paris. MAY. — 1 vol. in-8° br.
3540

La préparation de la guerre de la Vendée 1789-1793.
La Vendée patriote 1793-1800, par Ch. L. CHASSIN.
Paris. P. DUPONT 1892. — 3 vol. gr. in-8° br.
3281

La Vendée Angevine. Les Origines. L'Insurrection
(Janvier 1789, 31 Mars 1793), d'après des documents
inédits par C. PORT.
Paris. HACHETTE 1888. — 2 vol. in-8° br. 1610

La Vendée patriote 1793-1800 ; par CHASSIN.
Paris. P. DUPONT 1893. – 4 vol. in-8° br. 3633

Une mission en Vendée, 1793 ; par Ed. LOCKROY.
Paris. OLLENDORFF 1893. — 1 vol. in-18 br. 3610

Un district Breton, pendant les guerres de l'ouest et de
la chouannerie ; (1793-1800) par Th. LEMAS.
Paris. FISCHBACHER. s. d. — 1 vol. in-8° br. 3921

Les Emigrés et la seconde Coalition, 1797-1800 ; par
Ernest DAUDET. (d'après des Documents inédits.)
Paris. LIBRAIRIE ILLUSTRÉE 1886. — 1 vol. in-8°
br. 3023

La France pendant la Révolution, par le Vicomte DE BROC.
Paris. PLON 1891. — 2 vol. in-8° rel.   **3200**

La France et l'Irlande pendant la Révolution. D'après les
documents inédits des Archives de France et
d'Irlande, par GUILLON.
Paris. A. COLIN 1888. — 1 vol. in-18 rel.   **1425**

Les Représentants du Peuple en mission et la Justice
révolutionnaire dans les Départements en l'an II
(1793-1794), par Henri WALLON.
Paris. HACHETTE 1890. — 5 vol. in-8° rel.   **2873**

Le Culte de la Raison et le Culte de l'Etre suprême, 1793-
1794. Essai historique par AULARD.
Paris. ALCAN 1892. — 1 vol.   **3314**

Catherine II et la Révolution Française, par DE LARIVIÈRE.
Paris. SOUDIER 1895. — 1 vol. in-8° br.   **3867**

Mirabeau et la Constituante, par H. REYNALD. Ouvrage
couronné par l'Académie française.
Paris. DIDIER et Cⁱᵉ 1872. — 1 vol. in-12 br.   **2731**

Le Comité de Salut public de la Convention nationale, par
GROS.
Paris. PLON-NOURRIT 1893. — 1 vol. in-18 br.
3611

Miranda dans la Révolution Française, 1792-1798. Recueil
de Documents authentiques, par ROJAS. Edition
française.
Caracas. IMPRIMERIE DU GOUVERNEMENT 1889. —
1 vol. in-8° rel.   **2760**

Registre des Délibérations du Consulat provisoire. 20
brumaire, 3 nivôse an VIII (11 nov., 24 déc., 1799),
par AULARD.
Paris 1894. — 1 vol. in-8° br.   **3810**

Le Serment du Jeu de Paume, par A. BRETTE.
Paris 1893. — 1 vol. in-4° br.   3910

La Révolution Française en Hollande, La République
Batave, par L. LEGRAND.
Paris. HACHETTE 1894. — 1 vol. in-8° br.   3949

Les Femmes de la Révolution, par MICHELET.
Paris. CALMANN-LÉVY 1876. — 1 vol. in-18 rel.
3252

Variétés révolutionnaires, par M. PELLET.
Paris. F. ALCAN 1885. — 3 vol. in-18 br.   3855

Procès-Verbaux de la Commune de Paris (10 août 1792,
1er juin 1793), par TOURNEUX, Maurice.
Paris 1894. — 1 vol. in-8° br.   3882

Récit des Séances des Députés des Communes, depuis le 5
mai 1789 jusqu'au 13 juin suivant, par F.-A. AULARD
Paris 1895. — 1 vol. in-8° br.   3908

Histoire de Robespierre et du coup d'Etat du 9 Thermidor, par E. HAMEL.
Paris. CINQUALBRE 1879. — 3 vol. in-4° rel. Fig.
4903

Notices Historiques sur la Convention Nationale. Le
Directoire, l'Empire et l'exil des votants, par
BAUDOT.
Paris. JOUAUST 1893. — 1 vol. in-8° br.   3629

Le Centenaire de 1789. Danton, homme d'Etat, par le
Dr ROBINET.
Paris. CHARAVAY 1889. — 1 vol. in-8° br.   2842

Les Guerres de la Révolution. La première invasion
prussienne. Valmy, etc., etc., par A. CHUQUET.
Paris. LECERF. — 11 vol.   2912 à 3962

Histoire du Consulat et de l'Empire, faisant suite à
l'Histoire de la Révolution, par THIERS.
Paris. PAULIN 1855. — 20 vol. in-8° rel. Fig. **172**

Histoire du Consulat, par THIERS. Edition illustrée.
Paris. FURNE 1865. — 4 vol. in-4° rel. **173**

Histoire de l'Empire, par THIERS. Edition illustrée.
Paris. FURNE 1865. — 1 vol. in-4° rel. **173**

Le Ministère de Talleyrand, sous le Directoire, par
G. PALLAIN.
Paris. PLON-NOURRIT 1891. -- 1 vol. in-8° br. **3395**

Les Derniers Jours du Consulat. Manuscrit inédit de
Claude FAURIEL ; publié et annoté par Ludovic
LALANNE.
Paris. CALMAN-LÉVY 1886. — 1 vol. in-8° rel. **133**

Bonaparte et son Temps 1769-1799, d'après les évènements inédits, avec cartes, par le colonel JUNG.
Paris. CHARPENTIER 1883. — 3 vol. in-18 rel. **163**

La Société du Consulat et de l'Empire, par Ernest BERTIN.
Paris. HACHETTE 1890. — 1 vol. in-16 rel. **2900**

La Police et les Chouans sous le Consulat et l'Empire, par
Ernest DAUDET.
Paris. PLON-NOURRIT 1895.— 1 vol. in-16 br. **3950**

1814, par Henry HOUSSAYE.
Paris. PERRIN et Cie 1893. — 1 vol. in-16 br. **3547**

1815, par Henry HOUSSAYE.
Paris. PERRIN et Cie 1893. — 1 vol. in-16 br. **3548**

Napoléon et Alexandre Ier. L'Alliance Russe sous le
premier Empire, par VANDAL. *(Grand Prix Gobert.)*
Paris. PLON-NOURRIT 1893. — 2 vol. in-8° br. **3594**

Des évènements qui ont amené la chute de Napoléon Ier, par DE SAINT-NEXANT.
>   Paris. PLON 1863. — 1 vol. in-8° rel.   3455

Napoléon à Sainte-Hélène, suivi d'une correspondance de Sainte-Hélène, par un témoin oculaire, par BARRY O'MÉARA et ANTOMARCHE.
>   Paris. 1861. — 1 vol. in-4° rel. fig.   129

Histoire de Napoléon, par NORVINS ; 6e édition, vignettes portraits et plans.
>   Paris. FURNE 1835. — 4 vol, in-8° rel.   978

Les Origines de la France contemporaine, par TAINE.
>   1er vol. L'ancien régime.
>   2° vol. La Révolution. L'Anarchie.
>   3e vol. La Conquête Jacobine.
>   4° vol. Le Gouvernement Révolutionnaire.
>   Paris. HACHETTE 1885-1891. — 4 vol. in-8° rel. 134

De la Restauration à nos Jours

Histoire des Deux Restaurations jusqu'à l'avènement de Louis Philippe, de Janvier 1813 à Octobre 1830, par A. DE VAULABELLE. Nouvelle édition illustrée de vignettes sur acier, gravées par les meilleurs artistes d'après les dessins de PHILIPPOTEAUX.
>   Paris. GARNIER Frères 1874. — 10 vol. in-8° rel.
>   portr.   132

Histoire de la Restauration, par A. LAMARTINE.
>   Paris. Chez l'auteur 1861. — 6 vol. in-8° rel.   324

Atlas Historique et Pittoresque. Histoire moderne. Les Temps modernes proprement dits, ouvrage fondé par BAQUOL et continué par SCHNITZLER.
>   Strasbourg. SIMON 1864. — 1 atlas r.   1894

Souvenirs de la Restauration, par A. NETTEMENT.
Paris. LECOFFRE 1858. — 1 v. in-18 rel. **3461**

La Monarchie de 1830, par THIERS.
Paris. MESNIER 1830. — 1 vol. in-8°br. **2134**

Histoire de la Monarchie de Juillet, par THUREAU-DANGIN.
Paris. PLON-NOURRIT 1884-1892. — 7 vol. in-8°
rel, **1609**

Histoire de Dix Ans, 1830 à 1840, par Louis BLANC.
Paris. PAGNERRE 1841. — 5 vol. in-8° rel. **2567**

Histoire de la République de 1848. Gouvernement provi-
soire. Commission exécutive. Cavaignac, etc., par
PIERRE.
Paris. PLON 1873. — 2 vol. in-8° rel. **178**

Histoire de Louis-Philippe-Joseph, Duc d'Orléans, et du
parti d'Orléans, dans ses rapports avec la Révolution française, par M. TOURNOIS.
Paris. CHARPENTIER 1842. — 2 vol. in-8° rel. **195**

Histoire de la Seconde République, faisant suite à l'histoire du règne de Louis-Philippe, par E. HAMEL.
Février 1848. Décembre 1851. Ornée de gravures
sur acier.
Paris. JOUVET et Cie 1891. — 1 vol. in-8° br. **3394**

Histoire Parlementaire de la Seconde République, suivie
d'une petite histoire du Second Empire, par E.
SPULLER.
Paris. F. ALCAN 1893. — 1 vol. in-12 br. **3838**

Journées de la Révolution de 1848, par un Garde national. Résumé des faits. Compte-rendu des dernières
séances de la Chambre des Députés et de la Chambre
de Paris. Documents officiels. Départ du Roi. etc.
Paris. Ve L. JANET 1848. - 1 vol. in-8° rel. **983**

Histoire de la Seconde République Française, par DE LA
GORCE
    Paris. PLON-NOURRIT 1887. — 2 vol. in-8° br. **3849**

Les Hommes de 1848, par A. VERMOREL.
    Paris. ALLONIER 1869. — 1 vol. in-18 rel.   **3494**

Les Hommes de 1851. Histoire de la Présidence et du
  Rétablissement de l'Empire, par A. VERMOREL.
    Paris. ALLONIER 1869. — 1 vol. in-18 rel.   **3495**

Les Hommes de 1852, par Corentin GUYHO.
    Paris. C. LÉVY 1889. — 1 vol. in-18 br.   **3378**

La Période Décennale de 1850 à 1860. Histoire contemporaine universelle. Ouvrage fondé par BAQUOL et
continué par SCHNITZLER.
    Strasbourg. SIMON 1862. — 1 Atlas rel.
                               1893

L'Empire inédit, 1855 ; par Corentin GUYHO.
    Paris. C. LÉVY 1892. — 1 vol. in-18 br.   **3380**

Histoire du Second Empire, par GIRARD.
    Paris. DENTU 1861. — 1 vol. in-8° br.   **996**
    (*Le 2e vol. manque.*)

Histoire du Second Empire, 1848-1869 ; par Taxile
DELORD.
    Paris. GERMER-BAILLIÈRE 1869. — 6 vol. in-8° rel.
                               3247

Histoire du Second Empire, par DE LA GORCE.
    Paris. PLON-NOURRIT 1895. — 2 vol. in-8° br.
                               3850

Histoire de mon temps. Présidence décennale. Second
Empire, par DE BEAUMONT-VASSY.
    Paris. AMYOT 1865. — 2 vol. in-8° rel.   **3457**

Relation Générale des Cérémonies relatives au mariage de S. M. l'Empereur Napoléon III, avec son Excellence Mlle Eugénie DE GUSMAN, Comtesse de Teba.
Paris. IMPRIMERIE IMPÉRIALE 1853. — 1 vol. in-4°
br.   **814**

La politique Française en 1866, par G. ROTHAN.
Paris. CALMANN LÉVY 1879. — 1 vol. in-8° rel.
                                              2888

La France et sa politique extérieure en 1867, par ROTHAN.
Paris. CALMANN-LÉVY 1879. — 1 vol. in-8° rel.
                                              2884

Les beaux jours du Second Empire, par Corentin Guyho.
Paris. C. LÉVY 1891. — 1 vol. in-18 br.   **3379**

La France sous Napoléon III. L'Empire et le régime parlementaire, par E. BAVOUX.
Paris. PLON 1870. — 2 vol. in-8° rel.   **3456**

Histoire anecdotique du Second Empire, par un ancien Fonctionnaire.
Paris. DENTU 1887. — 1 vol. in-8° rel.   **2504**

Histoire de la Révolution de 1870-71. La chute de l'Empire, la Guerre, le Gouvernement de la défense nationale, la Paix, la Commune de Paris, la Présidence de M. Thiers, etc., par Jules CLARETIE.
Paris. LIBRAIRIE ILLUSTRÉE. — 5 vol. in-8° rel.
                                              1604

Souvenirs du Quatre Septembre, par Jules SIMON. Premier volume, Origine et chute du second Empire. — Deuxième volume, le Gouvernement de la Défense nationale
Paris. Michel LÉVY 1875 — 2 vol. in-8° rel   **135**

L'Affaire du Luxembourg. Le Prélude de la Guerre 1870,
par G. ROTHAN
    Paris. CALMANN-LÉVY 1890.— 1 vol. in-8° rel. **2885**

Le Gouvernement de M. Thiers. 8 Février 1871, 24 Mai
1873, par Jules SIMON.
    Paris. Michel LÉVY 1878. — 2 vol. in-8° rel.   **136**

Le Régime Moderne, par TAINE.
    Paris. HACHETTE 1891 — 2 vol. in-8° br.   **141**

Histoire de l'Alsace. Entretiens d'un père Alsacien, par
Ed. SIEBECKER.
    Paris. HETZEL et Cⁱᵉ. — 1 vol. in-12 rel.   **1623**

L'Alsace à travers les Ages, son unité d'origine et de
vue avec la France, ses liens avec la Lorraine, ses
rapports avec l'Allemagne, par KAEPPELIN.
    Paris. FISCHBACHER 1890. — 1 vol. in-8° rel. **2916**

Carnot, d'après les Archives nationales. le dépôt de
la guerre et les séances de la Commission, par
BONNAL.
    Paris DENTU 1888. — 1 vol. in-8° rel.   **2490**

Histoire d'un Siècle et d'une Famille. Les trois Républiques et les trois Carnot 1789-1889, par Ch.
RÉMOND. Edition illustrée.
    Paris. G. MAURICE, s. d. — 1 vol. in-4° rel. t. ang.
    2859

Mémoires sur Carnot, par son Fils.
    Paris. CHARAVAY 1893. 2 vol. in-8° br.   **2913**

Les Funérailles nationales du Président Carnot, célébrées
à Paris le 1ᵉʳ juillet 1894. Documents officiels.
    Paris 1894. — 1 vol. in-4° rel.   **3801**

ÉTATS GÉNÉRAUX

ET

Assemblées

Journal des Etats Généraux de France, tenus à Tours en 1484, sous le règne Charles VIII, par A. BERNIER.
Paris. IMPRIMERIE ROYALE 1835. – 1 vol. in-4°
cart.   118

Des Assemblées Nationales en France, depuis l'établissement de la Monarchie jusqu'en 1614, par HENRION DE PANSEY.
Paris. BARROIS 1829. — 2 vol. in-8° rel.   196

Histoire des Etats Généraux, par G. PICOT.
Paris. HACHETTE 1888. — 5 vol. in-18 rel.   1585

Procès-Verbaux des Etats Généraux de 1593, par A. BERNARD.
Paris. IMPRIMERIE ROYALE 1842. — 1 vol. in-4°
cart.   3008

Les Etats d'Orléans, par L. VITET.
Paris. M. LÉVY 1849. — 1 vol. in-18 br.   3180

Recueil de Documents relatifs à la Convocation des Etats-Généraux de 1789, par BRETTE.
Paris. IMPRIMERIE NATIONALE 1894-1896. — 2 vol.
in-8° rel.   3843

CHRONIQUES

Les **Chroniques de sire Jean Froissart**, qui traitent des
  merveilleuses Emprises, nobles aventures et faits
  d'armes advenus en son temps, en France, Angleterre, Bretaigne, Bourgogne, Escosse, Espaigne,
  Portingal et ès autres parties, notes et éclaircissements, par J.-A.-E. BUCHON.
      Paris. DESREZ 1838. — 3 vol. in-8° rel.   124

**Chroniques étrangères relatives aux Expéditions Françaises
  pendant le XII Siècle.** — Chronique de la Principauté
  française d'Achaïe, par un anonyme grec ; texte
  grec inédit. — Chronique d'Aragon, de Sicile et de
  Grèce, par Ramon MUNTANER, (traduction nouvelle
  du Catalan). — Chronique de Pierre III et Expédition
  française en 1285, par Bernat D'ESCLOT, (texte
  catalan inédit.) — Chronique de la Conspiration, de
  J. PROCHYTA, traduite du Sicilien par un anonyme.
      Paris. DESREZ 1840. — 1 vol. in-8 rel.   124

Chronique de Jean Le Fèvre, seigneur de Saint-Remy,
  transcrite d'un manuscrit appartenant à la Bibliothèque de Boulogne-sur-Mer.
      Paris. RENOUARD 1876. — 2 vol. in-8° cart.   128

Chroniques de l'Histoire de France, publiées pour la
  première fois en entier d'après les manuscrits de la
  Bibliothèque du Roi, par D'AUTON, avec une notice
  et des notes, par Paul L. JACOB, bibliophile.
      Paris. SILVESTRE 1834. — 3 vol. in-8° rel.   188

Chronique d'Arras et de Cambrai, revue sur divers
manuscrits par BALDERIC, chantre de Térouane au
XIᵉ siècle ; ouvrage enrichi de deux suppléments
avec commentaires, glossaires et plusieurs index,
par le docteur LE GLAY.

Paris. LEVRAULT 1834. — 1 vol. in-8° rel.   242

Le Panthéon Littéraire, choix de chroniques et mémoires
sur l'Histoire de France, avec notices biographiques
par J. A. C. BUCHON.

1ᵉʳ vol. Chroniques d'Enguerran de Monstrelet ;
2ᵉ vol. Mathieu de Coussy, Jean de Troyes,
Chroniques de Louis XI ; 3ᵉ vol. Jacques
du Clercq, Jean Lefèbre de Saint-Remy, etc. ;
4ᵉ vol. Philippe de Commines, Louis XI et
Charles VIII, etc. ; 5ᵉ, 6ᵉ, 7ᵉ vol. Œuvres
historiques de sire George Chastelain, Chronologie novenaire, Chronologie septenaire ;
8ᵉ, 9ᵉ, 10ᵉ vol. B. de Salignac, de Colligny, duc
de Bouillon, Gaspard de Saulx Favannes,
Pierre de la Place, etc., etc. ; 11ᵉ vol. Mémoires
du maréchal de Vielleville ; 12ᵉ vol. Le loyal
Serviteur, Chronique de Bugart ; 13ᵉ, 14ᵉ vol.
Chronique de la Maison de Bourgogne,
Mémoires de 1572 à 1587, Satyre Ménippée.

Paris. Aug. DESREZ 1838. — 14 vol. in-8° rel. —

124 à 127

Chronique Normande du XIVᵉ Siècle, par Auguste et
Émile MOLINIER.

Paris. -- RENOUARD 1882. — 1 vol. gr. in-8° rel.

758

Chronique de Bertrand du Guesclin, par CUVELIER,
trouvère du XIVᵉ siècle, publiée pour la première
fois par E. CHARRIÈRE.

Paris. F. DIDOT 1839. — 2 vol. in-4° rel.   2977

Chronique des Ducs de Normandie, par BENOIT, trouvère Anglo-Normand du XIIᵉ siècle, publiée par F. MICHELET.
   Paris. IMPRIMERIE ROYALE 1836. — 3 vol. in-4° cart.   3001

Chronique du Religieux de Saint-Denis, concernant le règne de Charles VI, de 1380 à 1422, publiée en latin pour la première fois par BELLAGUET. Introduction par DE BARANTE.
   Paris. CRAPELET 1852. - 6 vol. in-4° cart.   3004

Chronique des Élections à l'Académie Française 1634-1870, par Albert ROUXEL.
   Paris. F. DIDOT 1888. 1 vol. in-8°   3020

Chroniques d'Amadi et de Strambaldi, publiées par M. René DE MAS LATRIE.
   Première partie, Chronique d'Amadi
      Paris. IMPRIMERIE NATIONALE 1891. — 2 vol. in-4° cart.   3227

DOCUMENTS RELATIFS

A

L'Histoire de France

Négociations, Lettres et Pièces relatives à la Conférence de Loudun, publiées par M. BOUCHITTÉ.
   Paris. IMPRIMERIE IMPÉRIALE 1862. — 1 vol. in-4° cart.   76

Comptes des Dépenses de la Construction du Château de Gaillon, publiés d'après les registres manuscrits des Trésoriers du Cardinal d'Amboise.
> Paris. IMPRIMERIE NATIONALE 1850. — 1 vol. in-4° cart.   **97**

Procédures Politiques du règne de Louis XII, par DE MAULDE.
> Paris. IMPRIMERIE NATIONALE 1885. – 1 vol. in-4° cart.   **99**

Le Comité des Travaux Historiques et Scientifiques (Histoires et Documents), par X. CHARMES.
> Paris. IMPRIMERIE NATIONALE 1886. — 3 vol. in-4° cart.   **101**

Remontrances du Parlement de Paris au XVIIIe siècle, publiées par Jules FLAMMERMONT.
> Paris. IMPRIMERIE NATIONALE 1888-1895. — 2 vol. in-4° cart.   **112**

Itinéraires de Philippe Le Hardi et de Jean sans peur, ducs de Bourgogne, 1363-1419, d'après les comptes dépenses de leur hôtel, recueillis et mis en ordre par E. PETIT.
> Paris. IMPRIMERIE NATIONALE 1888. — 1 vol. in-4° cart.   **113**

Collection de Documents inédits sur l'Histoire de France, publiés par ordre du Roi et par les soins du Ministre de l'Instruction publique. Rapports du Ministre.
> Paris. IMPRIMERIE ROYALE 1835-1839. — 2 vol. in-4° cart.   **120**

Procès-verbaux du Comité d'Instruction publique, 1792, par GUILLAUME.
> Paris. IMPRIMERIE NATIONALE 1889. — 1 vol. in-8° cart.   **2755**

Inventaires et Documents publiés par la Direction des Archives nationales. Inventaire des Arrêts du Conseil d'Etat. Règne de Henri IV.
Paris. IMPRIMERIE NATIONALE 1886 1 vol. in-4° rel. **1898**

Recueil des Actes du Comité de Salut public avec la correspondance officielle des Représentants en mission, et le registre du Conseil exécutif provisoire, par AULARD.
Paris. IMPRIMERIE NATIONALE — 10 vol. in-4° cart. **2706**

Documents historiques inédits tirés des Collections manuscrites de la Bibliothèque Royale et des Archives, ou des Bibliothèques des Départements, publiés par CHAMPOLLION-FIGEAC.
Paris. F. DIDOT 1841. — 5 vol. in-4° cart. **2997**

Recueil des Monuments inédits de l'Histoire du Tiers-Etat, Chartes, Coutumes, Actes municipaux, Statuts des Corporations d'Arts et Métiers, par A. THIERRY.
Paris. F. DIDOT 1850. — 4 vol. in-4° cart. **3003**

Les Quatre Livres des Rois, traduits en français du XII° siècle, par LE ROUX DE LINCY.
Paris. IMPRIMERIE ROYALE 1841. — 1 vol. in-4° cart. **3007**

Les Olim ou Registres des Arrêts rendus par la Cour du Roi, par le Comte BEUGNOT.
Paris. IMPRIMERIE ROYALE 1839. — 4 vol. in-4° cart. **3009**

Négociations, Lettres et Pièces diverses, relatives au règne de François II, publiées par Louis PARIS.
Paris. IMPRIMERIE ROYALE 1841. — 1 vol. in-4° cart. **3012**

Papiers d'Etat du Cardinal Granvelle, d'après le manuscrit de la Bibliothèque de Besançon, publiés par
Ch. WEISS.
　　Paris. IMPRIMERIE ROYALE 1841-1852 — 9 vol.
　　in-4o cart.　　　　　　　　　　　　　　　　**3000**

Négociations de la France dans le Levant, ou Correspondances, Mémoires et Actes diplomatiques des
Ambassadeurs, par CHARRIÈRE.
　　Paris. IMPRIMERIE NATIONALE 1848. — 4 vol. in-4o
　　cart.　　　　　　　.　　　　　　　　　　　**3006**

Procès-verbaux du Comité d'Instruction publique de la
Convention Nationale, 13 octobre 1792-2 juillet 1793,
par GUILLAUME.
　　Paris. IMPRIMERIE NATIONALE 1891. — 1 vol.
　　in-4o cart.　　　　　　　　　　　　　　　　**3228**

MÉLANGES

ET

OUVRAGES DIVERS

De l'histoire considérée comme science, par P. LACOMBE.
　　Paris. HACHETTE 1894. — 1 vol. in-8o br.　　**3918**

**Histoire de la transmission du pouvoir impérial à Rome et
à Constantinople,** par PAILLARD.
　　Paris. PLON et Cie 1875. — 1 vol. in-8o rel.　　**159**

Histoire moderne des Chinois, des Japonais, des Indiens, des Persans, des Turcs, des Russiens etc., pour servir de suite à l'histoire ancienne ; par ROLLIN.
    Paris. DESAINT et SAILLANT 1755. — 28 vol. in-12 rel. v. tr. r.   **276**

Œuvres historiques. Histoire de la révolte qui détacha les Pays-Bas de la domination Espagnole. Histoire de la guerre de 30 ans par SCHILLER.
    Paris. HACHETTE 1873. — 2 vol. in-8° rel.   **551**

Gaule et France, avec une introduction aux scènes historiques, par A. DUMAS.
    Paris. GOSSELIN 1842. — 1 vol. in-12 rel.   **732**

Lettres, Anecdotes et Mémoires historiques du Nonce Visconti, cardinal préconisé et Ministre secret de Pie IV et de ses créatures ; Au Concile de Trente dont plusieurs intrigues inouïes, se trouvant dans ces relations, mises au jour en Italien et en Français ; publiées par AYMON, ci-devant Prélat Théologal.
    Amsterdam-Wetstein 1719. — 2 vol. in-12 rel. v. tr. r.   **784**

La France, La Russie et l'Europe, par Anatole LEROY-BEAULIEU.
    Paris. HACHETTE 1881. — 1 vol. in-18° rel.   **1427**

Histoire des Pirates Anglais, par le Capitaine CHARLES.
    Lyon. BENOIT 1720. — 1 vol. in-12 rel.   **1452**

La Papauté au Moyen-Age, par ROCQUAIN.
    Paris. DIDIER 1884. -- 1 vol. in-8° rel.   **684**

Anecdotes du temps de Louis XVI. Dernier quartier des vieilles lunes d'un Avocat, par F. THOMAS.
    Paris. HACHETTE 1857. — 1 vol. in-8° rel.   **755**

Sciences et Lettres au Moyen-Age et à l'époque de la Renaissance, par Paul LACROIX. (bibliophile Jacob) ouvrage illustré de 13 chromolithographies et de 408 gravures sur bois.
Paris. Firmin DIDOT 1777. — 1 vol. in-4° rel. 1239

Recueil des actes, titres et mémoires, concernant les affaires du clergé de France.
Paris. DESPREZ 1771. — 14 vol. in-4° rel. v. m. tr. r.　　　　　　　　　　　　　　　　　1792

Considérations sur la Révolution Française, par Mme DE STAEL. Ouvrage posthume publié en 1818, par le duc DE BROGLIE et le baron DE STAEL.
Paris. CHARPENTIER 1881. — 2 vol. in-12 rel.
2622

La Science dans l'Antiquité. Les origines de la science et ses premières applications, par Albert DE ROCHAS, Avec 117 fig. dont 5 pl. hors texte.
Paris. G. MASSON 1884. — 1 vol. in-8° rel.　2645

Les Français sur le Rhin 1792-1804, par Alfred RAMBAUD
Paris. DIDIER 1883. — 1 vol. in-12 rel.　　　2719

Essais d'histoire et de Critique. Metternich, Talleyrand, Mirabeau, etc., par Albert SOREL.
Paris. PLON 1883. — 1 vol. in-12 rel.　　　2734

L'Allemagne et l'Italie 1870-1871, par ROTHAN.
Paris. CALMANN-LÉVY 1890. — 1 vol. in-8° rel.
2883

Lettres sur l'Histoire de France. Dix ans d'études historiques. Histoire d'Angleterre, Histoire du Moyen-Age et Histoire de France, par Augustin THIERRY.
Paris. FURNE et JOUVET 1866. — 1 vol. in-8° br.
3299

La Prusse et son Roi, pendant la guerre de Crimée, par ROTHAN.
    Paris. CALMANN-LÉVY 1889. — 1 vol. in-8° rel.
           2887

Belain d'Esnambuc et les Normands aux Antilles, d'après des Documents nouvellement retrouvés. (Margry).
    Paris. FAURE, août 1863. — 1 vol. in-8° br. **2163**

La Question du Tonkin, par Paul DESCHANEL.
    Paris. BERGER-LEVRAULT 1883. — 1 vol. in-18 rel.
           952

La Tunisie et la Tripolitaine, par Gabriel CHARMES.
    Paris. CALMANN LÉVY 1883. — 1 vol. in-18 rel.
           953

Splendeurs et Misères de la Cour de Rome, par A. DUBARRY.
    Paris. DREYFUS 1880. — 1 vol. in-12 rel. **2782**

Négociations diplomatiques de la France, avec la Toscane, documents recueillis par G. CANESTRINI et publiés par A. DESJARDINS.
    Paris. IMPRIMERIE IMPÉRIALE 1859. — 6 vol. in-4°
    cart. **92**

Madame de Sévigné historien, le Siècle et la Cour de Louis XIV, par F. COMBES.
    Paris. E. PERRIN 1885. — 1 vol. in-8° rel. **140**

Histoire Administrative, 1789, Frochot, préfet de la Seine, par Louis PASSY.
    Evreux. A. HÉRISSEY 1867. — 1 vol. in-8° rel. **645**

Un Essai d'Empire Français dans l'Inde au XVIIIᵉ Siècle, par T. HAMONT. — Dupleix d'après sa correspondance inédite.
    Paris. PLON-NOURRIT. — 1 vol. in-12 rel. **1423**

Louis de Frotté et les insurrections normandes 1793-1822, par L. DE LA SICOTIÈRE.
Paris. PLON-NOURRIT 1889. — 2 vol. gr. in-8" br.
2604

Les Femmes des Tuileries, La captivité de la duchesse de Berry. Nantes et Blaye, par IMBERT DE SAINT-AMAND.
Paris. DENTU 1890. – 1 vol. in-18 rel.
2860

La Bruyère dans la maison de Condé. Etudes biographiques et historiques sur la fin du XVIIᵉ siècle, par Et. ALLAIRE.
Paris. F. DIDOT 1886. - 1 vol. gr. in-8° rel.
3242

Essai sur l'Histoire de la Formation et les Progrès du Tiers-Etat, par A. THIERRY.
Paris GARNIER Frères 1875. — 1 vol. in-18 rel.
791

Essai sur l'Histoire du Tiers-Etat, par A. THIERRY.
Paris. JOUVET 1891. – 1 vol. in-8° br.
3301

Questions historiques, revues et complétées d'après les notes de M. FUSTEL DE COULANGES, par Camille JULIAN. Questions romaines, questions contemporaines.
Paris. HACHETTE 1893. — 1 vol. in-8" br.
3341

Nouvelles Recherches sur quelques Problèmes d'Histoire, d'après les notes de M. FUSTEL DE COULANGES, par C. JULIAN.
Paris. HACHETTE 1891. — 1 vol. in-8° br.
3342

Correspondance des Beys de Tunis et des Consuls de France, avec la cour, 1577-1830, par PLANTET.
Paris. ALCAN 1893. — 2 vol. gr. in-8° br.
3630

Correspondance administrative d'Alfonse de Poitiers, par A. MOLINIER.
> Paris. IMPRIMERIE NATIONALE 1894. — 1 vol. in-4° rel.   **3846**

Notes pour servir à l'Histoire de l'Annexion de l'Alsace-Lorraine, par TEUTSCH.
> Nancy. BERGER-LEVRAULT 1893. — 1 fasc. in-8°.
> **3933**

Le Congrès des Religions à Chicago en 1893, par BONET-MAURY.
> Paris. HACHETTE 1895. — 1 vol. in-16 br.   **3943**

L'Empereur Akbar. Un chapitre de l'histoire de l'Inde au XVI° siècle, par le comte de NOER.
> Leide. BRILL 1887. — 2 vol. in-8° br.   **3946**

Histoire du Luxe privé et public depuis l'Antiquité jusqu'à nos jours, par BAUDRILLART. Ouvrage couronné par l'Académie française.
> Paris. HACHETTE 1880. — 4 vol. gr. in-8° br.   **3936**

La Vie en France sous le premier Empire, par le Vicomte DE BROC.
> Paris. PLON-NOURRIT 1895. — 1 vol. in-8° br.   **3876**

Sir Robert Peel. Etude d'Histoire contemporaine, par GUIZOT.
> Paris. DIDIER et C⁹ 1868. — 1 vol. in-8° rel.   **2578**

L'Angleterre et l'Allemagne à propos du Schlewig-Holstein, par Emile PIRAZZI.
> Bruxelles-Leipzig-Paris 1865. — 1 vol. in-8° br.
> **2133**

Relation de la Cour de France en 1690, par EZÉCHIEL-SPENHEM, envoyé extraordinaire de Brandebourg.
> Paris. RENOUARD 1882. —1 vol. in-8° rel.   **158**

La France jugée par l'Allemagne. par GRAND-CARTERET.
Paris. NILSSON. — 1 vol. in-18 rel.   **976**

Histoire du Prince Eugène de Savoie. Généralissime des
Armées de l'Empereur et de l'Empire, enrichie de
figures en taille douce.
Vienne-Autriche 1177. — 5 vol. in-12 rel. v.   **267**

Les quatre Ages de la Pairie de France ou Histoire
générale et politique de la Pairie dans ses quatre
Ages. 1º La Pairie de Naissance. 2º La Pairie de
Dignité. 3º La Pairie d'Apanage. 4º La Pairie
Moderne, ou Pairie de Gentilhomme, par ZEMGANO.
Maëstricht. DUFOUR et ROUX 1775. — 2 vol. in-8º
rel. v. m.   **245**

Les dernières années du Cardinal de Retz (1655-1679), par
A. GARRIER.
Paris. E. THORIN 1875. — 1 vol. in-18 rel.   **792**

L'Année Historique, par Jules ZELLER. Années 1860-61-62.
Paris HACHETTE. — 3 vol. in-12 rel.   **846**

La Galerie des Femmes fortes, par le père LE MOYNE,
de la Compagnie de Jésus. 3º édition revue et
corrigée.
Paris. M. ROBIN. 3º pilier de la grand'salle du
Palais 1661. — 2 tomes in-12 dans un.   **1040**

Les Œuvres d'Estienne Pasquier, contenant ses recherches de la France, son Plaidoyer pour M. le Duc
de Lorraine, ses Œuvres meslées et les Lettres
de Nicolas Pasquier, fils d'Estienne.
Amsterdam, aux dépens de la Compagnie des
Libraires associés 1723. — 2 vol. gr. in-4º
rel. v. tr. r.   **1920**

Procès de réhabilitation de Jeanne d'Arc, par FABRE.
Paris. DELAGRAVE 1888. — 1 vol. in-16 br.   **3640**

Procès de Condamnation de Jeanne d'Arc, par FABRE.
Paris. DELAGRAVE 1888. — 1 vol. in-16 br. **3639**

Le Parlement de Paris, de Philippe le Bel à Charles VII
(1314-1422), son organisation, par Félix AUBERT.
Paris. Alph. PICARD 1887. — 1 vol. gr. in-8º br.
2662

Le Prévôt dit de Beaumont, prisonnier d'Etat, détenu
pendant 22 ans et 2 mois à la Bastille, par
LE MERCIER.
Paris. DAUVIN 1888. — 1 vol. in-8 br. **3637**

Le Duc de Lauzun et la cour intime de Louis XV, par
MAUGRAS, Gaston.
Paris. PLON-NOURRIT 1893. — 1 vol. in-8 br.
3737

Archives de l'Hôtel-Dieu de Paris (1157-1300), par BRIÈLE
et COYECQUE.
Paris. IMPRIMERIE NATIONALE 1894. — 1 vol. in-4º
rel. **3779**

1822-1892. Jubilé de M. Pasteur. 27 décembre 1892.
Paris. GAUTHIER-VILLARS 1893. — 1 vol. in-4º
3818

Livre d'Or à la mémoire d'Alexandre III, par NOTOVITCH.
Paris NILSSON 1895. 1 vol. in-4º rel. **3885**

La République et le Concordat de 1804, par Georges RAUX.
Paris. LIBRAIRIES-IMPRIMERIES RÉUNIES. — 1 vol.
in-12 br. **3886**

*Pour l'Histoire militaire et maritime, voir Appendice aux
Sciences militaires, pages 269 à 283 du Catalogue*

HISTOIRE ET ARCHÉOLOGIE LOCALES

LORIENT

Histoire de Lorient, Port de guerre 1690-1720, Marine
Militaire et Corsaires sous le règne de Louis XIV,
par M. JÉGOU, Ancien-juge de paix de Lorient.
Vannes. LAFOLYE 1887. — 1 vol. in-8o relié. **1495**

Histoire de la Fondation de Lorient, Etude archéologique,
par M. JÉGOU, Membre de la Société polymathique
du Morbihan.
Lorient. A. LESNARD 1870. — 1 vol. in-8o rel. **1496**

Annales Lorientaises, Lorient Arsenal Royal 1704-1720,
par M. JÉGOU.
Paris. BERGER-LEVRAULT 1883. — 1 vol. in-8o br.
plans.   **1497**

Les Fondateurs de Lorient, Réponse à M. LECOQ-KER-
NEVEN, Auteur de la généalogie et Annales de la
Maison DONDEL DE SILLÉ, par M. JÉGOU.
Nantes. V. FOREST. — 1 br.   **1498**

Histoire de Lorient, Preuves, Recueil de documents fort rares et inédits sur la Compagnie des Indes, Dépêches ministérielles 1687-1690, Correspondances des Contrôleurs généraux, Extraits des archives, Manuscrits, etc. Recueillis et mis en ordre par M. Jégou pour l'Histoire de Lorient.

Lorient. 4 vol. mss. in-f° rel. **3046**

Histoire de Lorient, Annales Lorientaises, Preuves, Extraits des Correspondances des Ministres de la Marine avec les Administrateurs de Lorient 1696-1720, recueillis et mis en ordre par M. Jégou.

Lorient. 1 vol. ms. in-f° rel. **3047**

Comptes-rendus des séances du Conseil municipal de Lorient. Années 1855 à 1896.

Lorient. 3 vol. in-4° rel. et fascicules. **1302**

Chronique Lorientaise, Origine de la Ville de Lorient, son Histoire et son Avenir, par M. Mancel, Ancien Préfet.

Lorient. Ch. Gousset 1861. — 1 vol. in-8° rel. **1500**

Les Ports Militaires de France, Lorient, résumé historique, Extrait de la Revue maritime et coloniale. (Les planches qui accompagnent cette notice sont extraites de l' « Illustration ».

Paris. Paul Dupont. — 1 vol. in-8° rel. **1499**

Causeries Maritimes, nécessité de l'approfondissement de l'entrée du Port de Lorient, par un officier de marine, en retraite.

Lorient. Chamaillard 1882. — 1 br. **1502**

Annuaire Administratif et Commercial de Lorient 1878-1879

Lorient. Amelot. — 2 vol. in-18 br. **1687**

Annuaire de Lorient et de son Arrondissement 1869-1881-1882-1883.
Lorient. CORFMAT et COLLIGNON. — 4 vol. in-8, br.   **1681**

Transports par Chemin de fer. Lettre de MM. de Virel et Besqueut, à M. le Maire de la Ville de Lorient 1856.
Vannes. DE LAMARZELLE 1856. — 1 br. in-8₀ **2269**

Inauguration de la Statue de Victor Massé, à Lorient, le 4 septembre 1887, en présence de MM. Massenet, Saint-Saëns, Léo Delibes, Jules Thomas, Jules Simon Comptes-rendus des journaux.
Lorient. Septembre 1887. — 1 vol. in-4° rel. grav.
2366

Paquebots transatlantiques. Mémoire présenté à la Chambre de Commerce de Lorient.
Lorient. GOUSSET 1852 — 1 br.
2370

Comptes-rendus des Opérations de la Caisse d'Epargne, de Lorient.
Lorient. COLLIGNON 18 br.   **2371**

Palmarès des Distributions de prix au Lycée de Lorient. Années 1887-89-98-91-92-93-94-95.
Lorient. CHAMAILLARD.   **2379**

Les anciennes Fortifications de Lorient. (Mémoire pour les habitants de Lorient.) par F. MARCESCHE.
Lorient. CHAMAILLARD 1889. — 1 Br. in-8°   **2630**

Notice sur le professeur Hélie, de Lorient, par le Chef d'escadron DELAUNEY.
Paris. IMPRIMERIE NATIONALE 1892. — 1 Br. in-8°
3339

Inauguration de la Statue de Brizeux à Lorient le 9 Septembre 1888. Comptes rendus des journaux.
Lorient. Septembre 1888. — 1 vol. in-4° rel. **2593**

Le Bataillon de Lorient pendant le siège de Paris, par M. DU BOUËTIEZ DE KERORGUEN.
Lorient. GROUHEL 1871. — 1 Br. in-8°   **3240**

Plan d'ensemble de la Commune de Lorient. Echelle 0ᵐ025 pour 100 mètres, par M. LOIR.
Lorient. 1895.   **3894**

L'ingratitude des Lorientais, par Hervé DE ST-CHRISTOPHE. (GROS-DEVAUD)
Lorient. CATHRINE 1894. — 1 br. 80 p.
          3896

L'Ile de Groix, Autrefois, par Vincent MAURICE, médecin de marine.
Lorient. DE LA MORINIÈRE 1895. — 1 br. 86 p.
          3906

DÉPARTEMENT DU MORBIHAN

Histoire de Belle-Ile en Mer, par Stanislas PARIS.
Lorient. V. AUGER 1870. — 1 vol. in-16 rel.   **969**

Antiquités de la Bretagne. Monuments du Morbihan, par le Chevalier DE FRÉMINVILLE.
Brest. LEFOURNIER 1834. — 1 vol. in-8° rel. portr. et carte.   **1252**

Des monuments celtiques et des ruines Romaines dans le
Morbihan, par le D' Alfred Fouquet.
 Vannes. CAUDERAN 1853. — 1 vol. in-8° rel. **1249**

Le Morbihan, son Histoire et ses monuments, par CAYOT-
DELANDRE.
 Vannes. CAUDERAN 1847. — 1 vol. in-8° rel. **1250**

Rapport du Conseiller d'Etat, Préfet, au Conseil Général
du Morbihan à l'ouverture des sessions de 1845 et
1846.
 Vannes. GALLES. — 1 vol. in-8° rel.   **2124**

Mise en culture des Landes du Morbihan, Rapport de
M. JAQUEMET. 30 juillet 1858.
 Vannes. GALLES. — 1 Br. in-8°   **2266**

Rapport du Jury Départemental à M. le Préfet du Morbihan, sur les produits de l'industrie morbihannaise
1850-1853-1856.
 Vannes. DE LAMARZELLE. — 3 Br. in-8°   **2268**

Compte Rendu des épidémies, des épizooties et des
Travaux des Conseils d'Hygiène du Morbihan 1865
et 1866, par le Docteur Alfred Fouquet.
 Vannes. GALLES. — 2 Br. in-8°   **2270**

Compte Rendu des Travaux des Conseils d'hygiène publi-
que et de salubrité du Morbihan, par le Docteur
Fouquet.
 Vannes. GALLES 1853-56-57. — 3 Br in-8°. **2271**

Le Morbihan et ses Monuments, par CAYOT DELANDRE.
 Rennes. LANDAIS et OBERTHUR. — Album 20 pl.
        2405

Quiberon. La bataille et le martyre 1795, par LE GARREC.
 Auray. ROLLANDO-RENAUD 1895. — 1 vol. in-16
  br.   **3954**

BRETAGNE

Cartulaire de l'Abbaye de Redon en Bretagne, par DE
COURSON Aurélien.
Paris. IMPRIMERIE NATIONALE 1863. — 1 vol. in-4°
cart. avec cartes.   **71**

Histoire de la Ville et du port de Brest, pendant la
Terreur, avec un plan de la prison des Adminis-
trateurs du Finistère, par LEVOT.
Brest LE FOURNIER. — 1 vol. in-8° rel.   **145**

Histoire de la réunion de la Bretagne à la France, par
Ant. DUPUY.
Paris. HACHETTE 1880. — 2 vol. in-8° rel.   **151**

Histoire de Nantes, par le Dr GUÉPIN.
Nantes. SÉBIRE 1839. - 1 vol. in-8° rel.   **185**

Cent ans de Représentation Bretonne. Galerie de tous les
députés envoyés par la Bretagne aux diverses
législatures de 1789 jusqu'à nos jours, par René
Kerviler.
Paris. PERRIN 1889. — 1 vol. in-8° rel. Portr. du
temps.   **682**

L'Emigration Bretonne en Armorique du V° au VII° siècle,
par J. LOTH.
Paris. A. PICARD 1888. — 1 vol. in-8° rel.   **683**

Etudes historiques sur le Finistère, par LE MEN.
Quimper. JACOB 1873. — 1 vol. in-8° rel.   **777**

Le Breton, Revue mensuelle, année 1884.
Morlaix, CHEVALIER. — 1 vol. in-8° br.   **842**

Etudes pour servir à l'Histoire du Tiers-Etat en Bretagne.
Guingamp, par ROPARTZ.
>Saint-Brieuc. PRUDHOMME 1859. — 2 vol. in-8°
>rel. grav.   998

**Histoire de la Bretagne républicaine depuis 1789 jusqu'à
nos jours,** par Ch. LAURENT.
>Lorient. CORFMAT 1875. — 1 vol. in-8° rel.   1226

Bulletin de la Société d'Etudes scientifiques du Finistère.
>Morlaix. CHEVALIER 1883. 1 vol. in-8° br.   1232

Inventaire des Monuments mégalithiques du département
d'Ille-et-Vilaine, par BÉZIER.
>Rennes. Ch. CATEL 1883. — 1 vol. in-8° rel. gr.
>   1246

Monographie de la Cathédrale de Quimper XIIIᵉ-XVᵉ siècle,
par LE MEN.
>Quimper. JACOB 1877. — 1 vol. in-8°. 1 plan. 1251

Histoire Ecclésiastique et Civile de Bretagne, composée
sur les Auteurs et les titres originaux ; ornée de
divers monuments et enrichie d'une dissertation
sur l'établissement des Bretons dans l'Armorique
et de plusieurs notes critiques, par dom Pierre-
Hyacinthe MORICE, religieux Bénédictin de la Congrégation de Saint-Maur.
>Paris. DELAGUETTE 1750. — 2 vol. in-fº rel. v. m.
>tr. r. Gr.   1918

La Bretagne à l'Académie Française, XVIIIᵉ siècle, par
René KERVILER.
>Paris. PALMÉ 1889. — 1 vol. in-8° rel.   2043

Mise en valeur des Landes de Bretagne par le défriche-
ment et par l'ensemencement en bois, par le
général DE LOURMEL.
>Paris. 1853, 1 Br. in-8°   2267

Les Origines de la Révolution en Bretagne. Le Parlement de Bretagne en 1788. Les derniers Etats de Bretagne, par B. POCQUET.

> Paris. DIDIER 1885. — 2 vol. in-18 rel. **1581**

Mémoires pour servir de preuves à l'histoire ecclésiastique et civile de Bretagne, tirés des Archives de cette province, de celles de France et d'Angleterre, des Recueils de plusieurs scavans antiquaires, et mis en ordre par dom Pierre-Hyacinthe MORICE, Bénédictin de la Congrégation de Saint-Maur.

> Paris. Ch. OSMONT 1742. — 3 vol. in-f° rel. v. m.
> tr. r. gr. **1919**

La Bretagne Contemporaine. Sites, Monuments, Costumes, Scènes de mœurs, Histoire, Légendes, Traditions et usages, des cinq départements de cette Province. Dessins d'après nature par Félix BENOIST. Lithographies par les premiers artistes de Paris. Texte par MM. Aurélien DE COURSON, Pol de COURCY, Gauthier DU MOTTAY, etc., etc.

> Paris. H. CHARPENTIER 1865. — 4 vol. in-f° rel.
> gr. **1921**

Chemins de fer de Bretagne. Des transports à prix réduits, par Ed. BOINVILLIERS.

> Paris. HACHETTE 1859. — 1 vol. in-8° rel. **2272**

De quelques préjugés relatifs à la Médecine dans les Départements de la Bretagne, par VOISIN.

> Vannes. DE LAMARZELLE 1832. 1 vol. in-8° rel.
> **2279**

Les grandes Légendes de France. Les Légendes de l'Alsace, La Grande Chartreuse, Le Mont Saint-Michel et son Histoire, Les Légendes de la Bretagne et le génie celtique ; par Edmond SCHURÉ.

> Paris. PERRIN et Cie 1892. — 1 vol. in-8° br. **3309**

La Bretagne Maritime, par GIRARD.
> Rochefort-sur-mer. Ch. THÈZE 1889. - 1 vol. in-8°
> rel.   **2710**

La Bretagne. Histoire, Paysages, Monuments ; par J.
JANIN.
> Paris. BOURDIN 1862. — 1 vol. gr. in-8° br. **3047**

Recherches sur la pêche à la sardine en Bretagne et sur
les industries qui s'y rattachent, par CAILLO jeune.
> Nantes. V. FOREST 1855. — 1 vol. in-8° br.   **3226**

Histoire des Provinces de France. La Bretagne.
> Paris. FURNE-JOUVET 1867. — 1 vol. in-8° rel.
> grav.   **3327**

Paysages et monuments de la Bretagne, photographiés
par Jules ROBUCHON, imprimés en héliogravure par
DUJARDIN, le texte est imprimé par MOTTEROZ.
Ouvrage publié sous les auspices des sociétés
savantes de la Bretagne, avec notices archéologiques.
> Paris. MAY et MOTTEROZ 1892-1895. — 38 livrai-
> sons in-f°.   **3332**
> *(Ouvrage de grand luxe.)*

Essai sur le régime municipal en Bretagne, pendant les
guerres de religion, par Ch. LARONZE
> Paris. HACHETTE 1890. — 1 vol. in-8° rel.   **3349**

**Récit du voyage de l'Empereur et de l'Impératrice en
Normandie et en Bretagne**, par POULAIN-CORBION.
> Paris. AMYOT 1858. — 1 vol. in-16 rel.   **3484**

Recherches sur les Etats de Bretagne. La tenue de 1736 ;
par DU BOUETIEZ DE KERORGUEN.
> Paris. DUMOUTIEZ 1875. — 2 vol. in 8° br.   **3537**

La Bretagne, aux derniers siècles du Moyen-Age, 1364-1491, par DE LA BORDERIE.
Rennes. PLIHON et HERVÉ 1893. — 1 vol. in-16 br.
3626

Notice sur les deux Fédérations Bretonnes Angevines qui se tinrent à Pontivy en janvier et février 1790, par M. BELLEC.
Pontivy. J. ANGER 1894. — 1 br. in-8°. **3802**

Dictionnaire Historique et Géographique de la province de Bretagne, par OGÉE.
Rennes. DENIEL. 1853. — 2 vol. in-4° rel. **3845**

L'Eglise de Bretagne, depuis ses commencements jusqu'à nos jours, par l'Abbé TRESVAUX.
Paris. MÉQUIGNON 1839. — 1 vol. rel **3864**

L'Administration des Etats de Bretagne de 1493 à 1790, par CARON.
Paris. DURAND 1872. — 1 vol. in-8° br. **3863**

La Bretagne Ancienne et Moderne, par PITRE-CHEVALIER, ouvrage illustré de nombreuses gravures.
Paris. COQUEBERT, 1 vol. in-4° rel. **3935**

—————

AUTRES PROVINCES

ET

DIVERS DÉPARTEMENTS

Documents sur l'Ile de Bouin (Vendée), précédés d'une notice, par MM. LUNEAU, ancien député, et GALLET.
Nantes. Veuve FOREST 1874. — 1 vol. in-8° rel. cartes. **107**

Cartulaires de l'Eglise Cathédrale de Grenoble, dits
cartulaires de Saint-Hugues, publiés par Jules
MARION.
> Paris. IMPRIMERIE NATIONALE 1869. — 1 vol. in-4°
> cart.   **72**

Recueil des Chartes de l'Abbaye de Cluny, formé par
Auguste BERNARD, complété, revu et publié par
A. BRUEL.
> Paris. IMPRIMERIE NATIONALE 1876-80-84. —3 vol.
> in-4° cart.   **84**

Histoire générale de Languedoc, avec des notes et les
pièces justificatives, par Dom. Cl. DEVIC et Dom.
VAISSETTE.
> Toulouse. Ed. PRIVAT 1889. — 1 vol. in-4° cart.
> **116**

Histoire de la Ville de Montdidier, par Victor DE
BEAUVILLÉ.
> Paris. CLAYE 1875. — 3 vol. in-4" rel. grav.   **122**

Histoire de la Réunion du Dauphiné à la France, par
GUIFFREY.
> Paris. Académie des Bibliophiles 1868. — 1 vol.
> in-8° rel.   **155**

Précis de l'Histoire, physique, civile et politique de la
ville de Boulogne-sur-Mer et de ses environs,
depuis les Morins jusqu'en 1814, par M. BERTRAND.
> Boulogne. LEROY 1828. — 2 vol. in-8° rel. grav.
> et cartes.   **186**

Histoire des anciennes Villes de France, Recherches sur
leurs origines, sur leurs monuments, sur le rôle
qu'elles ont joué dans les Annales de nos Provinces,
par VITET.
> Paris. MENIER 1833. — 2 vol. in-8° rel. plans. **187**

Ham, son Château et ses Prisonniers. par Ch GOMARD. Ouvrage couronné en 1863 par la société des Antiquaires de Picardie, illustré d'un grand nombre de gravures et d'un plan de la ville de Ham.
Ham. LUCAS 1864. — 1 vol. in-8° rel. **258**

Histoire Topographique. Antiquités. Usages. Dialectes des Hautes-Alpes, par LADOUCETTE, ancien Préfet.
Paris. CARILHAN 1884. — 1 vol. in-8° rel. et 1 atlas. **254**

La Tour de Montlhéry. Histoire du XIIe siècle, par VIENNET, Député de l'Hérault.
Paris. GOSSELIN 1833. — 2 vol. in-16 rel. gr. **261**

La Normandie à l'Etranger. Documents inédits relatifs à l'Histoire de Normandie, tirés des Archives étrangères, XVIe et XVIIe siècles, par le Comte Hector DE LA FERRIÈRE.
Paris. AUBRY 1873. — 1 vol. in-16 rel. **259**

Variétés Bordelaises, ou Essai historique et critique sur la topographie ancienne et moderne du diocèse de Bordeaux, par l'abbé BAUREIN ; Préface par G. MÉRAN.
Bordeaux. FÉRET 1876. — 4 vol. in-8° rel. **607**

Mémoires de la Société des Antiquaires du Nord 1845-1849.
Copenhague. — 1 vol. in-8" rel. **608**

Répertoire Archéologique du Département des Hautes-Alpes, par J. ROMAN.
Paris. IMPRIMERIE NATIONALE 1888.— 1 vol. in-4° cart. **1223**

Mémoires de la Société Royale d'Emulation d'Abbeville 1834 à 1837.
Abbeville. BOULANGER. — 2 vol. in-8° br. **2429**

Description de l'Abbaye du Mont Saint-Michel et de ses
Abords, précédée d'une Notice historique, par
Edouard CORROYER.
>   Paris. DUMOULIN 1877. — 1 vol. in-8°. Gr.   1248

Histoire abrégée des Antiquités de la ville de Nismes et de
ses environs, par MAUCOMBLE.
>   Nismes. BUCHET 1789.— 1 vol. in-8° rel. Planches.
>   1253

Les Ardennes-France-Belgique, par Elizé DE MONTAGNAC,
avec le concours de T. GAUTHIER H. TAINE, V.
TOURNEUR, etc. Ouvrage orné de 145 gravures ;
Dessins de G. DORÉ, D. LANCELOT, RIOU, CLERGET,
etc., etc.
>   Paris. ROTSCHILD 1874. 2 vol. in-f° rel.   1922

Journal de l'Histoire de Berry, depuis 1541 jusqu'en 1562 ;
composé par Jehan GLAUMEAU, natif de Mohan Le
Ferron en Touraine, Prestre semi prébendé de
Montermoyen et depuis hérétique ; Introduction par
le Président HIVER.
>   Bourges. JUST-BERNARD 1867. — 1 vol. in-8° rel.
>   Tiré à 350 exemplaires. N° 65.   2142

Protestations adressées au Corps législatif contre les
élections du Var, de l'Indre, des Pyrénées Orientales, Bas-Rhin, Ille-et-Vilaine, etc., etc.
>   1859 à 1863. — 26 Br. in-8°.   2378

Cartulaire de Beaulieu (en Limousin) par DELOCHE.
>   Paris. IMPRIMERIE IMPÉRIALE 1859. — 1 vol. in-4°
>   2989

Cartulaire de Saint-Père de Chartres. par GUÉRARD.
>   Paris. CRAPELET 1840. — 2 vol. in-4°.   2990

Cartulaire de Savigny et d'Ainay, par Aug. BERTRAND.
     Paris. IMPRIMERIE IMPÉRIALE 1853. -- 2 vol. in-4°
                              2988

Cartulaire de Saint-Bertin et Appendice, par GUÉRARD.
     Paris. CRAPELET 1840. — 2 vol. in-4' br.   **2991**

Monographie de Notre-Dame de Noyon, par VITET et
RAMÉE.
     Paris. IMPRIMERIE ROYALE 1845. — 1 vol. in-4°
     cart. et 1 atlas in-4 .   **2986**

Monographie de la Cathédrale de Chartres. Explication
des planches par M. Paul DURAND.
     Paris. IMPRIMERIE NATIONALE 1881. — 1 vol. in-4°
     cart. 1 vol. planches.   **2987**

**Archives Administratives et Législatives de la Ville de
Reims,** par P. VARIN
     Paris. CRAPELET 1839. — 10 vol. in-4° br.   **3043**

Histoire des Villes de France. Avec une introduction
générale pour chaque province, par GUILBERT.
Ouvrage illustré d'un grand nombre de gravures.
     Paris. FURNE 1844. — 6 vol. in-4" rel.   **3668**

Villes Antiques. Nimes Gallo-Romain, par BAZIN. Dessins
de Max RAPHEL.
     Paris. HACHETTE 1892. — 1 vol. in-8" br.   **3592**

PARIS ET LES ENVIRONS

Paris avant l'Histoire, Un Rêve, les Parisiens à l'âge de la Pierre, la Cité Lacuste, la Fondation de Paris, par Elie BERTHET.
Paris. JOUVET et Cie 1885. — 1 vol. in-4° rel.   **2647**

Paris sous Philippe-le-Bel, par G. D. DEPPING.
Paris. CRAPELET 1837. — 1 vol. in-4° cart.   **2979**

Histoire de la Butte des Moulins, suivie d'une étude historique sur les demeures de Corneille à Paris, (Hôtel de Guise, rue de Cléry, rue d'Argenteuil), par FOURNIER. Ouvrage orné de deux vues de la Butte, 1551 et 1652.
Paris. F. HENRY 1877. - 1 vol. in-12 rel.   **108**

Histoire physique, civile et morale de Paris, depuis les premiers temps historiques, par J.-A. DULAURE, annotée et continuée jusqu'à nos jours par LEYNADIER.
Paris. DUFOUR 1857. — 8 vol. in-4° grav.   **184**

Paris. Album historique et monumental divisé en vingt arrondissements, par Léo LESPÈS et Ch. BERTRAND. Ouvrage illustré de 250 gravures sur bois par DIOLOT.
Paris. 1 vol. gr. in-8° rel.   **236**

Histoire de la Bastille, depuis sa fondation, 1374, jusqu'à sa destruction en 1789, par Arnould ALBOISE DU PUJOL et Auguste MAQUET.
Paris. V. BRUNEL. 1868. — 1 vol. rel.   **250**

Journal du Siège de Paris en 1590, rédigé par un des assiégés, publié d'après le manuscrit de la Bibliothèque Mazarine et précédé d'une étude sur les mœurs et coutumes des Parisiens du XVI° siècle, par Alfred FRANKLIN.

Paris. Léon WILLEM 1876. — 1 vol. in-8° rel. grav. *(Tiré à 350 exempl. n° 190.)* **262**

Paris, ses organes, ses fonctions et sa vie, dans la seconde moitié du XIX° siècle, par Maxime DU CAMP.

Paris. HACHETTE 1874. — 6 vol. in-8° rel. **722**

Notices sur l'Hôtel de Cluny et sur le Palais des Thermes.

Paris. F. DIDOT 1834. — 1 vol. in-8" rel. **746**

Etude historique et topographique sur le Plan de Paris de 1540, dit plan de Tapisserie, par Alfred FRANKLIN.

Paris. A. AUBRY 1869. — 1 vol. in-8° rel. **747** *(Tiré à 329 exempl. papier vergé, n° 48.)*

Paris, son histoire, ses monuments, ses musées, ses établissements divers, son administration, son commerce, ses plaisirs, par une Société de Littérateurs.

Paris. HACHETTE 1854. — 1 vol. in-18 rel. **923**

Les grandes Usines de France, par TURGAN. Les Gobelins, l'Imprimerie Impériale, les Moulins de St-Maur, Papeterie d'Essonne, etc.

Paris. BOURDILLAT. — 8 Br. **2364**

Les Promenades de Paris, Histoire, Description des Embellissements. Dépenses de création et d'entretien des Bois de Boulogne et de Vincennes, Champs-Elysées, Parcs, Squares, Boulevards, Places plantées, par M. A. ALPHAND.

Paris. ROTHSCHILD 1867-1873. — 2 vol. in-f°. 487 grav. sur bois. 80 grav. sur acier. 23 chrom. **2400**

Un Coin de Paris, le Cimetière Gallo-Romain de la rue
Nicole. Relation destinée à l'Histoire de Paris, par
L. LANDAU.
Paris DIDIER 1878. – 1 Br. 2373

Histoire lithographiée du Palais-Royal, dédiée au Roi,
publiée par M. J. VATOUT, premier bibliothécaire du
Roi, imprimée par Ch. MOTTE, éditeur, 1830 – 1
vol. in-f° rel. 2397

Le Musée de Marine du Louvre. Histoire, Description,
Construction, Représentation, Statistique des
Navires à rames et à voiles, d'après les modèles
et les dessins des galeries du Musée du Louvre,
par Edmond PARIS.
60 Planches phototypiques — 200 vignettes.
Paris ROTHSCHILD 1833. — 2 vol. in-f° 2402

Monographie de l'Eglise de la Sainte-Trinité construite
par la ville de Paris, sous les auspices du Baron
Haussmann, par BALLU.
Paris. DUPUIS 1867. — 1 Atlas in-fo 2440

Paris, par VITU, Auguste. Ouvrage orné de 500 dessins
inédits et d'après nature: Illustration dirigée par
CHMIELENSKI.
Paris. Maison QUANTIN. — 1 vol. gr. in-4° rel.
2852

Règlements sur les Arts et Métiers de Paris, rédigés
au XIIIᵉ siècle, et connus sous le nom de Livre
des Métiers d'Etienne Boileau, par DEPPING.
Paris. CRAPELET 1837. — 1 vol. in-4° cart. 2980

Statistique monumentale de Paris, par Albert LENOIR.
Explication des planches, table à la fin.
Paris. IMPRIMERIE NATIONALE 1867. — 1 vol. in-4°.
Texte, 2 forts vol. in-f°, planches. 2985

Histoire de Paris depuis les temps les plus reculés
jusqu'à nos jours, par Th. LAVALLÉE.
>Paris. MICHEL-LÉVY 1857. — 2 vol. in-18 rel. **3178**

Mon Berceau. Histoire anecdotique, pittoresque et
économique du premier arrondissement de Paris,
par VIBERT, Paul.
>Paris. BELLIER 1893. — 1 vol. in-8' br.   **3786**

Les Panoramas Géographiques de Paris, par VIBERT, Paul.
>Paris. BAYLE 1890. -- 1 vol. in-8° br.   **3794**

*Pour l'Histoire et l'Archéologie locales, au besoin, se
référer également aux* **Beaux-Arts** *pages 299 à 333 du
Catalogue.*

VI

HISTOIRE ÉTRANGÈRE

ANGLETERRE, IRLANDE, ÉCOSSE

Histoire d'Angleterre, jusqu'à l'époque de la Révolution Française, avec un Commentaire chronologique des évènements, jusqu'à nos jours, par Émile DE BONNECHOSE.
Paris. PAGNERRE 1859. — 4 vol. in-8° rel. 204

Histoire de la Maison de Stuart sur le trône d'Angleterre, par David HUME.
Londres. 1766.— 5 vol.in-12 rel.v. (*Le Tome III manque*)
268

Histoire d'Angleterre, contenant la Maison de Plantagenet, par HUME, traduite de l'anglais, par Mᵐᵉ ·B***.
Amsterdam 1769. — 6 vol. in-12 rel. v. 269

Histoire d'Angleterre, contenant la Maison de Tudor, par HUME, traduite de l'anglais, par Mme B***.
    Amsterdam 1763. — 6 vol. in-12 rel.   **270**

Histoire d'Angleterre, depuis le traité d'Aix-la-Chapelle, en 1748, jusqu'au traité de Paris en 1763, par TARGE, pour servir de continuation aux histoires de MM. SMOLETT et HUME.
    Paris. DESAINT 1778. — 5 vol. in-12 rel. v.   **271**

Histoire des Révolutions d'Angleterre, depuis le commencement de la Monarchie, par le P. D'ORLÉANS, de la Compagnie de Jésus. Nouvelle édition corrigée et ornée de cartes.
    Paris. BAILLY 1777. — 4 vol. in-12 rel. v.   **272**

Histoire d'Angleterre, depuis l'avènement de Jacques II, par MACAULAY.
    Paris. CHARPENTIER. — 2 vol. in-18   **685**

Histoire complète, pittoresque, anecdotique, politique et militaire de l'Angleterre, par divers Auteurs. Ouvrage illustré de gravures sur acier.
    Paris. LEBIGRE-DUCHESNE frères. — 1 vol. in-8° rel.   **1013**

Histoire d'Angleterre, par RAPIN DE THOYRAS.
    La Haye. 1749. — 1 vol. in-4° rel. v.   **1463**

Histoire de la Colonisation pénale et des Etablissements de l'Angleterre en Australie, par le Marquis DE BLOSSEVILLE.
    Evreux. HÉRISSEY 1859. — 1 vol. in-8° rel.   **1612**

Histoire du Peuple Anglais, par J. GREEN. Traduction de MONOD.
    Paris. PLON-NOURRIT 1888. — 2 vol. in-8° rel.
    2492

Même Ouvrage.   2651

Tableau de l'Histoire d'Angleterre, depuis les Romains
jusqu'à nos jours. Rédigé d'après les histoires
de LINGARD et de HUME, pour faire suite aux
tableaux historiques, par HOCQUART. De l'an 400
après J.-C. jusqu'en 1800. — 56 portraits de Rois et
Reines.
> Paris. LANGLUMÉ et PELTIER. — 1 tableau par-
> chemin.   2460

Histoire de la Révolution d'Angleterre, par GUIZOT.
1re partie, Charles Ier et la Révolution, 1625-1649.
> Paris. DIDIER 1854. — 2 vol. in-8° rel.   2574

Histoire de la République d'Angleterre, par GUIZOT.
Cromwel. 1649-1658.
> Paris. DIDIER 1854. — 2 vol. in-8° rel.   2575

**Histoire du Protectorat de Richard Cromwell, et du
Rétablissement des Stuart** 1658-1660, par GUIZOT.
> Paris. DIDIER 1856. — 2 vol. in-8° rel.   2576

Monk. Chute de la République et rétablissement de la
Monarchie en Angleterre en 1660, par GUIZOT.
> Paris. DIDIER 1862. — 1 vol. in-8° rel.   2577

Etudes sur la Révolution d'Angleterre. Portraits politiques, par GUIZOT.
> Paris. DIDIER et Cie 1868. — 1 vol. in-8° rel.   2579

Histoire de la Conquête de l'Angleterre par les Normands.
De ses causes et de ses suites jusqu'à nos jours,
en Angleterre, en Ecosse, en Irlande et sur le
continent, par Augustin THIERRY. Nouvelle édition
revue et corrigée, ornée du portrait de l'Auteur.
> Paris. JOUVET et Cie 1892. — 2 vol. gr. in-8° rel.
>   3299

L'Irlande et l'Angleterre, depuis l'acte d'union jusqu'à
nos jours. 1800-1888, par DE PRESSENSÉ.
Paris. PLON-NOURRIT 1889. — 1 vol. in-8° rel.
2607

**Les Anglais et les Hollandais dans les mers polaires et
dans la mer des Indes**, par JURIEN DE LA GRAVIÈRE.
Paris. FLON-NOURRIT 1890. — 2 vol in-12 rel.
2927

Collection des Mémoires relatifs à la Révolution d'Angleterre, par divers Auteurs.
Paris. BÉCHET 1824. — 26 vol. in-8° rel. 3699

ALLEMAGNE

Histoire générale de l'Allemagne, depuis l'an de Rome
648, jusqu'en 1740, par le P. BARRÉ, chanoine
régulier de Sainte-Geneviève.
Paris. Ch. DELESPINE 1748. — 11 vol. in-4° rel.
v. Fig. *(Le Tome VIII forme 2 vol.)* 219

Histoire générale de l'Allemagne depuis l'an de Rome
640, jusqu'à nos jours.
Paris. COSTARD 1772. — 2 vol. in-12 rel. v. 283

Histoire complète, pittoresque, anecdotique, politique
et militaire de l'Allemagne, par divers Collaborateurs. Ouvrage illustré de gravures sur acier.
Paris. LEBIGRE-DUQUESNE frères. — 1 vol. in-8°
rel. 1013

Vie de Frédéric II, roi de Prusse, accompagnée de remarques, par TREUTTEL.
Strasbourg. 1788. — 4 vol. in-8° rel. v. tr. r.   802

Les Allemands, par le P. DIDON.
Paris. CALMANN-LÉVY 1884. — 1 vol. in-18 rel.
960

Etudes sur l'Histoire de Prusse, par Ernest LAVISSE.
Paris. HACHETTE 1885. — 1 vol. in-18 rel.   961

L'Allemagne sous Napoléon Ier 1804-1811, par Alfred RAMBAUD.
Paris. DIDIER 1874. — 1 vol. in-18 rel.   965

Forces matérielles de l'Empire d'Allemagne, d'après les Documents officiels, par LEGOYT.
Paris. DENTU 1877. — 1 vol. in-18 rel.   1037

Le Peuple Allemand, ses Forces, ses Ressources, par Ch. GRAS.
Paris. HACHETTE 1888. — 1 vol. in-18 rel.   1586

Essais sur l'Allemagne Impériale, par E. LAVISSE.
Paris. HACHETTE 1888. — 1 vol. in-18 rel.   1587

Trois Empereurs d'Allemagne. Guillaume Ier, Frédéric III, Guillaume II, par E. LAVISSE.
Paris. A. COLIN 1888. — 1 vol. in-18 rel.   1594

Histoire résumée de l'Allemagne et de l'Empire Germanique, par Jules ZELLER.
Paris. PERRIN 1889. — 1 vol. in-16 rel.   2623

L'Allemagne chez elle et au-dehors, par Paul MELON.
Paris. PLON 1888. — 1 vol. in-18 rel.   2733

L'Allemagne chez elle et chez les autres, par A. DUBARRY.
Paris. CHARPENTIER 1880. — 1 vol. in-12 rel. 2778

La Formation de la Prusse contemporaine, Les Origines,
Le Ministère de Stein, 1806-1808, par Godefroy
CAVAIGNAC.
Paris. HACHETTE 1891. — 1 vol. in-8° br.   **3244**

**Histoire de la Prusse depuis la mort de Frédéric II jusqu'à
la Bataille de Sadowa,** par Eug. VÉRON.
Paris. ALCAN 1893. — 1 vol. in-18 br.   **3602**

ITALIE

Histoire d'Italie de l'année 1492 à l'année 1532, par
Francesco GUICCIARDINI, avec notice biographique
par A. J. C. BUCHON.
Paris. DESREZ 1836. — 1 vol. in-8° rel.   **127**

Histoire de l'Italie, 1848-1849, par César VIMERCATTI.
8° édition. Ouvrage orné de gravures.
Paris. GAILLET 1860. — 3 vol. in-8° rel.   **189**

Description historique et critique de l'Italie, par l'abbé
RICHARD.
Dijon. François DES VENTES 1766. — 1 vol. in-12
rel.   **1475**

Histoire de la République de Venise, depuis sa fondation
jusqu'à présent, par l'abbé LAUGIER.
Paris. DUCHESNE 1759. — 11 vol. in-12 rel. v. m.
231

La Reine des Mers. Venise, ses Doges, ses Princes, par
    C. BARBÉ. Édition ornée de grav.
       Rouen. MÉGARD 1864. — 1 vol. in-8" rel   **146**

SUISSE

Histoire de Genève, par SPON. Histoire rectifiée et
    augmentée par d'amples notes, avec les actes et
    autres pièces servant de preuves à cette histoire.
    Gravures sur bois.
       Genève. FABRI 1730. — 2 vol. in-4° rel. v. tr. r.
                                            225

ESPAGNE-PORTUGAL

Histoire contemporaine de l'Espagne, par G. HUBBARD
    1814-1833.
       Paris et Madrid 1869. — 2 vol. in-8° rel.   **203**

Histoire contemporaine de l'Espagne, par G. HUBBARD.
Régence de Christine et d'Espartero (1833-1843).
Paris et Madrid 1869. — 2 vol. in-8° rel.   **203**

Histoire contemporaine de l'Espagne, par G. HUBBARD.
Règne d'Isabelle II (1843-1868).
Paris et Madrid 1869. — 2 vol. in-8° rel.   **203**

Histoire des Guerres civiles des Espagnols dans les Indes,
par GARCILASSO DE LA VEGA.
Paris. Aux frais du Gouvernement 1830. — 4 vol.
in-8° rel.   **209**

Histoire de l'Espagne, depuis la mort de Charles III,
jusqu'à nos jours, par REYNALD.
Paris. GERMER 1873. — 1 vol. in-18 rel.   **216**

**Abrégé chronologique de l'Histoire d'Espagne et de
Portugal**, divisé en huit périodes, par une Société
de Gens de Lettres.
Paris. HÉRISSANT fils 1765. — 2 vol. in-8° rel. v.
284

Histoire de la découverte et de la Conquête du Pérou, par
DE ZARATE.
Paris. Compagnie des Libraires 1716. — 2 vol.
in-12 rel. Gr. *(Ex libris)*.   **285**

Le Portugal et ses Colonies. Tableau politique et
commercial de la Monarchie portugaise dans son
état actuel avec des annexes et des notes supplémentaires, par Ch. VOGEL.
Paris. GUILLAUMIN 1860. — 1 vol. in-8° rel.   **889**

Les Contemporains Portugais, Espagnols et Brésiliens.
Le Portugal et la Maison de Bragance, par Teideras
DE VASCONCELLAS.
Paris. 1859. — 1 vol. in-8° rel.   **994**

La Cour et la ville de Madrid vers la fin du XVII⁰ siècle,
par Madame.la Comtesse d'AULNOY.
  Paris. PLON et Cⁱᵉ 1874. — 2 vol. in-8° rel.   763

———⧓———

AUTRICHE-HONGRIE
TURQUIE & GRÈCE

Jean de Hunyad. Récit du XVᵉ siècle, précédé de la
  Hongrie, son Génie, sa Mission. Étude historique,
  par C. L. CHASSIN.
    Paris. PAGNERRE 1859. — 1 vol. in-8° rel.   205

Tchèques et Magyars. Bohème et Hongrie XV⁰ siècle,
  XIX⁰ siècle. Histoire, Littérature, Politique, par
  SAINT-RENÉ TAILLANDIER.
    Paris. DIDIER et Cⁱᵉ 1869. — 1 vol. in-8° rel.   206

La Turquie et ses différents Peuples. Histoire, Géographie, Statistique, Mœurs, Coutumes, Langues, etc.,
  etc., par H. MATHIEU.
    Paris. DENTU. — 2 vol. in-12 rel   265

Histoire complète de la Grèce, par divers Auteurs.
  Ouvrage orné de gravures sur acier.
    Paris. LEBIGRE-DUQUESNE frères. — 1 vol. in-8°
    rel.   1043

Histoire de la Turquie, par A. DE LAMARTINE.
Paris. Chez l'Auteur 1862. — 6 vol. gr. in-8° rel.
325

Histoire de l'Empire Othoman où se voient les causes de son agrandissement et de sa décadence, avec des notes très instructives, par Démétrius CANTIMIR, prince de Moldavie, traduite en français, par M. DE JONQUIÈRES.
Paris. DESNILLY 1743. — 4 vol. in-12 rel. v. tr. r.
278

Histoire complète, pittoresque, anecdotique, politique et militaire de la Terre-Sainte, par divers Collaborateurs. Ouvrage illustré de gravures sur acier.
Paris. LEBIGRE-DUQUESNE frères. — 1 vol. in-8° rel. 1013

La Serbie. Kara, Georges et Milorch, par SAINT-RENÉ TAILLANDIER.
Paris. DIDIER et Cie 1872. — 1 vol. in-8° rel. 190

Un Chancelier d'ancien régime. Le Règne diplomatique de M. Metternich, par Ch. DE MAZADE.
Paris. PLON-NOURRIT 1889. — 1 vol. in-8° rel. 2610

RUSSIE

Histoire Physique, Morale, Civile et Politique de la Russie ancienne, comprenant la dynastie des Romanofs, jusqu'au règne de Catherine I, par LECLERC, ouvrage orné de figures.
Paris. FROULLÉ 1784. — 3 vol. in-4o r. v. m. f. d.
s. l. p. tr. d.   **220**

Histoire Physique, Morale, Civile et Politique de la Russie moderne, par LECLERC, ouvrage orné de fig.
Paris. FROULLÉ 1783. — 2 vol. in-4o rel., v. m. f.
d. s. l. p. tr. d.   **221**

Histoire de la Russie, par A. DE LAMARTINE.
Paris. Chez l'Auteur 1863. — 1 vol. in-8o rel. **328**

Histoire de l'Empire de Russie, divisée en 2 parties, par M. DE VOLTAIRE.
Paris. IMPRIMERIE DE LA SOCIÉTÉ 1785. - 1 vol.
in-8o rel.   **371**

L'Empire des Tsars et les Russes, par LEROY-BEAULIEU.
1er vol. **Le Pays et les Habitants.**
2e vol. **Les Institutions.**
3e vol. **La Religion.** *(En double.)*
Paris. HACHETTE 1881. — 3 vol. in-8o rel.   **949**

Histoire Complète de la Russie, par divers Auteurs, ouvrage orné de grav. sur acier.
Paris. LEBIGRE-DUQUESNE Fils. — 1 vol. in-8o rel.
1017

La Russie Géographique, Ethnologique, Historique, Administrative, etc.. par DELAVAUD, RABOT et RAMBAUD.
    Paris. LAROUSSE. — 1 vol. in-8° br.   **3304**

Atlas de l'Histoire de la Russie, Plans, Cartes, Portraits, Costumes.   **2398**

DANEMARK

Histoire de Dannemarc avant et depuis l'établissement de la Monarchie, par DES ROCHES, Escuyer, Conseiller du Roi très chrétien.
    Paris. BARBON Frères 1732. — 9 vol. in-12 rel. v.
    273

Abrégé chronologique de l'Histoire du Nord ou des Etats de Dannemarc, de Russie, de Suède, de Pologne, de Russe, de Courlande, etc., etc., par LACOMBE, avocat. Avec des remarques, sur le génie, les mœurs, les usages de ces nations
    Paris. HÉRISSANT 1762. — 2 vol. in 8° rel. v. m. tr. r.   **274**

ASIE

Histoire de la Révolution des Etats du Grand Mogol.
2 vol. in-8° rel. *(Manque le titre).* **212**

Histoire civile et naturelle du Royaume de Siam, et des Révolutions qui ont bouleversé cet Empire jusqu'en 1770, publiée par M. TURPIN, sur des manuscrits qui lui ont été communiqués par Mgr l'évêque de Trabaca.
Paris. COSTARD 1771. — 2 vol. in-12 rel. **282**

Le Monde Chinois. La Nation chinoise et son gouvernement, l'Art, les Lettres, le Théâtre, l'Industrie, les Finances, le Commerce extérieur, etc., par DARYL.
Paris. HETZEL 1855. — 1 vol. in-18 rel. **958**

Les Chinois peints par eux-mêmes, par le colonel TCHENG-KI-TONG, attaché militaire de Chine à Paris.
Paris. CALMANN-LÉVY 1884. — 1 vol. in-18 rel.
959

Histoire complète de la Chine, par divers. Ouvrage
illustré de gravures sur acier.
Paris. LEBIGRE-DUQUESNE Frères. — 1 vol. in-8°
rel. **1013**

Le Royaume d'Annam et les Annamites, par DUTREUIL DE
RHINS.
Paris. PLON 1839. — 1 vol. in-18 br. **2743**

AMÉRIQUE

—◦∞◦—

Histoire des Nations civilisées du Mexique et de l'Amérique centrale, durant les siècles antérieurs à Christophe Colomb, écrite sur des documents puisés aux anciennes archives des indigènes, par BRASSEUR DE BOURBOURG.
> Paris. A. BERTRAND 1857. — 4 vol. in-8° rel.   **204**

Histoire des Indiens des Etats-Unis, faite d'après les statistiques et les rapports officiels que le Congrès a publiés en 1851, par A. MONDOT.
> .   Paris. DURAND 1858. — 1 vol. in-8° rel.   **207**

Histoire des Incas Rois du Pérou, par GARCILLASSO DE LA VEGA.
> Paris. Aux frais du Gouvernement Août 1830. — 3 vol. in-8° rel.   **210**

Histoire de la Découverte et de la Conquête du Pérou, par DE ZARATE.
> Paris. Aux frais du Gouvernement Août 1830. — 2 vol. in-8° rel.   **211**

Histoire de la Floride Française, par GAFFAREL.
Paris. F. DIDOT 1875. — 1 vol. in-8ᵉ rel. **235**

Le Pays des Mormons, Relation, Histoire, Théologie,
Mœurs et Coutumes, par Jules REMY, ouvrage orné
de gravures sur acier, carte.
Paris. DENTU 1860. — 2 vol. in-8" rel. **887**
Le 2ᵉ volume manque

Les Mormons, par Amédée PICHOT.
Paris. HACHETTE 1854. — 1 vol. in-16 rel. **924**

Histoire physique. économique et politique du Paraguay,
par DEMERSAY.
Paris. HACHETTE 1861. — 2 vol. in-8° rel. **995**

Histoire complète de l'Amérique, par divers Auteurs.
Ouvrage illustré de gravures sur acier.
Paris. LEBIGRE-DUQUESNE frères. — 1 vol. in-8°
rel. **1043**

Histoire de la Louisiane, par LE PAGE DU PRATZ.
Paris. DE BURE aîné 1758. — 1 vol. in-12 rel.
1476

Quelques mots sur l'Amérique du Sud, à propos de la
mission de M. de Bernardières, Lieutenant de
vaisseau, par LE LÉON, Lieutenant de vaisseau.
Lorient. CHAMAILLARD 1883. — 1 br. in-8° **1504**

L'Empire du Brésil à l'Exposition de Vienne en 1873.
Rio-de-Janeiro 1873. - 1 vol. in-8° br. **2136**

Mexique. Etat-Unis d'Amérique. Lettres sur le Mexique.
L'Empereur du Mexique. Etats-Unis en 1865.
Paris. 1864-1865. — 5 Br. in-8° **2235**

Les Etats confédérés d'Amérique visités en 1863. Mémoire
adressé à S. M. Napoléon III.
Paris, DENTU 1864. — 1 vol. in-8° br. **2284**

Atlas de l'Histoire physique, économique et politique
du Paraguay et des établissements des Jésuites.
Paris. HACHETTE 1863. — 1 atlas in-f°.   **2433**

La Vie et les Mœurs de La Plata. La Société des Villes,
Industries et Productions, par E. DAIREAUX.
Paris. HACHETTE 1888. — 2 vol. in-8° rel. 2 cartes
hors texte.   **2466**

**Washington et la formation de la République des Etats-
Unis d'Amérique,** par Léo JOUBERT.
Paris F. DIDOT 1888. — 1 vol. in-4° br.   **2659**

L'Exemple de l'Amérique. Washington et son œuvre,
par MASSERAS.
Paris. PLON-NOURRIT 1889. — 1 vol. in-16 rel.
     2913

La Vérité sur l'Expédition du Mexique, d'après les
documents inédits, par Paul GAULOT.
Rêve de l'Empire.   **2913**
L'Empire de Maximilien.   **2914**
Fin d'Empire.   **2915**
Paris. P. OLLENDOFF 1890. — 3 vol. in-16 rel.

Exposition of the illegals Acts of ex-President Balmaceda
which caused the civil war in Chile. By PEDRO
MONTT confidential Agent of the constitutional
Government.
Washington : GIBSON BROS 1891. — 1 Br. in-8°.
     3112

Histoire des Etats-Unis de l'Amérique du Nord, depuis la
découverte du nouveau Continent jusqu'à nos
jours, par Auguste MOIREAU. — 1er vol. La Période
coloniale. — 2e vol. Les États-Unis de 1776 à 1800.
Paris. HACHETTE 1892. — 2 vol. gr. in-8° br. **3243**

Les Français en Amérique pendant la Guerre de l'Indépendance, 1777-1783, par Th. BALCH.
Philadelphie 1872. — 1 vol. in-8° br.   3289

VII

MÉMOIRES

ET SOUVENIRS

Journal et Extraits des Mémoires d'Olivier d'André Le Fèvre d'Ormesson, publiés par M. Chéruel. — Tome 1er, 1643-1650. Édition 1860. — Tome 2e, 1661-1672. Édition 1861.

Paris. Imprimerie Impériale 1861. — 2 vol. in-4o cart. **93**

Mémoires de Madame de Rémusat 1802-1808, publiés avec une préface par son petit-fils Paul de Rémusat.

Paris. Calmann-Lévy, 1885. — 3 vol. in-8° rel. **148**

Mémoires de Nicolas Goulas, gentilhomme ordinaire de la Chambre du duc d'Orléans, d'après le manuscrit original de la Bibliothèque nationale, par Charles Constant.

Paris. Renouard 1879. — 3 vol. in-8° rel. **157**

Souvenirs d'un Musicien, par Adolphe Adam.

Paris. Michel Lévy 1857. — 1 vol. in-18 rel. **522**

Derniers Souvenirs d'un Musicien, par Adolphe Adam.

Paris. Michel Lévy 1859. — 1 vol. in-18 rel. **523**

Mémoires d'un Bourgeois de Paris, par le Docteur L. Véron, comprenant la fin de l'Empire, la Restauration, la Monarchie de Juillet, la République jusqu'au rétablissement de l'Empire.

Paris. Librairie-Nouvelle 1856. — 5 volumes in-12 rel. **530**

Mémoires pour servir à l'Histoire de Madame de Maintenon et à celle du siècle passé.

Amsterdam. Aux dépens de l'auteur 1755. — 6 vol. rel. v. tr. r. Portrait de Mme de Maintenon. **595**

Mémoires de Maximilien de Béthune, Duc de Sully, principal Ministre de Henri-le-Grand, mis en ordre par M. L. D. L. D. L.
>   Londres. 1778. — 9 vol. in-12 rel.   **596**
>   *Manque le Tôme 1er*

Mémoires de Guy-Joli, conseiller au Chatelet de Paris, suivis d'un mémoire, concernant le Cardinal de Retz, extrait d'une histoire manuscrite, composée par Claude Joli, Chanoine de l'Eglise de Paris, et mémoires de Madame la Duchesse de Nemours.
>   Genève. FABRY et BARILLOT 1777. — 2 vol. in-12 rel. tr. r.   **597**

Mémoires du Cardinal de Retz, contenant ce qui s'est passé de remarquable en France, pendant les premiéres années du règne de Louis XIV.
>   Genève. FABRY et BARILLOT 1777. — 4 vol. in-12 rel. tr. r.   **598**

Mémoires de la Vie du Comte D*** avant sa retraite, contenant diverses aventures qui peuvent servir d'instruction à ceux qui ont à vivre dans le grand monde.
>   1753. — 3 vol. in-12 rel.   **600**

Mémoires de la Ligue, contenant les évènements les plus remarquables depuis 1576, jusqu'à la paix accordée entre le Roi de France et le Roi d'Espagne en 1598, par Simon GOULART.
>   Amsterdam. ARKSTÉE et MERCUS 1758. — 6 vol. in-4o rel. tr. m.   **601**

Dix Années d'épreuves pendant la Révolution, par Ch. LACRETELLE.
>   Paris. DUPART 1842. — 1 vol. in-8° rel.   **745**

Mémoires inédits de Lamartine, 1790-1815.
Paris. HACHETTE 1870. — 1 vol. in-8° rel.   606

Mémoires du marquis de Sourches sur le règne de Louis XIV, publiés d'après les manuscrits authentiques appartenant à M. le duc de Cars, par le comte DE COSNAC et Ed. PONTEL.
Paris. HACHETTE 1886. — 11 vol. in-8° rel   757

Mémoires et correspondance du Roi Jérôme et de la Reine Catherine.
Paris. DENTU 1861. — 7 vol. in-8° rel.   759

Mémoires de Monsieur Pierre-Augustin Caron de Beaumarchais.
1780. — 3 vol. gr. in-8° rel.   771

Bois et Vallons (souvenirs), par Jacques REPLAT.
Annecy. J. PHILIPPE 1864. — 1 vol. in-8° rel.   891

Mémoires complets et authentiques du Duc de Saint-Simon sur le siècle de Louis XIV et de la Régence, collationnés sur le manuscrit original, par M. CHÉRUEL et précédés d'une notice par M. SAINTE-BEUVE
Paris. HACHETTE 1856. — 13 vol. in-12 rel.   970

Mes Rêveries, Ouvrage posthume de Maurice DE SAXE, duc de Courlande et de Sémigalle, maréchal-général de S.-M. très-chrétienne, augmenté d'une histoire abrégée de sa vie, par M. l'abbé PÉRAU.
Amsterdam et Leipzig. MERCUS 1757. — 2 vol. in-4° rel. v. m. tr. d. fig.   1359

Mémoires sur la Bastille et la Détention de Linguet, écrits par lui-même.
Paris. LIBRAIRIE HISTORIQUE 1821. — 1 vol. in-12 br.   2171

Collection complète des Mémoires relatifs à l'Histoire de France, depuis le règne de Philippe-Auguste jusqu'au commencement du XVII siècle, avec des notices sur chaque auteur et des observations sur chaque ouvrage, par M. PETITOT.

1ᵉʳ vol. (Villehardouin).

2ᵉ vol. Histoire de Saint-Louis, par le Sire DE JOINVILLE.

3ᵉ vol. Extraits des manuscrits arabes, par CARDONNE.

4-5ᵉˢ vol. Mémoires de du Guesclin.

6-7ᵉˢ vol. Christine de Pisan, Boucicaut.

8ᵉ vol. Jeanne d'Arc, Richemont, Florent de Illiers.

9-10ᵉˢ vol. Mémoires de messire Olivier de la Marche.

11ᵉ vol. Mémoires de Jacques du Clercq, Escuyer sieur de Beauvoir.

12-13-14ᵉˢ vol. Mémoires de Philippe de Comines. Jean de Troyes.

15-16ᵉ La très joyeuse, plaisante et récréative histoire composée par le loyal serviteur des faiz, gestes, triomphes et prouesses du bon Chevalier sans paour et sans reproche, le gentil seigneur de Bayart.

17-18-19ᵉˢ vol. Mémoires de messire Martin du Bellay.

20-21-22ᵉˢ vol. Introduction aux Mémoires sur les règnes de Henri II, François II, Charles IX, Henri III et Henri IV.

23-24-25ᵉˢ vol. Mémoires du très noble et très illustre Gaspard de Saulx, seigneur de Tavannes.

26-27-28ᵉˢ vol. — Mémoires de la vie de François de Scepeaux, sire de Vieilleville.

29-30° vol. Mémoires du sieur François de Boyvin, chevalier baron Duvillars.

31-32°ˢ vol. Commentaires de François de Rabutin, Dernières Guerres en la Gaule Belgique, Le Siège de Metz, Gaspard de Colligny.

33° vol. Mémoires de messire de Castelnau, baron de Joinville 1560.

34° vol. Mémoires du sieur Jean de Mergey, François de la Noue, 1562-70-75.

35° vol. Mémoires de la Tour d'Auvergne, vicomte de Turenne, 1560-1696.

36-37° vol. Mémoires de messire Philippe Hurault, comte de Chevany de Marguerite de Valois ; de Jacques-Aug. de Thou, 1553-1601.

38-39-40-41-42-43°ˢ vol. Mémoires de Jean Choisnin, ou discours au Vray de tout ce qui s'est fait et passé pour l'entière négociation de l'élection du roi de Pologne ; Histoire de la guerre sous le règne de Henri IV.

44° Mémoires d'Estat, par M. DE VILLEROY.

45-46-47-48-49·ˢ vol. Mémoires pour servir à l'Histoire de France, et journal de Henri III et de Henri IV, par Pierre DE L'ESTOILE.

50-51°ˢ vol. Mémoires de messire du Val, marquis de Fontenay Mareuil, 1610-1647.

52· vol. Table générale.

Paris. FOUCAULT 1820.—52 vol. in-8° rel. 2513 à 2538

Collection des Mémoires relatifs à l'Histoire de France, depuis l'avènement de Henri IV, jusqu'à la paix de Paris, conclue en 1763, avec des notices sur chaque auteur, et des observations sur chaque ouvrage, par MM. PETITOT et MONMERQUÉ.

1er vol. à 9. Mémoire des Sages et Royales
œconomies d'Estat, de Henry-le-Grand, ou
mémoires de Sully.

10 et 11. Mémoires du Cardinal de Richelieu.
sous le règne de Louis XIV, 1610-1620.

12 à 15. Négociations du président Jeannin.

16 et 17. Mémoires du Maréchal d'Estrées.

18. Mémoires du duc de Rohan.

19 à 21. Mémoires du Maréchal de Bassompierre.

22 à 31. Mémoires du Cardinal de Richelieu sur
le règne de Louis XIII, 1610-1619.

32-33. Mémoires de Gaston d'Orléans, Mémoires du sieur de Pontis, qui a servi dans les
armées 56 ans.

34-35. Notice sur Port-Royal.

36. Introduction aux mémoires relatifs à la
Fronde. Mémoires du Comte de Brienne.

37 à 41. Mémoires de Madame de Motteville.

42 à 44. Mémoires de Mlle de Montpensier.

45 à 49. Mémoires du Cardinal de Retz. Mémoires de Guy-Joli. Mémoires de Conrart.

50 à 53. Mémoires de Monglat. du Comte de la
Châtre, de la Rochefoucaud.

54-55. Mémoires de Pierre Lenet, de Montré-
sor, relation de Fontrailles.

56 à 58. Mémoires du Duc de Guise, du Maréchal de Gramont.

59-60. Mémoires de M. de ***, Mémoire de la
Porte.

61 à 64. Mémoires d'Omer Talon, de M. l'abbé
de Choisy.

65. Mémoires du Chevalier Temple. Histoire
de Madame Henriette d'Angleterre.

66-67, Mémoire du Marquis de la Fare, du
  Maréchal de Berwick.
68. Mémoires du Marquis de Torcy.
69 à 72. Mémoires du Maréchal de Villars.
73-74. Mémoires du duc de Noailles.
75-76. Mémoires du Comte de Forbin, Mémoires de Duguay-Trouin.
77-78. Mémoires secrets de Duclos, Mémoires
  de Madame de Staal.
79. Table Générale.
Paris. FOUCAULT 1820 — 79 vol. in-8° rel.

2539 à 2566

Mémoires de J. B. Louvet, Auteur de Faublas et de la
journée du 31 mai 1793.
  Paris. LIBRAIRIE HISTORIQUE 1821. — 2 vol. in-12
  br. (*Le 1er vol. manque*).   **2472**

Domremy. Souvenirs du Berceau de Jeanne d'Arc; par
  BATZ-TRENQUÉLÉON.
  Bordeaux 1878. — 1 br.   **2375**

Mémoires et correspondance du Comte de Villèle.
  Paris. PERRIN et Cie 1888. — 4 vol. in-8° rel.   **2495**

Mémoires et souvenirs, par le Baron HYDE DE NEUVILLE.
  1er vol. — La Révolution, le Consulat, l'Empire.
  2e vol. — La Restauration, les Cent jours, Louis
  XVIII.
  3e vol. — Charles X, Duchesse de Berry, Comte de
  Chambord.
  Paris. PLON 1888-1892. — 3 vol. in-8° rel.   **2497**

Souvenirs et notes Biographiques, par Désirée NISARD.
  Paris. CALMANN-LÉVY 1888. — 2 vol. in-8 rel.
                                          2502

Reliques et Impressions. — Etudes, Silhouettes et Croquis, par le Comte D'OSMOND, Avec une préface par A. DUMAS de l'Académie.
Paris. LIBRAIRIE ILLUSTRÉE. — 1 vol. in-8° rel.
2498

Mémoires pour servir à l'histoire de mon temps ; par M. GUIZOT.
Paris. Michel LÉVY 1858. - 8 vol. in-8° rel. **2568**

Souvenirs intimes, revus et annotés par l'Empereur sur le manuscrit original, par Louis SCHNEIDER. Traduit de l'Allemand par Ch. RABANY.
Paris. BERGER-LEVRAULT 1888. — 3 vol. in-8° rel.
2605

Mémoires d'un Bourgeois de Paris, pendant la Révolution Française, 1789, par MONIN.
Paris. A. COLIN 1889. - 1 vol. in-18 rel **2727**

Mémoires inédits de l'Internonce à Paris, pendant la Révolution 1790-1801.
Paris. PLON-NOURRIT 1890. — 1 vol. in-8° rel.
2865

Souvenirs de quarante ans, dédiés à mes enfants, par Ferdinand DE LESSEPS.
Paris. NOUVELLE-REVUE 1887. -- 2 vol. in-8° rel.
2867

Mémoires des autres, par Jules SIMON.
Paris. TESTARD 1890. — 1 vol. in-18 rel. **3101**

Nouveaux Mémoires des autres, par Jules SIMON.
Paris. TESTARD 1891. — 1 vol. in-18 rel. **3102**

Souvenirs du Monde Musulman, par Charles MISMER.
Paris. HACHETTE 1892. — 1 vol. in-18 rel. **3319**

Souvenirs de l'année 1848, par M. DU CAMP.
Paris. HACHETTE 1876. — 1 vol. in-18 rel. **3482**

La Captivité à Ulm, par le R. P JOSEPH.
Paris. LE COFFRE 1872. — 1 vol. in-18 rel. **3510**

Les Clubs rouges pendant le siège de Paris, par DE MOLINARI.
Paris. GARNIER 1871. — 1 vol. in-18 rel. **3512**

Petits Mémoires de l'Opéra, par Ch. DE BOIGNE.
Paris. LIBRAIRIE NOUVELLE 1857. — 1 vol. in-18 rel. **3514**

La Légende de Cathelineau, par Célestin PORT.
Paris. F. ALCAN 1893. — 1 vol. in-8° br. **3541**

Les Marins Russes en France, par Marius VACHON. Ouvrage illustré de 15 grandes planches en héliotypie, et 170 dessins dans le texte d'après nature.
Paris MAY et MOTTEROZ 1893. — 1 vol. in-4° rel.
3587

Napoléon et les Femmes, par MASSON.
Paris. OLLENDORFF 1894. — 1 vol. in-8° br. **3595**

Mémoires de Madame la Duchesse de Gontaut, gouvernante des enfants de France pendant la Restauration 1773-1836.
Paris. PLON-NOURRIT 1893. — 1 vol. in-8° br. 1 portrait en héliogravure. **3742**

Souvenirs et Visions d'Afrique, par MASQUERAY.
Paris. DENTU 1894. — 1 vol. in-18 br. **3770**

Mémoires de Madame la Duchesse d'Abrantès. Souvenirs historiques sur Napoléon, la Révolution, le Directoire, le Consulat, l'Empire et la Restauration.
Paris. GARNIER frères. — 10 vol. in-18 rel. **3773**

VIII

GÉNÉALOGIE

Jean Guitton, dernier Maire de l'ancienne commune
de La Rochelle, 1628. Sa famille, sa naissance,
par CALLOT.
La Rochelle. THOREUX 1872. — 1 vol. in-8° br.
2120

Notice sommaire généalogique sur la maison Du Vidal
de Montferrier (titre de Marquis en Languedoc), par
l'Abbé TÉNARD.
Paris. GUILLOT. - 1 Br. in-4° ,   **2191**

Les Seigneurs de Montferrier, 1380, par Etienne DALVY.
Paris. BEAUDOIN. — 1 vol. in-8° br.   **3288**

IX

BIOGRAPHIE

ANCIENNE ET MODERNE

1° BIOGRAPHIE COLLECTIVE

Les vies des hommes illustres de Plutarque, traduites en
français, avec des remarques historiques et critiques, par M. DACIER.
Maestricht. J. DUFOUR 1778. — 7 vol. in-12 rel. v.
1437

Vies de quelques Hommes illustres, par LAMARTINE.
1ᵉʳ vol. — Homère, Cicéron, César.
2° vol. — Héloïse, Abélard, Guillaume Tell, Gutem-
berg, Jeanne d'Arc, Christophe Colomb, Cromwel.
3° vol. — Milton, Mme de Sévigné, Bossuet, Fénelon,
Nelson.
Paris. Chez l'Auteur 1863. — 3 vol. gr. in-8° rel.
331

Les vies des.hommes illustres de Plutarque, traduites du Grec par Jacques Amyot.
> Paris. J. F. Bastien 1784. — 18 vol. in-8° rel. v. tr. r.   **669**

Biographie des Représentants du Peuple à l'Assemblée nationale Constituante, avec un tableau des Députations par Départements ; Par les Rédacteurs de notre Histoire.
> Paris. 1848. — 1 vol. in-18 rel.   **650**

Galerie des contemporains illustres par un homme de rien.
> 1er vol. — Soult, Thiers, de Chateaubriand, Laffitte, Guizot, de Lamartine, Berryer, de Lamennais, Dupin aîné, Béranger, Odilon-Barrot, V. Hugo.
> 2° vol. — Arago, G. Sand, de Broglie, de Cormenin, etc.
> 3° vol. -- Meyerbeer, Scribe, Mauguin, etc.
> Paris. René 1842-1844. — 3 vol. in-18 rel. portr.
>   **651**

Le Plutarque de la Jeunesse ou Abrégé des vies des plus grands hommes de toutes les nations, par P. Blanchard.
> Paris. Morizot 1865. — 1 vol. in-8° rel. portr.
>   **654**

Profils Parlementaires. Les Députés de la France, par de la Combe.
> Paris. Dentu 1869. — 1 vol. in-18 rel.   **964**

Le Plutarque de 1847, par Sarrut et Saint Edme. Biographie des Hommes du jour. Artistes, Chambellans, Conseillers d'État, Députés, Espions fameux, Gens de justice, etc., etc.
> Paris. Rue de Savoie. — 1 vol. in-4° rel.   **1900**

Le Panthéon des hommes utiles, par CHADEUIL et LUCAS.
Edition illustrée.
Paris. DENTU 1862. — 1 vol. in-8° rel. **1017**

Les Hommes d'Etat Français du XIX° Siècle, par le Marquis
DE CASTELLANE.
Telleyrand, Falloux, Thiers, Rouher, Gambetta.
Paris. NOUVELLE REVUE 1888. — 1 vol. in-8° rel.
2868

Croquis Parlementaires, par SYBIL.
Tony Révillon, Floquet, Clémenceau, Anatole de
la Forge, Turquet, Naquet, Déroulède, le Comte de
Mun, de Freycinet, Mgr Freppel, Goblet, Tirard.
Paris. PERRIN 1891. — 1 vol. in-18 rel. **3221**

Nos premiers Résidents. Revue historique, politique et
judiciaire du Parlement de Toulouse, par H.
AMILHAU.
Toulouse. SISTAU 1882. — 1 vol. in-8° br. **3402**

Figures disparues, portraits politiques contemporains
et littéraires, par SPULLER.
Paris. F. ALCAN 1894. — 3 vol. in-16 br. **3839**

L'ancienne Académie des Sciences. Les Académiciens
1666-1793, par Ernest MAINDRON.
Paris. TIGNOL 1895. — 1 v. in-8° br. **3898**

2ᵒ BIOGRAPHIE SPÉCIALE

ET

INDIVIDUELLE

Dubois-Crancé , Edmond-Louis-Alexis , Mousquetaire , Constituant, Conventionnel, Général de Division, Ministre de la Guerre, 1747-1814, par le colonel IUNG. Ouvrage orné du portrait de Dubois-Crancé et de dessins en fac-simile.
    Paris. CHARPENTIER 1884. — 2 vol. in-18 rel. **164**

Histoire de ma Vie, par G. SAND.
    Paris. PERROTIN 1856. — 10 vol. in-18 rel. **434**

Histoire de trois Ouvriers Français, par le baron ERNOUF. Richard Lenoir, Abraham-Louis Bréguet, Michel Brézin.
    Paris. HACHETTE 1873. — 1 vol. in-18 rel. **516**

Le Duc de Saint-Simon, son cabinet et l'historique de ses manuscrits, d'après des documents authentiques, par A. BASCHET.
    Paris. PLON-NOURRIT 1874. — 1 vol. in-4ᵒ rel. fig.
                              605

Vie du Cardinal d'Ossat.
    Paris. HÉRISSANT Fils 1771. — 2 vol. in-8ᵒ rel. v. m. **646**

Vie de Rossini, par STENDHAL (Henri Beyle).
    Paris. M. LÉVY 1854, — 1 vol. in-18 rel, **649**

Madagascar et ses deux premiers Evêques, Mgr Dalmond
et Mgr Monnet, par Mgr Armand DE MAUPOINT.
> Paris. DILLET 1864. — 2 vol. in-18 rel.   **733**

Henriette-Marie de France, reine d'Angleterre, par le
Comte DE BAILLON.
> Paris. DIDIER et Cⁱᵉ 1877. — 1 vol. in-8° rel. portr.
>   **764**

Obermann, par DE SENANCOUR ; avec une préface de
G. SAND.
> Paris. CHARPENTIER 1840. — 1 vol. in-18 rel.   **774**

Vie et Correspondance de J. Théophane Vénard, prêtre
de la Société des Missions étrangères, décapité
pour la foi au Tong-King, le 2 février. Avec portrait
et fac-simile de son écriture.
> Poitiers. H. OUDIN 1865. — 1 vol. in-18 rel.   **963**

Histoire de Foulques-Nerra, comte d'Anjou, suivie de
l'Office du Saint-Sépulcre de l'abbaye de Beaulieu,
par Al. DE SALIES. 12 planches et 1 carte.
> Paris. DUMOULIN 1874. — 1 vol. in-18 rel.   **974**

Vie de Marie-Thérèse de France, fille de Louis XVI, par
Alfred NETTEMENT.
> Paris. DE SIGNY 1843. — 1 vol. in-8° rel.   **997**

Histoire d'Emilie Montague, par Françoise BROOKE,
imitée de l'anglais par M. FRENAIS.
> Paris 1770. — 2 vol. in-12 rel. v.   **1442**

Lavoisier 1743-1794, d'après sa correspondance, ses
manuscrits, ses papiers de famille et d'autres
documents inédits, par Edouard GRIMAUX, avec dix
gravures hors texte, en taille douce et en
typographie.
> Paris. F. ALCAN 1888. — 1 vol. gr. in-8° br.   **2649**

La Vie de Philippe d'Orléans, petit-fils de France, régent
du Royaume pendant la minorité de Louis XV.
Londres. Aux dépens de la Cⁱᵉ 1736. — 1 vol.
in-12 rel. **1444**

Jules Simon, sa vie, son œuvre. Documents nouveaux
et inédits avec un autographe, par Léon SÉCHÉ.
Paris. DUPRET 1887. — 1 vol. in-12 rel. **1589**

Ma Biographie, Ouvrage posthume de P. J. DE BÉRANGER,
avec un appendice et un grand nombre de notes
inédites de BÉRANGER.
Paris. PERROTIN 1858. — 1 vol. in-8° rel. **2603**

Napoléon, l'Homme, le Politique, l'Orateur, par Antoine
GUILLOIS.
Paris. PERRIN 1889. — 2 vol. in-8° rel. **2608**

Henri IV, sa vie, son œuvre, ses écrits, par GUADET.
Paris. HACHETTE 1889. — 1 vol. in-8° rel. **2771**

Nicolas Fouquet, procureur général, surintendant des
Finances, Ministre d'Etat de Louis XIV, par LAIR.
Paris. PLON-NOURRIT 1800. — 2 vol. in-8° rel.
2872

Un Petit Neveu de Mazarin, Louis-Jules-Henri-Barbon
Mancini Mazarin, Duc de Nivernais, par PEREY.
Paris. CALMANN-LÉVY 1890 — 1 vol. in-8° rel. **3052**

La Jeunesse de Lamartine, d'après des documents nouveaux et des lettres inédites, par Félix REYSSIÉ.
Paris. HACHETTE 1892 — 1 vol. in-16 rel. **3202**

Saint-John de Crèvecœur, sa Vie et ses Ouvrages (1735-
1813), avec les portraits de Crèvecœur et de la Comtesse d'Houdetot.
Paris. 1883 — 1 vol. in-8° br. **3399**

Marie-Antoinette aux Tuileries, 1789-1791, par Imbert DE
SAINT-AMAND.
> Paris. DENTU 1885 – 1 vol. in-18 br.   **3385**

La Jeunesse de la Reine Marie-Amélie, par Imbert DE
SAINT-AMAND.
> Paris. DENTU 1891 – 1 vol. in-18 br.   **3386**

Marie Amélie et la cour des Tuileries, par Imbert DE
SAINT-AMAND.)
> Paris. DENTU 1893 — 1 vol. in-18 br.   **3387**

Vie de Mirabeau, par A. MÉZIÈRES.
> Paris. HACHETTE 1892 — 1892 — 1 vol. in-18 rel.
> **3268**

Jean-Louis Meissonier, Membre de l'Institut, Grand
Croix de la Légion d'Honneur.
> Paris. PLON-NOURRIT — 1 Br. in-4° Portr.   **3271**

Lamennais, étude d'histoire politique et religieuse, par
SPULLER.
> Paris. HACHETTE 1892 — 1 vol. in-16 br.   **3340**

Rouget de Lisle, son Œuvre, sa Vie, par Julien TIERSOT.
> Paris. DELAGRAVE 1892 — 1 vol. in-16 rel.   **3324**

Le Régent, l'Abbé Dubois et les Anglais, d'après les sources britanniques, par L. WIESENER.
> Paris. HACHETTE 1891 — 1 vol. in-8° br.   **3400**

Les Reines de la main droite. Anne d'Autriche, par
CAPEFIGUE.
> Paris. AMYOT 1861. – 1 vol. in-18 rel.   **3489**

Le Comte d'Antraigues. Un agent secret sous la Restauration et l'Empire, par PINGAUD, Léonce.
> Paris. PLON-NOURRIT 1893. — 1 vol. in-8° rel.
> **3743**

Les Cardinaux-Ministres. Le Cardinal l'Abbé Dubois,
et la régence de Philippe d'Orléans, par CAPEFIGUE.
Paris. AMYOT 1861. — 1 vol. in-18 rel.   **3490**

Madame la Duchesse d'Orléans. Hélène de Mecklembourg
Schwérin.
Paris. M. LÉVY 1859. — 1 vol. in-18 rel.   **3501**

Deux Femmes de la Révolution, par Ch. DE MAZADE.
Paris. M. LÉVY 1866. — 1 vol. in-18 rel.   **3513**

Histoire du Cardinal de Richelieu, par HANOTAUX.
Paris. F. DIDOT 1893. – 1 vol. in-8e br.   **3733**

Adolphe Rousse, peintre, par Joseph ROUSSE.
Rennes. SIMON 1894. — 2 Br.   **3783**

**Notice sur la vie et les Œuvres de MM. Théodore et Paul
Vibert,** par THÉVENOT.
Paris. A. GHIO 1881. — 1 Br.   **3785**

Condorcet. Sa Vie, son Œuvre. 1743-1794, par le Dr
ROBINET.
Paris. MAY ET MOTTEROZ 1893. – 1 vol. gr. in-8"
br.   **3819**

Edmond Schérer, par Oct. GRÉARD.
Paris. HACHETTE 1890. -- 1 vol. in-16.   **3833**

Jules Barni. Sa Vie et ses Œuvres, par Aug. DIDE.
Paris. F. ALCAN 1892. -- 1 vol. in-16 br.   **3834**

Madame de Lamballe, d'après des documents inédits,
par G. BERTIN.
Paris. FLAMMARION 1894.— 1 vol. in-18 br.   **3868**

Un Avocat Journaliste au XVIIIe siècle. Linguey, par
CRUPPI.
Paris. HACHETTE 1895. – 1 vol. in-16 br.   **3947**

Ma sœur Henriette, par Ernest RENAN. Illustrations
d'après H. Scheffer et Ary Renan.
    Paris. CALMANN-LÉVY 1895. — 1 vol. format in-4º
    br.   **3940**

Ernest Renan. Essai de biographie psychologique, par
SÉAILLES.
    Paris. PERRIN et Cⁱᵉ 1895. – 1 vol. in-16 br. **3948**

Le Capitaine La Tour d'Auvergne, premier Grenadier
de la République, par SIMOND, Emile.
    Paris. PERRIN et Cⁱᵉ 1895.— 1 vol. in-16 br. **3949**

3º BIOGRAPHIE ÉTRANGÈRE

Vie de Frédéric II, roi de Prusse, par TREUTTEL.
    Strasbourg 1788. — 4 vol. in-8º rel. v. tr. r.   **802**

Les Contemporains Portugais, Espagnols et Brésiliens,
par TEIXERA DE VASCONCELLAS.
    Paris 1859. — 1 vol. in-8º rel.   **994**

La Vie de Frédéric, Baron de Trenck, traduite de
l'Allemand par M. LE TOURNEUR.
    Berlin et Paris 1788. — 2 vol. in-12 rel. v.   **1439**

Le Comte de Warwick, par Mme D'AULNOY.
    Paris. Cⁱᵉ DES LIBRAIRES 1740. — 1 vol. in-12 rel.v.
                  1445

La Vie d'Olivier Cromwel, par G. LETI.
    Amsterdam 1746. — 1 vol. in-12 rel. v.   **1448**

Dom Pedro II. Empereur du Brésil, par Mossé.
Paris. F. Didot 1889. — 1 vol. in-16 br. **2918**

X

INSTITUTIONS, MŒURS, USAGES,

Histoire des Classes & Conditions

Histoire des Chevaliers hospitaliers de Saint Jean de Jérusalem, appellés depuis Chevaliers de Rhodes et aujourd'hui Chevaliers de Malthe, par l'abbé DE VERTOT.
>   Paris. HUMBLOT 1772. — 6 vol. in-12 rel. v. m.
>> **281**

L'Ancienne France, La Chevalerie et les Croisades, Féodalité , Blason , Ordres Militaires. — Ouvrage illustré de 214 gravures et d'une chromolithographie d'après les grands ouvrages de M. Paul LACROIX.
>   Paris. Firmin DIDOT 1887. — 1 vol. in-4° rel. **1200**

Mœurs, Usages et Costumes du Moyen-Age et à l'époque de la Renaissance, par Paul LACROIX (bibliophile Jacob). Ouvrage illustré de 15 chromolithographies, exécutées par KELLERHOVEN, et de 400 gravures sur bois.
>   Paris. F. DIDOT 1878. — 1 vol. in-4° rel.   **1237**

XVIIᵉ Siècle, Institutions, Usages et Costumes, par Paul LACROIX. — 1ᵉʳ vol., France 1590-1700 ; 2ᵉ vol., France 1700-1790.
>   Paris. F. DIDOT 1880. — 2 vol. in-4° rel. Gravures
>   300 et 16 chrom.   **1241-1242**

La Cité antique, Etude sur le Culte, le Droit, les Institutions de la Grèce et de Rome, par FUSTEL DE COULANGES.
>   Paris. HACHETTE 1888. — 1 vol. in-16 rel.   **2487**

La ville sous l'ancien Régine, par Albert BABEAU. 2 vol.
>> **2720**

La Vie rurale dans l'ancienne France, par Albert BABEAU.
>> **2721**

Le Village sous l'ancien régime, par Albert BABEAU. **2722**

L'Ecole de village pendant la Révolution, par BABEAU.

2723

Paris. DIDIER 1884. — 5 vol. rel.

Histoire des Institutions politiques de l'ancienne France ;
par FUSTEL DE COULANGES.

1ᵉʳ vol. — La Monarchie Franque.   2496

2· vol. — L'Alleu et le domaine rural pendant
l'époque mérovingienne.   2863

3· vol. — Les Origines du système Féodal   2864

4· vol. — La Gaule Romaine.   3026

5· vol. — L'Invasion Germanique et la fin de l'Empire.   3074

6· vol. — La Transformation de la Royauté pendant
l'époque Carolingienne.   3238

Paris. HACHETTE 1888 à 1892. — 6 vol. in-8° rel.

Même Ouvrage.   3283

La Bourgeoisie Française 1789-1848, par A. BARDOUX.

Paris. CALMANN-LÉVY 1886. — 1 vol. in-8° rel.

3022

La vie privée d'autrefois. Arts, métiers, modes, usages
des Parisiens du XII· au XVIII· siècle, d'après des
documents originaux ou inédits ; par Alfred FRAN-
KLIN.

Paris. PLON-NOURRIT 1887-1891. — 15 vol. in-16
br.   3306

XI

ARCHÉOLOGIE

Inscriptions de la France du V⋅ siècle au XVIII⁰ siècle, Recueillies et publiées, par M. DE P. DE GUILHERMY. (Ancien Diocèse de Paris).

    Paris. IMPRIMERIE NATIONALE 1873. -- 5 vol. in-4° cart.   **91**

Eléments de l'Histoire des Ateliers monétaires du Royaume de France, depuis Philippe Auguste, jusqu'à François I⁰ʳ inclusivement ; par M. DE SAULCY.

    Paris. VAN PETEGHEM 1877. — 1 vol. in-4° cart.   **100**

Les Œuvres de Feu M. Claude Fauchet, président en la Cour des Monnaies, revues et corrigées en cette dernière édition.

    Antiquités Gauloises ou Françaises, depuis l'an du monde 3350, jusqu'à l'an 987 de J. C.

    Paris. David LE CLERC 1610. — 1 fort vol. in-8° rel. v. m. pages ornementées. Armoiries sur les plats.   **251**

Numismatique de la Terre-Sainte, par DE SAULCY. Ouvrage orné de 25 planches.

    Paris. ROTSCHILD 1874. — 1 vol. in-4° cart.   **1229**

Les Légions du Rhin et les Inscriptions des Carrières, par Charles ROBERT.

    Paris. FRANCK 1867. — 1 Br. in-4°.   **1233**

Atlas des Plans et Dessins des Dépenses de la Construction du Château de Gaillon, exécutés sous la direction de M. DEVILLE.

    Paris. IMPRIMERIE NATIONALE 1851. — 1 atlas   **2450**

La Gaule avant les Gaulois, d'après les monuments et les textes, par Alex. BERTRAND.

    Paris. LEROUX 1884. — 1 vol. in-8° rel.   **2950**

Numismatique de la France, par Anatole DE BARTHÉLEMY
— 1ʳᵉ partie : Époque Gauloise, Gallo Romaine et
Mérovingienne.
Paris. LEROUX 1891. — 1 Br. 3019

Atlas de Monnaies Gauloises, préparé par la Commission
de Topographie des Gaules et publié par Henri DE
LA TOUR.
Paris. PLON-NOURRIT 1892. — 1 atlas in-4° br.
3445

SUPPLÉMENT AU CATALOGUE

1° COLLECTION
d'Ouvrages divers

La France Juive, par Ed. DRUMONT.
Paris. MARPON-FLAMMARION 1887. — 1 vol. in-18
rel.   556

La Fin d'un Monde, par Ed. DRUMONT.
Paris. MARPON-FLAMMARION 1888. — 1 vol. in-18
rel.   557

Le Testament d'un Anti-Sémite, par Ed. DRUMONT.
Paris. DIDIER 1888. — 1 vol. in-18 rel.   558

Les Rois de la République, par A. CHIRAC.
Paris. DENTU 1888. — 2 vol. in-18 rel.   1635

Notice sur le Vinage des Vins en Franchise des Droits sur l'Alcool, par le baron THÉNARD.
Paris. V. MASSON 1864. — 1 Br. in-8° br.   2245

Principales Difficultés survenues entre M. Babin et ses éditeurs.
Saint-Malo. HAIZE 1884. — 1 vol. in-18.   **2360**

Réforme efficace de la Magistrature, proposée par un juge républicain.
Paris. COTILLON 1880. — 1 vol. p. in-12 br.   **2374**

—◇◇—

2° Ouvrages de la Société des Bibliophiles Français

Registre criminel du Châtelet de Paris 6 Septembre 1389, au 18 Mai 1392 ; publié pour la première fois par la société des Bibliophiles français.
Paris. LAHURE 1861. — 2 vol. in-8° br.   **3722**

Le livre du Voir-Dit, où sont contées les amours de Messire Guillaume de Machaut et de Peronnelle Dame d'Armentières, avec les lettres et les réponses, les ballades, lois et rondeaux dudit Guillaume et de la dite Peronnelle, publié sur trois manuscrits du XIV· siècle, par la société des Bibliophiles français.
Paris. LAHURE 1875. — 1 vol. gr. in-8° br.   **3723**

Livre journal de Lazare Duvaux, Marchand bijoutier ordinaire du Roy, 1748-1758.
Paris. LAHURE 1873. — 2 vol. gr. in-8° br.   **3724**

Voyage de Lister à Paris en MDCXCVIII, traduit pour la
première fois, publié et annoté par la société des
Bibliophiles français.
  Paris. LAHURE 1873. — 1 vol. gr. in-8° br.   3725

Vie de Charles Henry Comte de Hoym, Ambassadeur de
Saxe-Pologne en France et célèbre amateur de
livres 1694-1736. Publié par la société des Bibliophiles français.
  Paris. LAHURE 1880. — 2 vol. gr. in-8' br.   3726

Mélanges de littérature et d'histoire, recueillis et publiés
par la société des Bibliophiles français.
  Paris. LAHURE 1856. — 2 vol. in-8° br.   3727

Inventaire de la Bibliothèque du Roi Charles VI, fait au
Louvre en 1423, par ordre du Régent, Duc de
Bedfort.
  Paris. LAHURE 1867. — 1 vol. in-8" br.   3728

Histoire journalière de Paris, par DUBOIS DE SAINT-
GELAIS, 1716-1717.
  Paris. LAHURE 1885. — 1 v. in-8° br.   3729

Roti-Cochon ou Méthode très facile pour bien apprendre
les enfans à lire en latin et en français, par des
inscriptions moralement expliquées de plusieurs
représentations figurées de différentes choses de
leurs connaissances; très utile et même nécessaire,
tant pour la Vie et le Salut, que pour la gloire de
Dieu.
  Paris. suivant la copie imprimée à Dijon, chez
    Claude MICHARD. — 1 vol. in-12 orné de
    vignettes.   3730

Les Carrosses à cinq sols ou les Omnibus du XVIIIᵉ siècle.
  Paris. F. DIDOT 1828. — 1 vol. in-12 br.   3731

Les blasons domestiques, par Gilles CORROZET, Librairie
de Paris, 1539. Nouvelle édition publiée par la
société des Bibliophiles français.
> Paris. LAHURE 1865. — 1 vol. in-12. br. gravures.
> 3732

3° Ouvrages omis ou survenus
pendant l'impression du Catalogue.

Histoire de Charles XII, Roi de Suède, divisée en huit
livres, avec l'histoire de l'Empire de Russie, sous
Pierre le Grand en deux parties divisées par chapitre, par VOLTAIRE.
> Genève. 1768. — 1 vol. in-4° rel. v. m. f. d. s. l. p.
> tr. d.   354

Conversations de Gœthe, pendant les dernières années
de sa vie, 1822-1832, recueillies par EKERMANN,
traduites par DELEROT.
> Paris. CHARPENTIER 1863. — 1 vol. in-18 rel. 775

Catéchisme philosophique, ou recueil d'observations
propres à défendre la Religion chrétienne, contre
ses ennemis, par DU MONT.
> Paris. BELIN-MANDAR 1829. — 2 vol. in-8° rel.
> (*Le 1er vol. manque.*)   1814

Œuvres choisies de Tertullien et Saint-Augustin, Avec
la traduction de NISARD.
> Paris. GARNIER 1845. — 1 vol. gr. in-8° rel.   3662

Faune de France. Coléoptères, par A. ACLOQUE.
> Paris. BAILLIÈRE et fils. — 1 vol. in-18 br.   3885

Géologie de l'Indo-Chine
>   Paris. Imprimerie Nationale 1895. — 1 vol. in-8°
>   avec un fascicule et 8 planches.   **3963**

La Revue de Paris, paraissant deux fois par mois.
>   *(Notre collection part de Décembre 1895)*   **3966**

**Fastes des Provinces Africaines sous la domination
Romaine**. Tome 1er République et Haut Empire.
>   Paris. Leroux 1896. — 1 vol in-4° br.   **3968**

Instruction pour trouver le jour d'une date quelconque,
par M. Moulin.
>   1 petit fascicule avec tableaux.   **3970**

Pierre Gratiolet. De la physionomie et des mouvements
d'expression, suivi d'une notice sur sa vie et ses
travaux, etc , par Louis Grandeau.
>   Paris. J. Hetzel et Cie.   **3974**

L'Armée Romaine d'Afrique et l'occupation militaire de
l'Afrique. sous les Empereurs, par René Cagnat.
>   Paris. Imprimerie Nationale 1892 — 1 fort vol.
>   in-4° br.   **3975**

Enquêtes et Documents relatifs à l'Enseignement supérieur.
>   I.VII. Médecine et Pharmacie.
>   I.X. Rapports des Conseils généraux des
>   Facultés pour l'année scolaire 1894-1895.
>   I.XI. Capacité en Droit. Réforme.
>   LXIII. Agrégation de philosophie.
>   Paris. Imprimerie Nationale. - 4 Br. in-8°.   **835**

Les Missions Françaises, causerie géographique, par de
Saint-Arroman (Raoul Jolly).
>   Paris. Journal des Voyages. — 1 vol. in-8° br.
>   **3976**

Bulletin de la Société Astronomique de France, Neuvième
année 1895.
Paris. Au Siège de la Société. — 1 vol. gr. in-8°
br. **3977**

Le Cicerone, Guide de l'Art antique et de l'Art moderne
en Italie, de J. BURCKHARDT. — 2° partie, Art moderne
Paris. Firmin DIDOT. — 1 vol. in-8° br. **2958**

Les Lapidaires de l'Antiquité et du Moyen-Age, par F. DE
MÉLY. — Tome 1ᵉʳ, Les Lapidaires Chinois. Introduction, texte et traduction avec la collaboration
de M. H. COUREL.
Paris. LEROUX 1896. — 1 vol. gr. in-4°. **3978**

**Description de l'Académie Royale de Peinture et de
Sculpture,** par son secrétaire Nicolas GUÉRIN, etc.,
publiées par M. Anatole DE MONTAIGLON.
Paris. Au siège de la Société de propagation des
Livres d'Art. — 1 vol. gr. in-8° br. **3979**

L'Astronomie. Revue mensuelle d'astronomie populaire,
par FLAMMARION, Camille, treizième année 1894.
Paris Aux bureaux de l'*Astronomie.* — 1 vol. br.
2713

**Bulletin Bibliographique des Sciences physiques, naturelles
et médicales.** par BAILLIÈRE et Fils.
Paris. BAILLIÈRE. — 1 vol. in-8. **1872**

Statuts et Règlements de l'ancienne Université de Bordeaux,
(1441-1793), par BARCKAUSEN. H.
Libourne-Bordeaux. — G. BOUCHON 1886. —
1 vol. in-4. **2807**

Commentaire sur le Yacna, l'un des livres religieux des
Parses, par BURNOUF, Eugène.
Paris. IMPRIMERIE ROYALE. — 2 vol. in-8°. **2001**

Description des Peintures et autres Ornements contenus
dans les manuscrits grecs de la Bibliothèque
Nationale, par BORDIER, H.
    Paris. Honoré CHAMPION 1883.— 1 vol. in-4°. **2941**

Histoire de l'Alimentation, par BOURDEAU, Louis.
    Paris. F. ALCAN. — 1 vol. in-8° br.   **3847**

Mythes, Cultes et Religion de A. LANG, traduit de
l'Anglais, par Léon MARILLIER.
    Paris. Félix ALCAN. — 1 vol. in-8° br.   **3959**

Répertoires

TABLE ALPHABÉTIQUE

DES AUTEURS

Les Chiffres renvoient aux pages du Catalogue
Les caractères italiques indiquent une correction ou une
addition nécessaire pour la recherche de l'ouvrage.

A

B

41

C

Chenu (docteur), 25, 229.
Cherbuliez, 382.
Cheruel, 447, 585.
Cheruel et Sainte - Beuve,
  587.
Chesneau, Ernest, 310.
Chevalier, 27.
Chevalier (l'abbé), 11.
Chevalier et Baudrimont,
  195.
Chevalier, Charles, 287.
Chevalier, E., 247.
Chevalier, Emile, 155.
Chevalier, Michel, 150.
Chevillard, 465.
Chèvremont,Alexandre, 462
Chevreul - Dumas - Pelouze,
  etc. (*Annales de Chimie et de
  Physique*), 190.
Cheysson, E., 152, 153.
Chmielenski, 314.
Chirac, Auguste, 612.
Choiecki, 493.
Cholet (Comte de), 483.
Chouquet, Gustave, 332.
Chuquet, Arthur, 271, 274,
  427, 526.
Cicéri, Eugène. 314.
Cicéron, 121.
Cimarosa, 444.
Cirier, 64.
Cirodde, 176.
Cirodde, Alfred et Ernest.

Claire et Clapier, 90, 92.
Claret, Fleurieu, 492.
Claretie, Jules, 531.
Claudieu, 352.
Claus, C., 200.
Clavel, Victor, 510.
Clédat, Léon, 426.
Cleirac, Estienne, 247.
Clément, Charles, 300, 307.
Clément, Félix, 302.
Clément, Pierre, 448.
Clément de Ris, 302.
Clément XIV, Ganganelli,
  449.
Clerc, 292.
Clerc, Edouard, 19.
Clinchamp (de).308.
Cochet (Abbé), 318.
Cochet de Saint-Valier, 68.
Cochut, A., 162.
Cœurderoy (dit Brutus), 419
Cœurderoy, 131.
Cogordan, 427.
Colet (Mme Louise), 369.
Colincamp, Fr., 418.
Collignon, Edouard, 178.
Collignon, Maxime, 307, 317
  329.
Colombet, Claude, 95.
Colonieu (général), 285.
Combe (de la), 597.
Combes, 187, 210.
Combes, F., 543.

E

F

G

H

K

L

M

Macchiavelli, 443.

Mac Donald (maréchal),276.

Machaut (de), G^mo 613.

Macquarie, J.-L. 479.

Macquer, 193, 479.

Mageau, 482.

Mager, Henri, 475.

Magnabal, 144, 413.

Magne, Lucien, 321.

Magnier-Grandprez (Code des Douanes), 111.

Magré, 260.

Mahé de la Bourdonnais, 482.

Mahy (de), 485.

Maillart, 101.

Maindron, Ernest, 598.

Maindron, Maurice, 329.

Maintenon (Mme de), 585.

Maire, Albert, 5.

Maistre (de),(comte Joseph), 449.

Maizeaux des), 15, 356.

Makintosh, 479.

Mallebay de la Mothe, 71.

Malepeyre, 286.

Malherbe, 367.

Malon, 150.

Malte-Brun, 455, 456, 475.

Malte-Brun et Cortambert, 456.

Mancel, 549.

Mandat-Grancey, 484.

Mangeart, 9.

Manne, 7.

Marat, J.-P., 431.

Marbeau, 151.

Marbot (de), général B^on, 275.

Marcel Gabriel et J. Gaultier, 258.

Marcesche, F., 550.

Mareau, 296.

Marcet (docteur), 483.

Marec, 110.

Marestier, 179, 180.

Maret, (chevalier), 114.

Marey, E.-J., 231, 232.

Margry, Pierre, 486, 543.

Mariette, Edouard, 323.

Marillier, Léon, 618.

Marion, Jules, 558.

Marion et Loyer, 11.

Marit, 228.

Marivaux (de), 388, 402.

Marmier, Xavier, 432, 441, 460.

Marmontel, 356, 377, 388, 403.

Marmottan, 310.

Marquer, 24.

Marquest, P., 274.

Marre de Marin, 345.

Martha, Jules, 306, 317.

Martin, Aimé, 4, 230, 447.

Martin, Alexis, 315.

N

ρ

Obelin de Kergal, 260.

Odespun, Ludovici, *(Presbyteri Turonensis)*, 65.

Œsterlen *(et non Œsterlin)*, 227.

Ogée, 557.

Olivier, 95.

Olmos (de), André, 345.

Onelier Guillaume et Michel F., 269.

Orbigny (d'), 487.

Ordinaire, 487.

Orléans (le P. d'), 567.

Orléans (d'), duchesse, 603.

Ortus, J., 241.

Orvananos *(Ensayo de Geographia)*, 469.

Osmond (comte d'), 592.

Ossat (cardinal d'), 599.

Ourliac, Edouard, 404, 405.

Ouvry, 376.

Ovide, 350.

Ozanam, 292.

P

Paillard, 540.

Paillet et Berryer, 92.

Paléologue, 306, 426.

Palissot, 365, 388, 411.

Pallain, G., 448, 451, 452, 527.

Pallu de la Barrière, 272.

Palsgrave, Jean, 342.

Pansey (de), Henrion, 533.

Papillon, Jules, *(n° du catalogue 3781)*, 252.

Papillon, Fernand, 120.

Paquié, 242.

Pardessus, 108.

Parfait, Noël, 278.

Paris, Edmond, 249, 564.

Paris, Gaston, 412.

Paris, Louis, 539.

Paris, Pierre, 312.

Paris, Stanislas, 551.

Parker, Jos, 374.

Parny, E., 376.

Partiot, 258.

Pascal, A., 281.

Q

R

43

S

T.

Turenne (Vte), 277.
Turgan, 563.
Turlin, 243.
Turpin, 578.

Turquety, Edouard, 368.
Tyndall, John, 186.
Tynna (de la), J., 50.

U

Uffler, 244.

Unger, 241.

V

Vachon, Marius, 296, 305, 308, 593.
Vacquant, 176.
Vacquant, Ch. et Macé de Lépinay, 177.
Vadé, 385.
Vaillant (maréchal), 168.
Valade, 209.
Valérius, Flaccus, 350.
Valette, 90.
Vallée (La), 377.
Valmont de Bomare, 25.
Vandal, 527.
Vaniérius, J., 376.
Vanlerberghe, 141.
Van Beneden, 201.
Vapereau, 23, 46.

Van Swieten Gerardi (med. doct.,) 218.
Varigny (de), 469.
Varin, P., 561.
Vasconcellas Teixeras (de) et non Teideras), 573, 604.
Vatout, J., 564.
Vattier d'Ambroyse, 459.
Vattier, G., 423.
Vaulabelle (de), 528.
Vazeille, 109.
Velleius Paterculus, 352.
Velly (l'abbé), 515.
Vénard (l'abbé), 600.
Ventura de Raulica, 80.
Verconsin, Eugène, 389.
Vergani, 343.

W

Y

Z

TABLE

DES

OUVRAGES ANONYMES

44

FIN DU CATALOGUE